부동산법원경매 재테크 일번지

24시간이면 배우는 법원경매
(일반 경매)

편저 이태광

upandup
업앤업

초보자도 알기 쉬운 부동산 돈 되는 일반물건 경매!!

법원경매 무료상담	부동산 자산관리(AM,FM,PM)평가보고서 작성	부동산정책 보고서
부동산 경제 보고서	부동산 관련 학술연구	경매,개발교육강좌	부동산 커뮤니티 작성
은퇴 자산관리 경영 연구	주택연구·입지연구·상가 연구	부동산 종합컨설팅 연구

| 목 차 |

머리말   7

20대, 30대, 40대, 50대, 60대를 지나 이제는 70대,80대,90대 생각을 하면 30대에서 60대까지 살아온 인생이 (30년), 70에서 90대까지 라고 하면(30년) 2배의 인생의 시간이 됩니다.

chapter 1. 두 시간
법원 경매에 대한 기초이해   9

부동산경매란? | 부동산법원의 필요성 | 경매물건의 탄생 | 경매의 주체 | 경매의 종류투자 원칙 | 부동산 경매의 기초이해에 대한 결론 | 부동산경매의 성공사례 | 부동산경매와 재테크 및 주택구입에 관하여 | 부동산경매의 흐름도 | 강제경매와 임의경매의 차이점 | 부동산경매(재테크)의 투자 원칙 | 부동산경매의 기초이해 총괄 | 정보입수 및 매매까지의 흐름도

chapter 2. 네 시간
경매절차 및 경매용어 해설   17

경매절차 FLOW CHART | 감정사의 감정평가방법 | 집행관의 현황조사 | 경매에 필요한 용어266개

chapter 3. 여섯 시간(채권)
경매절차 및 경매용어 해설   55

경매물건정보 검색방법 | 대법원 무료 사이트와 유료 사이트의 비교 | 대법원 무료 사이트와 유료 사이트의 비교 | 표제부 기재사항 | 갑구 기재사항 | 을구 기재사항 | 주요등기 및 권리 기타사항 | 압류 | 가 압류 | 가처분 | 가등기 구분

chapter 4. 여덟 시간
경매의 기초권리분석 이론   73

권리분석이란? | 물건분석이란? | 말소기준권리 | 인수주의 | 소멸주의(경매로 인하여 소멸되는 권리) | 잉여주의 | 확정일자와 전세권설정 등기 비교 | 권리분석의 원칙 | 대표적권리분석 종류 | 권리사례분석

chapter 5. 열 시간
경매의 핵심권리분석 이론   89

권리분석의 의의 | 물권과 채권의 경합 | 주요 권리 사항 | 가압류,가압류,가등기 | 유치권과 저당권의 차이 | 채권자의 배당요구 | 배당순위 및 배당원칙 | 유치권,법정지상권,분묘기지권,수목지상권

chapter 6. 열두 시간
경매/민법,민사집행법/임대차보호법(주택/상가),/투기지역·투기과열지구주택담보대출/민간택지 분양가 상한제 적용지역 확대/청약 재당첨 제한 강화/최우선변제 와우선변제권   109

경매제도의 연혁 | 미등기건물도 집행가능 | 임대차보호법기본개념(주택,상가) | 투기지역·투기과열지구 주택담보대출 | 청약 재당첨 제한 | 민간택지 분양가 상한제 적용지역 | 과밀억제권역, 성장관리권역 및 자연보전권역의 범위 | 최우선변제:전입(주거)+배당기일내 | 우선변제권:전입(주거)+확정+배당(기일내) 임대차 기간 및 계약 갱신 요구권 | 월세의 증감 | 임대차보호법의 비교 |

chapter 7. 열네 시간
경매주의물건(법정지상권/유치권/예고등기)　　151

유치권의 의미 | .유치권의 성립요건 | .유치권의 성립요건 | 유치권 배제 특약의 부존재 | 유치권과 관련한 권리 분석 | 지상권이란 | 법정지상권의 의미 | 법정지상권 성립요건 | 지료 | 법정지상권 | 특수경매물건의 종류와 분석 | 판례연구 | 법정지상권과 관습법상 지상권의 효력 | 무연고시신 및 무연분묘 유골의 봉안기간 단축

chapter 8. 열여섯 시간
매각기일 후 대응전략(인도명령 명도소송)　　195

정식 소송: 명도소송과 약식절차: 인도명령 | 인도명령 이란? | 인도명령의 진행절차 | 인도명령 대상자가 부재중 일 때의 집행 | 인도명령에 대한 불복사유 | 강제 집행 통상 비용 | 점유이전금지가처분신청 | 낙찰 후 첫 방문 부재중 일 때 | 인도 .명도시 알아 두면 좋은 형법 | 명도시 마음가짐과 자세

chapter 9. 열여덟 시간
경매관련 부동산 기본세법/
입찰서 작성 및 주의점　　211

취득세 개편 | 재산세, 종부세 개편 | 양도세개편 | 조정지역내와 아닌 지역의 비교 | 종합부동산세 세율 상향조정 | 조정대상지역 2주택자 종합부동산세 세부담 상향조정 | 조정대상지역 2주택자 종합부동산세 세부담 상향조정 | 경매 물건 매매 시 공제 되는 항목 | 입찰보증금봉투 | 입찰시 절차 및 주의할 점 | 매각불허가 신청(매각허가에 대한 이의신청)의 의미 | 즉시항고의 기간 | 매각불허가결정이 나오는 경우의 수

chapter 10. 스물 시간
경매법원 현장답사 및 물건별 전략　　235

경매법정 내부구조 스케치 | 차순위 매수신고 | 입찰에 참여할 수 없는 자 | 입찰 참가 시 준비물 | 물건 별 확인 시 유의사항 | 아파트 | 단독주택. 다가구주택 | 공동주택(연립, 다세대, 빌라) | 농가주택 | 공장 등

chapter 11. 스물 두 시간
경매의 함정과 주의점　　255

경매절차상의 경매함정 사례 | 입찰물건 선별상의 경매함정 사례 | 제시 외 건물 | 임야의 경우 종중재산 여부 및 분묘소재여부 확인 필수 | 산업단지 내 산업용지 또는 공장취득은 신중히 | 불법으로 용도변경 한 건물에 대한 각종 부담은 낙찰자 부담 | '대지권없음' 과 '대지권 미등기' 는 하늘과 땅차이 | '토지별도등기' 가 있는 경우 등

chapter 12. 스물 네 시간
질의응답 및 총정리　　263

부동산경매의 투자 원칙 | 매각물건명세서, 현황조사보고서, 감정평가서 열람 | 입찰에 참여할 수 없는 자 | 인도 . 명도시 알아야 형법 | 명도시 마음가짐과 자세 | 경매 물건 매매 시 공제 되는 항목

부록　　281

민사집행법 | 민사집행법시행령 | 주택임대차보호법 | 주택임대차법시행령 | 상가임대차보호법 | 상가임대차보호법시행령

| 머리말 |

　이태광 저자의 [24시간이면 배우는 부동산법원경매]는 대중화되어 가는 부동산경매가 부동산거래에 하나의 축으로 이어지는 작금의 세태에 법원경매가 일반인 외 관련업 종사자 및 관심자들에게도 그 지식을 보급하여 경매로 인한 채무자, 관련 세입자, 채권자 등 이해관계인 들에게 불이익이 없도록 하는 데 도움을 준다. 뿐만 아니라 일반인 역시 경매를 통하여 주택구입과 함께 재테크의 수단으로 경제적 도움을 줌으로써 부동산의 지식과 지혜가 상식이 풍부한 삶이 되는 길에 앞장선다.

　요번 [24시간이면 배우는 부동산법원경매]1편2014개정판 성원에 이어 2016년 개정판에서 2020년 3차개정판을 제작하였다. 요번 개정판에서는 특히 압류와 가압류 가처분 가등기에 더욱 상세히 언급하였고 우리나라는 송달이 도달주의라서 송달이 되어야 집행이 가능하므로 송달의 종류도 언급 하였으며 문재인 정부의 출범으로 정책에 대한 논평 역시 망라 하였으며 요번 주택 임대차보호법과 상가권리금이 상가임대차보호법에 권리금에 관한 법조항도 언급하였으며 ,감정평가 방식 또한 무연고의 처리방법과 더불어 법정지상권,유치권,분묘기지권에 대하여 좀더 판례와 함께 1차보다 2차 보다 3차개정판에서 다루게 되었다.

　아무리 돈이 많아도 또 가지고 싶은 것이 돈이다. 그러나 자본주의 국가가 발전할수록 재테크 수단으로 법원경매가 대중화되고 이런 시점에 경매를 모르면 재테크 및 경제 부분에 대하여 대화가 안 될 것이 자명하다. 또한 시대에 뒤떨어진 자본주의 경제인이 될지도 모른다. 이로 인하여 부동산법원경매는 이제 운전면허증처럼 반드시 배우고 알아야 할 상식이 되었다. 이에 경제적 손실과 예방 및 재테크 등으로 재산 증식의 한 방법으로 각광 받고 있는 것이 현실이다.

　부동산거래가 실종된 후 침체가 계속되고 장기간 전세가 폭등하는 현상에 대해 여러 가지 원인이 있으나 특히 인구구조의 변화(수도권약화/지방강세)로 은퇴자 증가, 1인·2인 가구 증가, 지방으로의 회귀본능, 삶이 치열하지 않는 지방과 공기 좋은 곳을 찾는 등의 연유가 새로 생기면서 부동산의 지각이 변화하고 있다. 여기에 대한민국 부동산시장 변화가 시작되는 작금에서야 뒤늦게 따라가는 정부정책도 한몫한다. 항상 그래왔듯이 아파트가격 폭등으로 인하여 부동산가격이 상승한 후 다주택 양도세 중과세, 종합부동산세 등 부동산규제조세정책으로 거래를 제한하고 투기지역 지정제도, 토지거래허가 구역지정 등 부동산을 많이 보유한 부유층에게 징벌하는 규제정책을 펼치거나 부동산경기 활성화로 국내 경기를 부양하고자 여러 차례 부동산규제정책 해제를 시도하는 등 정부의 한 발 늦는 처사와 현시대에 어울리지 않는 정책은 많은 혼란을 야기시킨다. 또한 박근혜 정부가 들어서면서 강도 높은 취득세 인하와 양도세 중과폐지, 서민을 위한 임대차보호법 개정 등 규제조세정책과 재건축 활성화정책 등 부동산 경기 활성화를 꾀하는 것도 시장과 맞지 않는 문제점이 지적되고 있다.

위와 같은 연유로 시대적 배경과 지역의 변화에 발맞추어 자신의 재산과 삶을 지키기 위한 한 수단으로 부동산을 알아야 한다. [24시간이면 배우는 부동산법원경매는 실무에서 사용되는 낙찰 후 인도 및 명도에 필요한 형법·민법 관련된 상식과 지식을 총 망라하였으며 경매의 기초 및 반드시 알아야 할 말소기준권리를 쉽게 외우고 이해하기 좋게 설명하고 있다. 그리고 혼동하기 쉬운 우선변제권과 최우선변제권·전세권, 임차권 등 새로 개정된 부동산 법에 대하여 다루며 특히 변화 무쌍한 정부의 정책에 혼동에 빠져 있는 분에게 네비게이션이 되고자 하는 내용역시 3차개정판에서 다루면서 24시간이면 배우는 법원경매(일반)/24시간이면 배우는 유치권경매, 24시간이면 배우는 법정지상권 경매, 24시간이면 배우는 특수법원경매의 4가지 시리즈를 통하여 준전문가 이상의 수준으로 또는 그 이상이 될 수 있는 책을 펴고자 하였다. 그리고 임대차(주택·상가)보호법, 취득세, 양도세 등에 대하여 자세하고 쉽게 풀어 개념 이해를 도울 것으로 기대를 모으고 있다.

끝으로 이 책이 나오기까지 관심과 격려 해준 제자 분들과 미국 사우스웨스턴캘리포니아 대학교 전정숙 특임교수님, 김창기 조교님에게 감사드리고 검수, 검토까지 해주신 선, 후배님과 출판사 사장님 이하 직원분들에게 감사드립니다.

이태광 올림

제1주: 법원 경매에 대한 기초이해

ⅰ. 부동산 경매란? - 경쟁 방식으로 한다.

ⅱ. 부동산 법원의 필요성 - 강제처분 국가권력의 힘으로 처분한다.

ⅲ. 법원현황

ⅳ. 경매 물건의 탄생 - 강제경매와 임의경매의 차이점.

ⅴ. 부동산경매이 주체- 채무자, 채권자, 법원, 입찰자

ⅵ. 부동산경매의 종류

ⅶ. 부동산경매의 정보입수

ⅷ. 부동산경매의 투자 원칙

ⅸ. 부동산경매의 기초이해에 대한 결론

ⅹ. 부동산경매의 성공 사례

ⅺ. 부동산경매와 재테크 및 주택구입에 관하여

ⅻ. 부동산경매의 흐름도

i. 부동산 경매란? - 경쟁 방식으로 한다.

부동산 경매란 채무자가 약속한 기일까지 빚을 갚지 않을 때, 채권자가 법원으로 하여금 채무자 대신 경쟁매매 방식으로 채무자(또는 물상보증인)의 부동산을 강제로 매각케 하여 그 매각 대금으로 채권자의 채무를 변제 받는 절차를 말한다.

ii. 부동산 법원의 필요성 - 강제처분 국가권력의 힘으로 처분한다.

채무자가 빚을 갚지 않을 때 채무자의 재산으로 변제 받을 길이 있는데, 채무자가 자신의 재산을 스스로 처분하거나, 채권자에게 매매든 사적 경매 방식으로든 처분하게 하여 그 매각 대금으로 빚을 해결하는 방법도 생각할 수 있다. 그러나 이는 당사자들 사이에 원만하게 해결될 수 있다면 좋은 방법이나 다소라도 갈등이 있을 경우, 당사자들 스스로 해결이 어려워 부득이 채무자의 의사에 반하여 강제로 처분할 수밖에 없는 것이다. 따라서 채권자의 자력구제에 의하여 채권자가 혼자 채무자의 재산을 강제로 처분하는 것은 허용되지 않고, 법원에 강제처분의 신청을 하여 국가 권력의 힘으로 경매를 실시하게 되는 것이다.

iii. 법원현황

현재 법원에서 실시되고 있는 경매는 정확히 얘기하자면 구두호가로 하는 경매가 아니라서면 입찰에 의한 입찰이다. 따라서 정확한 명칭도 법원 부동산 경매가 아닌 법원 부동산 입찰로 바뀌어야 맞는데, 관습적으로 경매란 말을 쓰고 있을 뿐이다. 법원 경매 대중화의 취지로 민소법 663조에 경매 대신 입찰을 실시할 수 있음을 규정하여, 경매와 입찰을 선택적으로 할 수 있도록 하였으나 실제 부동산경매는 항상 입찰 방식으로 시행하고 있다.

> ■ 대법원 - 고등법원(6개)서울, 대전, 대구, 부산, 광주, 특허.
>   - 지방법원(18개)
>   - 각 지원(40개)으로 이루어져 있다.
> (예: 춘천지방법원 이하 강릉지원, 원주지원, 속초지원, 영월지원)
> 총 지방법원/각 지원 합:58곳에서 지역별 경매 진행한다.

iv 경매 물건의 탄생 - 강제경매와 임의경매의 차이점

경매는 돈을 빌려주고 못 받은 사람이 빚진 사람의 부동산이 소재하는 지방법원에 경매신청서를 접수함으로써 시작된다. 누가 경매를 신청했느냐에 따라서 임의경매와 강제경매로 나누어진다.

● **임의 경매**

돈을 빌려주면서 부동산 등기부등본상에 담보권을 설정한 사람이 돈을 받지 못할 경우 담보 물권을 바로 경매신청 하는 것이다. 강제경매는 담보권 없이 차용증이나 약속어음 등을 받고 돈을 빌려준 사람이 약속한 날짜가 지나도 돈을 받지 못했을 때 채무자 소유의 부동산을 경매 신청하는 것이다.

● **강제경매**

신청할 때는 먼저 차용증 등을 근거로 채무자의 부동산에 가압류를 신청한 후 빌린 돈을 돌려달라는 재판을 별도로 해야 한다. 재판에서 승소한 다음에는 판결문을 가지고 채무자의 부동산을 다시 경매에 붙치면 된다.

임의경매와 강제경매는 절차상 큰 차이가 없으므로 입찰참여자들은 신경을 쓰지 않아도 된다. 단, 임의경매는 담보로 설정한 물건에만, 강제경매는 빚진 사람의 부동산 전부에 대해서 경매를 신청할 수 있다는 차이점이 있다.

v 부동산경매의 주체

- **채무자:** (또는 물상보증인으로서 소유자)
- **채권자:**
- **법원(경매계):** 경매계는 관할 법원 내의 경매 사건을 한 번의 경매 때마다 적정 분 (100~200건 정도)을 안분 배당받아 전담 처리하는 곳으로, 경매 사건이 증가함에 따라 경매계의 숫자가 계속 늘어나는 추세이고, 전국적으로 약 200여개의 경매계가 있다.
- **입찰인 :** 채무자의 재산을 채권자가 경매 신청하여 법원이 대신 경매를 실시하고 입찰인들의 입찰로 낙찰 후 납부된 대금으로 경매 신청한 채권자와 기타 채권자들이 배당을 통해 채권을 회수한다. 법원이 대신하는 것뿐이지 하나의 매매로서 매매 당사자에 있어서 매도자는 어디까지나 채무자이고, 매수자는 낙찰인이다.

vi 부동산경매의 종류

- 경매방식은 거주지식, 전자식, 기록식, 호가식, 서면입찰식 등이 있다.

경매에는 농수산물, 자동차, 미술품, 부동산들을 공개 입찰을 통해 구입희망자를 결정하는데 경매방식은 거주지식, 전자식, 기록식, 호가식, 서면입찰식 등이 있다.

거주지식은 경매가격을 손가락으로 표시하는 방법인데 주로 농수산물 거래에서 많이 이용되고, **전자식**은 입찰기를 조작 전광판에 가장 높은 가격이 표시되는 거래방식으로서 주로 자동차매매에서 이용된다. **기록식**은 조그마한 칠판에 가격을 써서 경매사에게 보이는 방식이고 호가제는 매수희망자끼리 마주서서 가격경쟁을 벌이는 구두 호가방식이고 **호가제**는 매수희망자끼리 마주서서 가격경쟁을 벌이는 구두 호가방식으로서 법원부동산경매진행 방식이었는데 이러한 방식은 좋은 물건이 나왔을 때 험악한 인상을 써대는 어깨들의 전유물이었기 때문에 현재도 많은 사람들이 경매라고 하면 나쁜 이미지가 심어져 있어 경매에 참여하기를 꺼리고 있는 것이 사실이다. 그러나 미술품경매는 계속적으로 호가제를 선호하고 있다.

서면입찰식은 입찰용지를 받아 대통령선거나 국회의원선거방식과 같이 칸막이가 되어 있는 입찰기록대에 들어가 제3자들이 응찰가격을 알 수 없도록 입찰경매가격을 써넣은 뒤 입찰마감 후 개봉을 하여 최고매수희망가격을 써넣은 경매응찰자에게 낙찰이 되게 하는 방식을 말한다. 이와 같이 법원경매 부동산의 경매진행방식이 호가제에서 전국법원에서 실시하고 있는 경매방식인 입찰서에 입찰참여자만이 알 수 있는 경매가격을 써넣는 입찰방식으로 바뀌면서 일반인들의 발길이 눈에 띄게 늘어났는데 경매는 공개거래(매각)방식 가운데 하나인 것이다. 따라서 법원에서 진행하는 법원경매부동산은 물건을 팔고자 하는 사람이(채권자) 법원에 강제매각의뢰를 하면(경매신청접수) 경매법원이 여러 사람들로부터 매수신청(입찰신청)을 받아서 공개 입찰시 가장 높은 가격으로 사겠다는 (최고가 매수 입찰자)에게 물건(채무자 소유부동산)을 낙찰시키는 경쟁방식(낙찰허가)이다.

v 부동산경매의 정보입수

경매부동산의 정보를 얻는 방법은 크게 3가지로 나누어볼 수 있다. ① 신문공고 ② 대법원 법원경매정보 홈페이지 ③ 사설 경매 정보지 및 사설사이트로 나누어져 있다.

viii 부동산경매(재테크)의 투자 원칙

- **첫 번째**, 환금성이 높은 물건을 골라라.
- **두 번째**, 권리분석을 철저히 하라
- **세 번째**, 입찰가격의 상한선을 미리 정하라.
- **네 번째**, 낙찰 후 소유권확보에 신경 써라.
» 투자원칙 중 가장 중요한 것-부동산변화에 민감해야한다
  (적정한 시기의 투자와 적정한시기의 매도 시점)

- **첫 번째**, 환금성이 높은 물건을 골라라. 예)아파트는 지하철역에서 걸어서 10분 이내에 위치한 역세권이 좋다. 고정적인 임대 수요를 확보할 수 있고 가격만 맞으면 언제든지 팔수 있다.

- **두 번째**, 권리분석을 철저히 하라. 해당물건의 등기부등본에 낙찰되더라도 말소되지 않는 채권인-선순위 가등기-선순위 가처분-선순위 예고등기-선순위 전세권-선순위 지상권 등이 있다면 포기하라. 그러나 "근저당-가압류-압류" 등은 등본에 있더라도 법원경매에서 낙찰되면 자동적으로 말소되므로 염려하지 않아도 된다. 선순위 근저당 설정일 이전부터 살고 있는 세입자가 있다면 낙찰자가 전세금을 물어주어야 하므로 그만큼 비용이 추가된다.

- **세 번째**, 입찰가격의 상한선을 미리 정하라. 경매장에 들어가기 전에 낙찰 받으려는 물건의 입찰가를 결정하라. 초심자는 자칫 분위기에 휘말려 적정가격이상으로 입찰가를 써 손해 볼 수도 있다. 인근 부동산시세와 비교하여 적정한 수익이 보장되는 선에서 입찰가를 결정해야 한다. 자금 동원계획도 사전에 철저히 준비해야 한다. 낙찰자로 선정되면 낙찰가의 10%를 계약금으로 내고 낙찰허가일로부터 한 달 이내에 나머지 90%를 내야하는데, 기산 내에 잔금을 내지 못하면 계약금마저 떼일 수 있다.

- **네 번째**, 낙찰 후 소유권 확보에 신경 써라. 낙찰허가 후 1주일간 세입자 등 이해관계인이 항고 할 수 있으므로 낙찰 받은 즉시 항고할만한 이해관계인에게 입찰결과에 대한 동의를 받아두는 것이 좋다. 금액이 많지 않은 선순위 채권을 세입자가 대신 변제하고 대항력을 확보했다면 낙찰을 포기 하는 것이 좋다. 세입자의 전세금을 낙찰자가 갚아줘야 하는 등 추가 부담이 생길 가능성이 높다. 대위변제를 이유로 낙찰자가 낙찰을 포기한 때는 계약금을 돌려받을 수 있어 손해도 줄일 수 있다.

ix 부동산경매의 기초이해 총괄

1. 부동산입찰이라 함은 채권, 채무관계에 있어서 채권만족을 얻기 위한 채권자의 요청에 의해 국가, 즉 법원이 채무자의 부동산을 강제적으로 매각하여 신청채권자 및 기타 채권자에게 채권의 만족을 실현시켜 주는 강제집행의 방법이다. 채무자의 **사법상 이행의무를 강제적으로 실현**하는 기능을 수행하는 부동산입찰제도는 채무자가 사법상 이행의무를 실현하지 않을 경우 국가 공권력(집행기능)으로 채무이행을 강제적으로 실현할 수 있게 하는 방법으로 이용되고 있다.

2. 이러한 경매는 사권실현의 궁극적 실현절차이며 금융매개수단인 저당권 등의 최후의 보장기능으로 필요한 제도이다. 공정하고 신속한 권리 실현 장치가 필요한데 경매는 채무자의 담보부동산을 금전으로 환가하여 권리실현을 하기 위해 이용하는 방법이다.

부동산경매는 채권자의 신청에 의하여(민소법 제 599조) 목적물을 압류하여(동법 제 603조 제 4항) 채무자 또는 소유자의 처분권을 취득하고 이로 인하여 매각한 매득금을 신청채권자와 배당요구 채권자에게 배당을 실시하여 충족을 주는 집행절차로서 이러한 절차는 동일한 집행법원이 취급하는 통일적인 절차로서 실시된다.

3. 부동산경매는 집행력 있는 정본을 가진 채권자나 담보권자의 경매신청에 의하여 집행법원은 경매개시결정을 송달하고 환가 준용절차로서 **집행관에게 부동산에 관한 현황조사를 명하고 감정인에게 목적부동산을 평가하게 하여 평가액을 참작하여 최저경매가격을 정한다**(동법 제 615조).

4. 다음으로 경매기일 및 낙찰기일을 지정하여 일간신문에 이를 공고한다. 경매기일에는 집행관이 집행보조기관으로서 미리 지정한 장소에서 경매 또는 입찰을 실시하여 최고가 매수신고인 또는 차 순위 매수신고인을 결정한다. 낙찰기일에는 이해관계인에게 진술한 기회를 주어 이의가 없거나 이의가 정당하지 아니할 때 낙찰을 허가한다. 낙찰허가 결정 후 7일이 경과하여야 그 결정은 확정된다.

5. 낙찰허가결정이 확정된 후 집행법원은 비로소 대금지급기일에 법원에 출석하여 잔대금을 납부하면 낙찰물건의 소유권을 취득하게 되는데 물권변동의 효력 즉 소유권의 취득 시기는 등기와는 상관없이 잔금납부시점이 취득시점이 된다. 낙찰인 이 잔금을 완납하면 집행법원은 배당기일을 정하여 배당표를 작성하고, 이해관계인과 배당요구채권자를 소환하여 배당을 실시한다. 배당기일에 배당표에 대하여 이의가 없으면 배당표를 확정하고(배당실시), 이의가 있으면 이의 있는 부분에 한하여 배당을 실시하고 잔여가 있으면 전 소유자에게 반환하여야 한다.

6. 마지막으로 낙찰인은 건물 등의 점유이전방법으로 인도 및 명도 집행을 하든가 합의적인 인도 및 명도 절차를 거쳐 완전한 권리행사를 할 수 있다.

x 부동산경매의 성공 사례

중소기업에 근무하는 K대리는 월170만원의 봉급을 받는다. 장남이라 고등학교 다니는 막내 동생의 학비와 초등학교, 유치원에 다니는 두 딸의 학원비 등 저축하기가 빠듯하다. 전세 탈출을 해야 하겠는데 앞이 캄캄하다.

그가 작년 5월에 경매 컨설턴트인 친구의 도움으로 아파트를 경매 받았다가 곧바로 되팔았다. 인천 지하철 역세권에 있는 아파트 25평형(시가 5,800만원, 경매감정가 4,800만원)이 1차 유찰되어 최저가격 3,360만원으로 된 것을 3,600만원(낙찰가율 75%)에 낙찰을 받았다. 세입자가 은행 채무(근저당은 1,500만원, 실 채무 700)를 변제하면 2,800만원의 전세보증금을 떠안게 되므로 세입자와 둘이 경합을 하여 세입자는 3,500만원, K대리는 100만원 차이로 낙찰을 받아 잔금을 은행의 경매잔금 대출로 처리하고 7월에 시세보다 조금 싼 5,600만원에 매매를 하고 8월에 잔금을 받았다. 은행에 있던 1,000만원을 활용하여 약 3개월 후에 매각하고, 매각 금으로 은행 원금과 이자를 상환하고 정산을 해보니, 매매차익 2,000만원에서 복비, 취등록세, 양도세 예상분 400만원과 융자금 2,700만원에 대한 약 2달 간 이자 45만원과 기타 잡비 합하여 약 500만원을 제하면 1,500만원이 남았다. 1,000만원을 3개월 간 은행 이자로 그냥 두었다면 22만 원 정도 이자수입 밖에 없었을 것을 경매로 연봉의 반을 손쉽게 벌었다. K대리는 희망이 보이는 듯 요즘 고무되어 있다.

xi 부동산경매와 재테크 및 주택구입에 관하여

최근 들어 법원경매가 새로운 재테크 수단으로 각광 받고 있다. 금융권의 낮은 수익률에도 그 원인이 있시만, 부자자 및 실수요자까지 경매장으로 몰려들게 하는 가장 큰 이유는 부동산을 값싸게 살 수 있다는 기대감과 저렴한 가격으로 주택구입할 수 있다는 큰 몫을 차지하고 있기 때문이다.

신법(2002년 7월1일)이후 경매장이란 경매장은 발 디딜 틈 없이 언제나 북새통을 이룬다. 이른바 '돈이 되는 곳'이니 자연히 사람들의 발길이 몰릴 수밖에. 실제로 경매를 통한 부동산 구입은 가격 면에서 볼 때 경쟁력과 매력을 동시에 갖춘 투자방법인 것만은 분명하다.

경매장의 문은 언제나 열려 있다. 따라서 누구든지 마음만 먹으면 경매에 직접 참여할 수 있다. 특별한 전문 지식을 필요로 하지도 않고, 법률전문가들만의 독무대도 아니며, 약간의 기초지식 그리고 경매의 테크닉만 갖추면 누구라도 값싸고 질 좋은 물건을 만날 수 있는 곳이 바로 경매장이다.

> 부동산 법원경매는 자본주의 국가에서 법원이 있는한 지속적인 은퇴없는 직업이라고 할 수 있습니다.

부동산경매의 흐름도(순서)

1. 정보활동	- 경매 정보지 및 경매14일전 신문공고 및 법원 사이트공고 물건자료열람 (일주일전)가능. - 무료, 유료사이트로 검색 (입찰물건 명세서. 임대차조사 등)
2. 임장활동	- 현지(물건확인)답사. - 시세확인(부동산업소 방문 및 전화확인) 교통 및 주변여건 확인 - 세입자와 면담 등 물건확인 .건축의 상태확인
3. 입찰활동	- 법원입찰. 입찰표 기재 및 준비사항 지참 입찰 참여 (보증금. 주민증. 도장. 대리시: 위임장)
4. 명도(인도)활동	- 인도를 위한 세입자 및 채무자와 합의 인수 및 상담(명도와 함께 잔금납부) - 강제 집행 최후의 수단 - 협의와 함께 따로 인도명령을 신청하여 동시진행 한다.
5. 소유권 이전활동	- 법무사에게 위임하거나 직접 등기 이전 (소유권 등기 이전 촉탁)
6. 임대, 매매 활동	- 중개업소 및 지인의 소개로 임대, 매매 하는데 - 각종 세금 및 수수료, 매매시기 등을 체크

메모:

제2주:
경매절차 및 경매용어해설

●경매절차 FLOW CHART

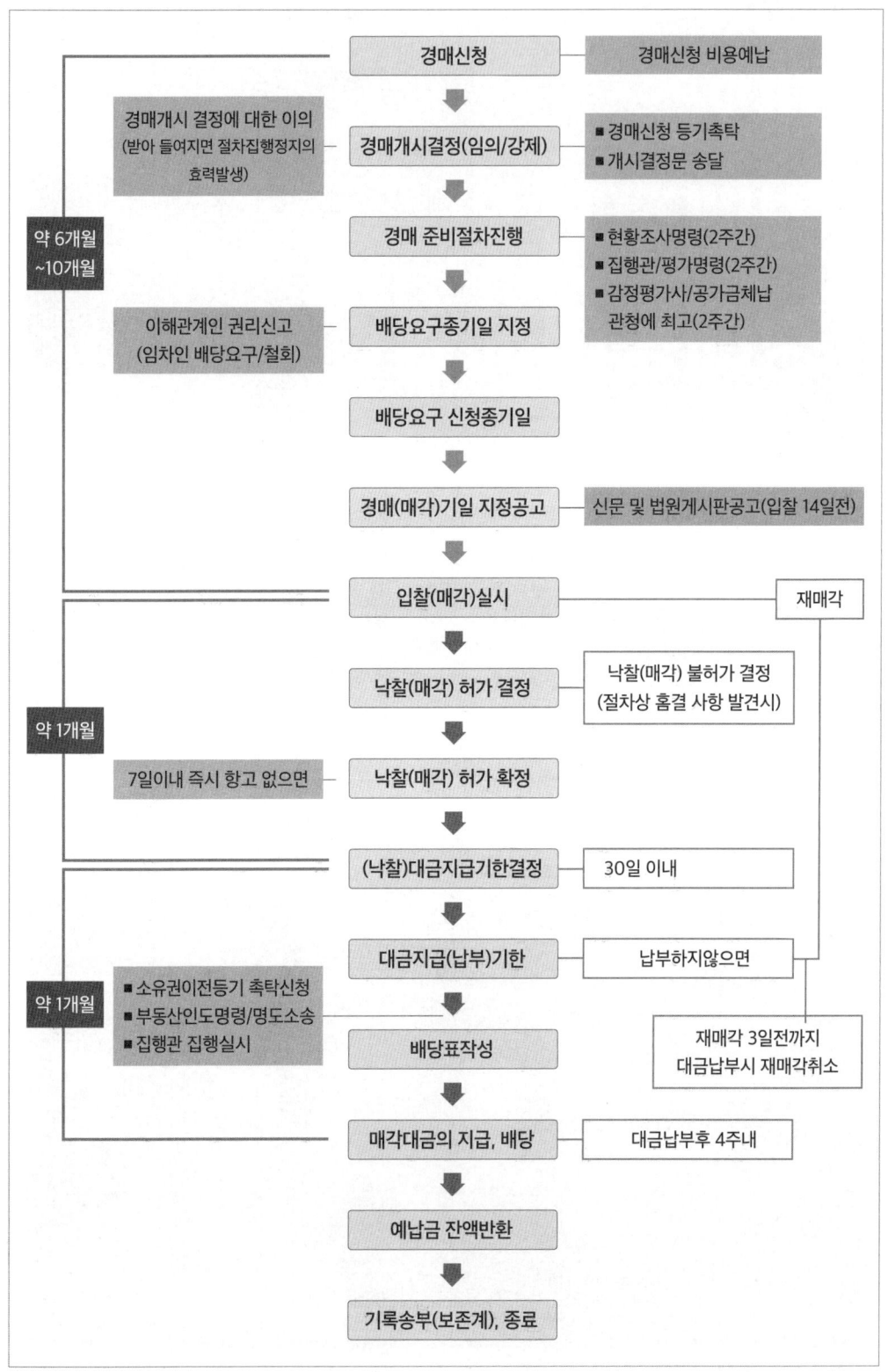

●감정평가의 방법

부동산 감정평가 방식에는
▷원가방식 ▷비교방식 ▷수익방식 등 3가지가 있다.

이들 3가지 방식별로 다시 해당 부동산의 가격을 구하는 방법과 해당 부동산의 임대료를 구하는 방법이 있는데, 3가지 방식에 6가지 방법이 있다 해서 '3방식 6방법'이라 부른다.

▶원가방식은 건축을 하는데 어느 정도의 비용(원가)을 들여야 하는가의 관점에서 가격을 산출하는 방법이다.

▶비교방식은 해당 부동산의 가격을 시장성, 즉 해당 부동산이나 해당 부동산과 비슷한 부동산의 거래 사례(시세)와 임대차 사례를 비교하는 관점에서 가격을 산출하는 방법이다.

비교방식으로 해당 부동산의 가격을 구하는 방법을 거래사례비교법(매매사례비교법)이라고 하고, 임대료를 구하는 방법을 임대사례비교법이라고 한다.

▶수익방식은 해당 부동산이 향후 일정기간까지 얼마만큼의 수익을 올릴 수 있을까하는 관점에서 부동산 가격 등을 평가하는 방식이다. 즉 해당 부동산의 향후 수익을 산출해 부동산의 가격 또는 임대료를 구하는 것이다.

소득접근법이라고도 불리는 이 수익방식에서 해당 부동산의 가격 구하는 방법을 수익환원법이라고 하고, 임대료 구하는 방법을 수익분석법이라고 한다.

방식	원리	명칭	방법	주요 대상물
원가방식	비용의 원리	적산가격	원가법	전원주택, 독립된 건물
		적산임료	적산법	
비교방식	비교의 원리	비준가격	거래사례비교법	아파트, 공동주택
		비준임료	임대사례비교법	
수익방식	수익의 원리	수익가격	수익환원법	상가, 영업장소
		수익임료	수익분석법	

● 부동산법원 경매 용어해설(ㄱ-ㄴ-ㄷ-ㄹ) 266개

1. 가등기

종국등기를 할 수 있을 만한 실체법적 또는 절차법적 요건을 구비하지 못한 경우 혹은 권리의 설정, 이전, 변경, 소멸의 청구권을 보전하려고 할 때와 그 청구권이 시한부, 조건부이거나 장래에 있어서 확정할 것인 때에 그 본등기를 위하여 미리 그 순위를 보존하게 되는 효력을 가지는 등기이다. 예비등기의 일종이다. 가등기의 효력은 (1) 그 자체로는 완전한 등기로서의 효력이 없으나 후에 요건을 갖추어 본등기를 하게 되면 그 본등기의 순위는 가등기의 순위로 되므로, 결국 가등기를 한 때를 기준으로 하여 그 본등기의 순위가 확정된다는 본등기순위보전의 효력과, (2) 본등기 이전에 가등기가 불법하게 말소된 경우에 가등기명의인은 그 회복을 청구할 수 있는 가등기자체의 효력(청구권보존의 효력)이 있다.

2. 각하

국가기관에 대한 행정상 또는 사법상의 신청을 배척하는 처분, 특히 소송상 법원이 당사자 그 밖의 관계인의 소송에 관한 신청을 배척하는 재판을 말한다. 다만 민사소송법상 기각과 구별하여 사용하는 경우에는 소송요건 또는 상소의 요건을 갖추지 않은 까닭으로 부적법인 것으로서 사건의 일체를 심리함이 없이 배척하는 재판을 말한다.

3. 감정인

특별한 지식 경험에 속하는 법칙이나 이를 구제적 사실에 적용하여 얻은 판단을 법원이나 법관에 보고하는 자를 말한다. 감정인은 일정한 경우 감정전에 반드시 선서하여야 하는데 선서하지 않고 한 감정은 증거능력이 없다. 또한 허위감정은 처벌을 받는다.

4. 감정평가액

집행법원은 감정인으로 하여금 부동산을 평가하게 하고 그 평가액을 참작하여 최저매각가격을 정한다. 감정인의 평가액을 그대로 최저매각가격으로 정하여야 하는 것은 아니지만 실무에서는 대부분 감정인의 평가액을 그대로 최저매각가격으로 정하고 있다. 감정평가서에는 최소한 감정가격의 결정을 뒷받침하고 응찰자의 이해를 도울 수 있도록 감정가격을 산출한 근거를 밝히고 평가요항, 위치도, 지적도, 사진 등을 첨부하여야 한다. 그리고 이 감정평가서는 매각기일 1주일 전부터 매각물건명세서에 첨부하여 일반인의 열람이 가능하도록 비치하게 되어 있다.

5. 강제경매

채무자 소유의 부동산을 압류, 환가하여 그 매각대금을 가지고 채권자의 금전채권의 만족을 얻음을 목적으로 하는 강제집행 절차중의 하나이다.

6. 강제집행

채권자의 신청에 의하여 국가의 집행기관이 채권자를 위하여 채무명의에 표시된 사법상의 이행청구권을 국가공권력에 기하여 강제적으로 실현하는 법적 절차이다.

7. 개별경매(분할경매)

수개의 부동산에 관하여 동시에 경매신청이 있는 경우에는 각 부동산별로 최저경매가격을 정하여 경매하여야 한다는 원칙이다. 법에 명문규정은 없으나 이 원칙은 1개의 부동산의 매각대금으로 각 채권자의 채권 및 집행비용의 변제에 충분한 때에는 다른 부동산에 대한 경락을 허가하지 아니하며, 이 경우 채무자는 경락할 부동산을 지정할 수 있다는 규정과 일괄경매에 관한 특칙이 있음에 비추어 명백하고, 다만 법원은 수개의 부동산의 위치, 형태, 이용관계 등을 고려하여 이를 동일인에게 일괄매수시킴이 상당하다고 인정한 때에는 자유재량에 의하여 일괄경매를 정할 수 있다.

8. 경락기일

집행법원은 경매기일의 종결후 미리 지정된 기일에 경락기일을 열어 경락의 허부에 관하여 이해관계인의 진술을 듣고 직권으로 법정의 이의사유가 있는지 여부를 조사한 다음 경락의 허가 또는 불허가를 선고하는 날이다.

9. 경매개시결정

경매신청의 요건이 구비되었다고 판단되면, 집행법원은 경매절차를 개시한다는 결정을 한다. 이것이 경매개시결정이다. 이 때 집행법원은, 직권 또는 이해관계인의 신청에 따라, 부동산에 대한 침해행위를 방지하기 위하여 필요한 조치를 할 수 있다. 이와 동시에 집행법원은 그 부동산의 압류를 명하 고, 직권으로 그 사유를 등기부에 기입할 것을 등기관에게 촉탁한다. 경매개시결정이 채무자에게 송달된 때 또는 경매신청의 기입등기가 된 때에 압류의 효력이 발생하며, 이때부터는 그 부동산을 타 에 양도하거나 담보권 또는 용익권을 설정하는 등의 처분행위를 할 수 없다.

10. 경매기일공고

경매기일 및 경락기일을 지정한 때에는 법원은 이를 공고한다. 공고는 공고사항을 기재한 서면을 법 원의 게시판에 게시하는 방법으로 하고, 최초의 경매기일에 관한 공고는 그 요지를 신문에 게재하 여야 하며 법원이 필요하다고 인정할 때에는 그 외의 경매기일에 관하여도 신문에 게재할 수 있으 며, 대법원 홈페이지(www.scourt.go.kr) 법원공고 란에도 게재한다. (신)매각기일 및 매각결정기 일의 공고

11. 경매기일지정

집행법원은 공과주관 공무소에 대한 통지, 현황조사, 최저경매가격결정 등의 절차가 끝나고 경매절 차를 취소할 사유가 없는 경우에는 직권으로 경매할 기일을 지정하게 된다. (신) 매각기일의 지정

12. 경매기일통지

법원이 경매기일과 경락기일을 지정하면 이를 이해관계인에게 통지하는 절차를 말하는데, 위 통지는 집행기록에 표시된 이해관계인의 주소에 등기우편으로 발송하여 할 수 있다. (신) 매각기일 및 매각결정기일 통지

13. 경매물건명세서

법원은 부동산의 표시, 부동산의 점유자와 점유의 권원, 점유할 수 기간, 차임 또는 보증금에 관한 관계인의 진술, 등기된 부동산에 관한 권리 또는 가처분으로서 경락에 의하여 그 효력이 소멸되지 아니하는 것, 경락에 의하여 설정된 것으로 보게 되는 지상권의 개요 등을 기재한 경매물건명세서를 작성하고, 이를 경매기일의 1주일전까지 법원에 비치하여 일반인이 열람할 수 있도록 작성해 놓은 것이다. (신) 매각물건명세서

14. 경매신청취하

경매부동산에 대하여 경매신청후 경매기일에서 적법한 매수의 신고가 있기까지의 사이에 있어서는 경매신청인은 임의로 경매신청을 취하할 수 있으나, 매수의 신고가 있은 후에 경매신청을 취하함에는 최고가매수신고인과 차순위매수신고인의 동의를 필요로 한다.

15. 공과주관 공무소에 대한 최고

법원은 경매개시결정후 조세 기타 공과를 주관하는 공무소에 대하여 목적부동산에 관한 채권의 유무와 한도를 일정한 기간내에 통지할 것을 최고하는데 이는 우선채권인 조세채권의 유무, 금액을 통지받아 잉여의 가망이 있는지 여부를 확인함과 동시에 주관 공무소로 하여금 조세 등에 대한 교부청구의 기회를 주는 것이다.

16. 공동경매

수인의 채권자가 동시에 경매신청을 하거나 아직 경매개시결정을 하지 아니한 동안에 동일부동산에 대하여 다른 채권자로부터 경매신청이 있으면 수개의 경매신청을 병합하여 1개의 경매개시결정을 하여야 하며, 그 수인은 공동의 압류채권자가 되고, 그 집행절차는 단독으로 경매신청을 한 경우에 준하여 실시되는 절차이다.

17. 공탁

변제자가 변제의 목적물을 채권자를 위하여 공탁소에 임치하여 채권자의 협력이 없는 경우에도 채무를 면하는 제도이다. 변제자, 즉 채무자를 보호하기 위한 제도로서, 그 성질을 제3자를 위한 임치계약으로 봄이 일반적이나, 판례는 공법관계(행정처분)로 본다. 공탁의 성립요건으로는, 채권자가 변제를 받지 않거나 받을 수 없어야 하는바, 변제자의 과실 없이 채권자를 알 수 없는 경우도 이에 해당한다. 공탁의 목적물은 채무의 내용에 적합한 것이어야 하고 일부공탁은 원칙적으로 무효이다. 대체로 ① 채권소멸을 위한 공탁, 즉 채무자가 채권자의 협력없이 채무를 면하는 수단으로 하는 변제공탁, ② 채권담보를 위한 공탁, 즉 상대방에 생길 손해의 배상을 담

보하기 위한 수단으로 하는 담보공탁, ③ 단순히 보관하는 의미로 하는 보관공탁과 기타 특수한 목적으로 하는 특수공탁 등이 있다.

18. 과잉매각

한 채무자의 여러 개의 부동산을 매각하는 경우에 일부 부동산의 매각대금으로 모든 채권자의 채권액과 집행비용을 변제하기에 충분한 경우가 있을 수 있다. 이런 경우를 과잉매각이라고 하는데, 이에 해당하면 **집행법원은 다른 부동산의 매각을 허가하여서는 아니된다**. 다만, 일괄매각의 경우에는 그러하지 아니하다. 과잉매각의 경우에는, 채무자가 그 부동산 가운데 매각할 것을 지정할 수 있다.

19. 교부청구

국세 징수법상 국세, 지방세, 징수금등 채무자가 강제집행이나 또는 파산선고를 받은 때(법인이 해산한 때) 강제매각개시 절차에 의하여 채무자의 재산을 압류하지 아니하고도 강제 매각기관에 체납관계 세금의 배당을 요구하는 제도를 말하며, 교부청구를 하면 조세의 소멸시효가 중단된다.

20. 구거

하천보다 아주 작은 형태의 개천이나 도랑 등으로 용수나 배수 목적의 인공적인 시설과 그 부속시설 및 토지를 말한다.

21. 구분평가

1개의 대상물건이라도 가치를 달리하는 부분은 이를 구분하여 평가할 수 있다. 이 경우 감정평가서에 그 내용을 기재하여야 한다.

22. 권리관계

권리관계라 함은 사람과 사람간에 있어서 법률상의 의무를 강제할 수 있는 관계를 말한다.

23. 권리능력

권리나 의무를 가질 수 있는 자격 내지 지위를 말한다. 자연인은 모체로부터 전부 노출했을 때부터 권리능력을 가지는 것이 원칙이나 손해배상, 호주승계, 재산상속, 유증 등의 경우에는 이미 태어난 것으로 하여 권리능력을 가지는 것으로 하고 있다.

24. 금전집행

금전(돈)채권의 만족을 얻기 위하여 채무자 소유의 부동산에 대하여 하는 강제집행이다.

25. 기각

민사소송법상 신청의 내용(예: 원고의 소에 의한 청구, 상소인의 상소에 의한 불복신청 등)을 종국재판에서 이유가 없다고 하여 배척하는 것을 말한다. 기각의 재판은 본안판결이며 소송·형식재판인 각하와 구별된다.

26. 기간입찰

입찰기간은 1주일 이상 1월 이하의 범위 안에서 정하고, 매각(개찰)기일은 입찰기간이 끝난 후 1주 안의 날로 정한다. 입찰의 방법은 입찰표에 기재사항을 기재한 후 매수신청의 보증으로 관할법원의 예금계좌에 매수신청보증금을 입금한 후 받은 법원보관금영수필통지서를 입금증명서의 양식에 첨부하거나 경매보증보험증권을 입찰봉투에 넣어 봉함한 후 매각(개찰)기일을 기재하여 집행관에게 제출 또는 등기우편으로 집행관에게 부치는 방법이다.

27. 기일입찰

부동산의 매각은 ①매각기일에 하는 호가경매 ②매각기일에 입찰 및 개찰하게 하는 기일입찰 ③입찰기간내에 입찰하게 하여 매각기일에 개찰하는 기간입찰의 세가지 방법으로 한다. 현재 법원에서는 입찰표에 입찰가격을 적어 제출하는 기일입찰의 방법을 시행하고 있다. (구) 입찰

28. 기입등기

새로운 등기원인이 발생한 경우에 그 등기원인에 입각하여 새로운 사항을 등기부에 기재하는 등기이다. 건물을 신축하고 그것을 등기부에 기재하는 소유권보존등기나 매매나 증여 등에 의하여 부동산의 소유주가 변경한 경우에 행하는 소유권이전등기, 토지건물을 담보로 제공한 경우 담보권을 설정하는 저당권설정등기 등 새로운 사실의 발생에 입각하여 새로운 사항을 기재하는 등기가 이에 해당된다.

29. 나대지

지목이 대지인 토지로 영구적인 건축물이 지어져 있지 않은 토지, 건축물이 지어져 있는 토지라도 무 허가 건물이 지어져 있는 토지, 건축물의 부속토지가 너무넓어 일정 기준을 초과하는 토지등을 말한다.

30. 낙찰기일 (신) 매각결정기일

입찰을 한 법정에서 최고가 입찰자에 대하여 낙찰허가 여부를 결정하는 날로 입찰법정에서 선고한 후 법원게시판에 공고만 할 뿐 낙찰자, 채권자, 채무자, 기타 이해관계인에게 개별적으로 통보하지 않는다. (입찰기일로부터 통상 7일 이내) (신) 매각결정기일

31. 낙찰허가결정 (신) 매각허가결정

낙찰허가결정이 선고된 후 1주일 내에 이해관계인이(낙찰자, 채무자, 소유자, 임차인, 근저당권자 등) 항고하지 않으면 낙찰허가결정이 확정된다. 그러면 낙찰자는 법원이 통지하는 대금납부기일에 낙찰대금(보증금을 공제한 잔액)을 납부하여야 한다. 대금납부기일은 통상 낙찰허가결정이 확정된 날로부터 1개월 이내로 지정한다. (신) 매각허가결정

32. 녹지지역

보건위생, 공해방지, 경관, 수림 및 녹지를 보전하기 위한지역. ㄱ.보전녹지지역: 도시의 자연환경, 경관, 수림 및 녹지를 보전하기 위한지역. ㄴ. 생산녹지지역: 주로 농업적 생산을 위하여 개발

을 유보할 필요가 있는지역. ㄷ. 자연녹지지역: 녹지공간의 보전을 해하지 아니하는 범위안에서 제한적 개발이 불가피한지역.

33 . 농림지역
농업진흥 및 보전임지 등으로 농림업의 진흥과 산림의 보전을 위한지역을 말한다.

34 . 농지법
96년1월1일 부터 농지를 취득하기 위해 종전에 받았던 농지매매증명 대신에 개정된 농지법 제8조의 규정에 의한 농지취득자격증명을 발급받아야 농지를 취득할수있게됐다. 개정된 농지법에 따르면 작목별 주요농작업의 3분의1이상을 자기 또는 세대원의 노동력에 종사하거나 자신이 직접 1년중 30일 이상 영농에 종사하면 농지취득자격증명 발급이 가능하여 농지를 취득할수있다.

35 . 농지취득자격증명
농지법 제8조에 의해서 농지를 취득하고자하는 자는 농지(전,답,과수원)소재지를 관할하는 시,구,읍면장으로 부터 발급을 받는 서류, 영농의 영세화를 방지하고 농업인이 아닌자에게 취득되는것을 가급적으로 방지하려는 취지이다.

36 . 다가구형 단독주택
단독주택내에 여러가구가 거주할 수 있는 구조로 된 주택으로 각 가구별로 별도의 방과 부엌, 화장실,출입구를 갖추고 연면적은 660㎡(200평)이하,4층 이하로 2~19가구까지 건축할 수 있다.

37 . 다세대주택
연면적이 660㎡이하,4층 이하로 2세대이상인 주택이며 각 세대별로 방,부엌,화장실,현관을 갖추어야 각각 독립된 주거생활을 영위할 수 있고 각 세대별 구분 소유와 분양이 가능한 공동주택을 말한다.

38 . 단기시효
일반채권의 소멸시효기간인 10년보다 기간이 짧은 소멸시효 민법에서는 3년의 단기시효와 1년의 단기시효가 규정되어 있다.

39 . 담보가등기
돈을 얼마빌리고 언제까지 안갚을때는 내소유의 주택을 주겠다는 식의 대물변제(물건으로 갚는것)의 예약을 하고 설정하는 경우의 가등기를 말한다. 약속대로 채무자가 돈을갚지 않는 경우에는 그의 예약완결권을 행사함으로써 발생하게되는 장래의 소유권이전 청구권을 보전하기 위한것이다.

40 . 담보물건(채권을 위한물건)
채권담보를 위해 물건이 가지는 교환가치의 지배를 목적으로 하는 **제한물권**을 말하는데 민법상 유치권, 질권, 저당권 등의 3가지가 있다. 그밖에 민법은 전세권자에게 우선변제권을 인정함으로써 전세권을 용익물권인 동시에, 일종의 담보물권으로 구성하고 있다. 담보물권중 유치권은 일정한 요건이 갖추어진 경우 민법의 규정에 의하여 당연히 성립하는 법정담보물권이고, 질권과 저당권은 원칙적으로 당사자의 설정행위에 의해 성립하는 약정담보물권이다.

41. 담보물건(지배물권)

담보물권은 채권담보를 위하여 물건이 가지는 교환가치의 **지배를 목적으로 하는** 물권이며 민법상 유치권, 질권, 저당권의 3가지가 있다. 그 밖에 민법은 전세권자에게 전세금의 반환을 확보해 주기 위해서 전세권에 대하여 담보물권적인 성질을 부여 하고 있다. 그리고 담보물권 중 유치권은 법률에 의하여 일정한 요건이 갖추어질 때에 당연히 성립하는 법정담보물권이며, 질권과 저당권은 원칙적으로 당사자의 설정행위에 의하여 성립하는 약정담보물권이다.

42. 담합입찰

종전의 경매입찰제도의 구두로 호가하는 방식에서 나타난 비리로 사전에 경매브로커들이 모여서 미리 입찰가격을 상의, 협정해서 입찰하던 것이다.

43. 답

물을 직접 이용하여 벼, 연미나리, 왕골등의 식물을 주로 재배하는 토지를 말한다.

44. 당해세

당해 재산의 소유 그 자체에 담세력을 인정하여 부과하는 재산세를 말한다. 국세: 상속세, 증여세와 재평가세. 지방세: 취득세, 등록세, 재산세, 자동차세, 종합토지세, 도시계획세 및 공동시설세이다.

45. 대금지급(납부)기일

최고가 매수신고인에 대하여 경락허가결정이 확정되면 법원은 지체없이 직권으로 대금지급기일을 지정하는 날이다.

46. 대금지급기한

민사집행법이 적용되는 사건에 대하여 매각허가결정이 확정되면 법원은 대금의 지급기한을 정하고, 이를 매수인과 차순위 매수신고인에게 통지하여야 하며, 매수인은 이 대금지급기한까지 매각대금을 지급하여야 한다.

47. 대리입찰

경매에 있어서 입찰행위는 소송상의 행위라고 말할 수 없으므로 대리인은 변호사가 아니라고 하더라도 상관없으며 또한 대리행휘에 대하여 법원의 허가를 받지 않아도 된다. 따라서 대리인은 민법상의 임의대리가 갖추어야할 대리권을 증명할 수 있는 서면(임위장+인감증명서)을 집행관에게 제출하고 대리입찰을 하면된다.

48. 대위변제

제3자 또는 공동채무자의 한사람이 채무자를 위하여 변제하는 때에는 그 변제자는 채무자 또는 다른 공동채무자에 대하여 구상권을 취득하는 것이 보통이다. 이때에 그 구상권의 범위 내에서 종래 채권자가 가지고 있었던 채권에 관한 권리가 법률상 당연히 변제자에게 이전하는 것을 가리켜 변제자의 대위 또는 대위변제라고 한다. 변제에 이해관계가 있는 자가 다수 있는 경우에 그 중의 1인이 먼저 변제를 하고 채권자를 대위하게 되면 이에 따라 당연히 혼란상태가 야기되므로(예를 들면 보증인 갑·을과 물상보증인 병이 있을 때 빨리 변제한 자가 채권자의 지위를 획득하고 타인의 재산을 집행할 수 있다), 민법은 각각 관계인에 대하여 변제자 대위의 행사 방법을 합리적으로 규정하고 있다.

49 . 대지
지적법에 의하여 각 필지로 구획된 토지로 건축법은 규정하는데, 일반적으로 집을 지을 수 있는 한 필지의 토지를 말한다.

50 . 대집행 (강제집행)
행정상 강제집행의 원칙적인 방법,행정상 의무자가 그 의무를 이행하지 않는경우 행정청이 스스로 그 의무자로 부터 징수하는 방법.

51 . 대항력
주택임차인이 임차주택을 인도받고 주민등록까지 마치면 그 다음날부터 그 주택의 소유자가 제3자로 변경되더라도 그 제3자에 대하여 임차권을 가지고서 대항할 수 있게 된다. 이와 같이 대항할 수 있는 힘을 주택임차인의 대항력이라고 부른다. 다시 말해 임차보증금 전액을 반환받을 때까지 주택임차인이 새로운 매수인에 대하여 집을 비워 줄 필요가 없다는 것을 의미한다. 다만, 대항요건(주택인도, 주민등록)을 갖추기 전에 등기부상 선순위의 권리(근저당권, 가압류, 압류 등)가 있었다면 주택이 매각된 경우 그 매수인에게 대항할 수 없다.

52 . 도달주의
의사표시가 상대방에게 도달한때에 그 의사표시의 효력이 생긴다고 하는 입법주의,수신주의 또는 수령주의라고도 한다.

53 . 도로
일반공중의 교통운수를 목적으로 보행 또는 차량운행에 필요한 일정한 설비 또는 형태를 갖추어 이용되는 토지와 관계법령에 의하여 도로로 개설된 토지 또는 2필지 이상의 대에 진입하는 통로로 이용되는 토지.

54 . 도시계획구역
도시계획이 실시될 구역으로 도시계획법이 적용받는 지역적 범위.

55 . 도시계획확인원
도시계획시설(저촉)여부, 용도지역지구 확인 개발제한구역여부, 군사시설 보호구역 여부 등을 확인 할 수 있으며 축소된 지적도가 그려져 있어 토지의 형태를 파악, 효용가치 여부를 결정하는데 활용할 수 있다. 발급은 부동산 소재지 시.군구청에서 받을 수 있다.

56. 도시설계지구
도시의 기능 및 미관의 증진을 위하여 필요한때 지정한지구.

57. 동산의 평가
상품, 원재료, 반제품, 재고품, 제품, 생산품 및 기타동산의 평가가 작정하지 아니한 경우에는 복성식 평가법에 의하되 본래의 용도로서 효용가치가 없는 동산은 해체처분가격으로 평가할 수 있다.

58. 등기부 등본 권리자, 등기의무자
등기법상 공동신청이 요구되는 경우에 일반적으로 등기를 함으로써 등기부상 권리를 취득하거나 또는 그 권리가 증대되는 자를 등기권리자라 하고 이와 반대로 등기로 불이익을 받게 되는 자를 등기의무자라고 한다.

59. 등기지연서 과태료
등록세는 등기를 하기 전에 납부하면 된다. 일정 기간 내에 납부하지 않았다고 해서 적용되는 가산세는 없다. 경락자가 소유권이전등기 신청기간을 지나서 등기시청을 할 경우에는 과태료를 내야한다. 소유권이전등기 신청기간은 대금납부 후 60일 이내이다.

60. 등본
원본의 내용을 증명하기 위해 문서의 원본 내용을 동일한 문자와 부호로써 완전하게 전부 전사한 서면을 말한다.

61. 말소등기
기존등기가 원시적 또는 후발적인 사유로 인하여 실체관계와 부합하지 않게 된 경우에 기존등기 전부를 소멸시킬 목적으로 하는 등기이다. 말소의 대상이 되는 등기는 등기사항 전부가 부적법한 것이어야 한다. 그 부적법의 원인은 원시적(원인무효)이든, 후발적(채무변제로 인한 저당권 소멸)이든, 실체적(원인무효나 취소)이든 또는 절차적(중복등기)이든 이를 가리지 않는다.

62. 매각결정기일
매각을 한 법정에서 최고가매수신고인에 대하여 매각허가 여부를 결정하는 날로 매각법정에서 선고한 후 법원게시판에 공고만 할 뿐 매수인, 채권자, 채무자, 기타 이해관계인에게 개별적으로 통보하지 않는다. (매각기일로부터 통상 7일 이내) (구) 경락기일, 낙찰기일

63. 매각기일
경매법원이 목적부동산에 대하여 실제 매각을 실행하는 날로 매각할 시각, 매각할 장소 등과 함께 매각기일 14일 이전에 법원게시판에 게시함과 동시에 일간신문에 공고할 수 있다. (구) 입찰기일

64. 매각기일 및 매각결정기일 통지

법원이 매각기일과 매각결정기일을 지정하면 이를 이해관계인에게 통지하는 절차를 말하는데, 위 통지는 집행기록에 표시된 이해관계인의 주소에 등기우편으로 발송하여 할 수 있다. (구) 경매기일통지

65. 매각기일 및 매각결정기일의 공고

매각기일 및 매각결정기일을 지정한 때에는 법원사무관 등은 이를 공고한다. 공고는 공고사항을 기재한 서면을 법원의 게시판에 게시하는 방법으로 하는 외에, 법원이 필요하다고 인정하는 때에는 별도로 그 공고사항의 요지를 신문에 게재하거나 정보통신매체를 이용하여 공시할 수 있다. 현재 대법원 홈페이지(www.scourt.go.kr) 법원공고 란에도 게재하고 있다. (구) 경매기일공고

66. 매각기일의 지정

집행법원은 공과주관 공무소에 대한 통지, 현황조사, 최저매각가격 결정 등의 절차가 끝나고 경매절차를 취소할 사유가 없는 경우에는 직권으로 매각할 기일을 지정하게 된다. (구) 경매기일지정

67. 매각(물건명세서)

법원은 부동산의 표시, 부동산의 점유자와 점유의 권원, 점유할 수 있는 기간, 차임 또는 보증금에 관한 관계인의 진술, 등기된 부동산에 관한 권리 또는 가처분으로서 매각으로 효력을 잃지 아니하는 것, 매각에 따라 설정된 것으로 보게 되는 지상권의 개요 등을 기재한 매각물건명세서를 작성하고, 이를 매각기일의 1주일전까지 법원에 비치하여 누구든지 볼 수 있도록 작성해 놓은 것이다. (구) 경매물건명세서

68. 매각조건

법원이 경매의 목적부동산을 경락인에게 취득시키기 위한 조건인데 경매도 일종의 매매라 할 수 있지만 통상의 매매에서는 그 조건을 당사자가 자유로이 정할 수 있는 반면 강제경매는 소유자의 의사에 반하여 행하여지고 이해관계인도 많으므로 법은 매각조건을 획일적으로 정하고 있다.

69. 매각허가결정

매각허가결정이 선고된 후 1주일 내에 이해관계인이(매수인, 채무자, 소유자, 임차인, 근저당권자 등) 항고하지 않으면 매각허가결정이 확정된다. 그러면 매수인은 법원이 통지하는 대금지급기한내에 매각대금(매수보증금을 공제한 잔액)을 납부하여야 한다. 대금지급기한은 통상 매각허가결정이 확정된 날로부터 1개월 이내로 지정한다. (구) 낙찰허가결정

70. 매도담보

매매형식에 위한 물적담보로서 융자를 받는 자가 목적물을 융자자에게 매도하고 대금으로 융자를 받아 일정한 기간내에 원리금에 상당한 금액으로서 이것을 되사는 방법의 담보형태, 매도

저당이라고 한다. 기한내에 매도임이 되삼으로써 그 물건을 되찾을수 있고 기한내에 되살수 없을 때에는 매수인이 확정적으로 그 물건의 소유자가 될수 있는 점에서 실질적으로 융자와 그 담보의 역할을 하는 것이다.

71. 매립지

바다와 호수의 연안 부분을 메워 조성함으로써 생긴지역으로 간척사업 등으로 인한 공유수면 매립지 등이 있음.

72. 매수보증금

경매물건을 매수하고자 하는 사람은 최저매각가격의 10분의 1에 해당하는 보증금액을 입찰표와 함께 집행관에게 제출하는 방법으로 제공하여야 한다. 매각절차가 종결된 후 집행관은 최고가매수신고인이나 차순위매수신고인 이외의 매수신청인에게는 즉시 매수보증금을 반환하여야 한다. 매각허가결정이 확정되고 최고가매수인이 대금지급기한 내에 매각대금을 납부하면 차순위매수신고인의 보증금을 반환하게 되고, 만일 최고가 매수인이 납부를 하지 아니하면 그 보증금을 몰수하여 배당할 금액에 포함하며, 이후 차순위매수신고인에 대하여 낙찰허가여부의 결정 및 대금납부의 절차를 진행하게 되고 차순위매수신고인이 매각대금을 납부하지 아니하면 역시 몰수하여 배당할 금액에 포함하여 배당하게 된다. (구) 입찰보증금

73. 매수신고인

경매부동산을 매수할 의사로 매수신고를 할 때 통상 매수신고가격(민사집행법의 적용을 받는 사건은 최저매각가격)의 10분의 1에 해당하는 현금 또는 유가증권을 집행관에게 보관시킨 사람이다. 매수신고인은 다시 다른 고가의 매수허가가 있을 때까지 그 신고한 가격에 구속을 받고 매수신고를 철회할 수가 없다.

74. 매수청구권

타인의 부동산을 이용하는 경우에 이용자가 그 부동산에 부속시킨 물건에 대하여 이용관계가 종료함에 즈음하여 타인에 대하여 부속물의 매수를 청구할 수 있는 권리, 일종의 형성권이다. 민법상 인정되는 매수청구권으로서는 지상권 설정자 및 지상권자의 지상물매수청구권, 전세권 설정자 및 전세권자의 부속물매수청구권, 토지임차인 및 전차인의 건물 기타 공작물의 매수청구권 등이 있다. 한편 민사소송법상으로는 부동산 공유자는 경매기일까지 보증을 제공하고 최고 매수신고가격과 동일한 가격으로 채무자의 지분을 우선 매수할 것을 신고할 수 있다.

75. 맹지

지적법상 도로와 접하지 않은땅. 즉 도로와 연결이 안돼 재산적인 가치가 지극히 낮은땅. 모든 대지는 도로와 어느 정도 접해야하는데 도로와 접하지 않으면 부동산 공법상 및 사법상 많은 이용제한이 따른다.

76. 멸실등기

등기된 부동산이 멸실된 경우에 행하여지는 등기를 말한다. 멸실등기를 할 때에는 표제부에 멸실원인을 기재하고 부동산의 표시와 표시번호를 말소한 후 그 등기용지를 폐쇄하게 된다.

77. 명도

주거인(세입자)을 퇴거시키고 가재도구 등 동산을 철거한후에 물건을 인도받아 점유하는 것이다. 명도는 인도의 한형태이다.

78. 명의신탁

자신의 부동산 등 재산을 자신의 이름이 아닌 친척등 제3자 명의를 빌려 등기부등에 등재한 뒤 실질소유권을 행사하는 제도, 종중재산의 위탁관리 등을 인정하기 위한 명의신탁제도는 우리나라에서만 허용되는 당사자간의 계약관행이다. 현행 민법상명의 신탁에 관한 구체적인 규정은 없으나 해방 후 법원판례로 굳어져왔다. 명의 신탁제도가 합법적으로 재산을 도피할 수 있는 수단인 만큼 금융실명제의 미비점을 보완하기 위해선 이 제도를 폐지(특별법제정 또는 대법원 판례변경)해 <부동산거래실명제>를 이뤄야한다는 지적이 많다. 이를 위해선 부동산을 등기 할때 실질 소유권여부를 법원이 판단하는 <등기실질주의 원칙>이 선행되어야한다.

79. 모기지

금융거래에 있어서 차주가 대주에게 부동산을 담보로 제공하는 경우 담보물에 설정되는 저당권 또는 이저당권을 표방하는 저당증서 혹은 저당금용제도를 모기지라 한다.

80. 목장용지

축산, 낙농업을 위한 가축의 사육초지, 축사와 그 부속시설물의 부지를 말한다.

81. 묘적지 분묘, 묘지, 납골당 등을 말한다.

82. 물건번호

한 사건에서 2개 이상의 물건을 개별적으로 입찰에 부친 경우에 각 물건을 특정하는 것이다. 따라서 입찰사건목록 또는 입찰공고에 물건번호가 기재되어있는 경우에는 사건번호외에 응찰하고자 하는 물건의 번호도 반드시 기재해야한다. (물건번호가 없는 경우에는 기재하지 않는다.)

83. 물권

바다와 호수의 연안 부분을 메워 조성함으로서 생긴 지역으로 간척사업 등으로 인한 공유수면 매립지 등이있음. or 물권은 그의 객체인 물건을 직접 재배해서 이익을 얻는것을 내용으로 하는 권리이다. 물권은 특히 재산권이고 지배권이며 또한 절대권이다.

84. 물권법

물권관계 즉 사람이 재화를 직접재배 이용하는 재산관계를 규율하는 사법을 말한다. 채권법이 계약을 중심으로 하는 재산법이라고 말을 할 수 있는 반면 물권법은 소유권을 중심으로 하는 재산법이라 할수있다.

85. 물권법정주의
물권은 법률 또는 관습법 외에는 임의로 창설하지 못한다.

86. 물권확인의 원칙
감정평가업자가 평가를 할 때에는 실지조사에 의하여 대상물건을 확인하여야한다. 다만 신뢰할 수 있는 자료가 있는 경우에는 실질 조사를 생략할 수 있다.

87. 물상대위 (대신 다른 것으로 변상 한다)
담보물권의 목적물이 그 가치 형태를 바꾸어도 법률상 변형한 물권에 효력이 있는 것으로 그 담보물권을 행사하여 배상금 등의 우선 변제를 받을 수 있는것.

88. 미관지구
도시의 미관을 유지하기 위함으로 이러한 미관유지에 장애가 된다고 건축조례로서 정하는 건축물은 건축할수 없다. (1)제1종 미관지구: 토지의 이용도가 극히 높은 상업지역의 미관을 유지하기 위하여 필요한때 (2)제2종 미관지구: 토지의 이용도가 비교적 높은 상업지역의 미관을 유지하기 위하여 필요한때 (3)제3종 미관지구: 관광지 또는 사적지의 미관을 유지하기 위하여 필요한때 (4)제4종 미관지구: 한국고유의 건축양식을 보존하거나 전통적미관의 유지를 위하여 필요한때 (5)제5종 미관지구: 제1종내지 제4종 미관지구 외에 그 도시의 미관을 유지하기 위하여 필요한때

89. 미불용지
이미 공공사업 용지로 이용 중에 있는 토지로 보상이 완료되지 않은 토지를 말한다. 이러한 미불용지에 대한보상은 공공사업 편입당시의 이용상황을 기준으로 인근 유사토지의 정상시가를 감안하여 평가한 금액으로 한다.

90. 미필적고의
범죄사실 특히 결과의 발생을 확정적인 것으로 인식하지 아니하고 단지 가능한 것으로 인식하고 있음에 불과하지만 그 경과발생의 인용이 있는 경우를 말한다.

91. 민사소송법
개인 사이의 분쟁이나 이해충돌을 국가의 재판권에 따라 법률적 또는 강제적으로 해경 조정하기 위한 소송절차법.

92. 민영주택
국민주택기금의 자금지원없이 민간건설업자가 건설하는 주택과 국가,지방자치단체 및 대한주택공사가 기금자금의 지원없이 건설하는 주택중 전용면적 85㎡(25.7평)를 초과하는 주택을 말한다.

93. 방재지구
풍수해,산사태,지반의 붕괴,기타 재해를 예방하기 위하여 필요한때 지정한지구.

94 . 방화지구

건설교통부 장관이 도시의 화재 및 기타 재해의 위험을 예방하기 위하여 도시계획결정으로 지정한 지구로 이러한 지구인의 건축물에 대하여는 건축법상 방화를 위한 특별한 규제가 행하여지고 있다.

95 . 배당

경매되는 부동산의 대금 즉 경락대금으로 채권자를 만족시킬수 없는 경우에 권리의 우선순위에 따라 매각대금을 나누어주는 절차를 말한다. (민,상법의 우열순위에 따라 안분비례의 방법으로 나눔)

96 . 배당요구(저두 돈 주세요)

강제집행에 있어서 압류채권자 이외의 채권자가 집행에 참가하여 변제를 받는 방법으로 민법, 상법, 기타 법률에 의하여 우선변제청구권이 있는 채권자, 집행력 있는 정본을 가진 채권자 및 경매개시결정의 기입 등기후에 가압류를 한 채권자는 법원에 대하여 배당요구를 신청할 수 있다. 배당요구는 낙찰기일까지, 즉 낙찰허가결정 선고시까지 할 수 있다. 따라서 임금채권, 주택임대차보증금반환청구권등 우선변제권이 있는 채권자라 하더라도 낙찰기일까지 배당요구를 하지 않으면 낙찰대금으로부터 배당받을 수 없고, 그 후 배당을 받은 후순위자를 상대로 부당이득반환청구를 할 수도 없다. 민사집행법이 적용되는 2002년 7월 1일 이후에 접수된 경매사건의 배당요구는 배당요구의 종기일까지 하여야 한다. 따라서 임금채권, 주택임대차보증금 반환청구권 등 우선변제권이 있는 채권자라 하더라도 배당요구종기일까지 배당요구를 하지 않으면 매각대금으로부터 배당받을 수 없고, 그 후 배당을 받은 후순위자를 상대로 부당이득반환청구를 할 수도 없다.

97 . 배당요구의 종기결정 (돈 받을 이해관계인 언제까지 신고 하세요)

경매개시결정에 따른 압류의 효력이 생긴 때부터 1주일내에 집행법원은 절차에 필요한 기간을 감안하여 배당요구할 수 있는 종기를 첫매각기일 이전으로 정한다. 제3자에게 대항할 수 있는 물권 또는 채권을 등기부에 등재하지 아니한 채권자(임차인등)는 반드시 배당요구의 종기일까지 배당요구를 하여야 배당을 받을 수 있다. 법원은 특별히 필요하다고 인정하는 경우에는 배당요구의 종기를 연기할 수 있다.

98 . 배당요구의 종기공고

배당요구의 종기가 정하여진 때에는 경매개시결정에 따른 압류의 효력이 생긴 때부터 1주일내에, 채권자들이 널리 알 수 있도록 하기 위하여 법원은 경매개시결정을 한 취지 및 배당요구의 종기를 공고한다.

99 . 배당요구채권자

낙찰허가 기일까지 집행력이 있는 정본에 의하여 배당요구를 한 채권자,임차인으로 확정일자에 의한 또는 소액임차인으로 배당요구를 한 임차인 기타권리를 주장하여 배당요구를 한 채권자를 말함.

100. 배당이의(배당이 잘못 된것 같아요. 이의 신청)

배당기일에 출석한 채권자는 자기의 이해에 관계되는 범위 안에서 다른 채권자를 상대로 그의 채권 또는 채권의 순위에 대하여 이의를 할 수 있다. 이의를 제기한 채권자가 배당이의의 소를 제기하고 배당기일로부터 1주일 내에 집행법원에 대하여 소제기증명을 제출하면 그 금원에 대하여는 지급을 보류하고 공탁을 하게 된다. 이의제기 채권자가 그 증명 없이 위 기간을 도과하면 이의에 불구하고 배당금을 지급하게 된다.

101. 배당절차

넓은 의미에서는 강제집행이나 파산절차에서 압류당한 재산이나 파산재단을 환가함으로써 얻은 금전을 배당요구신청을 한 각 채권자에게 안분하여 변제하기 위한 절차이다.

102. 배상

위법행위로 인하여 발생한 손해를 전보하는것.

103. 법인입찰(법정 대리입찰)

법인명의로 입찰을 하려면 대표자의 자격을 증명하는 서면으로 법인등기부등본이나 초본을 입찰표에 첨부한다. 대표이사나 지배인 또는 등기된 대리인은 법인등기부등본 또는 지배인초본 이외의 다른 서류는 필요없으나 그외 회사직원은 대리권을 증명하는 서면으로 위임장과 법인인감증명이 필요하다. 입찰표의 기재방법은 본인의 성명란에 법인의 명칭과 대표자의 직위 및 성명을 기재하고 주민등록번호란에 법인의 부동산등기용 등록번호를 기재한다.

104. 법정이율

약정이율에 대하는 말로서 법률에서 정하여진 이율.

105. 법정이자

법률의 규정에 의하여 당연히 생기는 이자. 약정이자에 대하는것.

106. 법정지상권

토지와 건물이 동일 소유자에 속하여 있다가 경매등의 이유로 소유자가 달라진 경우에 잠재적인 토지 이용권을 법률상 당연히 인정시켜준 제도로서 법률의 규정에 의한 지상권의 취득이므로 등기를 필요로 하지 않는다고 볼 수 있다.

107. 변경

경매절차 진행도중 새로운 사항의 추가 또는 매각조건의 변경등으로 인하여 권리관계가 변동되어 법원이 지정된 입찰기일에 경매를 진행시킬수 없을때 담당 재판부 직권으로 입찰기일을 변경시키는것.

108 . 별제권(인건비, 당해세, 즉 우선으로 지급해야 할 돈)

파산재단의 특정재산에 대하여 우선변제권이 있는 채권자가 다른 채권자 보다 우선적으로 파산절차에 따르지 않고 변제를 받을 수 있는 권리. 특별한 선 취득권이나 질권을 가진자가 이 권리를 갖는다.

109 . 병합경매(중복경매)

제1채권자의 경매신청으로 인해 목적부동산이 사건번호를 부여 받아 경매가 진행되는 상태에서 또 다른 채권자의 경매신청이 있어 다른 하나의 사건번호가 부여되어 진행되는 경매를 말한다. 이때는 먼저 부여 받은 사건번호에 의해 경매절차는 진행되고 선행된 사건번호에 의한 경매의 취하, 취소, 정지되면 다른 채권자의 경매신청으로 부여받은 사건번호에 의해 경매가 계속 진행된다. 즉 경매목적 부동산에 대하여 둘 이상의 사건번호가 부여된 상태에서 진행되는 경매를 중복경매라한다.

110 . 보류지

재개발사업을 시행할때 예상치 못한 사업경비가 발생하거나 분양신청시 누락된 조합원 등을 구제하기 위하여 조합이 보유하고 있는 대지나 건물을 칭한다.

111 . 보상

국가의 합법적인 권력행사로 인하여 받은 손실을 국가가 보상하여 줌.

112 . 보전녹지지역

도시의 자연환경,경관,수림 및 녹지용 보전 할 필요가 있는 경우에 도시계획법상 녹지지역에서 세분화되어 지정된지역.

113 . 보존지구

문화재 및 국방상 중요시설물의 보호와 보존의 필요가 있을때 지정하는 지구.

114 . 보증금

보증금은 원칙적으로 입찰가액의 1/10이다. 다만 특별매각조건으로 입찰공고문에 보증금2할 이라고 되어있는 사건은 재입찰의 경우로 이때는 입찰가액의 2/10에 해당 하는 보증금액을 현금이나 법원이 인정한 유가증권으로 입찰하여야 한다. (최고입찰자가 보증금을 법원이 요구하는 액수이상으로 보증금 봉투에 넣은 경우에는 초과부분을 반환하지만 모자라는 경우 입찰무효처리 한다.)

115 . 보증보험증권의 제출

가압류, 가처분 사건에서 주로 사용되는 증권으로서 일정액의 보증료를 보증보험회사에 납부한 후 경매보증보험증권을 발급받아 매수신청보증으로 제출할 수 있도록 하는 규정으로, 입찰자들의 현금소지로 인한 위험방지 및 거액의 현금을 준비하지 않고서도 손쉽게 입찰에 참가할 수 있도록 하는 방법이며, 입찰자의 선택에 따라 매수신청의 보증으로 현금 또는 경매보증보험증권을 자유롭게 활용할 수 있도록 하기 위하여 새로이 입찰절차에 도입한 규정입니다. 매수신청의 보증으로 보험증권을 제출한 매수인이 매각대금납부기한까지 매각대금을 납부하지 않을 경우에는 경매보증보험증권을 발급한 보증보험회사에서 매수인 대신 매수보증금을 납부하게 하여 배당시 배당재단에 포함하여 배당하게 됩니다.

116. 부기등기
독립한 등기란을 설정하지 아니하고 이미 설정된 주등기에 부기하여 그 일부를 변경하는 등기를 말하며 주등기와 같은 순위를 유지한다.

117. 부동산경매
채권자가 신청할 경우 국가권력에 의하여 채무자 또는 물상보증인(소유자)의 부동산을 강제적 금전적으로 환가하여 그 환가대금을 가지고 채권자에게 배당하는 절차를 말한다.

118. 부동산인도명령
낙찰인은 낙찰대금 전액을 납부한 후에는 채무자에 대하여 직접 자기에게 낙찰부동산을 인도할 것을 구할 수 있으나, 채무자가 임의로 인도하지 아니하는 때에는 대금을 완납한 낙찰인은 대금을 납부한 후 6월 내에 집행법원에 대하여 집행관으로 하여금 낙찰부동산을 강제로 낙찰인에게 인도하게 하는 내용의 인도명령을 신청하여 그 명령의 집행에 기하여 부동산을 인도 받을 수 있다.

119. 부동산환매권
매도인이 매매계약과 동시에 환매할 권리를 보류한 경우에 그 영수한 대금 및 매수인 부담의 매매비용을 반환하고 그 부동산을 환매할 수 있는권리.

120. 부분평가
일체로 이용되고 있는 대상물건의 일부는 평가하지 아니함을 원칙으로 한다. 다만, 일체로 이용되고 있는 대상물건의 대하여는 특수한 목적 또는 합리적인 조건이 수반되는 경우에는 그러하지 아니한다.

121. 부정형토지
일정하지 않은 모양의 토지.

122. 분묘기지권
관례상 인정되는 법정지상권의 일종으로 타인의 토지위에 있는 분묘기지라도 마음대로 사용하거나 훼손할 수 없는 지상권과 유사한 일종의 물건을 말한다.

123. 분할채권
같은 채권에 2인 이상의 채권자 또는 채무자가 있을 때 분할할 수 있는 채권을 말한다. 이런 채권을 가분채권(분할채권)이라고도 한다. 예를 들면 갑,을,병 세 사람이 정에 대하여 3만원의 채권을 가지고 있을 때, 각각 1만원씩의 채권으로 분할할 수 있는 경우에 그 3만원의 채권은 분할채권이 된다(정의 입장을 기본으로 한다면 가분채무 또는 분할채무가 된다). 민법에는 채권자 또는 채무자가 수인인 경우에 특별한 의사표시가 없으면 각 채권자 또는 채무자는 균등한 비율로 권리가 있고 의무가 있다고 규정하여 분할채권관계를 원칙으로 하고 있다.

124 . 사도(개인 도로)

일반의 통행에 이용되는 도로로 국도,특별시도,지방도,시도 및 도로법의 준용을 받는 도로가 아닌것.

125 . 사용검사 (준공검사)

건축허가를 받은 설계도면 그대로 건물을 지었다는것을 증명하는 검사. 과거에는 준공검사 라고 명했으며 사용검사 필증을 받아야 건물 보존등기가 가능하다.

126 . 사적지

유적,고적,기념물의 보존목적의 구획토지(실직적으로는 경매목적물이 될수없음)를 말한다.

127 . 상가 임대차보호법

128 . 상계

채권자가 동시에 매수인인 경우에 있을 수 있는, 매각대금의 특별한 지급방법이다. 현금을 납부하지 않고, 채권자가 받아야 할 채권액과 납부해야 할 매각대금을 같은 금액만큼 서로 맞비기는 것이다. 채권자는 매각대금을 상계 방식으로 지급하고 싶으면, 매각결정기일이 끝날 때까지 법원에 위와 같은 상계를 하겠음을 신고하여야 하며, 배당기일에 매각대금에서 배당받아야 할 금액을 제외한 금액만을 납부하게 된다. 그러나 그 매수인(채권자)이 배당받을 금액에 대하여 다른 이해관계인으로부터 이의가 제기된 때에는 매수인은 배당기일이 끝날 때까지 이에 해당하는 대금을 납부하여야 한다.

129 . 상고

종국판결에 대한 법률상의 상소로 원심판결의 부당을 오로지 법령의 준수적용의 면에서만 심사할 것을 구하는 불복신청(최종심)

130 . 상세계획구역

도시계획구역 안의 토지 이용을 합리화하고 도시기능 미관 및 환경을 효율적으로 유지, 관리하기 위하여 필요한때에 건설교통부장관이 도시계획결정으로 지정하는 계획구역을 말한다.

131 . 상업지역

상업과 기타 업무의 편익을 증진시키기 위한지역. ㄱ.중심상업지역: 도심,부도심의 업무 및 상업기능을 확충하기 위한지역. ㄴ.일반상업지역: 일반적인 상업 및 업무기능을 담당시키기 의한 지역. ㄷ.근린상업지역: 근린지역에서의 일용품 및 서비스를 공급하기 위한지역. ㄹ.유통상업지역: 도시와 지역간의 유통기능을 증진시키기 위한지역.

132 . 석명권 (진술)
법원이 사건의 내용을 명백히 하기 위하여 법률상 사실상의 사항에 관하여 당사자에게 진술, 설명할 기회를 주고 입증을 촉구하는 권한.

133 . 선순위 가등기 (쉽게 설명하자면 물권적)
1순위 저당 또는 압류등기보다 앞서있는 가등기는 압류 또는 저당권에 대항할 수 있으므로 경매 후 촉탁에 의하여 말소되지 않음.

134 . 선순위 가처분 (쉽게 설명하자면 채권적)
1순위 저당 또는 압류등기보다 앞서있는 가처분등기는 압류 또는 저당권에 대항할 수 있으므로 경매 후 촉탁에 의하여 말소되지 않는다.

135 . 소유권 이전 등기
양도·상속·증여 기타 원인에 의하여 유상 또는 무상으로 부동산의 소유권이 이전되는 것을 부동산 등기부상에 기입하는 등기를 말한다.

136 . 소유권이전 등기촉탁
낙찰인이 대금을 완납하면 낙찰부동산의 소유권을 취득하므로, 집행법원은 낙찰인이 등기비용을 부담하고 등기촉탁 신청을 하면 집행법원은 낙찰인을 위하여 소유권이전등기, 낙찰인이 인수하지 아니하는 각종 등기의 말소를 등기공무원에게 촉탁하는 절차이다.

137 . 신경매 (유찰시 차기 다시 입찰)
입찰을 실시하였으나 낙찰인이 결정되지 않았기 때문에 다시 기일을 지정하여 실시하는 경매이다.

138 . 아파트
5층 이상이고 구분소유가 된 공동주택.

139 . 아파트지구
토지이용도의 제고와 주거생활의 환경보호를 위하여 아파트의 집단적인 건설이 필요한 때 지정한 지구.

140 . 압류
확정판결, 기타 채무명의에 의해 강제집행(입찰)을 하기 위한 보전수단이다. (압류후 경매 또는 는 환가절차로 이행)

141 . 연기
채무자(소유자) 및 이해관계인의 신청에 의하여 채권자의 동의하에 지정된 경매기일을 일시적으로 연기하는 것을 말한다. (잠시보류)

142 . 연립주택
공동주택(연립주택·아파트·다세대주택)의 분류중의 하나로서 동당 건축연면적이 660㎡를 넘는 4층이하의 공동주택을 말한다. 단독주택, 공동주택, 연립주택, 아파트, 다세대주택.

143. 염전
바닷물을 유입하여 태양열에 의하여 천일염을 추출하는 제염장과 부속시설의 부지, 부속유지(저장 저수지)등을 말한다.

144. 예고등기
현재 실행된 등기원인(예: 매매, 증여 등)의 무효 또는 취소가 소송으로 신청된 경우에 법원에서 이러한 소송이 제기되었다는 사실을 널리 알려 불의의 피해를 막기 위해서 하는 예비등기의 일종, 결국 제3자에게 하기 위함이며 그 등기 자체에는 아무 효력이 없다.

145. 용적률
건축물 연면적(대지에 2이상의 건축물이 있는 경우에는 이들 연면적의 합계)의 대지면적에 대한 비율을 말한다. 다만 이때의 연면적에는 지하층의 면적과 당해 건축물의 부속용도인 지상층의 주차장으로 사용되는 면적은 제외된다.

146. 우선매수권
공유물지분의 경매에 있어서 채무자 아닌 다른 공유자는 매각기일까지, 최저매각가격의 10분의 1에 해당하는 금원을 보증으로 제공하고 최고매수신고가격과 같은 가격으로 채무자의 지분을 우선매수하겠다는 신고를 할 수 있다. 이러한 다른 **공유자의 권리를 우선매수권**이라고 한다. 이 경우에 법원은 다른 사람의 최고가매수신고가 있더라도 우선매수를 신고한 공유자에게 매각을 허가하여야 한다. 이때 최고가매수신고인은 원할 경우 차순위매수신고인의 지위를 부여받을 수 있다.

147. 우선변제
대항요건(주택인도, 주민등록)과 주택임대차 계약서상에 확정일자를 갖춘 임차인은 임차주택이 경매되거나 공매되는 경우 임차주택(대지 포함)의 환가대금에서 후순위담보권자나 기타 채권자의 우선하여 보증금을 변제받을 수 있다.

148. 원형토지
달처럼 둥근모양의 토지.

149. 위락지구
도시계획법상 용도지구 중 하나로 위락시설을 집단화하여 다른 지역의 환경을 보호하기 위하여 필요한 일정구역을 획정·구분하여 지정한 지구를 말한다.

150. 유익비
관리비의 일종이면서 필요비에 상대되는 개념으로 물건의 개량·이용을 위하여 지출되는 비용을 말한다. 유익비라고 할 수 있기 위해서는 목적물의 객관적 가치를 증가하는 것이어야 한다.

151. 유지 와 구거 의 차이
지적법에 의한 지목 중 하나로서 일정한 구역내에 물이 고이거나 상시적으로 물을 저장하고 있는 댐·저수지·소류지·호수·양어장·연못 등이 토지와 연·왕골 등이 자생하는 배수가 잘되지 아니하는 토지를 말한다.

152 . 유찰

매각기일의 매각불능을 유찰이라고 한다. 즉 매각기일에 매수하고자 하는 사람이 없어 매각되지 아니하고 무효가 된 경우를 가리킨다. 통상 최저매각금액을 20% 저감한 가격으로, 다음 매각기일에 다시 매각을 실시하게 된다.

153 . 유치권

타인의 물건 또는 유가증권의 점유자가 그 물건 또는 유가증권에 관하여 생긴 채권을 가질 경우에 그 변제를 받을 때까지 그 물건 또는 유가증권을 유치할 권리를 말한다.

154 . 을구

소유권 이외의 물건, 즉 지상권 지역권 전세권 저당권이 기재되어 있다.

155 . 이의신청

일반적으로 위법 또는 부당한 처분 등으로 인하여 권익을 침해당한 자의 청구에 의하여 처분청 자신이 이를 재심사하는 절차를 말한다. 경매사건의 이해관계인은 경락대금을 완납할 때 까지 경매개시결정에 대하여 이의신청을 할 수 있다.(동일심급에의 불복이라는 점에서 상소와 다르다)

156 . 이중경매(압류의 경합)

강제경매 또는 담보권의 실행을 위한 경매절차의 개시를 결정한 부동산에 대하여 다시 경매의 신청이 있는 때에는 집행법원은 다시 경매개시결정(2중개시결정)을 하고 먼저 개시한 집행절차에 따라 경매가 진행되는 경우이다.

157 . 이해관계인

경매절차에 이해관계를 가진 자 중 법이 특히 보호할 필요가 있는 것으로 보아 이해관계인으로 법에 규정한 자를 말하며, 그들에 대하여는 경매절차 전반에 관여할 권리가 정하여져 있다.

158 . 이행지 (앞으로 변경될 지목에 대한 토지)

현재는 대지(택지)가 아니지만 머지않아 택지화될 것이 확실히 예견되기 때문에 현재 토지의 지목 현황에도 불구하고 택지에 준하여 감정평가하는 것이 타당하다고 인정되는 토지를 말한다.

159 . 인낙조서(진술 서면으로 제출)

청구의 인낙을 기재한 조서는 확정판결과 동일한 효력이 있다. 피고가 인낙의 취지를 기재한 준비서면만 제출하고 변론기일에 출석하지 않았다면 그 준비서면이 진술로 간주되었다 하더라도 인낙의 효과가 발생하지 않는다. 인낙조서에 재심사유가 있는 때에는 재심절차에 준하여 재심을 제기할 수 있다.

160 . 인도명령

채무자, 소유자 또는 압류의 효력이 발생한 후에 점유를 시작한 부동산 점유자에 대하여는 낙찰인이 대금을 완납한 후 6개월 내에 집행법원에 신청하면 법원은 이유가 있으면 **간단히 인도명령**을 발하여 그들의 점유를 집행관이 풀고 낙찰인에게 부동산을 인도하라는 취지의 재판을 한다. (이 때 인도명령신청을 받은 법원은 채무자와 소유자는 부르지 않고 통상 세입자 등 제3자를 불러 심문하는 경우도 있다.) 민사집행법의 적용을 받는 사건에 대하여는 인도명령의 상대방을 확장하여 점유자가 매수인에게 대항할 수 있는 권원을 가진 경우 이외에는 인도명령을 발할 수 있도록 개선하였다.

161 . 인수주의

경락으로 인하여 소멸되지 않고 경락인에게 인수되어 부담되는 권리.(선순위 가등기, 가처분, 지상권, 지역권, 임차인, 전세권, 환매등기, 예고등기, 유치권등)

162 . 일괄매각

법원은 경매의 대상이 된 여러 개의 부동산의 위치. 형태. 이용관계 등을 고려하여 이를 하나의 집단으로 묶어 매각하는 것이 알맞다고 인정하는 경우에는, 직권으로 또는 이해관계인의 신청에 따라, 일괄매각하도록 결정할 수 있다. 또한 다른 종류의 재산(금전채권 제외)이라도 부동산과 함께 일괄매각하는 것이 알맞다고 인정하는 때에도 일괄매각하도록 결정할 수 있다. (구) 일괄입찰

163 . 일괄입찰

법원은 경매의 대상이 된 여러 개의 부동산의 위치. 형태. 이용관계 등을 고려하여 이를 하나의 집단으로 묶어 매각하는 것이 알맞다고 인정하는 경우에는, 직권으로 또는 이해관계인의 신청에 따라, 일괄매각하도록 결정할 수 있다. 또한 다른 종류의 재산(금전채권 제외)이라도 부동산과 함께 일괄매각하는 것이 알맞다고 인정하는 때에도 일괄매각하도록 결정할 수 있다. (신) 일괄매각

164 . 일괄평가

평가는 대상물건마다 개별로 행하여야 한다. 다만, 2개이상의 대상물건이 일체로 거래되거나 대상물건 상호간에 용도상 불가분의 관계가 있는 경우에는 일괄하여 평가할 수 있다.

165 . 임대사례비교법

대상물건과 동일성 또는 유사성이 있는 다른 물건의 임대사례와 비교하여 대상물건의 현황에 맞게 사정 보정 및 시점수정 등을 가하여 임료를 산정하는 방법.

166 . 임대차관계조사서

임대차관계조사서는 경매목적물에 대하여 임차인의 인적사항과 계약일자, 계약기간, 점유개시일, 보증금액, 전입일자, 확정일자, 점유의 권원 등을 보다 상세히 현장확인 및 색인부열람을

통하여 작성한 문서로 공문서를 말한다.

167. 임야
산림 및 임야, 수림지, 죽림지, 암석지, 자갈지, 모래땅, 습지, 황부지 등을 들 수가 있다.

168. 임의경매(담보권의 실행등을 위한 경매)
민사소송법은 그 제7편 제5장에서 담보권의 실행등을 위한 경매라는 이름 아래 부동산에 대한 경매신청을 조문화하여 경매 신청에 채무명의를 요하지 아니하는 경매에 관한 규정을 두고 있는데, 일반적으로 경매를 통틀어 강제경매에 대응하여 임의경매라고 부른다. 임의경매에는 저당권, 질권, 전세권등 담보물권의 실행을 위한 이른바 실질적 경매와 민법, 상법 기타 법률의 규정에 의한 환가를 위한 형식적 경매가 있다.

169. 임의경매절차의 정지 사유
①.담보권 등기가 말소된 등기부등본 ②.담보권 등기의 말소를 명한 확정판결등본 ③.담보권이 없거나 소멸되었다는 취지의 확정판결 정본. ④.채권자가 담보권을 실행하지 않기로 하거나 경매신청을 취하 하겠다는 취지 또는 변제를 받았거나 그 변제의 유예를 승낙한 취지를 기재한 서류. ⑤.담보권 실행의 일시정지를 명한 재판정본 등의 문서가 제출되었을 때.

170. 입금증명서 (영수증)
기간입찰의 매수신청 보증방법으로서 해당법원에 개설된 법원보관금 계좌에 매수신청보증금을 납부한 후 발급받은 보관금납부필통지서를 첨부하는 양식으로 사건번호, 매각기일 및 납부자 성명,날인을 할 수 있도록 되어 있으며 경매계 사무실 및 집행관 사무실에 비치되어 있습니다.

171. 입찰
집행법원은 경매기일의 공고전에 직권 또는 이해관계인의 신청에 의하여 경매에 갈음하여 입찰을 명할 수 있는데, 입찰은 입찰표에 입찰가격을 비공개리에 적어 제출하는 방법으로서 최근에는 전국법원에서 전면적으로 시행되고 있다.

172. 입찰기간
기일입찰과는 달리 입찰기간을 정하여 지역적, 시간적인 구애 없이 보다 많은 사람이 입찰에 참여할 수 있게 하기 위하여 기간입찰에서 정한 기간입니다.

173. 입찰기일
경매법원이 목적부동산에 대하여 경매를 실행하는 날로 입찰시각, 입찰장소 등과 함께 입찰기일 14일 이전에 일간신문에 공고한다. (신) 매각기일

174. 입찰보증금(신) 매각보증금
경매물건을 매수하고자 하는 사람은 최저매각가격의 10분의 1에 해당하는 보증금액을 입찰표와 함께 집행관에게 제출하는 방법으로 제공하여야 한다. 매각절차가 종결된 후 집행관은 최

고가매수신고인이나 차순위매수신고인 이외의 매수신청인에게는 즉시 매수보증금을 반환하여야 한다. 매각허가결정이 확정되고 최고가매수인이 대금지급기한 내에 매각대금을 납부하면 차순위매수신고인의 보증금을 반환하게 되고, 만일 최고가 매수인이 납부를 하지 아니하면 그 보증금을 몰수하여 배당할 금액에 포함하며, 이후 차순위매수신고인에 대하여 낙찰허가여부의 결정 및 대금납부의 절차를 진행하게 되고 차순위 매수신고인이 매각대금을 납부하지 아니하면 역시 몰수하여 배당할 금액에 포함하여 배당하게 된다. (신) 매각보증금

175 . 잉여의 가망이 없는 경우의 경매취소

집행법원은 법원이 정한 최저경매가격으로 압류채권자의 채권에 우선하는 부동산상의 모든 부담과 경매비용을 변제하면 남는 것이 없다고 인정한 때에는 이러한 사실을 압류채권자에게 통지하고, 압류채권자가 이러한 우선채권을 넘는 가액으로 매수하는 자가 없는 경우에는 스스로 매수할 것을 신청하고 충분한 보증을 제공하지 않는 한 경매절차를 법원이 직권으로 취소하게 된다.

176 . 자연취락지구

녹지지역 안의 취락을 정비하기 위하여 필요한 때 지정한 지구.

177 . 자연환경보전지구

자연경관, 수자원, 해안, 생태계 및 문화재의 보전과 수산자원의 보호, 육성을 위하여 필요한 지역.

178 . 잡종지

지적법 제5조에 의한 지목의 하나로서 지적법시행령 제6조 제24호에는 "갈대밭, 물건을 쌓아두는 곳, 돌을 캐내는 곳, 흙을 파내는 곳, 야외시장, 비행장, 공동우물과 영구적 건축물등 변전소, 송신소, 수신소, 주차시설, 납골당, 유류저장시설, 송유시설, 주유소(가스충전소를 포함한다), 도축장, 자동차운전학원, 쓰레기 및 오물처리장 등의 부지와 다른 지목에 속하지 아니하는 토지는 잡종지로 한다. 다만 원상회복을 조건으로 돌을 캐내는 곳 또는 흙을 파내는 곳으로 허가된 토지를 제외한다"라고 규정하고 있다.

179 . 재개발

낡고 오래된 주택이 밀집되어 주거생활이 불편하고 도로가 좁아 재해위험등이 있는 지역에 도로, 상하수도, 공원등 공공시설을 설치하고 구역내 국공유지는 불하하여 토지의 이용도를 높이며 낡은 주택을 헐고 새로 건축하여 주거환경과 도시환경을 정비하는 사업을 말한다.

180 . 재건축

기존 노후 불량주택을 철거한후 그 대지위에 새주택을 건립하는 것을 말한다. 재건축을 위해서는 기존 주택소유자 20인 이상이 재건축 조합을 건립해야 하고 조합이 재건축사업의 주체가 된다.

181. 재경매

매수신고인이 생겨서 낙찰허가결정의 확정후 집행법원이 지정한 대금지급기일에 낙찰인(차순위 매수신고인이 경락허가를 받은 경우를 포함한다)이 낙찰대금지급의무를 완전히 이행하지 아니하고 차순위매수신고인이 없는 경우에 법원이 직권으로 실시하는 경매이다.

182. 저당권

채권자가 물건을 점유하지 않고 채무를 담보하기 위하여 등기부에 권리를 기재해 두었다가 채무를 변제하지 않았을 경우 그 부동산을 경매 처분하여 우선변제를 받을 수 있는 권리를 말한다.

183. 적산법(가산 누적된 임대료 계산법)

가격시점에 있어서의 대상물건의 가격을 기대이율로 곱하여 산정한 금액에 대상물건을 계속하여 임대차하는데 필요한 경비를 가산하여 임료를 산정하는 방법.

184. 적정가격 (개인의 당사자 거래)

당해 토지에 대하여 자유로운 거래가 이루어지는 경우 합리적으로 성립한다고 인정되는 가격.

185. 전

물을 대지 아니하고 곡물, 원예작물(과수류는 제외한다), 약초, 뽕나무, 닥나무, 묘목, 관상수 등의 식물을 주로 재배하는 토지와 식용을 목적으로 죽순을 재배하는 토지.

186. 정상가격 (관례에 합당한 가격)

평가대상토지 등이 통상적인 시장에서 충분한 기간 거래된 후 그 대상물건의 내용에 정통한 거래당사자간에 통상 성립한다고 인정되는 적정가격.

187. 정상가격주의

대상물건에 대한 평가액을 정상가격 또는 정상임료를 결정함을 원칙으로 한다. 다만, 평가목적, 대상물건의 성격상 정상가격 또는 정상임료로 평가함이 적정하지 아니하거나 평가에 있어서 특수한 조건이 수반되는 경우에는 그 목적, 성격이나 조건에 맞는 특정가격 또는 특정임료로 결정할 수 있다.

188. 정상임료

대상 물건이 통상적인 시장에서 임대차가 행하여지는 경우 그 대상물건의 정통한 임대차당사자간에 통상 성립한다고 인정되는 적정임료.

189. 정지

채권자 또는 이해관계인의 신청에 의하여 경매절차를 일시적으로 정지시키는 것

190. 정지결정

채권자 또는 이해관계인의 신청에 의하여 법원이 경매진행 절차를 정지시키는 것

191. 정착물

토지의 고정적으로 부착되어 용이하게 이동할 수 없는 물건으로서 그러한 상태로 사용되는

것이 거래상의 성질로 인정되는 것을 말한다. 예컨대, 건물, 수목, 교량, 돌담, 도로의 포장 등이 이에 속한다.

192 . 제3취득자 (권리 등 예들어 지상권 가진자 채권자와 채무자 외 다른 3자)

저당부동산에 대하여 소유권(저당권의 목적으로 되어 있는 부동산을 그 저당권이 설정된 후에 양도받은 양수인), 지상권, 저당권이 취득한 제3자를 의미하는데 이러한 제3취득자는 저당권자에게 그 부동산으로 담보된 채권을 변제(대위변제)하고 저당권의 소멸을 청구할 수 있으며, 채무를 변제한 제3자는 비용상환청구에 관한 규정에 의하여 구상권을 가지면 또한 경매에 직접 참여, 경락을 받을 수도 있다.

193 . 제방

방수, 방파, 방사제 등이며 조수, 유수, 모래, 바람막이 등의 부지를 말한다.

194 . 제형토지

사다리꼴 모양의 토지.

195 . 종교용지

교회, 사찰, 향교 등 건축물의 부지와 부속물의 부지를 말한다.

196 . 주거지역

거주의 안녕과 건전한 생활환경의 보호를 위하여 지정한 지역. ①.전용주거지역 저층 중심의 양호한 주거환경 보전지역 ②.일반주거지역 일상의 주거기능을 보호하기 위한 지역 ③.준주거지역 주거기능을 주로 하되 상업기능의 보완이 필요한 지역

197 . 주차장 정비지구

도로의 효율을 높이고 원활한 교통의 확보를 목적으로 상업지역, 일반주거지역, 준 공업지역으로서 주차수요가 현저히 높거나 자동차교통의 폭주로 인하여 주차장의 정비가 필요하다고 인정되는 지역을 지구 지정한다.

198 . 주택임대차보호법

주거용 건물의 임대차에 관하여 민법에 관한 특례를 규정함으로써 국민의 주거생활의 안정을 보장하기 위하여 제정된 법률로써 주거용 건물의 전부 또는 일부의 임대차에 관하여 이를 적용한다. 임차주택의 일부가 주거외의 목적으로 사용되는 경우에도 또한 같다.

199 . 준농림지역

도시지역에 준하여 토지의 이용과 개발이 필요한 주민의 집단적 생활근거지. 국민의 여가선용고 관광 양을 위한 체육 및 관광휴양 시설용지, 농공단지, 집단묘지 기타 각종 시설용지 등으로 이용되고 있거나 이용될 지역.

200 . 중로각지

중로에 한면이 접하면서 중로, 소로, 자동차 통행이 가능한 세로(가)에 한면 이상이 접하고 있

는 토지. (구분: 중로-중로, 중로-소로, 중로-세로)

201. 중로한면
폭 12m이상 25m미만의 도로에 한면이 접하고 있는 토지.

202. 중복경매(병합경매와 같은말)
제1채권자의 경매신청으로 인해 목적부동산이 사건번호를 부여 받아 경매가 진행되는 상태에서 또 다른 채권자의 경매신청이 있어 다른 하나의 사건번호가 부여되어 진행되는 경매를 말한다. 이때는 먼저 부여 받은 사건번호에 의해 경매절차는 진행되고 선행된 사건번호에 의한 경매의 취하, 취소, 정지되면 다른 채권자의 경매신청으로 부여받은 사건번호에 의해 경매가 계속 진행된다. 즉 경매목적 부동산에 대하여 둘 이상의 사건번호가 부여된 상태에서 진행되는 경매를 중복경매라한다.

203. 즉시항고
일정한 불변기간 내에 제기하여야 하는 항고를 말한다. 즉 재판의 성질상 신속히 확정시킬 필요가 있는 결정에 대하여 인정되는 상소방법을 말한다. 이는 특히 제기기간을 정하지 않고 원결정의 취소를 구하는 실익이 있는 한 어느 때도 제기할 수 있는 보통항고와는 다르다.

204. 증축
기존 건축물이 있는 대지안에서 건축물의 건축면적, 연면적 또는 높이를 증가시키는 것을 말한다.

205. 지목
토지의 주된 용도에 의한 구분을 표시하는 명칭을 말한다. 지적법은 지목을 주된 사용목적에 따라 24지목으로 구분하고 있다.

206. 지분경매 총유 합류 공유
채무자의 소유권이 공유지분으로 되어있는 경우에 공유지분소유자의 채권자가 그 지분에 대하여 경매를 신청하여 진행되는 경매를 말한다. 이때 낙찰자는 낙찰로 인해 낙찰부동산의 소유권 중 그 지분에 대하여만 소유권을 얻게된다.

207. 지상권
다른 사람의 토지에서 건물 기타의 공작물이나 수목을 소유하기 위하여 토지를 사용할 수 있는 권리를 말한다.

208. 지역권
지역권은 설정행위에서 정한 일정한 목적을 위하여 타인의 토지를 자기의 토지의 편익에 이용하는부동산용익물권의 일종이다. 지역권은 타인의 토지 이용이라는 점에서 임차권이나 또는 지상권·전세권과 같은 제한물권과 다를 바가 없으나 지역권에있어서의 타인의 토지의 이용은 단순한 타인의 토지의 이용이 아니라 실질적으로는 두 개의 토지의 이용을 조절한다는 기능을 가지는 점에서 그 특징을 가진다.

209 . 질권 (보관된 물건으로 변제한다 상계처리하겠다.)

질권은 채권자가 그의 채권을 확보하기 위하여 채무자 등으로부터 받은 물건을 점유하고 채무자의 변제가 있을 때까지 유치(보관)함으로써 채무의 변제를 간접적으로 강제하고 변제가 없을 때에는 그 물건으로부터 우선변제를 받는 권리이다(약정담보물권).

210 . 집행관

집행관은 강제집행을 실시하는 자로서, 지방법원에 소속되어 법률이 정하는 바에 따라 재판의 집행과 서류의 송달 기타 법령에 의한 사무에 종사한다.

211 . 집행권원

일정한 사법상의 급여청구권의 존재 및 범위를 표시함과 동시에 법률이 강제집행에 의하여 그 청구권을 실현할 수 있는 집행력을 인정한 공정의 증서이다. 채무명의는 강제집행의 불가결한 기초이며, 채무명의로 되는 증서는 민사소송법 기타 법률에 규정되어 있다. (구) 채무명의

212 . 집행력

협의로는 판결 또는 집행증서의 채무명의의 내용에 기초하여 집행채권자가 강제집행을 집행기관에 신청할 수 있음에 터잡아 집행기관은 이 신청을 토대로 하여 채무명의 내용인 일정의 급부를 실현시키기 위한 일종의 강제집행을 행할 수 있는 효력이고, 광의로는 넓게 강제집행 이외의 방법에 의하여 재판내용에 적합한 상태를 만들어 낼 수 있는 효력을 부여함을 말한다. 가령, 혼인 무효의 판결의 경우 그 확정판결에 기하여 호적을 정정할 수 있는 효력, 토지소유권 확인판결의 경우 그 확정판결에 기하여 변경의 등기를 신청할 수 있는 효력 등이다.

213 . 집행명의

채무명의와 같음.

214 . 집행문

채무명의에 집행력이 있음과 집행당사자, 집행의 범위 등을 공증하기 위하여 법원사무관 등이 공증기관으로서 채무명의의 말미에 부기하는 공증문언을 말한다. 집행문이 붙은 채무명의 정본을 "집행력있는 정본"또는 "집행정본"이라 한다.

215 . 집행법원

강제집행에 관하여 법원이 할 권한을 행사하는 법원을 말한다. 강제집행의 실시는 원칙적으로 집행관이 하나, 비교적 곤란한 법률적 판단을 요하는 집행행위라든가 관념적인 명령으로 족한 집행처분에 관하여는 민사소송법상 특별히 규정을 두어 법원으로 하여금 이를 담당하도록 하고 있다. 또 집행관이 실시하는 집행에 관하여도 신중을 기할 필요가 있는 경우에는 법원의 협력 내지 간섭을 필요로 하도록 하고 있는데, 이러한 행위를 하는 법원이 곧 집행법원이다. 집행법원은 원칙적으로 지방법원이며 단독판사가 담당한다.

216 . 차순위매수신고인 (아깝게 떨어진 사람이 만약 매수인이 잔금납부 안할때는 내가 매수인으로 한다라고 신고 하는 것)

최고가 매수신고인 이외의 입찰자 중 최고가 매수신고액에서 보증금을 공제한 액수보다 높은 가격으로 응찰한 사람은 차순위 매수신고를 할 수 있다. 차순위 매수신고를 하게 되면 매수인은 매각대금을 납부하기 전까지는 보증금을 반환받지 못한다. 그 대신 최고가 매수신고인에 국한된 사유로 그에 대한 매각이 불허되거나 매각이 허가되더라도 그가 매각대금 지급의무를 이행하지 아니할 경우 다시 매각을 실시하지 않고 집행법원으로부터 매각 허부의 결정을 받을 수 있는 지위에 있는 자이다. (구) 차순위입찰신고인

217 . 차순위입찰신고

최고가 입찰자 이외의 입찰자 중 최고가 입찰액에서 보증금을 공제한 액수보다 높은 가격으로 응찰한 사람은 차순위 입찰신고를 할 수 있다. 차순위 입찰신고를 하게 되면 낙찰자가 낙찰대금을 납부하기 전까지는 보증금을 반환받지 못한다. 그 대신 최고가 입찰자에 국한된 사유로 그에 대한 낙찰이 불허가되거나 낙찰이 허가되더라도 그가 낙찰대금을 납부하지 아니할 경우 다시 입찰을 실시하지 않고 바로 차순위 입찰신고를 하는 것이 유리할 수 있다.

218 . 차순위입찰신고인

최고가 입찰자 이외의 입찰자 중 최고가 입찰액에서 보증금을 공제한 액수보다 높은 가격으로 응찰한 사람은 차순위 입찰신고를 할 수 있다. 차순위 입찰신고를 하게 되면 낙찰자가 낙찰대금을 납부하기 전까지는 보증금을 반환받지 못한다. 그 대신 최고가 입찰자에 국한된 사유로 그에 대한 낙찰이 불허되거나 낙찰이 허가되더라도 그가 낙찰대금 지급의무를 이행하지 아니할 경우 다시 입찰을 실시하지 않고 집행법원으로부터 낙찰 허부의 결정을 받을 수 있는 지위에 있는 자이다. (신) 차순위매수신고인

219 . 채권상계신청

배당을 받을 채권자가 낙찰인인 경우 배당액이 매입대금을 지급함에 충분한때 교부받을 배당액과 대등액에서 낙찰대금 납부를 상계하여 줄것을 신청하는 것이다. 대금지급 통지를 받고 즉시 신청하여 법원의 허가를 받는다.

220 . 채권신고의 최고

법원은 경매개시결정일로부터 3일내에 이해관계인으로 규정된 일정한 자에게 채권계산서를 낙찰기일 전까지 제출할 것을 최고하는데, 이 역시 우선채권유무, 금액 등을 신고 받아 잉여의 가망이 있는지 여부를 확인하고 적정한 매각조건을 정하여 배당요구의 기회를 주는 것이다. 민사집행법의 적용을 받는 사건은 경매개시결정에 따른 압류의 효력이 생긴 때부터 1주일내에 배당요구의 종기를 결정하게 되고, 일정한 이해관계인에게 채권계산서를 배당요구의 종기까지 제출할 것을 최고하며, 이때까지 배당요구를 하지 아니하면 불이익을 받게 됩니다.

221 . 채권인수신청
낙찰인은 매입대금 한도 내에서 관계 채권자의 승락이 있으면 매입대금의 지급에 갈음하여 채권을 인수 할 것을 신청하는 것이다. 대금지급기일 전에 신청하여 허가를 받는다.

222 . 채권자
채권을 가진 사람으로 곧 채무자에게 재산상의 급부 등을 청구할 권리가 있는 사람을 말한다. 채무자가 임의로 그 행위를 이행하지 않을 때에는 채권자는 법원에 소를 제기하여 현실적 이행을 강제할 수 있다.

223 . 채권전세
보통의 전세계약으로 등기를 하지 않은 통상의 임대차 계약.

224 . 채무명의
일정한 사법상의 급여청구권의 존재 및 범위를 표시함과 동시에 법률이 강제집행에 의하여 그 청구권을 실현할 수 있는 집행력을 인정한 공정의 증서이다. 채무명의는 강제집행의 불가결한 기초이며, 채무명의로 되는 증서는 민사소송법 기타 법률에 규정되어 있다. (신) 집행권원

225 . 채무자
채무를 진 사람, 곧 채권자에게 어떤 급부의 의무가 있는 사람.(강제집행 대상)

226 . 철도용지
교통운수를 위하여 일정한 궤도 등의 설비와 모형을 갖춰 이용되어지는 토지와 그에 접속되어지는 역사, 차고, 전기시설, 공작창 등의 부속시설의 부지를 말한다.

227 . 철회
아직 종국적인 법률효과가 발생하지 않은 의사표시를 그대로 정지하여 장래 효과가 발생하지 않게 하거나 일단 발생한 의사표시의 효력을 장래적으로 소멸시키는 표의자의 일방적 의사표시. 철회는 취소와 흡사하나 최소처럼 일정한 원인에 따라서 의사표시의 효과를 소급적으로 없애버리는 것이 아니라 다만 장래에 향해서만 그 효과를 잃게 한다는 점에서 양자는 근본적으로 다르다.

228 . 청구금액
경매를 신청한 채권자가 신청한 채권액.

229 . 체비지
토지구획정리사업법의 규정에 의하여 사업시행자가 사업구역내의 토지소유 또는 관계인에게 할 경우에 그 토지를 체비지라 한다. 체비지에 관하여 환지예정자가 지정된 때에는 시행자는 구획정리사업의 비용에 충당하기 위하여 이를 사용 또는 수익하게 하거나 처분할 수 있고 처분되지 아니 한 체비지는 사업시행자가 환지처분의 공고가 있는 날의 다음날에 그 소유권을 취득한다.

230 . 체육시설용지
종합운동장, 공설운동장, 실내체육관, 야구장, 골프장, 스키장, 승마장, 경륜장 등의 체육시설과 토지 부속시설의 부지(단 체육시설로서 영구성과 독립성이 약한 정구장, 골프연습장, 실내수영장, 일반체육도장, 흐르는 물을 이용한 요트+카누와 야영장 등의 토지를 제외함)로서 국민의 건강증진과 여가선용에 이용할 목적으로 활용되는 토지를 말한다.

231 . 촉탁등기 (강제 등기)
등기는 당사자의 신청에 의한 것이 원칙이나 법률의 규정이 있는 경우 법원 그 밖의 관공서가 등기소에 촉탁하는 등기를 말한다. 예고등기, 경매신청의 등기 등이 있다.

232 . 최고
타인에게 일정한 행위를 할 것을 요구하는 통지를 말한다. 이는 상대방 있는 일방적 의사표시이고, 최고가 규정되어 있는 경우에는 법률규정에 따라 직접적으로 일정한 법률효과가 발생한다. 최고에는 두 종류가 있다. 하나는 의무자에게 의무의 이행을 구하는 경우이고, 다른 하나는 권리자에 대한 권리의 행사 또는 신고를 요구하는 경우이다.

233 . 최우선변제 소액임차인 (임대차 보호법 적용)
서울 및 광역시는 1995년 10월 19일 이후 전세보증금이 3천만원 이하인 소액임차인에게는 최우선 변제의 효력이 있다.

234 . 최저경매가 (유찰 된 후 신경매시 가격)
경매기일의 공고에는 경매부동산의 최저경매 가격을 기재해야 한다. 최초 경매기일의 최저경매가격은 감정인이 평가한 가격이 기준이 되며 경매기일에 있어서 경매신청인이 없어 신경매기일을 지정한 때에는 상당히 저감(통상20% 또는 30%)한 가격이 최저경매가격이 된다. 응찰하고자 할 때에는 항상 공고된 최저경매가격보다 같거나 높게 응찰해야 무효처리가 되지 않는다.

235 . 최저경매가격(최초 첫 회 가격)
집행법원은 등기공무원이 압류등기를 실행하고 기입등기의 통지를 받은 후에는 감정인으로 하여금 경매부동산을 평가하게 하고 그 평가액을 참작하여 최저경매가격을 정하는데 최저경매가격은 경매에 있어 경락을 허가하는 최저의 가격으로 그 액에 미달하는 매수신고에 대하여는 경락을 허가하지 아니하므로 최초 경매기일에서의 최소 부동산경매 가격이다.

236 . 최저매각가격
경매기일의 공고에는 경매부동산의 최저경매 가격을 기재해야 한다. 최초 경매기일의 최저경매가격은 감정인이 평가한 가격이 기준이 되며 경매기일에 있어서 경매신청인이 없어 신경매기일을 지정한 때에는 상당히 저감(통상20%)한 가격이 최저경매가격이 된다. 응찰하고자 할 때에는 항상 공고된 최저경매가격보다 같거나 높게 응찰해야 무효처리가 되지 않는다. (구) 최저입찰가격

237 . 최저입찰가격

경매기일의 공고에는 경매부동산의 최저경매 가격을 기재해야 한다. 최초 경매기일의 최저경매가격은 감정인이 평가한 가격이 기준이 되며 경매기일에 있어서 경매신청인이 없어 신경매기일을 지정한 때에는 상당히저감(통상20%)한 가격이 최저경매가격이 된다. 응찰하고자 할 때에는 항상 공고된 최저경매가격보다 같거나 높게 응찰해야 무효처리가 되지 않는다. (신) 최저매각가격

238 . 취득세 가산금

취득세는 자진신고 납부를 원칙으로 한다.(대금 납부 후 30일이내)따라서 자진시고 납부를 하지 않으면 20%의 가산세가 추가 부과된다.

239 . 취소

채무의 변제 또는 경매원인의 소멸, 잉여없는 경매의 경우 법원이 경매개시결정을 취소하는 것. 유효하게 성립한 법률행위의 효력을 어떤 이유에서 당사자 일방의 의사표시에 의해 소멸시키는 것.

240 . 토지

영구적 건축물의 부지나 정원, 택지 조성에 의한 건축 예정지 또는 택지개발지를 들 수 있다.

241 . 토지별도등기

토지에 건물과 다른 등기가 있다는 뜻으로 집합건물은 토지와 건물이 일체가 되어 거래되도록 되어 있는바, 토지에는 대지권이라는 표시만 있고 모든 권리관계는 전유부분의 등기부에만 기재하게 되어 있는데, 건물을 짓기 전에 토지에 저당권 등 제한물권이 있는 경우 토지와 건물의 권리관계가 일치하지 않으므로 건물등기부에 "토지에 별도의 등기가 있다" 는 표시를 하기 위한 등기를 말하다.

242 . 특별매각조건

법원이 경매부동산을 매각하여 그 소유권을 낙찰인에게 이전시키는 조건을 말한다. 다시 말하면 경매의 성립과 효력에 관한 조건을 말한다. 매각조건은 법정매각조건과 특별매각조건으로 구별된다. 법정매각조건은 모든 경매절차에 공통하여 법이 미리 정한 매각조건을 말하며, 특별매각조건은 각개의 경매절차에 있어서 특별히 정한 매각조건을 말한다. 어느 특정경매절차가 법정매각조건에 의하여 실시되는 경우에는 경매기일에 그 매각조건의 내용을 관계인에게 알릴 필요가 없으나, 특별매각조건이 있는 경우에는 그 내용을 집행관이 경매기일에 고지하여야 하며, 특별매각조건으로 경락한 때에는 경락허가결정에 그 조건을 기재하여야 한다.

243 . 특수주소변경(공부상의 주소와 틀린 경우 보정하는 것)

전입신고시 주소의 착오가 있을 경우 관계입증서류 또는 해당 통장기장의 인우보증에 의하여 주민등록표를 정정하는 행위(주민등록사무편람 행정자치부 66쪽). 주민등록 관리 전산화 업무

지침에 의거 주민등록 관리 전산입력시 사용되는 용어.

244. 평가절차
감정평가업자는 다음 각 호에 순서에 따라 평가를 하여야 한다. 다만, 합리적 도는 능률적인 평가를 위하여 필요한 때에는 순서를 조정하여 평가 할 수 있다. 1.기본적 사항의 확정 2.처리계획이 수립 3.대상물건의 확인 4.자료수집 및 정리 5.자료검토 및 가격형성요인의 분석 6.평가방법의 선정 및 적용 7.평가가액의 결정 및 표시

245. 포락지
물에 휩쓸리어 간 땅. 현재 하천부지 또는 도랑으로 사용되고 있는 땅.

246. 표제부
토지 건물의 지번(주소), 지목, 면적, 용도 등이 적혀 있으며 집합건물의 경우는 표제부가 2장이다. 첫 번째 장은 건물의 전체면적이, 두 번째 장에는 건물의 호수와 대지지분이 나와 있다.

247. 표준지 공시지가
당해 지역의 지가를 형성하는 요인인 표준적인 토지의 공시지가를 말한다. 따라서 지가를 산정하는 토지의 위치, 형성, 간구, 오행등이 표준적이라고 인정되므로 인근 유사지의 가격을 유추하는데 규범

248. 풍치지구
도시계획법상 용도지구 중의 하나 도시발전에 따라 파손되기 쉬운 자연풍치를 유지·보전하기 위하여 필요한 일정구역을 확정 구분하여 지정됨.

249. 필요비 (유익비와 상대적)
부동산 권리를 보존하거나 관리하는데 필요한 비용 부동산 수리비 가축사료비, 조세.

250. 필지
하나의 지번이 붙는 토지의 등록단위를 말한다.(법적 개념)

251. 하천
자연의 유수가 있거나 유수가 예상되는 토지를 말한다.

252. 학교용지
학교의 교사와 운동장, 그 부속시설 및 부지를 말한다.

253. 합유
공동소유의 한 형태로서 공유와 총유의 중간에 있는 것이다. 공유와 다른 점은 공유에는 각 공유자의 지분을 자유로이 타인에게 양도할 수 있고, 또 공유자의 누군가가 분할할 것을 희망하면 분할하여야 하는데 대하여, 합유에서는 각인은 지분을 가지고 있어도 자유로이 타인에게 양도할 수 없고, 분할도 인정되지 않고 제한되어 있는 점이다. 공유는 말하자면 편의상 일시 공동소유의 형식을 가진 것으로 개인적 색채가 강하나, 합유는 공동목적 위하여 어느 정도 개인적인

입장이 구속되는 것으로 양자가 이런 점에서 근본적인 차이가 있다. 그러나 각인이 지분을 가지고 있는 점에서 총유보다는 개인적 색채가 훨씬 강하다.

254 . 항고

①.법원의 결정에 의하여 손해를 받을 이해관인 ②.허가결정에 대하여 이의가 있는 경락인(허가 이유나 조건 등) ③.불허가결정에 대하여 이의가 있는 매수신고인(허가를 주장하는)등이 항고를 제기할 수 있는 데 법원의 결정, 명령에 대하여 불복하는 상소의 한 제도이다.

255 . 항고보증금

매각허가결정에 대하여 항고를 하고자 하는 모든 사람은 보증으로 매각대금의 10분의 1에 해당하는 금전 또는 법원이 인정한 유가증권을 공탁하여야 한다. 이것이 항고보증금인데, 이를 제공하지 아니한 때에는 원심법원이 항고장을 각하하게 된다. 채무자나 소유자가 한 항고가 기각된 때에는 보증으로 제공한 금전이나 유가증권을 전액 몰수하여 배당할 금액에 포함하여 배당하게 되며, 그 이외의 사람이 제기한 항고가 기각된 때에는, 보증으로 제공된 금원의 범위 내에서, 항고를 한 날부터 2003.07.31 까지는 연 25%, 그 이후 항고기각결정이 확정된 날까지는 연 20%에 해당하는 금액에 대하여는 돌려받을 수 없다.

256 . 항소

제1심 종국판결에 대하여 상소, 항소의 대상이 되는 것은 지방법원 단독판사나 합의부가 제1심으로서 행한 종국판결이고, 고등법원이 제1심으로서 행한 종국판결이고, 고등법원이 제1심으로서 행한 종국판결에 대해서는 항소를 할 수 있다.

257 . 행위능력

단순히 권리·의무의 주체가 될 수 있는 자격인 권리능력과는 달리, 권리능력자가 자기의 권리·의무에 변동이 일어나게 스스로 행위할 수 있는 지위를 말하며, 일반적으로 민법상 능력이라 함은 행위능력을 가리킨다. 민법상 행위능력의 개념적 의의는 적법·유효하게 법률행위를 할 수 없는 행위무능력자로부터 선의의 거래 상대방을 보호하여 거래의 안전을 확립하려는 무능력자제도에서 크게 나타난다. 민법이 인정하는 무능력자에는 미성년자, 한정치산자, 금치산자가 있다.

258 . 현황조사보고서

법원은 경매개시결정을 한 후 지체 없이 집행관에게 부동산의 현상, 점유관계, 차임 또는 임대차 보증금의 수액 기타 현황에 관하여 조사할 것을 명하는데, 현황조사보고는 집행관이 그 조사내용을 집행법원에 보고하기 위하여 작성한 문서이다.

259 . 호가경매 (손들고 하는 것)

호가경매는 호가경매기일에 매수신청의 액을 서로 올려가는 방법으로 한다. 매수신청을 한 사람은 보다 높은 액의 매수신청이 있을 때까지 신청액에 구속된다. 집행관은 매수신청의 액 중 최고의 것을 3회 부른 후 그 신청을 한 사람을 최고가매수신고인으로 정하며, 그 이름 및 매수신청의 액을 고지하여야 한다.

260 . 화해조서 (합의 봤다)
소송중이나 소송전에 판사에게 화해를 신청하여 양당사가가 판사 앞에서 화해한 조서.(판결문과 같은 효력)

261 . 확정일자
공증기관(공증인,법원 공무원)이 사문서에 기입하는 일자를 말하며, 그 일자 현재에 그 문서가 존재하고 있었다는 것을 증명하는 것이다. 공증기관에 사문서를 제시하여 확정일자 청구를 하면 공증기관은 확정일자부에 청구자의 주소,성명과 문서명을 기재하고 확정일자부의 번호를 사문서에 기입한 후, 사문서에 확정일자인을 찍고 그 안에 청구한 날의 일자를 기재하는데 이것이 바로 확정일자이다.

262 . 환가
경매신청에서 경매실시까지의 제 절차 진행 요소들을 환가절차라고 한다.

263 . 환매
토지구획정리사업에 의하여 토지구획정리를 실시할 때 필연적으로 발생하는 인접토지와의 교환분을 말한다. 넓은 의미로는 매도인이 한번 매도한 물건을 대가를 지급하고 다시 매수하는 계약을 말한다.

264 . 환원방법
수익환원법에 의한 수익가격은 직접법. 직선법. 연금법 또는 상환기금법중에 대상물건에 가장 적정한 방법을 선택하여 순수익을 환원이율로 환원하여 결정한다.

265 . 환원이율
1.수익환원법에 적용하는 환원이율은 순수익을 자본환원하는 이율로서 순수이율에 대상물건의 위험률을 가산한 율로한다. 2. 위의 위험률은 위험성, 비유동성, 관리의 난이성, 자금의 안전성 등을 참작한 것이어야 한다. 3.2개이상의 대상물건이 함께 작용하여 순수익이 산출된 경우에는 종합환원이율을 적용할 수 있다.

266 . 환지 (토지 정리 시에)
토지구획정리사업에 의하여 토지구획정리를 실시 할 때에 필연적으로 발생하는 인접토지와의 교환분합을 말한다.

메모:

제3주:
경매물건 정보 검색방법 및 등기부등본 보는법

●경매물건 정보 검색방법

경매 첫 걸음에서 궁금한 것 중 하나가 '물건에 대한 정보를 어디서 알 수 있을까?' 일 것입니다.

공매:

한국자산관리공사에서 국가의 미체납(국세 지방세 외 국가와 관련된 세금 등)된 부분에 대하여 환가조치를 하는것.

- 우선공매는 온비드(http://www.onbid.co.kr)라는 사이트에서 물건에 대한 정보를 알 수 있는데 또한 바로 그곳에서 입찰의 참여도 가능하다.

경매:

- **경매는 공매와 다르다.**

우선 가장 공신력 있는 검색으로 대법원경매정보http://www.courtauction.go.kr/ 사이트가 있고 특히매각기일,배당요구종기일,이해관계인,감정평가서,매각물건명세서,현황조사서,문건접수내역,매각불허가여부,잔금납부 등에 대해서는 대한민국 경매관련 사이트 중에 가장 정확한 사이트라고 할 수 있다.

- **무료와 유료의 장단점**

물론 대법원경매정보무료라는 장점이 있다.

그러나 공신력이 있고 무료이지만 유료 경매 사이트 보다는 물건 정보에 대해서 부족한 점이 많고 또한 물건 검색 및 정보 알기 위한 방법도 유료보다는 불편하다 그래서 경매 물건에 대한 정보를 디테일 하게 편하게 알 수 있는데 아무래도 유료 정보사이트가 좋다.

또한 지역별로 나누어 있기에 필요한 그 지역의 금액만 지불하고 볼 수가 있다 .

그래서 유. 무료 사이트가 있는데

대표적으로 유료사이트는

대한법률부동산연구소(무료)/굿옥션http://www.goodauction.co.kr/ 대한/지지옥션 http://www.ggi.co.kr/ 스피드옥션http://www.speedauction.co.kr// 등이 우리나라에서 알아주는 사이트입니다. 금액은 각 차이가 있습니다. (큰 차이는 없지만)

감정평가서의 요약, 물건들에 대한 깔끔한 정리, 등기부등본 요약, 전입세대열람 요약, 체납관리비 요약, 매각물건명세서 또는 현황조사서요약, 위치에 다른 지도표시, 토지대장이나 건축물관리대장, 이 모든것들은 원칙적으로 입찰자가 조사하고 확인해야 하는데 바로 이러한 것을 유료로 제공이 됩니다. 경매에 입문하는 여러분들은 대법원경매 정보사이트와 유료정보사이트를 잘 사용하시면 됩니다.

공매----▶온비드(http://www.onbid.co.kr)/----------------------무료
경매----▶대법원경매정보(http://www.courtauction.go.kr/)-------무료
　　　▶굿옥션 (http://www.goodauction.co.kr)------------유료
　　　▶지지옥션 (http://www.ggi.co.kr)------------------유료
　　　▶스피드옥션 (http://www.speedauction.co.kr) ------유료

●대법원무료사이트와유료사이트의비교

HOME › 경매물건 › 경매사건검색

경매사건검색

검색조건 법원 : 속초지원 | 사건번호 : 2015타경798

사건내역 | 기일내역 | 문건/송달내역 | 인쇄 | < 이전

● 사건기본내역

사건번호	2015타경798	사건명	부동산임의경매
접수일자	2015.03.06	개시결정일자	2015.03.06
담당계	경매1계 전화 : 639-7641, 7640(구내:641, 640)		
청구금액	811,532,627원	사건항고/정지여부	
종국결과	미종국	종국일자	

현황조사서 | 감정평가서 | 관심사건등록

● 배당요구종기내역

목록번호	소재지	배당요구종기일
1	강원도 속초시 설악동 9-2	2015.05.26
2	강원도 속초시 설악산로 814	2015.05.26

● 항고내역

물건번호	항고제기자	항고접수일자	항고		재항고		확정여부
		접수결과	사건번호	항고결과	사건번호	재항고결과	
검색결과가 없습니다.							

● 물건내역

물건번호	1 ▸ 물건상세조회 ▸ 매각물건명세서	물건용도	근린시설	감정평가액 (최저매각가격)	1,236,570,910원 (605,919,000원)		
물건비고	-일괄매각. 제시외건물포함 -조경수 및 석축은 토지에 포함 평가함. -건물 전면 소재하는 데크는 건물에 포함 평가함. -건물은 기준시점 현재 리모델링 중 중단된 채로 장기간 방치된 상태임.						
목록1	강원도 속초시 설악동 9-2			목록구분	토지	비고	미종국

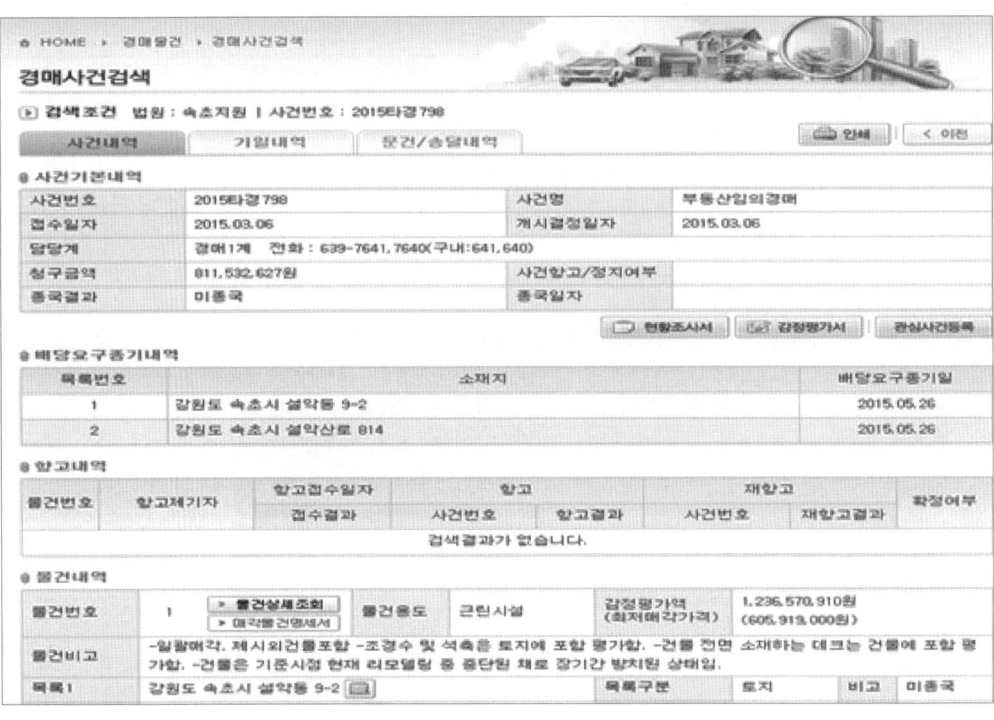

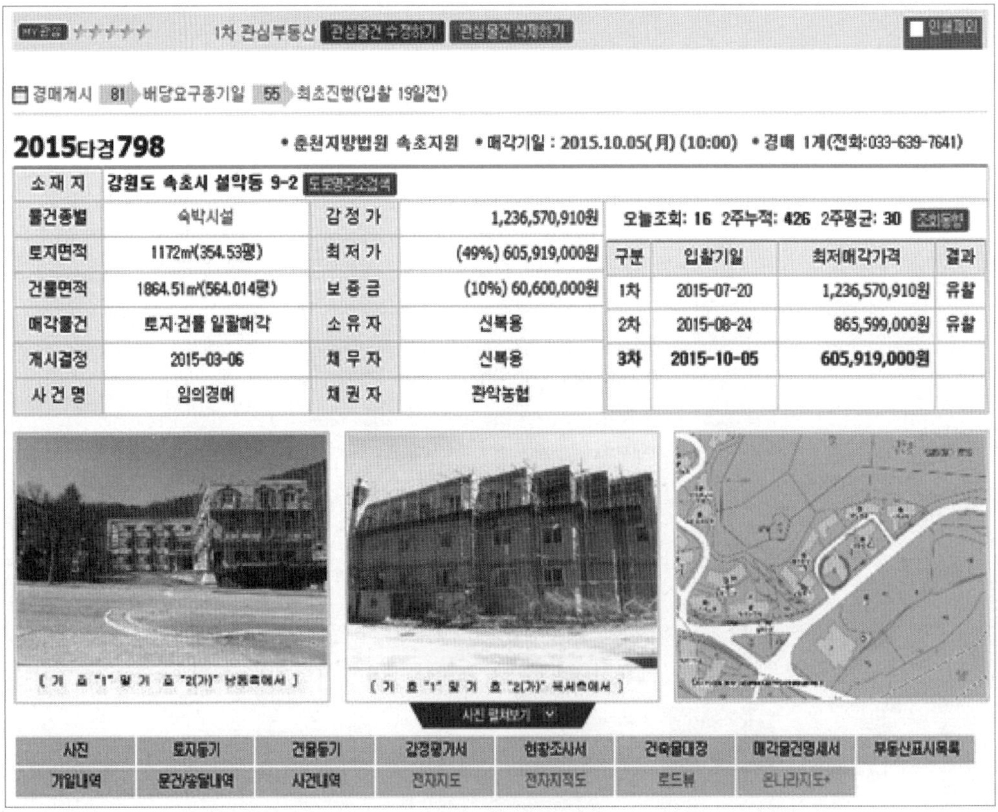

MY관심 ☆☆☆☆☆ 1차 관심부동산 관심물건 수정하기 관심물건 삭제하기 인쇄제외

경매개시 81 ▸ 배당요구종기일 55 ▸ 최초진행(입찰 19일전)

2015타경798 • 춘천지방법원 속초지원 • 매각기일 : 2015.10.05(月) (10:00) • 경매 1계(전화:033-639-7641)

소재지	강원도 속초시 설악동 9-2 도로명주소검색		
물건종별	숙박시설	감정가	1,236,570,910원
토지면적	1172㎡(354.53평)	최저가	(49%) 605,919,000원
건물면적	1864.51㎡(564.014평)	보증금	(10%) 60,600,000원
매각물건	토지·건물 일괄매각	소유자	신복용
개시결정	2015-03-06	채무자	신복용
사건명	임의경매	채권자	관악농협

오늘조회: 16 2주누적: 426 2주평균: 30 조회동향

구분	입찰기일	최저매각가격	결과
1차	2015-07-20	1,236,570,910원	유찰
2차	2015-08-24	865,599,000원	유찰
3차	2015-10-05	605,919,000원	

[기 호 "1" 및 기 호 "2(가)" 남동측에서]

[기 호 "1" 및 기 호 "2(가)" 북서측에서]

사진 펼쳐보기

사진	토지등기	건물등기	감정평가서	현황조사서	건축물대장	매각물건명세서	부동산표시목록
기일내역	문건/송달내역	사건내역	전자지도	전자지적도	로드뷰	온나라지도+	

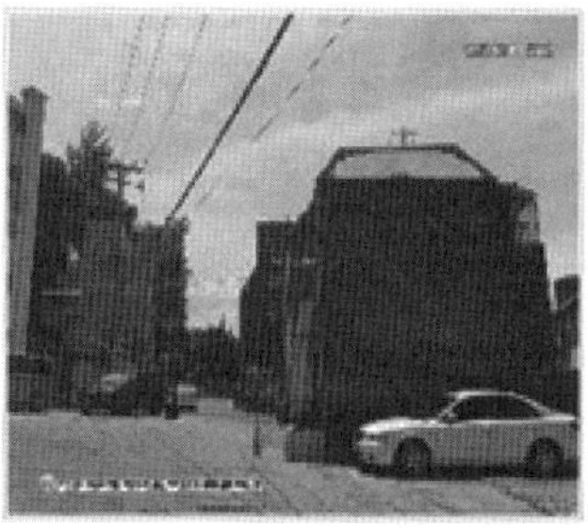

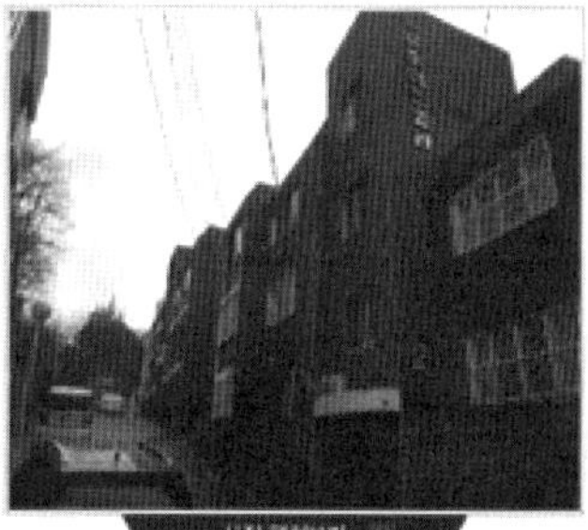

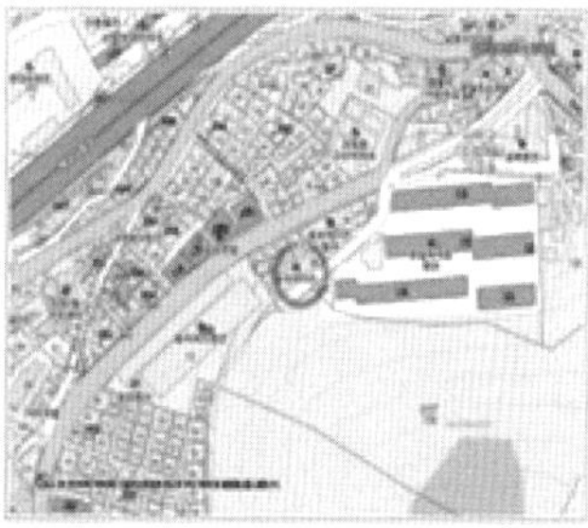

●등기부등본 보는법

◀ **[등기부등본 확인]** 해당 부동산에 대한 가장 최근의 등기부등본을 발급받아 반드시 그 소유관계, 가압류, 가처분, 근저당 등을 확인해야 한다. 부동산에 대한 권리관계는 등기부등본에 의해 판단하므로 반드시 확인해야 한다. 그리고 등기부등본상의 권리관계의 선후는 접수일자에 의해 판단하는 것이지 등기원인 일자에 의해 판단하는 것이 아니므로 반드시 접수일자를 확인해야 한다. 등기부등본은 크게 토지, 건물, 집합건물(빌라, 연립 등 다세대, 아파트, 상가건물 등)로 나뉘고, 구성은 표제부, 갑구, 을구 로 표시한다.

[표제부 확인] 표제부는 부동산의 소재지와 그 내용을 나타내는데 토지에는 지번, 지목, 지적 등이 건물인 경우에는 지번, 구조, 용도, 면적 등이 기재돼 있고 집합건물의 경우에는 전체 건물에 대한 표제부와 함께 개개의 건물에 대한 표제부가 있다. 표제부에서 주위 깊게 보아야 할 사항은 소재 지번, 건물번호 및 경매사건 부동산의 주소가 일치하는지를 확인하고 감정된 부동산의 면적을 확인한다. 표제부란에 기재되지 않은 면적이 감정가격에 포함돼 있다면 제시 외 부분으로 평가되었는지 여부도 꼭 확인해야 한다. 만일 평가되지 않았다면 추후 소유자와 법적 분쟁의 소지가 있을 수 있다.

[갑구 확인]: (소유권권리) 갑구에는 소유권에 관한 내용을 적는데 소유권에 대한 압류, 가등기 등이 있는지도 유심히 살펴야 한다. 왜냐하면 입찰 희망자가 예고등기가 있는 물건을 낙찰 받아 소유권을 이전 받았더라도 예고등기권자가 승소판결을 받은 경우 그 소유권을 상실할 수도 있기 때문이다. 그러므로 입찰 희망자는 법원에 가서 그 내용을 정확히 조사할 필요가 있다. 가등기는 후일 본등기를 하기 위한 것인데 그 돌아오는 순서는 가등기의 순위에 따르므로 순위에 큰 영향을 줄 수 있고 낙찰자가 소유권을 상실할 수도 있다.

[을구 확인] (소유권외 권리) 을구에는 소유권 이외의 권리를 나타내는데 저당권, 지역권, 전세권, 지상권 등이 표시돼 있다. 을구에서는 무엇보다 먼저 확인해야 하는 사항으로는 최초 근저당 설정일이다. 을구의 최초 근저당 설정 접수일과 현재 해당 부동산에 거주하는 임차인의 전입일과 비교해서 선순위 임차인이 존재하는지 꼭 확인해야 하기 때문이다. 그리고 최초로 설정된 근저당의 설정금액도 확인해야 하는데 그 금액이 소액일 경우, 즉 변제가 가능한 금액일 경우 차순위 임차인이 대위변제를 통해서 선순위 임차인으로 나타날 수 있기 때문이다.

[권리자 및 기타] (관련 점검사항) '채권 최고액'이란 설정 계약 당시 원금과 채무 불이행시 발생할 수 있는 손실금을 합친 금액을 말하므로 배당금과는 차이가 있을 수 있다. 또한 '공동 담보 동소 동번지 토지'라고 표시된 것은 토지의 등기부등본에도 동일한 근저당이 설정되었 다는 뜻이다.

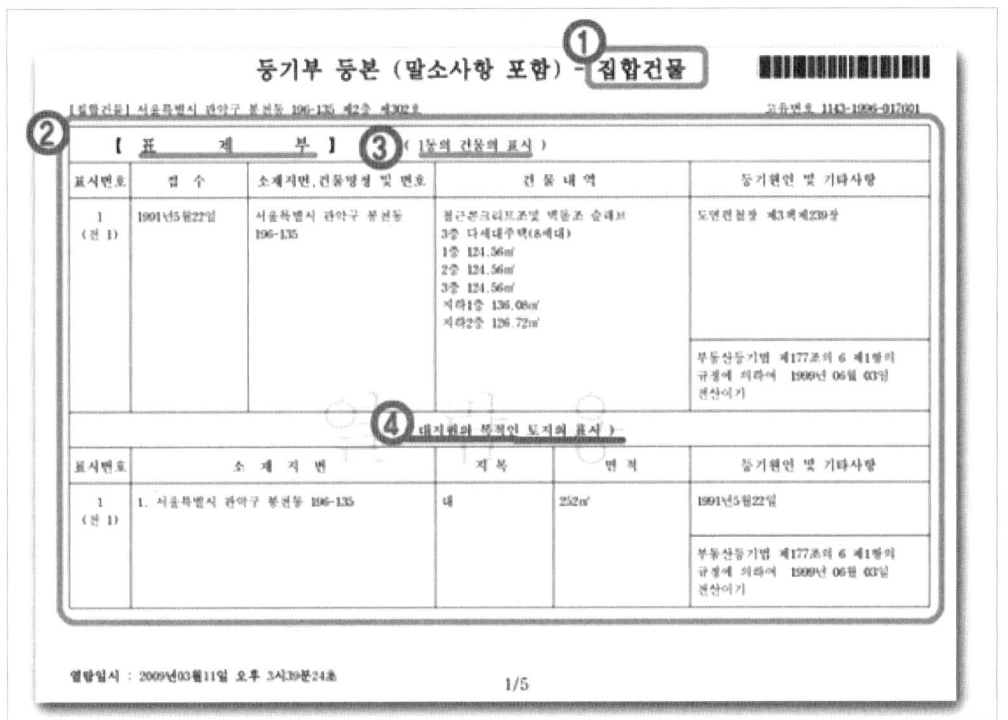

- ① **집합건물**(아파트, 다세대, 상가)에 대한 등기부등본 입니다.
  등기부등본의 구성은 거의 비슷하기에 집합건물 등기부로 설명 드립니다.
  단독, 다가구의 경우 건물등기부 와 토지등기부가 각각 있습니다.
- ② **표제부** : '건물 한동 전체'에 대한 표시를 하는 곳 입니다.
- ③ **1동의 건물의 표시** : 건물 전체를 표시해 주는 부분입니다.
  소재지 주소와 건물 구조, 층수, 세대수, 각층의 면적 등을 표시해 줍니다.
  ▷ 전체 건물의 규모와 형태를 짐작 할 수 있습니다.
- ④ **대지권의 목적인 토지의 표시** : 건물이 서있는 땅의 면적, 소재지번을 표시해 줍니다.

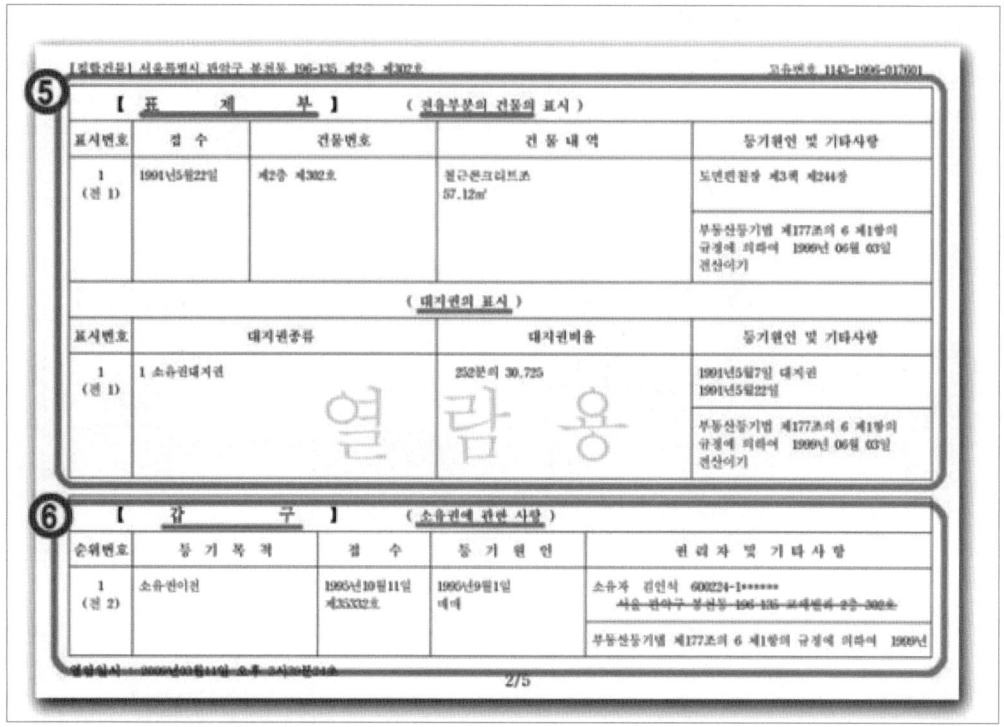

- ⑤ **표제부** : '전유부분'에 대해 표시합니다. ((본건, 한 가구에 대한 표시)

  전유부분의 건물 : 건물 구조와 전용면적 의 표시.

  대지권의 표시 : 본 물건 의 '대지권'에 대한 표시.

  ⇨ 보통 '대지지분'이라 말하기도 합니다.

  ※ 대지권 : 「집합건물의 소유 및 관리에 관한 법률」 제2조제6호의 대지사용권(대지사용권)으로서 건물과 분리하여 처분할 수 없는 것[이하 "대지권(대지권)"이라 한다]

- ⑥ **갑구** : 소유권에 관한 사항을 표시합니다.

  ⇨ 소유권, 압류, 가압류, 가등기, 경매개시결정, 예고등기, 가처분 등 소유 목적물의 소유권한에 대한 변동 사항 등을 표시합니다.

- ⑦ **1번등기명의인표시변경** : 갑구 1번(처음 소유한 소유자) 등기를 한 사람의 표시가 바뀐 것을 나타냅니다.
  ⇨ 갑구 1번 소유자가 거주지를 이전 하였네여. 소유자의 주소가 바뀌었습니다.
- ⑧ **소유권이전** : 처음 소유주가 2006년 3월 28일 '매매'를 원인으로 소유권을 이전 하였습니다. 소유권이전이 접수된 날짜는 2006년 5월 9일 입니다.
  ※ 권리상의 순위는 '등기원인'이 아닌 접수된 날짜 입니다. 권리분석 하실때도 '접수 일자'를 기준으로 분석하시면 됩니다.
- ⑨ **압류** : 남양주세무서에서 압류한 사항입니다.
  ※ 당해세는 우선변제권자 중에 항상 1등으로 배당 받으며 당해세이외의 일반조세의 경우 '압류'의 접수 일자가 아닌 '법정기일'이 배당순위 설정의 기준 일 입니다.

- 일반조세의 법정기일 법조문
  국세기본법 / 제35조(국세의 우선)

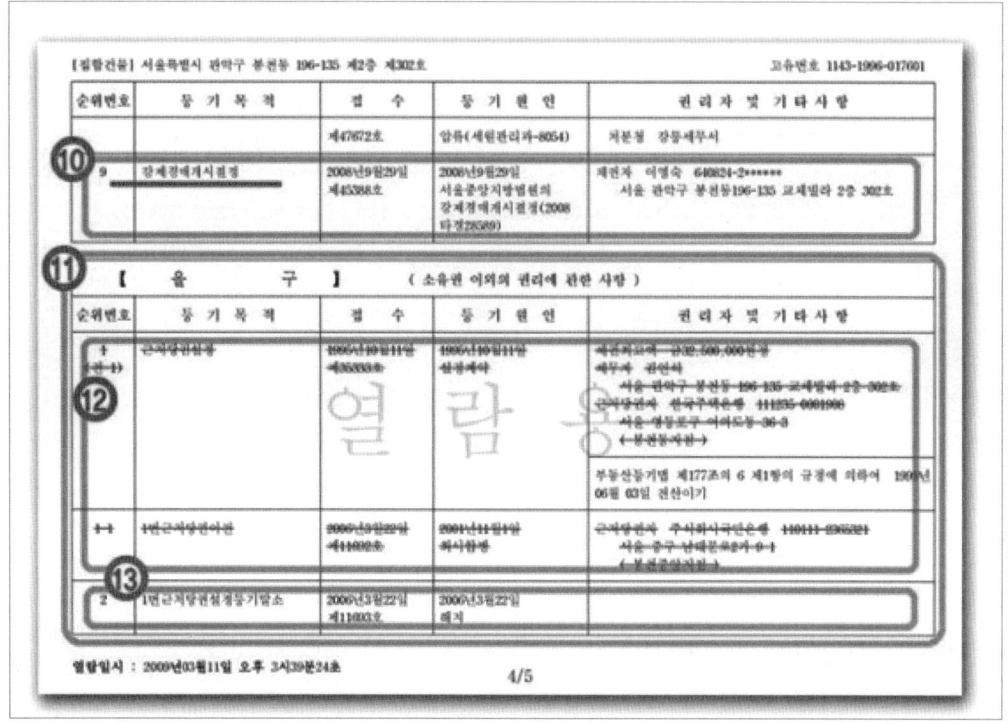

- ⑩ **강제경매개시결정** : 경매사건번호, 담당법원, 채권자 등이 표시 됩니다.
- ⑪ **을구** : 소유권 이외의 권리에 관한 사항이 표시됩니다.
  ⇨ 저당, 근저당, 지사권, 임차권, 전세권, 질권등...
- ⑫ **최초 '근저당권설정'에 관항 사항** 입니다.
  을구 1번 근저당에 관한 변동 사항은 '1-1', '1-2'등의 부번으로 표시 합니다.
  ⇨ 본 건의경우 근저당권자가 '한국주택은행'에서 '주식회사 국민은행'으로 바뀐것을 표시 하였습니다.
- ⑬ **을구 1번 '근저당'이 말소되었음을 표시**

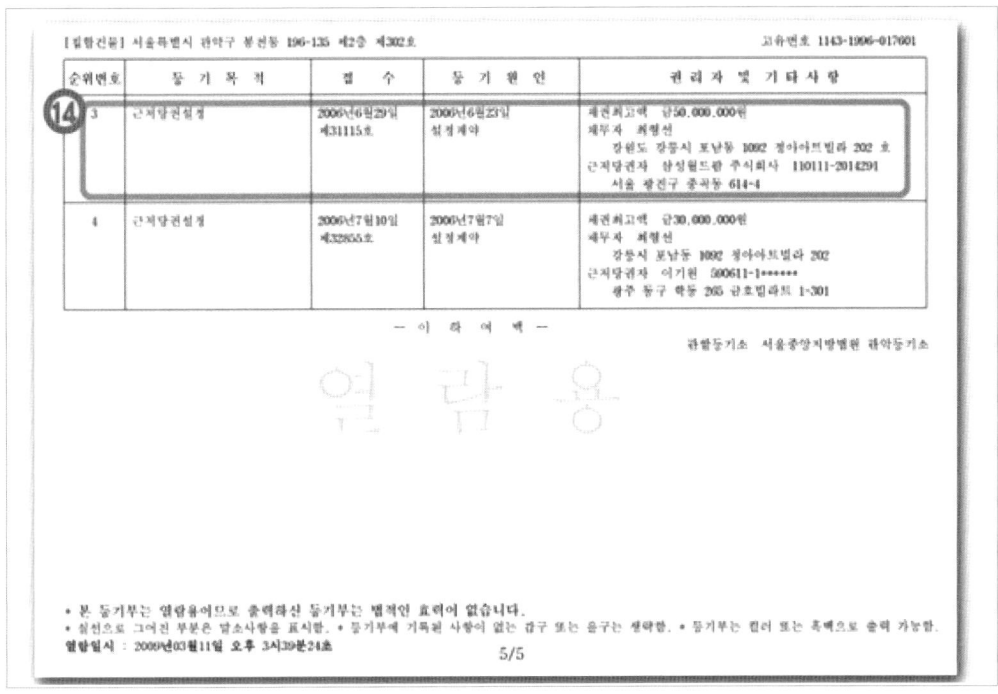

- ⑭ 2006년 6월 29일 근저당설정이 접수된 것을 표시 합니다.

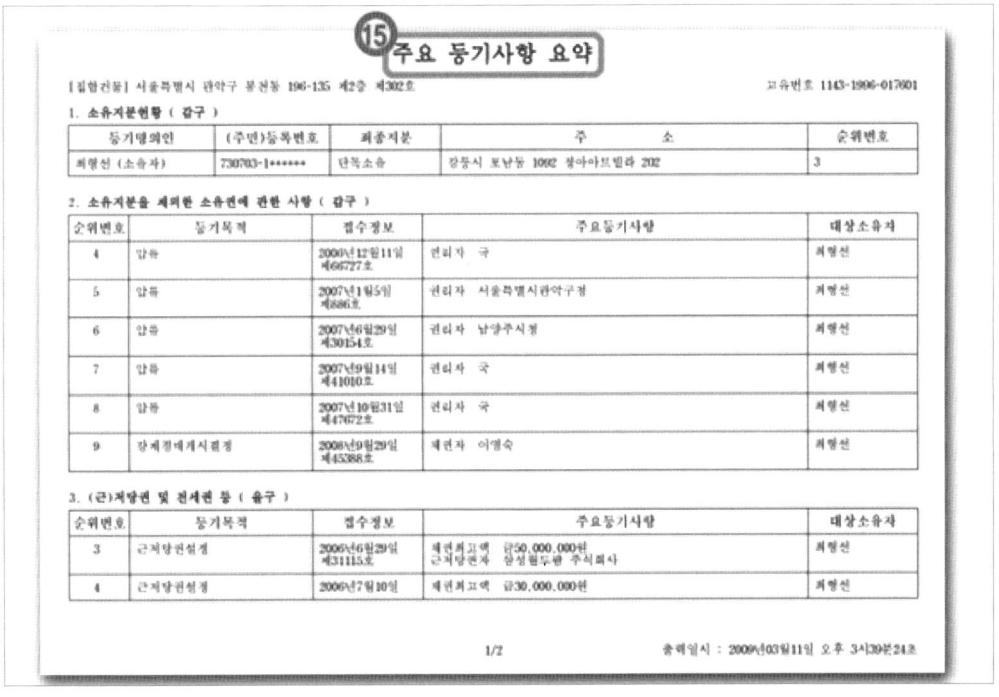

- ⑮ **주요등기사항** : 열람 신청을 하면서 '주요등기사항요약' 을 함께 발급 신청하면 등기부 맨 뒤쪽에 같이 포함되어 나옵니다.

등기부 등본 (말소사항 포함) - 건물

[건물] 서울특별시 동대문구 전농동 103-57의 1필지 고유번호 1141-1996-057253

【 표 제 부 】 (건물의 표시)

표시번호	접 수	소재지번 및 건물번호	건물 내역	등기원인 및 기타사항
1 (전 1)	1991년4월12일	서울특별시 동대문구 전농동 103-57, 103-635	철근콘크리트조 및 벽돌조 평스라브 4층 근린생활시설 및	도면편철장 제2책제496장

[건물] 서울특별시 동대문구 전농동 103-57의 1필지 고유번호 1141-1996-057253

【 갑 구 】 (소유권에 관한 사항)

순위번호	등기목적	접 수	등기원인	권리자 및 기타사항
1 (전 1)	소유권보존	1991년4월12일 제20038호		공유자 지분 10분의 9 음예식 331025-2****** 서울 동대문구 전농동 103-57

【 을 구 】 (소유권 이외의 권리에 관한 사항)

순위번호	등기목적	접 수	등기원인	권리자 및 기타사항
1 (말-8)	근저당권설정	1998년7월27일 제44464호	1998년7월25일 설정계약	채권최고액 금30,000,000원 채무자 이은규 서울 동대문구 전농동 103-57 근저당권자 전농2동새마을금고 114144-0001065 서울 동대문구 전농동 103-269 공동담보 토지 103-435,103-57 음예하식분학자
2 (말-3)	근저당권설정	1998년10월22일	1998년10월21일	채권최고액 금36,000,000원

등기부 등본 (말소사항 포함) - 토지

[토지] 서울특별시 동대문구 전농동 103-57 고유번호 1141-1996-041326

【 표 제 부 】 (토지의 표시)

표시번호	접 수	소재지번	지목	면적	등기원인 및 기타사항
1 (말-3)	1982년2월2일	서울특별시 동대문구 전농동 103-57	대	324㎡	
					부동산등기법 제177조의 6 제1항의 규정에 의하여 2001년 10월 25일 전산이기
2	2008년4월3일	서울특별시 동대문구 전농동 103-57	대	258㎡	분할로 인하여 대 66㎡를 서울특별시 동대문구 전농동 103-636에 이기

【 갑 구 】 (소유권에 관한 사항)

순위번호	등기목적	접 수	등기원인	권리자 및 기타사항
1 (전 9)	어기화지분전부이전	1982년9월22일 제35053호	1982년9월17일 공유지분매매	공유자 지분 98분의 65 이효석

【 을 구 】 (소유권 이외의 권리에 관한 사항)

순위번호	등기목적	접 수	등기원인	권리자 및 기타사항
1 (말-20)	갑구순위3번공사지분근저당권설정	1995년11월7일 제60207호	1995년11월7일 설정계약	채권최고액 금20,400,000원 채무자 김진규 서울 성북구 길음동 25-36 근저당권자 주식회사국민은행 110111-0015655 서울 중구 남대문로2가 9-1 (중랑등지점) 공동담보 토소 동대문구 전농동
1-1	1번근저당권이전	2005년1월11일 제642호	2001년11월일 회사분할	근저당권자 주식회사국민은행 110111-2365321 서울 중구 남대문로2가 9-1 (중랑등지점)

열람일시 : 2008년10월20일 오전 9시51분26초

4/6

■ **부록**

[물건 명세서] 경매 당일 경매법정에 가면 법원 기록을 열람할 수 있다. 경매 기록에는 많은 내용의 서류들이 있는데 이 중에서 반드시 물건명세서는 열람, 확인해야 한다. 여기에는 임차인들이 기재되어 있고 경매에 의해서 말소되지 않고 낙찰자가 인수해야 할 권리 등이 기재돼 있다. 따라서 입찰 희망자는 반드시 물건 명세서를 보고 낙찰에 의해서도 말소되지 않는 권리가 있는지 확인해야 한다.

▶ **갑구에 기재되는 사항**

현재의 소유자	현재의 소유자는 '권리자 및 기타사항'란에 소유자라고 기재되어 있는 사람입니다. 2인 이상이 공유하고 있다면 각자의 지분이 기재되어 있습니다.
압류	채권자가 채권을 확보하기 위하여 확정판결 등 채무명의에 기해 채무자 재산을 확보해 둔 것입니다. 만일 채무가 해결되지 않으면 그 부동산은 강제집행에 의해 경매가 될 수 있습니다.
가압류	위와 같은 채무명의(확정판결 등)을 얻기 전에 임시적으로 법원의 결정에 의해 채무자 재산을 확보한 것으로 채무가 해결되지 않으면 결국 그 부동산은 강제집행에 의해 경매가 될 수 있습니다.
가처분	소유권을 다투는 자, 즉 소유권을 주장하여 이전등기를 청구하거나 등기도니 소유권의 말소를 청구하려는 자 등이 법원의 재판을 거쳐 임시적으로 기존 소유권자의 처분행위를 금해 둔 것이므로, 후일 소송에서 가처분권자가 승소 할 경우에는 위 가처분등기 이후의 등기가 말소될 수 있으므로 특히 주의해야 합니다.
경매신청	경매신청등기는 그 부동산에 대하여 경매절차가 진행되고 있음을 의미합니다. 강제경매는 확정판결 등 채무명의에 의한 경매이고, 임의경매는 저당권, 전세권 등 담보물권에 의한 경매나 기타 법률 규정에 의한 경매로 구분됩니다. 해당 부동산이 경매로 낙찰이 되고 그 대금이 완납되면,(근)저당권, 가능기남보권, 압류효덕 발생 후의 지상권, 전세권, 임차권, 제3자 명의의 소유권이전등기, 가처분, 가압류, 국세체납에 의한 압류등기 등 '경락인이 인수하지 아니한 부동산 위의 부담이 기입' 등기는 말소됩니다.
예고등기	기존 등기의 원인무효 또는 취소를 주장하며 그 등기의 말소를 구하는 소송이 제기되었을 경웅 법원의 촉탁에 의하여 이루어지는데, 소를 제기한 자가 승소판결을 얻게되면 그 판결에 저촉되는 다른 동기는 모두 말소될 수 있습니다.
가등기	가등기권리자가 후일 본등기를 하기 위해 순위를 확보해둔 등기로, 그 밑의 공란은 본등기를 기입하기 위해 남겨둔 것으로서 만일 본등기가 되면 그에 저촉이 되는 가등기 이후의 모든 등기는 직권으로 말소됩니다.

▶ **압류**

세무서 또는 구청의 세금체납의 경우에도 많이 쓰입니다.

강제집행에 의해 경매가 된 경우 압류권자들은 등기부에 등기된 순위에 관계없이 채권액에 따라 안분비례로 배당을 받게 됩니다.

▶ **을구에 기재되는 사항**

근저당권	당해 부동산이 근저당권자의 채권에 담보로 제공되어 있는 것이며, 채권최고액으로 기재된 금액은 담보로서 장래 부담할 최고의 금액을 정한 것이어서, 실제 채무액이 얼마인지는 따로 확인해야 알 수 있으며 금융기관의 경우 일반적으로 채권액의 120%-140%(보통 130%)의 금액으로 설정을 하게 됩니다. 이는 연체이자 등을 감안하여 금융기관에서 앞으로 추가될 금액까지 합산하여 보장 받기 위한 것입니다. (근)저당권의 경우 등기사항 끝부분에 '공동담보목록 제 0호'라고 기재되어 있는 것은, 그 권리에 담보로 제공된 부동산이 5개 이상인 경우에 해당됩니다. 다른 담보물을 보고 싶을 때에는 따로 등기소에 공동담보목록 등본 교부를 신청을 하면 됩니다.
전세권 지상권 지역권	그 부동산을 배타적으로 이용할 수 있는 권리로서 같은 부동산에 중복되어 성립할 수 없습니다. 그러나 그러한 권리는 부동산의 일부에 대하여도 성립할 수 있으므로 중복되지 않게 부분을 특정하여 동일 부동산에 2개 이상의 권리를 설정할 수는 있습니다.(특히 전세권)
임차권	임차권 등기를 마친 임차인의 경우 임의경매를 신청할 수는 없으나 (임차보증금반환청구소송의 확정판결을 받으면 강제경매를 신청할 수 있음), 대항력과 우선변제권이 있습니다.

▶ (근)저당권, 전세권이 설정된 부동산에 대하여, (근)저당권자, 전세권자는 채무를 변제 받기 위하여 그 부동산에 대하여 (임의)경매를 신청할 수 있습니다.
▶ 대항력이란 임차주택이 매매, 경매, 공매로 제3자의 소유가 되더라도 그 계약기간이 만료될 때 까지는 이를 계속 사용, 수익할 수 있는 효력이며,
▶ 우선변제권'이란 경매나 공매가 된 경우 그 대금에서 후순위 담보권자 기타 채권자보다 우선하여 보증금의 변제를 받을 수 있는 권리를 말합니다.
▶ 말소되어 효력이 없는 권리에는 가로로 줄이 그어져 있습니다.
▶ 언제 어떠한 이유로 말소되었는지를 확인해 보시려면 아래의 말소등기란을 보시면 됩니다.

◆ **압류/가압류/가처분/가등기 구분해야한다.**

⇨ **압류란?**

채권자 등의 신청을 받은 국가기관이 강제로 다른 사람의 재산처분이나 권리행사 등을 못하게 하는 것.

넓은 뜻으로는 국가권력으로 특정의 물건 또는 권리에 대하여 사인(私人)의 사실상의 처분(소비 등) 또는 법률상의 처분(양도 등)을 금지하는 행위를 말하며, 좁은 뜻으로는 금전채권에 관하여 강제집행의 제1단계로서 집행기관이 먼저 채무자의 재산(물건 또는 권리)의 사실상 또는 법률상의 처분을 금지하고 이를 확보하는 강제행위를 말하는데, 구법에서는 이를 차압(差押)이라 하였다.

(1) 민사집행법상: 집행관 또는 집행법원 등 국가 집행기관의 강제행위이다. 따라서 채무자

의 의사나 저항을 무시·배제하고 할 수 있다(5·6조). 그러나 채권자의 만족이 그 목적이므로 과분압류(過分押留)나 무익한 압류는 할 수 없다(188조 2·3항). 곧 채권자의 만족과 집행비용 변상에 필요한 범위를 넘은 집행은 금지되며, 압류한 물건을 환가(換價)하여도 비용을 공제하고 잉여(剩餘)를 얻을 가망이 없으면 강제집행을 하지 못한다.

압류의 방법은 집행기관 및 압류 재산의 종류에 따라 다르다. 동산의 압류는 집행관이 물건을 점유(占有)하거나 봉인(封印) 기타의 방법으로 행하며(189~191조), 채권 기타의 재산권의 압류는 집행법원의 압류명령을 채무자 또는 제3채무자에 송달함으로써 행한다(223조). 어음·수표 기타 지시채권의 압류는 집달관이 그 증권을 점유하여야 한다(233조). 부동산 또는 선박(船舶)의 압류는 집행법원의 강제경매의 개시결정(83·172조) 또는 강제관리의 개시결정(164조)을 채무자에게 송달함으로써 행한다.

압류의 대상은 환가 가능한 채무자의 개개 현존 재산으로서 압류금지품이 아니어야 한다. 영업과 같이 재산이 모여서 일체(一體)를 이룬 것, 과거의 재산, 압류금지채권(246조)은 압류할 수 없다. 압류에 의하여 채무자는 압류된 재산의 처분권을 잃는다(83·92·94·164·227·251조 참조).

한국에서는 채권자는 압류한 금전·매각 대금 등에서 변제 또는 배당을 받게 될 뿐이고(平等配當主義), 독일법과 같이 압류질권을 취득(優先配當主義)하지 않는다. 압류의 효력은 압류물 외에 유체동산에서는 압류물에서 산출된 천연물(天然物:194조), 부동산에서는 종물 등에 미치고, 채권에서는 담보물권, 종된 물권, 압류 뒤에 발생한 이자나 지연배상청구권에도 미친다.

(2) 행정법상: 국세체납처분의 1단계로서 체납자의 재산처분을 금지하고 이를 확보하는 강제행위이다. 행정의 편의를 고려하여 민사소송법상의 압류보다 간이한 방법으로 행정권 스스로가 이를 할 수 있다(국세징수법 38~52조). 이 압류에는 법관의 영장이 필요하지 않다. 그러나 국세범칙사건 조사를 위한 압류는 형사상의 소추(訴追)와 관련되므로, 법관의 영장이 있어야 한다(조세범처벌절차법 3조, 관세법 296조).

(3) 형사소송법상: 압수(押收)의 일종이며, 증거물이나 몰수할 물건을 강제적으로 취득하는 재판 및 그 집행을 말한다(106조 1항). 압수할 때 점유를 처음부터 강제적으로 취득하는 경우를 압류라 하고, 소유자·소지자·보관자가 임의로 제출하는 물건이나 유류(遺留)한 물건의 점유를 취득하는 경우를 영치(領置)라 하나, 한국에서는 구별을 하지 않고 모두 압수에 포함시키고 있다.

⇨ **가압류란?**

금전이나 금전으로 환산할 수 있는 청구권에 관하여 장래에 그 채권을 집행할 수 있도록 하기 위해미리 채무자의 재산을 압류하여 채무자가 재산을 숨기거나 팔아 버릴 우려가 있을 경

우에 하는 임시조치입니다

　가처분과 더불어 집행보전절차라고도 하는데이들의 본안소송은 급부소송입니다

　보전될 권리를 소송물로 하는 본안소송 및 강제집행의 존재를 예정하는 점에서 부수적인 성격을 띄고 있는 가압류그러나 그 자체는 가압류명령을 발하는 절차와 이 명령을 특별한 집행권원으로 하여 행하는 집행절차로 나누어지고, 이 두 절차는 각각 판결절차와 강제집행절차에 대응하므로 강제집행에 관한 규정이 원칙적으로 준용됩니다

　가압류명령은 즉시 집행하지 않으면 목적을 이룰 수 없습니다

　명령과 집행의 관계는 보통의 소송과 강제집행의 관계보다 밀접하고, 가압류명령에는 즉시 집행력이 부여됩니다 그러나 금전적 가치의 보전을 목적으로 하는 이상, 집행은 원칙적으로 목적물의 환가까지 하는 일은 없고또 공탁에 의한 집행의 취소 등의 합목적적 배려도 하고 있습니다

⇨ **가처분이란?**

　금전채권 이외의 특정물의 급여·인도를 목적으로 하는 청구권에 대한 집행을 보전하기 위하여 또는 다툼이 있는 권리관계에 대하여 임시의 지위를 정하기 위해 법원이 행하는 일시적인 명령을 말한다. 판결이 확정되고 그것의 강제집행 시까지는 많은 시간이 소요되기 때문에 그 기간에 피해가 커질 우려가 있는 경우, 재판을 청구하기 전이나 청구하는 것과 동시에 법원에 가처분 신청을 할 수 있다. 가처분은 특정물의 지급을 목적으로 하는 청구권에 대한 강제집행의 보존을 위하여 그 효능이 있는 것으로써 금전채권이나 금전으로 환산할 수 있는 채권의 보전을 위한 가압류와 구별된다.

가처분의 종류

　가처분의 방법과 형식은 일정하지 않고 그 종류가 매우 다양하나, 크게 두 가지로 분류된다. 장래의 집행보전을 위하여 계쟁물(다투는 권리)에 대한 가처분, 현재의 위험방지를 위해 임시의 지위를 정하는 가처분이 그것이다. 그리고 부동산의 경우 가처분 명령에 따라 가처분 법원의 촉탁이 행해지고, 이후 등기가 이루어지면 가처분 절차가 종료된다.

- 계쟁물에 관한 가처분 : 채권자가 금전 이외의 물건이나 권리를 대상으로 하는 청구권을 가지고 있을 때 그 강제집행 시까지 계쟁물이 처분·멸실되는 등 법률적, 사실적 변경이 생기는 것을 방지하고자 그 계쟁물의 현상을 동결시키려고 하는 집행보전제도. 이러한 가처분에는 여러 가지 형식이 가능하나, 주로 처분금지 가처분이나 점유이전금지 가처분, 방해배제의 가처분이 이용되고 있다.
- 임시의 지위를 정하는 가처분 : 당사자 간에 현재 다툼이 있는 권리관계 또는 법률관계가 존재하고 그에 대한 확정판결이 있기까지 현상의 진행을 그대로 방치한다면 권리자가 현저

한 손해를 입거나 또는 소송의 목적을 달성하기 어려운 경우, 그로 인한 위험을 방지하기 위해 잠정적으로 법률관계에 관하여 임시의 조치를 행하는 보전제도이다. 이에 속하는 것에는 금원지급 가처분, 가옥명도단행 가처분, 건축공사금지 가처분, 출입금지 가처분, 이사직무집행정지 가처분 및 직무대행자 선임 가처분, 건축공사방해금지 가처분, 친권행사정지 및 대행자선임 가처분 등이 있다.

⇨ 가등기란?

본등기의 순위보전을 위하여 하는 예비등기(부동산등기법 3조).

부동산 물권 또는 임차권의 설정, 이전, 변경, 소멸의 청구권을 보전하려 할 때 또는 그 청구권이 시기부, 조건부이거나 장래에 있어서 확정될 것일 때 그 본등기의 순위보전을 위하여 하는 것이다.

매도인이 이전등기를 하는 데 협력하지 않는 경우나, 매매의 예약(豫約)에서 아직 소유권을 취득하고 있지는 않으나 예약자로서의 권리를 확보할 필요가 있는 경우 등에 이용된다.

가등기는 가등기 의무자의 승낙이 있을 때에는 신청서에 그 승낙서를 첨부하여 가등기 권리자가 이를 등기소에 신청할 수 있고, 가등기 의무자의 승낙이 없을 때에는 가등기 권리자의 신청에 의하여 가등기 원인의 소명이 있는 경우에 그 목적인 부동산의 소재지를 관할하는 지방법원의 가처분명령의 정본(正本)을 첨부하여 이를 신청할 수 있다(37·38조).

가등기는 그것만으로는 등기로서의 효력이 없으나, 후에 본등기를 하면 그 본등기의 순위는 가등기의 순위에 의한다(6조 2항). 즉, 대항력의 순위가 가등기를 한 때로 소급하게 되고, 가등기는 본등기에 비해 절차가 간단하기 때문에 많이 활용되고 있다.

차용물의 반환에 관하여 차주가 차용물에 갈음하여 다른 재산권을 이전할 것을 예약함에 있어서 그 재산의 예약 당시의 가액이 차용액 및 이에 붙인 이자의 합산액을 초과하는 경우에 이에 따른 담보계약과 그 담보의 목적으로 경료된 가등기 또는 소유권이전등기의 효력을 정함을 목적으로 하는 법률이다(1983. 12. 30, 법률 제3681호).

환매, 양도담보 기타 명목 여하에 불구하고, 민법의 소비대차의 규정에 의하여 효력이 상실되는 대물반환의 예약에 포함되거나 병존하는 채권담보의 계약에 대하여 적용된다.

채권자가 담보계약에 의한 담보권을 실행하여 담보 목적 부동산의 소유권을 취득하기 위하여는 채권의 변제기 후에 청산금의 평가액을 채무자 등에게 통지하고, 통지가 채무자 등에게 도달한 날로부터 2월이 경과하고 나서 청산금을 채무자 등에게 지급하여야 한다. 채권자는 청산금을 채무자 등에게 지급한 때에 목적부동산의 소유권을 취득하거나 가등기에 기한 본등기를 청구할 수 있다. 채권자는 청산금 채권이 압류 또는 가압류된 경우에는 청산기간이 경과한 후에 청산금을 공탁할 수 있다.

후순위 권리자는 그 순위에 따라 청산금에 대하여 권리를 행사할 수 있다. 채무자가 청산기간의 경과 전에 한 청산금에 관한 권리의 양도 기타의 처분이나 채권자가 청산기간의 경과 전에 또는 후순위 권리자 등에게 통지를 하지 않고 청산금을 지급한 경우에는 이로써 후순위 권리자에게 대항하지 못한다.

채무자 등은 청산금을 받을 때까지 채무액을 채권자에게 지급하고 채권 담보의 목적으로 경료된 소유권이전등기의 말소를 청구할 수 있으나, 채무의 변제기가 경과한 때로부터 10년이 경과하거나 선의의 제3자가 소유권을 취득한 때에는 그러지 못한다.

담보가등기권리자는 목적부동산의 경매를 청구할 수 있으며, 후순위 권리자는 청산기간 내에 한하여 그 피담보채권의 변제기 도래 전이라도 목적부동산의 경매를 청구할 수 있다. 담보가등기가 경료된 부동산에 대하여 경매가 개시된 경우에 담보가등기권리는 저당권으로 보아 담보가등기권리자는 다른 채권자보다 자기 채권의 우선변제를 받을 권리가 있다. 파산법, 국세기본법, 국세징수법, 지방세법, 회사정리법의 적용에 있어서는 담보가등기권리를 저당권으로 본다. 18조와 부칙으로 되어 있다.

메모:

제4주:
기초권리분석 이론

● **권리분석과 물건분석**

　권리분석은 말 그대로 권리에 대한 분석이며 입지분석/경제분석/물건분석으로 크게 나누고 물건분석은 물건의 현황과 이용에 따른 활용 상태의 분석이라고 할 수 있다.
　이러한 분석은 등기상에 나타나는 권리와 보이지 않는 권리들을 파악하며 낙찰시 매수인이 인수할 것이 있는지 없는지를 분석하고 물건에 대한 하자를 찾아 추가시설비용이 얼마나 들어가는지에 대하여 분석을 하는 것이다.

■ 1단계: 물건의 정보를 경매공고나 경매대법원사이트, 유료, 무료사이트 등에서 수집하여 본인의 자본능력, 본인의 취향, 평수 구조 등 본인 원하는 유사 물건을 몇 개 선정 한 후 그 중 선택하여 투자 대상 물건을 찾아낸다.

■ 2단계: 선택한 물건을 유료, 무료사이트 통하여 각종 서류 열람과 공적장부 확인하여 구체적 분석에 들어간다.

■ 3단계: 부동산의 법률적. 경제. 사실적 분석에 들어가는데 현장 답사를 통하여 공부상의 자료와 실질적으로 일치하는가 또는 다른점이 있다면 어느점이 다른가 확인하며 현장근처 공인 중개사 및 지역신문 인터넷 광고 등 통하여 시세 파악으로 경제적 파악하고 물건의 탐문 조사 통하여 소유자 및 세입자의 점유상태 확인 작업 등이다.

■ 4단계: 투자하기 직전에 1단계,2단계,3단계를 심층 분석하여 그것을 토대로 투자를 할 것인가 안할 것인가의 의사결정 결정 단계이다

● **권리분석이란?:** 일반매매는 전부 인수 및 승계를 하지만 경매는 다르게 권리를 인수하는 것이 있고 인수가 안 되는 것이 있다. 법원경매를 통해 경매물건을 낙찰받기 전 낙찰자가 낙찰대금 이외에 추가로 인수해야 되는 권리가 있는지 여부를 확인하기 위한 절차이다. 권리분석을 하기 위해서 기준이 되는 권리(말소기준권리)를 찾아내어 그 이전 권리는 인수되고, 그 이후 권리는 말소된다. 이 때 인수되는 권리와 말소되는 권리를 구분해야 하며, 낙찰 후에도 소멸되지 않는 권리는 낙찰자에게 인수된다.
　그러면 말소기준권리에 무엇이 있는가 확인한다.①저당(②근저당),③압류(④가압류),⑤담보가등기,⑥경매개시등기,⑦전세권 총 7가지로 나눌 수 있다.
　즉 말소기준 권리는 외우어야 하는데 앞글자를 따서 저압담경전 이라고 외운다

⊙ "저기 압에 가는사람이 담을 넘어 가는데 경찰이 보고있다" 라고 상기 하면 쉬울 것이다.

(말소 기준 권리 / 인수주의 / 소멸 주의) 에 대하여

1. 말소기준권리

1) 의의

매각부동산을 낙찰받은 매수인은 매수대금의 완납과 함께 등기없이도 법률상으로 그 매각부동산의 소유권을 취득한다. 그 소유권이전등기를 해 오는 과정에서 매각 부동산 등기부등본상의 권리들 중 어떠한 권리들은 말소등기촉탁의 대상이 되어 말소가 되는가 하면, 한편, 어떠한 권리들은 말소등기촉탁의 대상이 되지 않고 계속적으로 등기부등본상에 남아 매수인이 인수하게 되는 부담으로 남아 있는 경우가 있다.

이와 같이 말소와 인수의 기준이 되는 권리를 바로 말소기준권리라고 하는 것이다.
(말소기준권리라는 단어는 법률용어는 아니다. 사람들이 편의상 공통적으로 부르게된 단어라 보면 될 것 같다. 이런 이유로 말소기준권리는 '소멸기준', '말소기준등기'등으로 유연하게 불리기도 한다.)

2) 종류(저압담경전)-말소기준

(1) 저당권과 근저당권
(2) 압류와 가압류
(3) 담보가등기
(4) 경매개시결정등기
(5) 전세권-전세권은 사항에 따라 말소기준이 될 때가 있고 없을때도 있다.

메모:

> ■ 말소기준권리가 될 수 있는 권리에는
>
> **1. (근)저당:** 저당권 혹은 근저당권 모두를 의미한다. 저당의 개념을 모르시겠다면 집을 담보로 은행이나 개인에게 돈빌리는 거라 생각하시면 된다.
>
> **2. (가)압류:** 압류 혹은 가압류 모두를 의미한다. 압류는 어떤 행동(예를 들어 국가에 세금을 내야되는 경우)을 해야되는 의무가 있는 사람이 이를 지키지 않을때 국가가 그 의무자(채무자라고 합니다)의 특정한 재산을 처분하지 못하도록 묶어두는 행위이다.
>
> **3. 담보가등기:** 담보가등기란 단순히 저당권이라는 것과 비슷한 개념이라고 생각하고, 담보가등기와 가등기는 서로 다른 개념이지만 등기부에 가등기라고 기재된 놈도 어떤 상황에서는 담보가등기가 되기도 한다고 기억하고 넘어가도록 하겠습니다.
>
> **4. 경매개시결정등기:** 단어를 그대로 풀어서 경매를 시작하겠다고 결정하는 등기라 생각하시면 된다. 그리고 등기부에는 그 성격에 따라 강제경매, 임의경매라고 기입되게 된다.
>
> **5. 전세권:** 전세금을 지급하고 타인의 부동산을 점유하여 그 부동산의 용도에 따라 사용·수익하며, 그 부동산 전부에 대하여 후순위권리자나 기타 채권자보다 전세금의 우선변제를 받을 수 있는 권리(민법 제303~319조).
>
> **말소기준권리**는 위에서 언급한 말소기준권리가 될 수 있는 권리들을 시간순으로 나열했을 때 가장 앞서있는 권리이다. 이 말소기준권리가 결정되면 이를 기준으로 없어지는 권리가 정해진다.

2 | 소멸주의

2002. 7. 1. 이후에 제정 시행되고 있는 민사집행법은 담보물권에 대해서는 소제주의를, 용익물권에 대해서는 인수주의를 취하고 있다. 즉 매수인이 인수하지 아니하는 부동산상의 부담으로 매수인에게 대항할 수 없는 모든 권리는 말소된다. 즉, 근저당권, 담보가등기, 가압류 등은 매각으로 소멸한다.

이러한 것들, 즉 매수인이 부담하지 아니한 등기상의 권리는 모두 말소된다는 것이 바로 소제주의 내지는 소멸주의라고 하는 것이다.

이러한 소제주의에 해당하는 권리는 매각으로 인하여 모두 소멸됨으로 말소촉탁의 대상이 된다.

■ **매각으로 소멸하는 권리들**
① 근저당권, 저당권 ② 가압류, 압류 ③ 경매개시결정기입등기 ④ 담보가등기

⑤ 말소기준권리보다 앞선 선순위전세권자이나 배당요구를 신청하였을 경우
⑥ 말소기준권리보다 후순위 용익물권(즉 전세권, 지상권, 지역권)
⑦ 말소기준권리보다 후순위 권리(즉 가처분, 가등기)

즉, 소제주의라는 것은 경락으로 인해 소멸하는 권리로서 경매대금을 완납하고 촉탁등기에 의해 모두 말소되는 권리이다.

소제(소멸)되는 권리의 유형

1) (근)저당권은 그 순위에 따라 우선배당을 받게 되며, 순위에 관계없이 경락에 의해 모두 말소된다.

2) 가압류는 원칙적으로 모두 말소된다. 아울러 가압류권자에 대한 배당금은 일단 공탁이 되며, 차후 가압류권자 채무자를 상대로 본안소송을 제기하여 승소한 판결문과 확정증명원(즉 집행권원을 가지고 오면)을 첨부하여 배당금을 수령할 수 있다.

3) 후순위 가등기, 가처분은 모두 말소된다. 즉 말소기준권리 이후에 설정된가등기, 가처분은 말소된다.

4) 말소기준권리보다 후순위인 용익물권 즉 전세권, 지상권, 지역권 등은 모두 말소된다.

3 인수주의

매각으로 인하여 소멸되지 않고, 매수인에게 인수되는 권리로서 이러한 매각부동산을 낙찰받고자 한다면 위 부담 즉 인수되는 금액을 감안하여 입찰에 참여히여야 하겠다.

앞서 언급한 바와 같이 말소기준권리보다 빠른 권리들은 매각부동산이 매각되더라도 그 권리들은 매수인이 인수하게 되고, 이들 권리들은 매각부동산의 매각대금에서 해결되는 것이 아니고 매수인이 직접 책임을 져야 하는 것이다.

■ 인수되는 권리들
① 예고등기
② 유치권
③ 말소기준권리보다 앞선 일자로 설정된 용익물권(즉 지상권, 지역권, 전세권)
④ 말소기준권리보다 앞선 일자로 설정되어 있는 가처분, 소유권이전청구권가등기
⑤ 말소기준권리보다 앞선 일자로 대항력을 갖춘 임차인(즉 선순위 임차인)

여기서 중요한 것은 예고등기 같은 경우에는 소유권에 관한 다툼이 있는 것으로서 예고등기가 말소기준권리보다 앞서 있던 뒤에 있던 무조건 말소되지 않고 등기부등본상에 남아 있게 된다. 보다 중요한 것은 낙찰받은 부동산과 관련하여 예고등기 이후 채무자가 진정한 소유자가 아니고 제3자가 동 부동산의 소유자라고 한다면 매수인으로서는 소유권마저 빼앗길 가능성이 있음을 유념하여야 한다.

개정된 예고등기 폐지에 대한 내용은 다음 편에서 보도록 한다.

인수되는 권리의 유형

1) 말소기준권리보다 앞서 설정된 가등기, 가처분은 경락에 의해 소멸되지 않고 매수인이 인수한다.
2) 말소기준권리보다 앞선 전세권은 원칙적으로 매수인이 인수하나, 선순위전세권자가 배당요구를 하면 말소된다.
3) 말소기준권리보다 앞서 설정된 지상권, 지역권은 매수인이 인수한다.
4) 유치권의 경우는 매수인이 인수한다.
5) 말소기준권리보다 앞서 대항력을 갖춘 임차인은 매수인이 인수한다.

메모:

실무에서

○ **예고등기**: 예고등기가 있는 경우에는 그 사건번호 등을 확인하여 사건 결과를 확인하고 매수여부를 판단하는 사례가 많다.

○ **유치권**: 유치권자 같은 경우는 우선변제적 효력이 없기 때문에 매수인이 무조건 인수하게 된다. 앞서 언급한 바와 같이 경매절차상 가장 까다로운 방법 중의 하나이다. 유치권자체가 존재하는지 여부도 명확히 알 수 없는 경우도 있다.
가령 유치권자인 경우, 그가 경매절차상 배당요구종기일 까지 배당을 신청할 의무도 없으며, 잔대금을 납부하고 매수인이 소유권이전등기를 할 때에도 그것을 신고할 아무런 의무가 없다. 그러한 유치권자가 차후 매수인이 인도명령이나 명도소송을 통해 강제집행을 하려 할 때에서야 나타나서 자신의 권리를 주장하면 매수인으로서는 상당히 당황스럽고, 부담이 아닐 수 없는 것이다.
아울러 유치권자에 대해서 매수인이 인도나 명도를 받기 위해서는 유치권자의 채권을 변제하고 매각부동산의 인도나 명도를 받아야 하고, 유치권자가 적극적으로 매수인에게 유치권 공사대금 얼마를 청구하는 그러한 소송 등을 제기할 수는 없는 것이다.

○ **선순위가처분, 가등기**: 선순위가처분, 가등기가 있을 경우에는 통상 경매절차를 진행시키지 않으나, 만일 경매절차가 진행되었다면 위 가처분과 가등기에 대한 내역을 정확히 알아야 할 것이다. 즉 선순위 가등기이지만 그것이 담보가등기인 경우에는 특별한 문제없이 낙찰을 받아도 되나, 소유권이전등기청구권가등기인 경우에는 매수인이 소유권이전등기후에 위 가등기권자가 본등기를 하게 되면 매수인이 소유권을 빼앗길 수 있다.
아울러 선순위 가처분이 있는 경우에도 위 선순위 소유권이전 등기청구권자와 같은 경우로 가정을 하고, 다만 가처분권자 등을 통해 사건의 내용상 가처분의 효력 등이 차후 문제가 없다면 입찰에 응해도 될 것이나 그와 같은 확인 작업이 용이하지 않기 때문에 실무에서는 입찰에 참여하지 않는 경우가 대부분이다.

○ **지상권, 지역권**: 선순위 지상권, 지역권 역시도 낙찰을 받는다 하더라도 그 지상부분을 사용할 수 없으므로 그러한 점을 감안하여 입찰에 응하여야 할 것이다.
단 위와 같은 선순위 지상권, 지역권이 있는 물건을 낙찰 받았을 때 매수인은 위 지상권자와 지역권자에게 지료 등은 청구할 수 있다.

4. 잉여주의

매각 목적물의 매각대금으로 그 우선부담과 경매비용을 변제하고 남을 것이 있는 경우에 한하여 경매를 허용하고 압류채권자가 자기의 채권을 변제받을 가망이 없는 경매는 허용되지 않는다는 원칙이 바로 잉여주의다. 즉 잉여의 가망이 없는 경매는 취소하게 된다.

민사집행법에서는 법정매각조건으로서 우선변제권이 있는 담보물권에 관하여는 소제주의를 취함과 동시에 잉여주의도 취하고 있다. 근저당권과 가등기담보권은 매각으로 소멸한다. 또한 경매채권자가 경매를 신청하여 그 비용 등을 제하고 경매채권자가 배당받을 금액이 없다면 잉여의 가망 없는 경매로서 경매절차가 취소될 수 있다.

◆ 확정일자와 전세권설정등기 차이점

구분	확정일자	전세권설정등기
성격	채권	물권
처리절차	세입자 단독으로 처리	집주인의 동의 및 인감증명서 필요
구비서류	해당지역 동사무소 및 등기서에 임대차 계약서 가지고 가서 '확정일자' 도장받음	임대인 - 등기권리증, 인감증명서, 주민등록등본임차인 임차인 -주민등록등본, 전세계약서, 토지대장, 건축물관리대장, 수입인지 첨부하여 등기소에서 전세권설정 등기를 함
비용	700원	등록세: 전세금의 0.2% 교육세: 등록세의 20% 법무사수수료 (전세계약 만기시 전세권설정 등기말소비용 발생)
권리발생 요건	전입신고, 주택의 인도(점유), 확정일자 3가지 요건 충족	전입신고 및 주택점유 안해도 권리 유지
보증금 회수	보증금반환청구소송제기하여 승소판결문 받아 경매 신청	소송제기 없이 경매신청가능
경매시 배당요구	배당요구신청 해야함	배당요구 없이 순위에 의해 배당받음
기타 효력	전세권설정 등기와 변제 우선순위 동일 제3자에게 효력 승계 불가능 토지와 건물 금액에서 배당	후순위권리자와 기타채권자보다 우선순위 효력승계 집주인 동의없이 전대가능 (특약사항, 금지조항설정시 불가능) 건물 금액에서 배당(토지 제외)

◆ 권리분석의 원칙

- 저당권은 언제나 소멸한다.
- 압류, 가압류도 소멸된다.
- 저당권 압류 가압류 보다 뒤에 있는 권리는 원칙적으로 모두 소멸된다.
- 최선순위의 용익물건은 소멸하지 않는다.
- 최선순위의 전세권은 배당요구의 여부에 따라서 다르다.
- 최선순위의 보증금이 전액 변제되지 않은 대항력 있는 주택 또는 상가건물 임차권은 소멸하지 않는다.
- 최선순위의 소유권이전청구권 보전가등기는 소멸하지 않는다.
- 최선순위로 등기된 가처분은 말소되지 않는다.
- 유치권은 언제나 소멸하지 않는다.
- 예고등기는 등기된 순위와 관계없이 말소되지 않는다.

◆ 등기부상에 등재되어 있지 않는 권리로서 인수되는 권리

① 유치권
② 법정지상권
③ 분묘기지권
④ 대항력을 갖추고 있으나 배당요구를 하지 않은 선순위 임차인과 확정일자를 받고 배당요구한 선순위임차인은 배당요구를 하면 일반적으로 소멸하나 보증금의 일부분에 대하여 배당을 못 받아간 경우에는 그 부족 배당금만큼은 매수인이 인수해야 한다.

◆ 등기부에 등재되어 있는 권리로서 인수되는 권리

① 예고등기
② 말소기준권리보다 앞선 날짜로 설정된 다음의 권리들
　　지상권. 지역권. 임차권. 가처분. 소유권이전가등기. 환매등기
③ 배당요구를 하지 않은 선순위 전세권

◆ 대표적 권리분석 종류

등기부분석	임차인분석	특수분석
* 말소기준권리분석 * 인수되는 등기권리분석	* 대항력 분석 * 선순위 임차인 분석 * 소액임차인 분석 * 후순위 임차인 분석	* 유치권분석 * 법정지상권 분석 * 관습상 법정지상권 분석 * 분묘기지권 분석 * 예고등기 분석

◆ 소제(소멸)주의 인수주의정리

선순위	인수되는 권리들	인수주의	* 전세권 * 지상권 * 지역권 * 임차권 * 가처분 * 소유권이전청구권 보전가등기 * 환매등기 * 전입신고+점유하고 있는 임차인
말소기준권리:(근)저당,(가)압류,담보가등기,강제경매 개시결정등기			
후순위	소멸되는 권리들	소제주의	* 전세권 * 지상권 * 지역권 * 임차권 * 가처분 * 소유권이전청구권 보전가등기 * 환매등기 * 전입신고+점유하고 있는 임차인
예고등기(2011년부터 폐지)와 유치권은 말소기준권리와 관계없이 그 권리의 성질상 항상 인수되는 권리임. 예고등기 폐지되었으나 폐지전의 권리는 살아 있다.			

◆ 분석서류

서류명	확인사항	발급처
도시계획확인원 (토지이용계획확인원)	도시계획저축여부, 건축허가구분, 용도지역, 지구확인, 개발제한구역확인	시, 군, 구청
환지예정지증명원	확지확정후 또는 환지예정지로 지정된 후 변경된 지번, 지목, 면적 확인	시행청
등기부등본	지번, 지목, 면적, 각종 권리관계확인	등기소
토지대장	공부상 권리관께, 지목, 지번, 면적 등 확인	시, 군, 구청
임야대장	공부상 권리관계, 지목, 지번, 면적 등 확인	시, 군, 구청
건축물관리대장	건축물에 대한 공부상 권리관계, 지번, 면적, 건축구조, 건축년도 등 확인	시, 군, 구청
지적도	토지의 면적, 경계, 위치, 지역확인	시, 군, 구청
공시지가확인원	수익률, 세금부과 요건	시, 군, 구청
주민등록등본	공부상 권리관계, 임차인의 전입일 확인	동사무소

● 분석 전략 종합정리

1) **건물의 명도 전략을 사전에 구상**
   - 명도비용과 시간 소요 감안

2) **주택경매의 경우 임차인 확인**
   - 낙찰자에게 대항할 수 있는 임차인 유무 판단

3) **등기부상 인수되는 권리유무 확인**
   - 최선순위 근저당권 (근저당권이 없을 경우 강제경매신청 기입등기일 또는 가압류 등기, 담보가등기 중 빠른 권리)을 기준하여 선순위에 설정된 권리들 (전세권, 지상권, 지역권, 소유권이전청구권보전가등기, 가처분 등기, 환매등기)은 경매로 소멸되지 않음
   - 유치권, 예고등기는 소멸기준에 관계없이 무조건 인수

4) **현장답사는 반드시 실시**
   - 부동산 공부와 현장이 일치하는지 여부파악

5) **경매부동산물건의 인근상황을 정확히 파악**
   - 유흥가, 가스충전소등 혐오시설 여부

6) **정확한 시세파악 후 입찰가격을 사전에 결정**
   - 법원의 최저매각가격은 단지 참고자료
   - 시세가 가장 정확한 기준

7) **경매투자에 따른 수익성 여부를 확인**

8) **입찰가격은 소신있게 결정**
   - 자신의 책임하에 결정

9) **입찰서류 작성에 신중**
   - 정확한 입찰보증금
   - 신법, 구법사건 구분

10) **경매대금 납부계획을 사전에 수립**
    - 낙찰후, 보증금 10%를 제외한 잔여금액인 90%를 납부
    - 기한은 항고가 없다면 통상 낙찰 후 1개월 이내
    - 취, 등록세 준비

● 말소기준에 대한 사례분석

1) 근저당권이 말소기준권리	2) 가압류가 말소기준권리
3) 담보가등기가 말소기준권리	4) 강제경매 개시결정등기가 말소기준권리

1) 근저당권이 말소기준권리인 경우

사건번호	소재지	면적(m²)	임차인관계	감정평가액 경매결과	등기부내역 (단위:만원)
94-25865 주택 한신상호 이성규 김호영	관악 신림동 00번지 -남측6m도로접 -일반주거지역 -기름보일러	대 177.8 1층 25(방3) 2층 20(방3) 지층20(방4)	1900 이소규 (전입) 92.07.10 (확정) 94.10.25 3700 김동수 (전입) 94.12.14 (확정) 94.05.09 3700 동선주 (전입) 92.04.19 1000 이청교 (전입) 95.01.25 (확정) 94.09.20 -임차인들은 　배당요구하였음.	287,247,920 183,838,600 95. 02. 14 유찰 95. 03. 18 유찰 (192,000,000)	근저 93.11.19 한신상호 24,000 근저 94.09.29 김철영 3,000 임의 94.12.08 한신상호 청구액: 16,000

- **말소기준권리 : 1993 11.19 근저**

- 최우선변제금액 : 2000천만원/700만원

- 1순위 : 임차인 이소규, 최영선, 이청교 각 7백만원

- 2순위 : 근저당권 한신상호 1억 6천만원

- 3순위 : 근저당권 김철영 1천 6백만원

- 인수금액 : 이소규 1천2백만원
　　　　　　동선주 3700만원 전액

2) 가압류가 말소기준권리인 경우

사건번호	소재지	면적(m²)	임차인관계	감정평가액 경매결과	등기부내역 (단위:만원)
99-58769주택 국민은행 홍길동	송파구 삼정동 00번지	대 154 1층 65(방4) 2층 65(방4) 지층 65(방4)	3000 김개동 (전입) 95.11.25 (확정) 95.11.25 2800 박문식 (전입) 95.12.03 (확정) 95.12.03 2500 이성우 (전입) 97.07. 5 (확정) 97.07. 5 2400 윤상길 (전입) 96.03.10 (확정) 96. 03. 10 7000 김병국 (전입) 97.10.21 (확정) 97.10.21	420,000,000 268,800,000 00. 04. 25 유찰 00. 05. 28 유찰 00. 06. 24 낙찰 (302,000,000)	가입 92. 03. 28 김상용 5,000만 근저 97. 05. 25 국민은행 1억원 가압 98. 01. 23 임기문 3,000만 임의 99. 12. 23 국민은행

- 말소기준권리 : 1992.03.28 가압류
- 최우선변제금액기준 : 1997.05.25 근저당 즉, 3000천만원/1천2백만원
- 1순위 : 김개동, 박문식, 이성우, 윤상길 각 1천 2백만원
- 2순위 : 이하 비례배당 후 흡수배당
- 인수금액 : 없음

3) 담보가등기가 말소기준권리인 경우

사건번호	소재지	면적(m²)	임차인관계	감정평가액 경매결과	등기부내역 (단위:만원)
00-58564주택 한신상호 송영규	동대문 전농동 00번지	대 155 1층 55(방2) 2층 60(방3)	4500 구유탁 (전입) 96.07.12 (확정) 96.07.12 5500 장정훈 (전입) 96.09.25 (확정) 96.10.24	170,000,000 136,00,000 00.06.21 유찰 00.07.20 유찰 (138,000,000)	가등 96.06.21 변수홍 근저 96.07.28 한신상호 8,000 임의 00.03.25 한신상호 청구액 7,000

- 말소기준권리 : 1996.06.21 가등기
- 한신상호가 뒤에 근저당권을 설정하였으므로 앞의 가등기는 담보가등기일 가능성 농후

- 1순위 : 담보가등기
- 2순위 : 구유탁
- 3순위 : 근저당권

4) 강제경매 개시결정등기가 말소기준권리인 경우

사건번호	소재지	면적(m²)	임차인관계	감정평가액 경매결과	등기부내역 (단위:만원)
00-19548 주택 이미옥 김칠임	은평구 갈현동 00번지 -벽돌조 -선일여상남측 -북측4m도로접	대 205 건 1층 86 2층 75	5500 이미옥 (전입) 97.03.22 (확정) 97.03.22 4500 최 리 (전입)97.12.08 (확정)98.01.09	168,144,720 107,612,620 01. 01. 09 유찰 01. 02. 13 유찰 01. 03. 13 낙찰 (112,100,000)	강제 00. 08. 14 이미옥 청구약: 5,500

- 말소기준권리 : 2000.8.14 강제경매등기
- 1순위 : 이미옥 5천 5백만원
- 2순위 : 최 리 4천 5백만원
- 3순위 : 없음

예고등기폐지

국회가 2011년 3월 11일 본 회의에서 부동산 예고등기제 폐지 등을 골자로 한 "부동산 등기법 전부개정안"을 통과 시켰다. 그 후 4월 12일 개정법이 공포됐고,
지난 10월 13일부터는 부동산등기법 개정안이 본격 시행됐다.

이번에 바뀐 부동산등기법 개정안은 종이등기부를 전제로 한 규정을 정비하고, 법률에 직접 규정하기에 적합하지 않은 사항을 대법원 규칙으로 위임하거나 삭제했다. 또한 악용의 소지가 있는 예고등기제도를 폐지하여 부동산에 관한 국민의 권리보존을 도모하고 거래의 안전성을 높이려는데 초점이 맞춰졌다.

이번 개정안에서 가장 눈에 띄는 부분은 바로 예고등기제도의 폐지다. 예고등기는 등기의 말소 또는 회복에 대한 소송이 제기된 부동산에 대해 주의하라는 뜻으로 법원이 직권으로 등

기부상에 표시하도록 하는 제도다. 해당 부동산에 대한 소송이 진행 중임을 제3자에게 알려 이 부동산에 대한 매매 등 법률 행위를 하려는 사람들을 보호하려는 목적으로 지난 1960년 부동산 등기법 제정 당시 도입됐다.

하지만 최초의 입법취지와는 다르게 선의의 제3자 보호보다 등기명의인의 재산권행사나 강제집행 절차를 방해하는 수단으로 악용되는 경우가 많았다. 예를 들어 소유부동산이 경매로 넘어가게 될 처지에 있는 채무자가 제3자와 공모해 자신의 부동산에 대하여 소유권이전등기를 말소하도록 하는 허위채권소송을 하게 되면 법원에서는 직권으로 예고등기를 하게 된다. 이런 부동산은 몇 차례 유찰돼 낙찰가가 떨어지게 되고, 이때 채무자 등이 낮은 값에 물건을 확보해 부당이익을 챙기게 된다.

따라서 이번 부동산등기법 개정안에서는 선의의 제3자 보호차원에서 예고등기제도를 폐지했다. 이에 2011년 10월 13일 이후에 접수되는 예고등기 촉탁에 대해서는 등기관이 각하하게 된다. 이 예고등기의 기능은 '처분금지가처분등기'가 대신할 것으로 보여진다.

참고로 처분금지가처분이란 채무자의 부동산에 대하여 권리를 가진 채권자가 자신의 권리를 실현하기 위해 본안의 소를 제기하여 승소판결을 받기 전까지 그 권리의 집행을 보전하기 위해 해당 부동산에 대해 기타 일절의 처분행위를 할 수 없도록 사전에 방지하는 제도다.

이번 개정안에서는 등기의 효력발생시기에 관한 규정도 신설했다. 등기의 효력발생시기를 명확하게 하기 위하여 등기관이 등기를 마치면 그 등기의 효력은 접수한 때부터 효력이 발생하는 것으로 했다.

등기사항증명서(등기부등본)의 발급업무 정지에 관한 규정도 신설한 것도 눈에 띄있다. 등기가 이뤄지게 되면 등기의 효력은 접수시점으로 소급하여 발생되는데 이럴 경우 접수시점 이후 등기가 마쳐지기 전까지는 변경 전의 내용으로 공시될 것이므로 이러한 문제점을 방지하기 위하여 발급업무 정지에 관한 규정을 신설했다.

하지만 2012년 3월 1일부터는 등기신청이 접수된 부동산에 대해서도 신청인이 등기사항증명서(등기부등본) 발급을 원할 경우에는 그 부동산이 등기신청사건 처리중임을 표시하여 발급할 수 있도록 예외규정을 뒀다.

또한 대장상 등기명의인의 표시와 등기기록상 등기명의인의 표시가 다른 경우 다른 등기신청을 할 수 없다는 구법 56조를 폐지했고, 등기신청에 잘못된 부분이 있어 보정을 해야 하는 기간도 당일에서 등기관이 보정을 명한 날의 다음날까지로 바뀌었다.

전세금 반환채권의 양도에 따른 전세권일부이전등기 규정도 신설했다. 전세금을 돌려받지 못해 전세권의 효력이 지속되고 있는 상황에서 전세금반환채권의 일부를 양도했을 때에는 양도액을 등기할 수 있도록 했다.

이외에도 가처분등기를 할 때에 가처분의 피보전권리와 금지사항을 기록하도록 한 현재의 실무를 규정화 시켰고, 가처분등기에 의한 등기가 이뤄질 경우 기존의 가처분등기는 등기관이 직권으로 말소할 수 있도록 했다.

◇ **권리관계와 임대차 분석**=가장 어려운 부분이지만 원칙을 정해 놓고 보면 의외로 간단하다. 말소기준권리보다 앞선 전세권, 임차권, 소유권이전청구권 가등기, 지상권이 있거나 대항력 있는 주택임차인이 있으면 낙찰자가 이를 인수하게 된다. 최선순위 채권액이 소액일 경우 후순위 권리자가 이를 대위변제하면 선순위로 지위가 상승하는 사례가 종종 있다. 특히 후순위 임차인이 대위변제하는 경우가 많으며, 대위변제한 임차인은 낙찰인에게 대항력이 생긴다. 경매정보상에 '유치권 주장'이라는 내용이 표기된 경우에는 물건 선정에 신중하여야 한다. 유치권이 인정되는 경우 낙찰자는 낙찰가외에 유치권자가 주장하는 채권액을 고스란히 떠안게 되는 수가 있다. '법정지상권성립여지가 있음' 또는 '제시 외 건물 소재'라고 표기된 물건역시 피하는 것이 좋다. 법정지상권은 경매로 토지와 건물의 소유주가 달라지는 경우로서 토지의 낙찰자는 원하는바 대로 토지를 이용할 수가 없게 된다. 권리사항에 `예고등기`가 되어 있으면 등기의 말소, 회복에 관한 재판이 진행 중이라는 뜻이다. 이 경우는 비록 `예고등기`가 후순위라 하더라도 재판이 끝날 때까지는 효력을 갖기 때문에 자칫 낭패를 볼 수가 있다.

메모:

제5주:
경매의 핵심 권리분석

1. 권리분석의 의의

경매부동산의 분석에는 부동산 자체에 내재하는 물리적 하자(오손, 파손, 내용연수나 경제적인 하자(이용가치를 분석)를 파악하는 물건분석이 있고 그 물건의 본질적인 즉, 올바르게 합당하게 소유권을 취득하는데 법률적인 하자가 있는지의 여부를 파악하는 권리분석이 있다.

본질적으로 우리나라는 소제주의를 취하기 때문에 낙찰에 의하여 부동산의 모든 부담이 소멸되고 낙찰자가 아무런 부담이 없는 완전한 소유권을 취득하도록 하고는 있지만 모든 권리문제를 법원에서 해결해주는 것은 아니기 때문에 권리분석을 잘못하면 경제적으로 큰 손실을 당하여 일반 매매물건을 사느니만 못한 경우도 많다.

물론, 2002년 7월 1일부터 시행된 민사집행법 적용으로 권리분석이 용이해진 면이 있지만 여전히 경매의 성공여부는 권리분석에 달려있다고 해도 과언이 아니다. 특히 주택은 임차관계가 얽히고 설켜 있기 때문에 미리 임차관계와 해당주택의 임차금 및 대항력 유무 여부를 사전에 점검해야 한다.

2. 권리분석의 원칙

- 저당권은 언제나 소멸한다.
- 압류가압류도 소멸된다.
- 저당권 압류 가압류 보다 뒤에 있는 권리는 원칙적으로 모두 소멸된다.
- 최선순위의 용익물건은 소멸하지 않는다.
- 최선순위의 전세권은 배당요구의 여부에 따라서 다르다.
- 보증금이 전액 변제되지 않은 대항력 있는 주택 또는 상가건물 임차권은 소멸하지 않는다.
- 최선순위의 소유권이전청구권 보전가등기는 소멸하지 않는다.
- 최선순위로 등기된 가처분은 말소되지 않는다.
- 유치권은 언제나 소멸하지 않는다.
- 예고등기는 등기된 순위와 관계없이 말소되지 않는다.

3. 물권과 채권의 경합

물권은 부동산을 점유, 사용, 수익, 처분 등 직접 지배할 수 있는 권리로서 누구에게나 주장할 수 있는 절대권, 물건에 대해 권리를 주장할 수 있는 대물권이고 배타성을 가진 권리이다.

배타성이란 하나의 부동산 위에 같은 내용의 권리가 동등하게 성립할 수 없다는 뜻이다. 시간적으로 먼저 성립한 물권이 우선이다. 같은 종류의 물권들은 동시에 성립되지 않는다. 예를 들어 저당-저당권은 동시에 성립될 수 없다. 이중에는 분명 먼저 성립된 것이 있다. 그 순위는 보통 등기를 할 때 순위번호와 접수번호를 보고 구분할 수 있다.

저당권이란 채권자가 물건을 점유하지 아니하고 이를 채권의 담보로 하여 채무자가 변제하지 않을 때에는 그 물건에서 우선적으로 변제받을 수 있는 권리입니다. 민법상 부동산의 소유권이 주이며 그 외 지상권과 전세권이 저당권의 목적이 될 수 있으며 동산은 저당권의 목적이 되지 않습니다. 저당권은 저당권자와 저당권설정자와의 사이의 설정계약에 의해 성립되지만 등기를 하지 않으면 제3자에 대하여 저당권을 주장할 수 없으며 등기하면 저당권설정자가 제3자에게 그 부동산을 양도하더라도 저당권을 실행할 수 있으며 저당권이 설정되어 있는 부동산에 대해서는 지상권이나 임차권을 취득해도 저당권자에게는 대항할 수 없습니다.

근저당이란? 계속적인 거래관계로서 채권액이 증감하는 경우에 장래 일정한 결산기일에서 변제되지 않는 채권을 담보하기 위해 미리 설정되는 저당권입니다. 근저당을 설정하려면 설정계약과 등기가 있어야 하며 등기시에는 근저당이라는 취지를 기입해야하며 채권의 최고액을 기재해야 합니다.

물권에는 민법에서 규정한 점유권, 소유권, 지상권, 지역권, 전세권, 유치권, 질권, 저당권의 8종과 관습법상의 물건인 분묘기지권, 법정지상권의 2종이 있다.

채권은 당사자 사이의 계약에 의해 성립하여, 계약상 채무자인 특정한 사람에게 채무 이행, 즉 돈을 갚아 달라고 청구할 수 있는 대인 청구권, 당해 채무자에게만 요구할 수 있는 상대권, 또한 권리에 관하여 독점적으로 지위를 누리지 못하고 권리자 사이에 평등성을 가지고 있으며 이를 '배타성이 없다'라고 표현한다.

채권 종류	첨부서류
주택임대차보호법 우선변제 임차권자	임대차계약서, 주민등록등본
근로기준법에 의한 임금채권자	회사경리장부, 근로감독관청확인서, 관할세무서의 근로소득 원천징수서류
소액우선변제 임차권자	임대차계약서, 주민등록등본
가압류권자	가압류결정정본, 등기부등본
집행력 있는 정본의 채권	집행력 있는 정본
담보가등기권자	등기부등본, 채권원인증서사본
경매등기부 저당권자	등기부등본
일반채권자	채권원인증서사본

	물권	채권
의의	물건을 직접 지배하는 권리 (지배권)	특정인(채무자)에게 일정한 행위를 요구할 수 있는 권리 (청구권)
객체	물건 (또는 재산권)	특정인의 행위 (급부)
효력의 범위	-對世的 -절대적인 권리	-對人的 -상대적인 권리
배타성	O (一物一權主義)	X (債權者平等의 原則)
양도성	O	△
종류/내용	물권법정주의 (강행규정)	계약자유의 원칙 (임의규정)

4. 주요 권리 사항

■ 지상권

지상권이란 남의 토지를 사용할 수 있는 권리를 말한다.

다시 말해서 타인의 토지에 대한 권리로서 그 위에 있는 건물, 공작물, 수목을 소유하기 위한 토지에 대한 사용권이자 일종의 차지권이다. 여기에는 건물, 연못, 담, 교량, 전신주, 광고탑, 기념비등의 지상물과 지하철, 터널, 우물등의 지하물, 그리고 식목된 수목등이 포함된다.

지상권은 지표, 지상, 지하의 일부에도 설정할 수 있다. 물권적인 합의나 등기와 같은 법률행위를 하거나 상속, 판결, 취득시 비법률 행위로써 취득할 수 있다. 이때는 등기가 필요 없는 당연취득이 된다. 그러나 점유취득 시효 문제가 있으므로 지상권을 취득했을 때는 등기를 해야 한다.

■ 법정지상권

법정 지상권은 토지와 건물이 경매 등의 이유로 각각 그 소유자가 달라진 경우에 잠재적인 토지이용권을 법률상 인정해 준 제도이다. 법률 규정에 의한 지상권의 취득이므로 등기를 필요로 하지 않으나 처분시에는 등기를 해야 한다.

법정지상권은 아래의 경우에만 주장할 수 있다.

가. 토지와 건물이 동일인의 소유이고 건물에 대해서만 전세권, 저당권이 설정 했는데 토지소유자가 변경된 경우.

나. 토지와 건물이 동일인의 소유이고 그 중 어느 하나에만 저당권이 설정되었다가 경매를 통해 토지와 건물의 소유자가 달라 진 경우.

다. 토지와 건물이 동일인의 소유이고 그 중 어느 하나에만 가등기담보, 양도담보, 매도담보가 설정되었다가 이것이 실행되어 소유자가 달라진 경우.

라. 토지와 입목이 동일인의 소유이고 경매나 기타의 사유로 인해 각기 다른 소유자에게 속하게 된 경우.

남의 토지 위를 사용하려면 돈을 주고 토지를 사든가 지상권을 설정하여 건물을 짓든가 해야 한다. 그렇지 않으면 토지주의 동의를 얻어서 지었든 그렇지 않았던 관계없이 새로운 토지 소유자가 등장하면 법적으로 그를 이길 수 없다. 법정지상권이란 언제나 토지와 건물 소유자가 같은 상태에서 그 위에, 그리고 그 후에 어느 한쪽이 매매나 저당권으로 인해 소유자가 바뀔 경우, 건물의 소유자가 토지의 소유자에게 주장할 수 있는 것이다.

■ 분묘기지권

임야 등을 경매할 때 주의 깊게 살펴야 할 것이 바로 분묘기지권이다.

이것은 관습법상 남의 토지를 무단으로 사용하더라도 20년 이상 평온하게 설치되었으면 시효에 의해 법정지상권을 취득한 것으로 간주한다.

헌데, 기존의 '매장및묘지등에관한법률'이 지난 2000년도에[장사등에 관한 법률]로 전면개정 되었고, 이 과정에서 종래 인정되어왔던 '분묘기지권'을 축소, 폐지하는 내용이 법률상 명문으로 규정되었습니다. 고로, 이제부터는 타인의 허락없이 타인 소유의 토지에 분묘를 설치해도 '분묘기지권'이 인정되지 않습니다.(동 법 제23조 3항)

■ 저당권

저당권이란 채무자 또는 제3자가 채무의 담보로 제공한 부동산 또는 기타의 목적물을 채권자가 그 점유를 이전 받지 않고 그 담보가치만을 지배하며, 채무의 변제가 없는 경우에는 목적물로 부터 다른 채권자 보다 자기 채권을 우선변제 받는 담보물권을 말한다.

저당권은 채권이 발생해야 하고 우선변제를 받는 권리라는 점에서 질권과 같으나 설정자가 목적물을 계속 점유할 수 있는 유치적인 효력은 없다.

저당권의 대상은 반드시 등기나 등록을 할 수 있는 것이어야 한다. 저당권은 주로 질권의 대상이 되기 어려운 부동산과 부동산 물권(지상권, 전세권)에 설정된다.

시계나 반지 같은 것은 전당포에 가지고 가서 질권을 설정해야 한다. 그리고 채무변제 기간이 다되었는데도 상대가 이행하지 않고 있다면 저당권을 이용하여 법원에 임의경매를 신청하여 배당 순위에 따라서 변제 받을 수 있다.

또한 저당권은 채무자에게 통지하거나 승낙을 받아서 제3자에게 팔 수 도 있다.

■ 근저당권

저당권의 채권액을 정하지 않고 계약을 했을 때 최고액만을 등기하는 경우가 발생하는데 이것을 근저당이라 한다. 쉽게 말하면 돈을 자주 빌려 쓰는데 한번 빌려쓰고 저당권을 설정했다가 갚고 저당권을 말소하고 하는 과정을 계속 반복한다면 번거로울 것이다.

요즘 직장인들이 많이 사용하고 있는 마이너스 통장처럼 부동산을 담보로 최고 대출 한도액을 정해놓고 그 한도 내에서 마음대로 빌려 쓸수 있는 것이 근저당권이다.

근저당은 피담보 채권이 소멸한다 해서 저당권처럼 소멸되지 않는다. 근저당을 공시할때는 근저당 설정계약과 함께 등기를 해야 하며, 이때 반드시 최고액수를 등기해야 한다. 그러나 근저당권으 존속기간등에 관해서는 등기할 필요가 없다.

또한 최고액을 넘는 채권은 우선변제 대상이 아니며 근저당권 실행비용도 제외된다. 하지만 보통 이자는 정책적으로 포함된다. 또한 위약금이나 손해배상도 최고액에 포함된다.

■ 가압류

법원의 판결이나 공증인이 작성한 공정증서와 같은 일정한 채무명의에 의하여 행하는 경우를 일반적으로 압류라고 한다. 이에 반해 아직 채무명의가 없으나 장래 채무 명의를 받아 강제집행할 것을 예견하여 미리 임시로 하는 압류를 가압류라고 하고 이에 대해 앞의 것을 본압류라고도 한다. 즉, 금전 채권이나 금전으로 환산할 수 있는 채권에 대하여 장래 실시할 강제집행이 불가능하게 되거나 현저히 곤란할 염려가 있는 경우에 채무자의 현재 재산을 미리 확보함으로써 그 강제집행을 보전함을 목적으로 하는 압류이다. 그러므로 가압류 명령을 하자면 가압류에 의하여 보호되는 채권이 있어야 하고, 또 가압류를 해야 할 이유가 있어야 한다.

가압류 신청에 대하여 변론하는 경우나 항고심에서 변론을 거친 경우는 판결로 재판하며, 가압류 신청에 대하며 변론하지 않는 경우에는 결정으로 재판한다. 가압류 명령의 집행은 신속을 기하기 위하여 가압류 명령에 가집행선고 집행문 없이 명령의 고지(告知)나 선고만으로 집행력이 발생하고 그 집행은 재판의 선고나 송달이 있은 날로부터 14일을 경과한 때에는 할 수 없다. 압류 재산에 대해 채무자는 함부로 매매 양도하지 못한다. 가압류등기의 원인은 '연월일 법원의 가압류 결정' 이라고 기재함으로써 확정되며, 그 채권액에 관한 표시는 하지 않으나 앞으로는 가압류 금액도 기재한다는 입법예고가 있어 가압류 금액을 기재하여 가압류 금액을 나타내고 있다.

같은 이유로 가압류 등기의 기입이 있는 부동산이거나 동 부동산에 대한 제3자나 가압류권자, 또 다른 채권이 있더라도 이를 접수해 주기 때문에 두 번, 세 번, 수 차례의 가압류등기도 존재한다.

■ **가처분**

가처분은 권리의 실현이 소송의 지연이나 강제집행을 면하기 위한 채무자의 재산 은닉 등에 의하여 위험하다고 판단될 경우 그 보전을 위하여 그 권리에 관한 분쟁을 해결하는 소송적 방법 또는 강제집행의 가능시까지 추정적?가정적으로 행하는 처분으로서 가압류와 같이 보전처분의 한 방법이다.

■ **가등기**

가등기란 변동이 일어날 수 있는 부동산의 청구권을 유지하기 위해 본등기의 준비로 순위 확보를 위해 하는 예비등기를 말한다. 가등기는 소유권, 지상권, 전세권, 지역권, 저당권, 질권의 설정, 이전 변경 또는 소멸의 청구권을 보전하려 할 때와 청구권에 기간이 정해져 있거나 조건부일 때 청구권을 보전하기 위해서다.

등기 청구권에 의한 권리 실행이 조건부 혹은 다른 사정에 의하여 법적 요건을 갖추지 못하여 본등기를 하지 못하고 있는 동안에 제3자가 그 부동산에 관하여 물권을 취득하게 되면 그에 대항할 수 없게 되므로 이 청구권의 순위를 미리 확보해 둘 수 있는 방안을 강구한 등기가 가등기 이다.

가. 소유권 이전 담보가등기는 주의해야 한다.

저당권 설정 대신 매매계약과 같이 약정 후 차용반환이 안될 때 소유권이전을 받기로 하는 가등기 이다. 담보가등기가 저당권이나 압류보다 앞선권리 경매등기 전에 미리 청산 절차를 마친 경우에는 낙찰자가 인수 받아야 한다.

나. 가등기 담보 역시 반드시 등기를 해야 한다.

우선 가등기 담보 계약을 한 후 가등기 혹은 가등록 등기를 하면 된다. 가등기는 공시의 역할을 하기는 하지만 저당권과는 달리 채권액수, 채무자, 변제기 등은 행해지지 않는 것이 일반적이다. 때문에 등기부 등본만으로는 보통 담보 가등기와 일반의 가등기를 구분할 수 없으므로 일단 가등기는 거의 본등기가 된다고 보는 것이 안전하다.

■ 전세권

계약을 통해 전세금을 맡기고 다른 사람의 토지나 건물을 점유하여 그 용도에 맞게 사용할 수 있는 권리를 전세권이라 한다.

전세권은 용익물권으로서 소멸하면 전세금을 우선변제를 받을 수 있는 효력을 인정 받을 수 있다. 집주인이 보증금을 내주지 않으면 처분해서 받아나갈 수 있는 권리이다.

이것은 처분할 수 있다는 측면에서 보면 용익권 이면서도 담보물권의 성격을 갖는다. 엄밀하게 말하자면 담보물권은 아니지만 전세금 반환 청국권을 확보할 수 있기 때문에 담보형 용익물권이라고 할 수 있다.

전세권의 목적물은 토지나 건물이 모두 그 대상이 됨으로써 토지에만 설정할 수 있는 지상권과는 구분된다.

(1) 전세권의 효력

전세권은 등기를 하는 것이다. 그래서 용익물권이면서도 담보물권의 성질을 가지고 있어 막강한 효력을 행사할 수 있다.

전세권을 사용하여 수익을 얻을 수도 있고, 돈을 받고 팔 수도 있다.

또한 상속을 받아 그대로 행사할 수도 있고 담보로 제공하여 돈을 빌려 쓸 수도 있다. 다른 사람에게 전세를 놓을 수도 있다. 전세권은 꽤 강력한 효력을 지니고 있다.

물론, 전세 계약시 전세권을 팔거나 전전세를 놓을 수 없다는 특약을 하는 경우도 있을 수 있다.

(2) 배당에서 전세권의 순위

가. 저당권이 선순위로 그 뒤에 전세권이 있을 경우 경매 신청과 상관없이 모두 말소된다.

나. 전세권이 선순위이고 그 뒤가 저당권일 경우 경매 신청인에게 저당 설정일 또는 후순위 저당권은 말소되지만 선순위 전세권은 인수된다. 단, 등기부상의 선순위 전세권과의 만료기한이 경매 신청일 현재 6개월 미만일 경우는 전세권이 선순위이더라도 말소된다.

다. 기한을 정하지 않은 전세권도 말소된다.

라. 전세권이 선순위고 그 뒤가 저당권일 경우, 경매 신청인이 전세권자 일 경우는 전세권과 저당권이 모두 소멸된다.

■ 질권

질권이란, 동산이나 일정한 재산을 채권의 담보로 받고 채무 변제시까지 유치하고, 반환을 거절하며, 채무자가 변제를 늦추면 처분해서 우선변제를 받을 수 있는 권리를 말한다.

질권도 유치권처럼 목적물을 인도 받아 점유하고 있어야 효력이 발행한다.

■ **유치권과의 차이는 목적물을 처분할 수도 있다는 점에서 틀리다.**

(1) 질권의 종류 (※ 부동산에서는 거의 질권이 발생할 수 없다.)
가. 동산질권
설정계약과 목적물의 인도로 효력이 생긴다. 이때 목적물은 양도할 수 있는 것이어야 한다.

나. 법정질권
인도나 계약을 하지 않고도 당연히 생기는 질권이다. 부동산 임대인이 임차인의 채무 불이행시 토지 위의 공작물 등에 압류를 해놓으면 일단 질권이 성립한 것으로 본다.

다. 권리질권
재산권을 목적으로 하는 질권으로 채권과 주주권, 그리고 무체 재산권 등이 있다.

■ **지역권**

지역권이란, 지역권이란 그 지역이 어떻다는 말이 아니라 다른 사람의 토지를 자신의 편액에 따라 이용할 수 있는 용익물권을 말한다.

예를 들면, 들판 한가운데 있는 내 논에 농사를 지으려면 남의 토지에 흐르는 물을 끌어 써야 한다. 또는 다른 집들 사이에 둘러싸인 주택의 경우 인접해 있는 주택의 대지 중 일부를 통로로 사용힐 수 있도록 계야하면 발생하는 권리이다.

이처럼 남의 토지를 사용하지 않으면 안 될 경우, 그 토지에 대하여 설정하는 것이 바로 지역권이다. 따라서 지역권은 토지의 소유자가 일정한 목적을 위하여 타인의 토지를 자기의 토지의 편익을 위하여 이용하는 용익물권을 말한다.

이때 편익을 받는 토지를 요역지, 편익을 주는 토지를 승역지라고 한다.

지역권의 성립 조건으로는 내가 편익을 얻게 될 토지의 일부분에는 지역권을 설정할 수 없다. 그러나 나에게 편익을 주게 될 토지의 일부분에만 설정할 수 있다. 내가 남의 토지를 이용하려면 내 토지 전체가 편익을 얻는 경우라야 가능하다는 말이다. 즉, 내 토지의 일부분에서 편익을 얻기 위해 남의 토지 전체를 사용할 수는 없다. 경매에 나온 토지에 지역권이 있는지 없는지 확인하려면 등기부등본을 보면 된다. 지역권 역시 시효에 의해 취득할 수 있으므로 해당토지의 인근에 있는 다른 토지와 비교해 보아야 한다.

■ 유치권

　유치권이란, 범인이 죄값을 다 받을 때까지 유치장에 들여보내 놓고 절대로 내보내지 않는 권리, 즉 채권을 변제 받을 때까지 물건을 유치하고 인도하기를 거절할 수 있는 권리를 말한다. 예를 들어, 시계를 수선했으면 수리비를 다 받을 때까지 돌려주지 않을 수 있는 권리, 또는 대항력 있는 임차인이 지급한 보증금이나 투입된 유익비를 받을 때까지 임차물을 그대로 점유하는 권리를 의미한다. 이것은 담보물권으로서 목적물을 직접 변제할 수도 있고 경락인에 대해서도 그 권리를 주장할 수 있다. 대부분 경매에서 발생하는 유치권이란 건물 신축에 따른 미지급 공사비에 따른 것으로 건물을 유치하고 있는 것을 말한다.

　유치권자에게는 채권의 담보로서 목적물을 점유하고 선량하게 관리했다가 변제를 하면 반환해줄 의무가 있다. 유치권자는 채무자의 승낙 없이 유치물을 사용, 대여하거나 또는 담보로 제공할 수 없다.

　다만, 보존에 필요하여 사용하는 것은 괜찮다. 유치권은 점유를 잃거나 목적물의 멸실, 토지수용 등으로 인해 소멸한다. 단, 유치권이 시효로 인해 소멸하는 경우는 없다. 즉, 유치권을 행사하는 기간 그 자체가 권리를 계속 행사하는 중이기 때문에 소멸시효는 진행되지 않고 중단된다. 아울러, 유치권은 피담보 채권이 소멸하면 당연히 함께 소멸한다. 그 밖에도 유치권자가 그 의무에 위반하여 채무자가 소멸을 청구하거나 다른 담보를 제공하고 점유를 상실하면 유치권은 소멸된다.

■ 법정지상권

　이 또한 타인 토지에 대한 사용권으로서, **민법 제366조**(=저당물의 경매로 인하여 토지와 그 지상건물이 다른 소유자에 속한 경우에는 토지소유자는 건물소유자에 대하여 지상권을 설정한 것으로 본다. 그러나 지료는 당사자의 청구에 의하여 법원이 이를 정한다.) 규정에 의해 일정한 요건만 갖추면 당연히 성립하기에 위에서 이야기한 약정지상권과 달리 부동산등기부상에 **등기를 할 필요가 없다.**

■ 예고등기

　예고등기는 소송이 제기되어 등기원인의 무효 또는 취소로 인해 등기가 말소되거나 회복의 소가 제기된 경우 수소법원의 촉탁에 의하여 행하여지는 예비등기이다.
　등기에 원인무효, 취소를 목표로 하는 말소의 소나 말소 회복의 소가 제기된 경우에 이를 등기부에 공시하여 거래를 하려는 제3자에게 그 소가 제기되었음을 알려 주는 역할을 한다.

소송의 결과에 따라 제3자가 경매 물건을 낙찰 받았더라도 소송에서 원고가 승소할 경우는 낙찰자의 소유권에 변동이 발생하므로 손해를 볼 수도 있기 때문이다. 피고 승소시에 소유권 변동사항이 발생할 수도 있다. 강제경매는 공신력이 인정되며, 임의경매는 채권 없는 경매로 진행시 진실 여부에 따라 뒤집을 수 있다.

예고등기는 본등기의 순위를 보전하는 효력이나 처분을 금지하는 권리 보전적 효력이 없으므로 예고등기 이후에 다른 등기가 얼마든지 설정 가능하다. 따라서 원고가 자기의 권리를 보전하려면 말소등기 청구권이나 말소회복등기 청구권을 보전하기 위한 가등기를 하거나, 또는 목적 부동산에 관한 처분금지의 가처분등기를 하는 것이 필요하다.

국회가 2011년 3월 11일 본 회의에서 부동산예고등기제 폐지 등을 골자로 한 "부동산 등기법 전부개정안"을 통과 시켰다. 그 후 4월 12일 개정법이 공포됐고, 지난 10월 13일부터는 부동산등기법 개정안이 본격 시행됐다. 따라서 이번 부동산등기법 개정안에서는 선의의 제3자 보호차원에서 예고등기제도를 폐지했다. 이에 2011년 10월 13일 이후에 접수되는 예고등기 촉탁에 대해서는 등기관이 각하하게 된다. 이 예고등기의 기능은 '처분금지가처분등기'가 대신할 것으로 보여진다.

■ 점유이전금지가처분

통상 명도청구권을 가지고 사전에 점유를 이전하지 못하게 나중에 소송에서 이겨도
이미 점유를 다른 사람으로 이전했다면 승소한 명도판결을 가지고도 집행을 하지 못합니다
차후 명도에 대한 집행을 용이하게 하기위해서 사전에 고시서를 붙여 점유이전을 못하게 하는 것이지요.

■ 처분금지가처분

소유권 이외의 권리의 설정등기청구권을 보전하기 위한 처분금지가처분에 기하여 그 보전하여야 할 소유권 이외의 권리의 설정등기 하는 것입니다.

5. 배당

- 경매절차는 목적 부동산을 경매 또는 입찰에 의하여 매각한 뒤 그 매각대금으로 채권자의 채권을 변제하는데 충당하는 절차이므로 경락인이 매각대금을 납부하면 집행법원은 그 매각대금을 채권자들에게 변제하여 주는데 변제받을 채권자가 1인이건 또는 다수인이건 간에 매각대금이 각 채권자의 채권을 변제 해주는데 충분한 경우에는 집행법원은 각 채권자들에게 그채권액을지급(변제)하여 주고 잔액이 있으면 채무자에게 돌려줌.

- 그러나 변제받을 채권자가 경합이 되어 있을 뿐만 아니라 그 매각대금조차 채권자들의 채권을 변제하여 주기에 불충분할 때는 집행법원이 각 채권자들에게 민,상법과 특별법 규정에 의해 우선 순위에 따라 매각대금을 배당하여야 함.
- 변제절차나 배당절차는 넓은 의미에서 양자 모두 배당절차

■ **채권자의 배당요구**

1) 배당요구를 해야만 배당이 되는 채권자
- 소액임차인
- 임금채권자
- 대항요건과 확정일자를 갖춘 임차인
- 담보가등기권자
- 집행력있는 정본을 가진 채권자
- 국세 등의 교부청구 채권자
- 민법, 상법, 기타 법률에 의하여 우선변제청구권이 있는 채권자

2) 배당요구를 하지 않아도 당연히 배당에 참가할 수 있는 채권자
- 아래의 채권자는 배당요구를 하지 않아도 당연히 배당에 참여할 수 있음. 특히, 가압류권자의 경우에는 그 배당금을 공탁하게 되어있고, 후에 그 가압류의 원인된 본안소송을 제기하여 채무명의를 받아 그공탁된 배당금을 교부받을 수 있음.
- 경매신청권자와 이중경매신청권자
- 경매신청기입등기 전에 등기되어 있는 저당권자
-      〃   전에 가압류를 한 채권자
  ⇨ 경매신청기입등기후에 저당권자나 가압류권자의 경우에는 배당요구없이 배당을 받을 수 있는 자에 해당하지만 최소한 권리신고는 배당요구의 종기까지 하고 있어야 함.

3) 배당요구를 하지 않아도 당연히 배당에 참가할 수 있는 채권자
- 소멸되는 전세권자
- 임차권 등기를 한 임차인
  ⇨ 임차주택에 대하여 임차권 등기명령제도에 의한 임차권 등기를 한 임차인에 대해서는 그 임차권 등기로 배당요구를 한 것으로 보는 것이 실무

■ 배당요구 신청

1) 배당요구신청기간

- 구법 : 경매개시 결정일로부터 낙찰기일 전까지
- 신법 : 경매법원이 첫 입찰기일 전까지 배당요구의 종기를 공고하고 이를 채권자에게 고지

2) 배당요구 신청서류

채무자에 대한 청구채권 종류와 변제기일 등 그 구체적인 내용과 원인채권증서 및 배당요구액수 등을 명시하여 채권계산서와 함께 집행법원에 신청

신청 방식은 일정한 양식이 없으므로 구술 또는 서면으로 할 수 있으나 구술로 할 경우에는 조서를 작성하여야 함.

배당요구의 종기까지 채권계산서가 제출되지 않는다면, 법원은 경매신청서, 배당요구 신청서, 등기부등본 기타 집행기록의 서류와 증명에 의해 채권액을 계산. 이 경우에 채권자는 배당요구 종기가 지난 후에 법원이 계산근거로 사용한 서류나 증거에 잘못이 있더라도 채권액의 증액 및 보완 등이 불가능.

메모:

6 배당 절차

■ 배당에 대한 이의

• 배당이의신청
- 배당기일에 출석한 채무자와 채권자는 배당표의 작성, 확정, 실시시 다른 채권자의 채권과 순위에 관하여 이의신청 가능
- 배당법원은 그 이의신청이 적법한가 여부만을 심사. 이의사유의 존부에 관하여는 심사할 수 없음. 배당이의의 소에서 판단
- 배당표에 대하여 이의 신청이 있으면 그 이의 있는 부분에 한하여 배당표는 확정되지 않고 이의 없는 부분에 한하여 배당을 실시

• 채권자가 이의신청하는 경우
- 이의가 있는 채권에 대한 배당의 실시가 일시 유보. 배당이의신청권자는 7일 이내에 배당이의의 소를 제기하여야 하고, 소제기증명서를 배당법원에 제출하여야 함.
- 이때 법원은 그 이의 있는 채권의 배당금을 공탁. 배당이의의 소를 제기하지 않거나 소제기증명원을 제출하지 않으면 배당을 확정, 실시함.

• 채무자가 이의신청하는 경우
- 배당기일로부터 7일 이내에 청구이의의 소를 제기, 그 소제기증명원과 함께 배당절차의 일시정지를 명하는 잠정처분명령서 등을 경매법원에 제출하여야 함.
- 집행력 있는 정본이 없는 채권자를 상대로 이의를 하는 경우에는 그 채권자는 5일 이내에 채권확정의 소를 제기하여야 하며 이를 하지 않는 경우 법원은 그 채권자를 제외한 배당표를 새로이 작성하여 확정

■ 배당의 실시

• 배당을 실시하여야 하는 경우
- 이의신청이 없는 경우
- 이의신청이 있었으나, 이의가 완결된 경우
- 이의신청이 있었으나, 이의 신청인이 이의를 철회한 경우
- 이의신청이 있었으나, 이의 신청인이 배당이의 소제기증명을 하지 않은 경우
- 배당이의의 소송이 취하 또는 취하 간주되거나 그 소송에 있어서 소각하 또는 청구기각의 판결이 확정된 경우
- 배당이의소송의 판결이 확정되었음이 증명된 경우

• 배당액의 지급
- 법원사무관 등은 법원보관금 출급명령서에 소정사항을 기재하고 이에 배당표사본을 첨부하여 담임법관의 날인을 받아 이를 채권자에 교부
- 채권자는 교부받은 출급명령서를 출납공무원에게 제출하여 출납공무원으로부터 출급지시서를 교부받아 은행 등 출납취급점에서 출급받음.
- 이때 채권자가 채권액 전부를 배당금으로 지급받은 경우에는 그 채권자가 소지하고 있는 집행력 있는 정본 또는 채권증서를 제출하게 하여 이를 채무자에게 교부하고, 만일 채권자가 일부만을 배당받는 경우에는그 집행력 있는 정본 또는 채권증서를 제출하게 하여 그 여백이나 뒷면에 그러한 사실을 기재하여 기명날인한 후 그 증서를 채권자에게 돌려주고 영주증을 교부받아 채무자에게 교부

4) 배당표 양식

OO법원 배당표					
타경 부동산 강제(임의 경매)					
배당할 금액 ①		금			
명세	매각대금	금			
	이자	금			
	전경락인의 경매보증금	금			
	항고보증금	금			
집행비용 ②		금			
실제배당할금액 ① - ②		금			
매가부동산					
채권자					
채권금액	원금		원	원	
	이자		원	원	
	비용		원	원	
	계		원	원	
배당순위					
이유					
배당비율					
배당액			원	원	
잔여액			원	원	
비용비례약			원	원	
공탁번호 (공탁일)		9년 금제 호 (20 . . .)	9년 금제 호 (20 . . .)	9년 금제 호 (20 . . .)	
20 . . .					
판사 □					

7. 배당순위 및 배당원칙

1) 배당순위

- **1순위** : 제3취득자의 비용상환 청구권(경매집행비용채권)
  - 경매신청인이 경매신청서 등에 첨부한 인지대
  - 등기부등본, 공과증명 등 각종 첨부서류 발급비용
  - 경매절차진행비용
  - 등기촉탁비용
  - 감정평가수수료
  - 집행관 집행수수료 (경매수수료, 현황조사수수료)
- **2순위** : 주택임대차보호법/상가건물임대차보호법에 의한 소액보증금중 우선배당채권과 최종 3개월분의 임금채권 등 노사관계로 인한 채권(일정액의 퇴직금)
- **3순위** : 국세중 당해세(경매부동산에 부과된 상속세, 증여세, 부동산 소득세) 및 지방세(재산세, 농지세, 등록세, 취득세, 소방세, 도시계획세)
- **4순위** : 위3순위 국세중 당해세 이외의 조세로서 그 법정기일 또는 법기한등(이하 납기한 등이라 함)이 저당권, 전세권의 설정등기보다 앞선 조세채권
  ① 등기일자와 납기한 등이 동일자일 경우에는 국세와 지방세가 우선
  ② 국세와 지방세는 동순위이나 다만 체납처분 압류한 조세가 이에 교부청구한 조세보다 우선
- **5순위** : 납세기한 등 후에 설정된 저당권, 전세권 등으로 담보된 채권
  ① 저당권(가등기 담보권 포함), 전세권에 의하여 담보되는 채권 상호간에는 그 설정등기의 선후(先後)에 의하여 우선순위가 결정
  ② 임차보증금채권은 그 확정일자와 저당권 또는 전세권의 등기일자의 선후(先後)에 의하여 우열이 결정됨.
- **6순위** : 최종 3개월분 노임채권 등을 제외한 기타 노임채권
  - 이에 해당하는 채권은 저당권의 피담보채권보다는 후순위이고 조세 공과금보다는 선순위
  - 다만, 조세채권이 저당채권에 우선하는 경우에는(위 3순위, 4순위가 있는 경우) ①조세채권 ②저당채권 ③기타 노임채권의 순으로 됨.
- **7순위** : 국세, 지방세 및 가산금 및 체납처분비(즉, 3~4순위 이외의 후순위 세금)
- **8순위** : 공과금(산재보험, 국민연금, 의료보험기금)
- **9순위** : 조세, 공과금에 우선하지 않은 저당권, 전세권, 담보가등기
- **10순위** : 일반채권(집행력있는 정본의 유무를 불문함), 가압류채권

- 주택임대차보호법/상가건물임대차보호법에 의한 소액보증금중 우선배당채권과 최종 3개월분의 임금채권은 같은 2순위입니다. 그렇다면 이들 채권간의 순위다툼은 어떻게 될까요?
- 다른 법에 의해 규정하고 있으나, 최우선적으로 법으로 규정하고 있는 것들이 주택임대차보호법/상가건물임대차보호법에 의한 소액보증금중 우선배당채권과 최종 3개월분의 임금채권 등 노사관계로 인한 채권(일정액의 퇴직금)입니다. 따라서 이들은 순위를 가릴 수 없는 동순위의 배당순위를 가지고 있습니다.

2) 배당원칙

- **물권 상호간의 순위관계**
  - 등기설정일의 선후에 의하여 우선순위를 정함. 등기의 설정일이 동일한 경우에는 접수번호의 선후에 의하여 우선순위를 정함.
- **물권과 채권 상호간의 순위관계**
  - 물권이 우선 그러나, 가압류가 최선순위인 경우 그 선순위의 가압류와 후 순위의 저당권 등 물권을 동순위로 취급하여 안분배당을 하게 됨.
- **채권 상호간의 순위관계**
  - 채권 상호간에는 채권자 평등의 원칙이 적용됨.
  - 즉, 채권 상호간에는 그 성립시기를 따지지 않고 그 순위가 동등한 것으로 취급됨. 동순위자간의 배당은 자신의 채권액의 비율에 따라 평등배당(=안분배당)을 하게 됨.
- **국세와 지방세**
  - 국세나 지방세 등의 조세와 저당권 간의 순위관계는 국세의 경우 법정기일
  - 지방세의 경우에는 과세기준일과 저당권 설정등기일을 비교
    저당권과 대항력/확정일자있는 임차인
  - 대항력/확정일자 있는 임차권은 배당절차에서 저당권처럼 취급

> - 물권 상호간의 순위는 등기설정일을 기준으로 하는 반면에, 채권 상호간의 순위는 평등의 원칙이 적용됩니다. 그 이유를 생각해 봅시다.
> - 물권은 제3자가 알 수 있도록 등기라는 제도를 두고 있는 반면에 채권은 개인이 마음대로 설정을 할 수 있으며, 제3자가 알 수 있는 공시제도가 없습니다. 따라서 채권은 계약서에 계약일자가 있다고 하더라도 제3자에게는 신뢰를 주지 못합니다. 이러한 이유로 채권상호간은 평등의 원칙이 적용됩니다.

◆ 실전사례분석

가. 대위변제 가능성이 있는 물건은?

경매절차에서 대위변제란 말은 순위대위 및 등기말소를 의미한다. 즉 대위변제를 통한 등기의 말소 또는 순위상승을 의미한다.

대위변제가 가능한 시점은 매각대금의 잔금납부 전까지로 하고 만약 입찰기일부터 매각기일사이에 대위변제를 함으로써 이미 결정된 최고가 매수인은 이를 이유로 법원에 매각불허가 신청을 할 수 있으며 이미 매각을 허가한 경우에는 대위변제로 인하여 채권을 인수하게 된 매수인은 매각 허가취소 신청을 하거나 대금감액신청을 할 수 있으나 대부분 매각 허가 취

소 신청을 하게 되며 매수인의 책임이 없는 사유에 의한 불측의 손해에 대하여 법원은 매각을 불허합니다.

근저당권	임차인	근저당	근저당	임의경매
01.11.06	02.04.15	03.05.30	03.11.20	04.02.24
800만원	6200만원	5000만원	5000만원	5000만원
한미은행	이재영	신한은행	김선갑	신한은행
	(확정무)			

나. 취하의 가능성이 존재하는 물건은 미리 검토하여 ....

(경매신청의 취하)

① 압류의 효력은 경매신청의 취하에 의하여 소멸한다.

② 매수의 신고가 있은 후에 경매신청을 취하함에는 최고가 매수신고인과 차순위 매수신고인의 동의가 있어야 한다.

◎ 경제성 분석

- 감정가액   145,000,000원
- 최저가액   92,800,000원 (64%)
- 유찰   2005.10.16
- 유찰   2005.11.20

◎ 등기부 분석

- 근저당권   2004.09.20   2400만원   광장새마을 금고
- 가압류   2005.03.23   1623만원   대한투금
- 강제경매   2005.04.02   1623만원   대한투금

다. 전입일자와 확정일자가 다른 임차인의 경우

주택의 인도와 전입신고를 마치면 항상 대항력을 갖는 것이 아니고 주택의 인도와 전입신고를 마친 다음날부터 대항력이 생기는데 이 경우 그 날자보다 먼저 등기한 저당권자등의 담보물권자나 전세권자등의 용익물권자 와의 관계에서는 그 등기일 (예: 저당권 설정등기)과 임차권의 대항력취득일의 선후에 의해 그 우열이 정해진다. 단, 소액임차인의 소액보증금중 일정액의 경우는 최우선 변제가 보장이 됩니다.

임차인	근저당	가압류	가압규	임의경매	가압류
04.10.29.확정 04.11.12.전입	04.11.08	05.11.05.	05.11.12	06.02.04	일자미상
8000만원 김병우	1300만원 국민은행	816만원	541만원	1300만원	556만원

서울(4000-1600): 최우선변제:1순위 김병우-1천600, 2순위-국민은행,3순위-김병우입니다

라. 대항 요건일이 저당권 설정일보다 하루 빠른 경우

- 주택소재지　서울 지역 아파트
- 배당 재단　1억원　(경매비용 공제 후)

1 임차권	2 저당권	3 임차권	4 저당권	5 임의경매
96.05.31.	96.06.01.	97.06.01	98.06.01.	99.06.01.
3000만원	6000만원	4000만원	5000만원	6000만원
임재철 확정무 배당요구	국민은행	김행길 확정유 배당요구	은평새마을	국민은행

⇨ 배당의 실시

1번임차인은 1996.06.01의 오전 0시부터 대항력을 확보함으로 낮에 대출이 이루어지는 2번 저당권보다 빠르므로 대항력이 있으며 당해 임차인은 소액임사인이고 배당요구도 하여 최우선 변제권은 있으나 확정일자가 없어 우선변제권은 없다

⇨ 배당결과

1번 임차인　1200만원 배당받음　☺ 인수금액/1800만원(매수인)

2번 저당권자　6000만원

3번 임차인　2800만원

4번 저당권자　0원

즉 확정은 우선변제권 순위에 들어갈 수 있다.

마. 부족 배당금의 인수 사례

1 임차인	2 근저당	3 가압류	4 근정당	5 임의경매
08.06.01.전입 08.09.15.확정	08.07.01	08.08.01	08.09.01	09.06.01
6000만원	1억원	9000만원	5000만원	1억원

배당재단 2억원 (예납비용 공제 후)(4000-1600)

배당결과 ──── 같은 물권이지만 우선순위에 밀려서 배당금이 흡수된다.

2 근저당   1억원
3 가압류   4500만원(실제금액은 4500만원)
4 근저당   5000만원
1 임차인   500만원

-가압류-남은 배당금액 10000x9000/20000=4500
-근저당-남은 배당금액 10000x5000/20000=2500
-임차인-남은 배당금액1 0000x6000/20000=3000
-그러나 근저당으로 흡수배당되어서 2500이 근저당으로 간다.

매수인 인수금액 5500만원

* 임차인의 종류:대항력 있는 임차인/소액임차인(최우선변제)/확정일자임차인(우선변제)

* 소멸기준5가지:(근)저당/(가)압류/담보가등기/전세권(배당요구 한것)/경매기입등기

* 당연배당권자6가지:(근)저당/(가)압류/담보가등기/전세권(배당요구한것)/경매기입등기/등기된 임차권

* 우선변제권7가지:(근)저당/(가)압류/담보가등기/전세권(배당요구한것)/경매기입등기/등기된 임차권/

메모:

제6주:
경매관련/
민법,민사집행법,
임대차보호법
(주택/상가)

●경매제도의 연혁

민사소송법 개정 : 1960. 4. 4 (법률 제547호)

경매법 제정 : 1962. 1. 15 (법률 제968호)

경매법 폐지 및 민사소송법에 흡수 : 1990. 1. 13 (법률 제4201호) 폐지, 시행은 1990. 9. 1

민사집행법 제정 : 2002. 1. 26 (법률 제6627호)

민사집행법 시행 : 2002. 7. 1

경매법	민사소송법(입찰제 실시이후)	민사집행법
경매기일	입찰기일	매각기일
경락기일	낙찰기일	매각결정기일
최고가매수인	최고가입찰자	최고가매수신고인
차순위매수신고인	차순위입찰신고인	차순위매수신고인
경락허부결정	낙찰허부결정	매각허부결정
경락인	낙찰자	매수인
경매명령	입찰명령	매각명령
경락허가	낙찰허가	매각허가

경매제도	민사소송법 (구법)	민상집행법 (신법)
미등기건물에 대한 경매(집 81①)	미등기건물중 사용승인된 경우에만 가능	사용승인이 안났더라도 ㄱ)건물이 채무자의 소유임을 증명하는 서류, ㄴ)건물의 지번, 구조, 면적을 증명하 서류 및 ㄷ)건물에 관한 건축허가 또는 건축신고를 증명할 서류제출하면 가능 그러나, 무허가/불법건축물은 경매안됨
배당요구의 종기 (집 84①)	낙찰기일(매각결정)기일까지	첫 매각기일 이전의 날로 미리 정하여 이를 공고하고 그 정해진 시기까지만 배당요구할 수 있음

경매제도	민사소송법 (구법)	민상집행법 (신법)
배당요구철회의 제한 (집 88②)	채권자가 자유롭게 철회가능. 이는 낙찰불허가 속출의 주요 사유중 하나	배당요구에 따라 매수인이 인수하여야할 부담이 바뀌는 경우 배당요구를 한 채권자(최선순위전세권자, 대항력있는 확정일자부 임차인)는 배당요구의 종기가 지난 뒤에는 철회할 수 없음
집행기록 열람	입창당일 열람가능	매각물건명세서, 현황조사보고서, 평가서 사본만 비치. 기타서류 열람불가 매각기일 7일전 서류비치는 동일
입찰(매수)보증금 (집 113)	입찰(응찰)가격의 10분의1	최저매각가격의 10분의 1로 정액화

●민사집행법 주요골자(민사집행법 주요내용)

※ 민사집행법은 2002.7.1이후 경매신청 된 사건부터 적용됨

●입찰보증금의 감소

과거에는 입찰보증금은 자신이 써낸 입찰가액의 10%에 이르는 입찰보증금을 법원에 내야 했지만, 민사집행법이 적용되는 사건은 법원이 정한 최저매각가의 10%만 내면 됩니다. 또 보증금을 현금이나 수표가 아닌 은행이 보증한 "지급보증 위탁계약서"로 가능하여, 이 제도를 이용하면 낙찰이 된 경우에 현금을 준비하면 되므로 입찰자의 자금부담이 줄어듭니다.

●대항력있는 전세권의 인수 또는 소멸

저당권. 압류. 가압류 채권에 대항(즉 선순위)할 수 있는 전세권은 전세권자가 배당요구를 하면 매각으로 소멸되고, 전세권자가 배당요구를 하지 않으면 매수인이 인수하도록 하였습니다.

●부동산의 인도명령 범위확대 및 대금지급기한제 실시

매각허가결정이 확정되면 법원은 확정된 날로부터 1월안의 날로 대금지급기한을 정하고, 매수인은 이 기간안에 언제든지 대금을 지급하고 소유권을 취득할 수 있으며, 경락부동산의 인도명령대상자를 소유자, 채무자뿐만 아니라, 대항력 없는 모든 점유자로 확대하여, 명도소송에 의하지 아니하고 간이 방법으로 부동산을 인도 받을 수 있도록 경매제도(인도명령제도)를 개선하였습니다.

●경매부동산의 안전성 보장

배당요구의 종기일(확정)을 매각기일 이전으로 정하여, 대항력있는 임차인. 전세권자.주택임차권자의 배당여부와 소멸여부를 입찰기일 이전에 확정할 수 있게 하여 경매참가자들이 매각조건이 확정된 상태에서 안전하게 경매에 참여할 수 있게 하였습니다.

※ 대항력있는 임차인이 배당요구를 한 경우 배당요구 종기일이 지나면 철회할 수 없음

●항고의 남용 및 경매절차의 지연방지

항고이유서 제출규정을 강화하고, 매각허가결정에 대한 항고시 보증공탁(낙찰가의10%)을 하여야 하는 항고인을 모든 항고인으로 확대하여, 항고의 남발이나 절차를 지연시킬 목적의

항고를 미리 방지함으로써 집행절차가 신속하게 진행될 수 있도록 하였습니다.

채무자와 소유자는 항고가 기각되면 보증금은 몰수되며, 임차인과 채권자는 낙찰금액의 연 25%의 이자를 공제한 뒤 나머지 금액만 반환 받을 수 있도록 하여, 낙찰부동산의 인도지연을 목적으로 하는 항고남발을 사전에 방지하여 부동산 인도 기간을 크게 단축하였습니다.

● 미등기건물도 집행가능

미등기 건물 중 건축법에 의한 건축신고 또는 건축허가를 마쳤으나, 사용승인을 받지 아니하여 보존등기를 마치지 못한 건물에 대하여 그 실체를 인정하여 부동산집행방법에 의한 강제집행을 가능하게 함으로써, 제시외 건물도 대부분 입찰에 포함하게 되어 부동산을 완전하게 인수하게 됩니다.

● 경락 부동산의 가격 감소행위 금지

가격감소행위란 채무자나 부동산 점유자가 경매에 나온 물건을 파괴하는 등 가격을 떨어뜨리는 것으로, 과거 경매부동산을 낙찰 받은 사람은 법원의 부동산 매수허가 결정이 나기 전에 이를 막을 방법이 없었지만, 제정된 민사집행규칙에선 낙찰자나 채권자가 신청하면 법원이 매각허가 결정전이라도 가격감소행위를 금지하고 단속하기로 하였습니다.

● 호가경매, 기간입찰제의 도입

현재는 입찰당일에만 경매에 참가할 수 있었던 것(기일입찰)을, 입찰기간이내에 입찰하게 하여 매각기일에 개찰하는 기간입찰제와, 매각기일에 하게 되는 호가경매제도등 세 가지 방법으로 하게 되며,이중 집행법원이 정한 매각방법에 의하게 됩니다.(현재 전 집행법원이 기간입찰제의 문제점이 많아 기일입찰제 하고 있음)

● 배당요구의 종기일 까지 반드시 배당요구를 하여야 할 채권자

가. 집행력 있는 정본을 가진 채권자
나. 민법, 상법 기타 법률에 의하여 우선변제 청구권이 있는 채권자
주택임대차보호법에 의한 소액임차인, 확정일자부임차인, 근로기준법에 의한 임금채권자, 상법에 의한 고용 관계로 인한 채권이 있는 자 등

다. 경매개시결정기입등기 후에 가압류한 채권자

라. 국세 등의 교부청구권자

경매개시결정 기입등기 이후에야 체납처분에 의한 압류등기가 마쳐진 경우에는 조세채권자인 국가가 경매법원에 대하여 배당요구를 하여오지 않는 이상 경매법원으로서는 위와 같은 조세채권이 존재하는지의 여부조차 알지 못하므로, 경매개시결정 기입등기 이전에 체납처분에 의한 압류등기가 마쳐져 있는 경우와는 달리 그 개시결정 기입등기 후에 체납처분에 의한 압류등기가 마쳐지게 된 경우에는 조세 채권자인 국가로서는 경매법원에 배당요구의 종기일 까지 배당요구로서 교부청구를 하여야만 배당을 받을 수 있다.

(국세 등 조세채권 이외에 의료보험법, 국민의료보험법, 산업재해보상보험법, 국민연금법에 의한 보험료 기타 징수금 포함.)

마. 경매기입등기 후의 저당권, 전세권, 등기한 임차권

● 주택임대차 보호법

1 | 주택임대차보호법 기본개념

1) 목적
- 주택소유자에 비하여 상대적으로 사회직 약자의 지위에 있는 임차인을 보호하여 임차인들의 주거생활의 안정을 도모한다는 사회정책적 목적을 달성하기 위하여 제정

2) 연혁
- 1981. 3. 5 제정 : 임차인에게 대항력 인정
- 1983. 12. 30 개정 : 소액보증금 신설
- 1987. 12. 1 개정 : 소액보증금 범위 확대
- 1989. 12. 20 개정 : 임대차기간 2년
- 이후 수차례 개정 2014년1월1일 추가개정을 통해 소액임차인의 범위를 조정
- **2015. 01. 06. 법률 제12989호(주택도시기금법) 일부개정**
- **제7조의2 (월차임 전환 시 산정률의 제한)**
- 보증금의 전부 또는 일부를 월 단위의 차임으로 전환하는 경우에는 그 전환되는 금액에 다음 각 호 중 낮은 비율을 곱한 월차임(月借賃)의 범위를 초과할 수 없다. [개정 2010. 5. 17 제10303호(은행법), 2013. 8. 13] [[시행일 2014. 1. 1]]
- 1.「은행법」에 따른 은행에서 적용하는 대출금리와 해당 지역의 경제 여건 등을 고려하여

대통령령으로 정하는 비율
- 2. 한국은행에서 공시한 기준금리에 대통령령으로 정하는 배수를 곱한 비율
- [전문개정 2008.3.21]
- **[개정 2018.10.16.제15791호(상가건물 임대차보호법)]** [본조신설 2016.5.29] [[시행일 2017.5.30]] **제14조(주택임대차분쟁조정위원회)**
- ① 이 법의 적용을 받는 주택임대차와 관련된 분쟁을 심의·조정하기 위하여 대통령령으로 정하는 바에 따라 「법률구조법」 제8조에 따른 대한법률구조공단(이하 "공단"이라 한다)의 지부에 주택임대차분쟁조정위원회(이하 "조정위원회"라 한다)를 둔다. 특별시·광역시·특별자치시·도 및 특별자치도(이하 "시·도"라 한다)는 그 지방자치단체의 실정을 고려하여 조정위원회를 둘 수 있다.
- ② 조정위원회는 다음 각 호의 사항을 심의·조정한다.
- 1. 차임 또는 보증금의 증감에 관한 분쟁
- 2. 임대차 기간에 관한 분쟁
- 3. 보증금 또는 임차주택의 반환에 관한 분쟁
- 4. 임차주택의 유지·수선 의무에 관한 분쟁
- 5. 그 밖에 대통령령으로 정하는 주택임대차에 관한 분쟁
- ③ 조정위원회의 사무를 처리하기 위하여 조정위원회에 사무국을 두고, 사무국의 조직 및 인력 등에 필요한 사항은 대통령령으로 정한다.
- ④ 사무국의 조정위원회 업무담당자는 「상가건물 임대차보호법」 제20조에 따른 상가건물임대차분쟁조정위원회 사무국의 업무를 제외하고 다른 직위의 업무를 겸직하여서는 아니 된다. [개정 2018.10.16.제15791호(상가건물 임대차보호법)] [본조신설 2016.5.29] [[시행일 2017.5.30]]

3) 주택임대차보호법 주요내용

- **대항요건을 갖춘 임차인의 대항력**
  선순위 저당권 등이 없는 임차주택, 즉 임대차 목적 건물의 등기부상에 저당권이나 가압류 등의 등기가 없는 주택에 임차인이 입주하고 주민등록전입신고를 마치면 그 다음날(익일 0시)부터 주택이 다른 사람에게 양도되거나 낙찰이 되더라도 새로운 집주인에게 계속하여 임차권의 존속을 주장하여 임대기간이 끝날 때까지 거주할 수 있고 만일 임대기간이 만료되더라도 임대보증금 전액을 반환받을 때까지 주택을 비워주지 않는 권리
- **대항요건과 주택임대차계약서상에 확정일자를 갖춘 임차인의 우선변제권**
  대항력과 확정일자를 갖춘 임차인은 임차주택이 경매(임의경매, 강제경매 모두 해당)/공

매되는 경우에 임차주택의 환가대금 (대지를 포함)에서 후순위 권리자보다 우선하여 임차보증금을 변제받을 권리가 있음.

- 소액임차인의 최우선변제권
  - 보증금 중 일부를 담보물권보다 우선하여 변제받을 수 있는 권리
  - 임차인이 수인인 경우 개인적으로 배당받을 금액은 주택가액의 1/2을 초과하지 못함.(보증금 중 일정액의 비율로 분할)
  - 소액임차인이 우선변제를 받기 위해서는 임차주택에 대하여 경매신청기입등기가 경료되기 전에 입주 및 주민등록 전입신고를 마쳐야 함.
- 임차권등기명령제도
  - 임대차기간이 끝났음에도 임대인이 보증금을 돌려주지 않는 경우 임차인이 법원에 신청하여 임차권을 단독으로 등기할 수 있도록 한 제도
  - 임차인이 개인 사정상 먼저 이사를 가더라도 대항력 및 우선변제권을 상실하지 않고 그대로 유지하여 대항력 및 우선변제권을 인정받을 수 있음.
- 임대차기간의 보장
  - 2년 미만의 기간으로 임대차를 약정하더라도 2년 동안 임대차 계약을 유효

4) 주택임대차보호법 시행령 중 개정령 (2013.12.30)

- 개정이유

주택의 임대차에 이해관계가 있는 자 등이 확정일자부여기관에 차임 및 보증금 등 정보의 제공을 요청할 수 있도록 하는 등의 내용으로 「주택임대차보호법」이 개정(법률 제12043호, 2013. 8. 13. 공포, 2014. 1. 1. 시행)됨에 따라 확정일자부여기관에 요청할 수 있는 정보의 범위 등 법률에서 위임된 사항과 그 시행에 필요한 사항을 정하는 한편,
「주택임대차보호법」에 따라 우선변제를 받을 임차인 및 보증금 중 일정액의 범위와 기준을 변화된 경제현실에 맞게 조정하는 등 현행 제도의 운영상 나타난 일부 미비점을 개선·보완하려는 것임.

- 개정내용

가. 확정일자 부여방법 및 임대차 정보제공 범위 등(제4조부터 제7조까지 신설)
확정일자는 확정일자번호, 확정일자 부여일, 확정일자부여기관을 주택임대차계약증서에 표시하는 방법으로 부여하도록 하고, 이해관계인 등이 확정일자부여기관에 요청할 수 있는 정보로서 임대차목적물, 임대인·임차인의 인적사항, 임대차기간 등을 정하는 등 확정일자 부여 및 임대차 정보제공에 관한 구체적인 사항을 규정함.

나. 보증금의 월차임 전환 시 산정률 변경(제9조)

임대차 보증금의 월차임 전환 시 산정률의 상한을 연 1할4푼에서 연 1할 또는 한국은행 기준금리에 4배를 곱한 비율 중 낮은 비율로 정함.

다. 우선변제를 받을 보증금 및 임차인의 범위 확대(제10조 및 제11조)

서울특별시의 경우 우선변제를 받을 보증금 중 일정액의 범위를 2천500만원 이하에서 3천200만원 이하로 확대하고, 우선변제를 받을 임차인의 범위를 보증금 7천500만원 이하에서 9천500만원 이하로 확대하는 등 물가상승률 등을 고려하여 다른 담보물권자보다 우선하여 변제받는 소액보증금 보호범위를 확대함.

5) 주택임대차보호법 변경조문(대통령령 제25035호 일부개정 2013. 12. 30)

제2조 (대항력이 인정되는 법인)

「주택임대차보호법」(이하 "법"이라 한다) 제3조제2항 후단에서 "대항력이 인정되는 법인"이란 다음 각 호의 법인을 말한다. [개정 2009.9.21 제21744호(한국토지주택공사법 시행령)] [[시행일 2009.10.1]]

1. 「한국토지주택공사법」에 따른 한국토지주택공사
2. 「지방공기업법」 제49조에 따라 주택사업을 목적으로 설립된 지방공사

[전문개정 2008.8.21]

[본조개정 2013.12.30 제1조의2 에서 이동, 종전의 제2조는 제8조로 이동]

제2조의2

[본조개정 2013.12.30 종전의 제2조의2는 제9조로 이동]

제3조 (고유식별정보의 처리)

다음 각 호의 어느 하나에 해당하는 자는 법 제3조의6에 따른 확정일자 부여 및 임대차 정보제공 등에 관한 사무를 수행하기 위하여 불가피한 경우 「개인정보 보호법 시행령」 제19조제1호 및 제4호에 따른 주민등록번호 및 외국인등록번호를 처리할 수 있다.

1. 시장(「제주특별자치도 설치 및 국제자유도시 조성을 위한 특별법」 제17조에 따른 행정시장을 포함하며, 특별시장·광역시장·특별자치시장은 제외한다), 군수 또는 구청장(자치구의 구청장을 말한다)
2. 읍·면·동의 장
3. 「공증인법」에 따른 공증인

[전문개정 2013.12.30 제1조의3에서 이동, 종전의 제3조는 제10조로 이동]

제4조 (확정일자부 기재사항 등)

① 법 제3조의6제1항에 따른 확정일자부여기관(지방법원 및 그 지원과 등기소는 제외하며, 이하 "확정일자부여기관"이라 한다)이 같은 조 제2항에 따라 작성하는 확정일자부에 기재하여야 할 사항은 다음 각 호와 같다.

1. 확정일자번호
2. 확정일자 부여일
3. 임대인·임차인의 인적사항
    가. 자연인인 경우
    성명, 주소, 주민등록번호(외국인은 외국인등록번호)
    나. 법인이거나 법인 아닌 단체인 경우
    법인명·단체명, 법인등록번호·부동산등기용등록번호, 본점·주사무소 소재지
4. 주택 소재지
5. 임대차 목적물
6. 임대차 기간
7. 차임·보증금
8. 신청인의 성명과 주민등록번호 앞 6자리(외국인은 외국인등록번호 앞 6자리)

② 확정일자는 확정일자번호, 확정일자 부여일 및 확정일자부여기관을 주택임대차계약증서에 표시하는 방법으로 부여한다.

③ 제1항 및 제2항에서 규정한 사항 외에 확정일자부 작성방법 및 확정일자 부여 시 확인사항 등 확정일자 부여 사무에 관하여 필요한 사항은 법무부령으로 정한다.

[본조신설 2013. 12. 30 종전의 제4조는 제11조로 이동]

제5조 (주택의 임대차에 이해관계가 있는 자의 범위)

법 제3조의6제3항에 따라 정보제공을 요청할 수 있는 주택의 임대차에 이해관계가 있는 자(이하 "이해관계인"이라 한다)는 다음 각 호의 어느 하나에 해당하는 자로 한다.

1. 해당 주택의 임대인·임차인
2. 해당 주택의 소유자
3. 해당 주택 또는 그 대지의 등기기록에 기록된 권리자 중 법무부령으로 정하는 자
4. 법 제3조의2제7항에 따라 우선변제권을 승계한 금융기관
5. 제1호부터 제4호까지에 준하는 지위 또는 권리를 가지는 자로서 법무부령으로 정하는 자

[본조신설 2013. 12. 30 종전의 제5조는 제12조로 이동]

제6조 (요청할 수 있는 정보의 범위 및 제공방법)

① 임대차계약의 당사자는 법 제3조의6제3항에 따라 확정일자부여기관에 해당 임대차계약에 관한 다음 각 호의 사항의 열람 또는 그 내용을 기록한 서면의 교부를 요청할 수 있다.

1. 임대차목적물
2. 임대인·임차인의 인적사항
3. 확정일자 부여일
4. 차임·보증금
5. 임대차기간

② 임대차계약의 당사자가 아닌 이해관계인 또는 임대차계약을 체결하려는 자는 법 제3조의6제3항 또는 제4항에 따라 확정일자부여기관에 다음 각 호의 사항의 열람 또는 그 내용을 기록한 서면의 교부를 요청할 수 있다.

1. 임대차목적물
2. 확정일자 부여일
3. 차임·보증금
4. 임대차기간

③ 제1항 및 제2항에서 규정한 사항 외에 정보제공 요청에 필요한 사항은 법무부령으로 정한다.

[본조신설 2013. 12. 30 종전의 제6조는 제13조로 이동]

제7조 (수수료)

① 법 제3조의6제5항에 따라 확정일자부여기관에 내야 하는 수수료는 확정일자 부여에 관한 수수료와 정보제공에 관한 수수료로 구분하며, 그 구체적인 금액은 법무부령으로 정한다.

② 「국민기초생활 보장법」에 따른 수급자 등 법무부령으로 정하는 사람에 대해서는 제1항에 따른 수수료를 면제할 수 있다.

[본조신설 2013. 12. 30 종전의 제7조는 제14조로 이동]

제8조 (차임 등 증액청구의 기준 등)

① 법 제7조에 따른 차임이나 보증금(이하 "차임등"이라 한다)의 증액청구는 약정한 차임 등의 20분의 1의 금액을 초과하지 못한다.

② 제1항에 따른 증액청구는 임대차계약 또는 약정한 차임등의 증액이 있은 후 1년 이내에는 하지 못한다.

[전문개정 2008. 8. 21]

[본조개정 2013. 12. 30 제2조에서 이동, 종전의 제8조는 제15조로 이동]

제9조 (월차임 전환 시 산정률)

① 법 제7조의2제1호에서 "대통령령으로 정하는 비율"이란 연 1할을 말한다.
② 법 제7조의2제2호에서 "대통령령으로 정하는 배수"란 4배를 말한다.
[전문개정 2013. 12. 30 제2조의2에서 이동, 종전의 제9조는 제16조로 이동]

제10조 (보증금 중 일정액의 범위 등)

① 법 제8조에 따라 우선변제를 받을 보증금 중 일정액의 범위는 다음 각 호의 구분에 의한 금액 이하로 한다. [개정 2010. 7. 21, 2013. 12. 30]
  1. 서울특별시: 3천200만원
  2. 「수도권정비계획법」에 따른 과밀억제권역(서울특별시는 제외한다): 2천700만원
  3. 광역시(「수도권정비계획법」에 따른 과밀억제권역에 포함된 지역과 군지역은 제외한다), 안산시, 용인시, 김포시 및 광주시: 2천만원
  4. 그 밖의 지역: 1천500만원

② 임차인의 보증금 중 일정액이 주택가액의 2분의 1을 초과하는 경우에는 주택가액의 2분의 1에 해당하는 금액까지만 우선변제권이 있다.

③ 하나의 주택에 임차인이 2명 이상이고, 그 각 보증금 중 일정액을 모두 합한 금액이 주택가액의 2분의 1을 초과하는 경우에는 그 각 보증금 중 일정액을 모두 합한 금액에 대한 각 임차인의 보증금 중 일정액의 비율로 그 주택가액의 2분의 1에 해당하는 금액을 분할한 금액을 각 임차인의 보증금 중 일정액으로 본다.

④ 하나의 주택에 임차인이 2명 이상이고 이들이 그 주택에서 가정공동생활을 하는 경우에는 이들을 1명의 임차인으로 보아 이들의 각 보증금을 합산한다.

[전문개정 2008. 8. 21]
[본조개정 2013. 12. 30 제3조에서 이동, 종전의 제10조는 제17조로 이동]

제11조 (우선변제를 받을 임차인의 범위)

법 제8조에 따라 우선변제를 받을 임차인은 보증금이 다음 각 호의 구분에 의한 금액 이하인 임차인으로 한다. [개정 2010. 7. 21, 2013. 12. 30]
  1. 서울특별시: 9천500만원
  2. 「수도권정비계획법」에 따른 과밀억제권역(서울특별시는 제외한다): 8천만원
  3. 광역시(「수도권정비계획법」에 따른 과밀억제권역에 포함된 지역과 군지역은 제외한다), 안산시, 용인시, 김포시 및 광주시: 6천만원
  4. 그 밖의 지역: 4천500만원

[전문개정 2008.8.21]
[본조개정 2013.12.30 제4조에서 이동, 종전의 제11조는 제18조로 이동]

(1) 투기지역·투기과열지구 주택담보대출 관리 강화

① 시가 9억원 초과 주택에 대한 담보대출 LTV(담보인정비율) 추가 강화

현행	개선	
	주택가격 구간	대상
▶ 주택가격 구간없이 LTV 40% 적용	[구간①] 9억원 이하분	▶ LTV 40% 적용
	[구간②] 9억원 초과분	▶ LTV 20% 적용

② 초고가 아파트(시가 15억원 초과)에 대한 주택구입용 주담대 금지

③ DSR*(De·bt Service Ratio, 총부채원리금상환비율) 관리 강화

* Debt Service Ratio = 모든 가계대출 원리금상환액 / 연간소득
▢ (현행) 평균 DSR은 업권별 평균 목표 이내로 각 금융회사별 관리

* 예시 : 각 시중은행은 DSR 시행 이후 신규취급한 가계대출 평균DSR을 40% 내로 관리
→ 개별 대출의 DSR이 40%를 초과해도 대출취급 가능

▢ (개선) 투기지역·투기과열지구의 시가 9억원 초과 주택에 대한 담보대출 차주에 대해서는 차주 단위로 DSR규제 적용*

* DSR 한도 : [은행권] 40% [비은행권] 60% (→단계적으로 '21년말까지 40%로 하향조정)

④ 주택담보대출의 실수요 요건 강화

▢ *[1주택세대] 2년내 기존주택 처분→1년 내 처분 및 전입
[9억원 초과 주택 구입 무주택세대] 2년 내 전입→1년내 전입

⑤ 주택 구입목적 사업자대출에 대한 관리 강화

▢ (현행) 주택임대업·주택매매업 이외 업종 영위 사업자에 대하여 투기지역 내에서 주택구입목적 주택담보대출 취급 금지
▢ (개선) 투기지역 뿐만 아니라 투기과열지구까지 적용범위 확대

⑥ 주택임대업 개인사업자에 대한 RTI 강화

> * RTI(Rent to Interest, 임대업 이자상환비율) = 연간 임대소득 / (해당 임대업 대출의 연간이자비용 + 해당 임대물건에 대한 기존대출의 연간이자비용)
> ▶ 적용범위 : 부동산임대업 개인사업자대출
> ▶ 주택임대업 개인사업자대출 규제 기준 : 1.25배 이상

□ **(개선)** 투기지역·투기과열지구 **주택임대업 개인사업자대출 RTI 기준**을 **1.5배 이상**으로 강화.

> ◆ **(적용시기) 행정지도 시행*** 이후 **신규대출 신청분****부터 적용
> * 시행시기 : [초고가주택 주택구입용 주담대 금지] 12.17일 시행
>   [여타 과제] 전산개발 및 준비를 거쳐 12.23일 시행
> ** 다만, 행정지도 시행 이전에 주택매매계약을 체결하고 계약금을 이미 납부한 사실을 증명한 차주, 대출 신청 접수를 완료한 차주 등에 대해서는 종전규정 적용

※ 새마을 금고 등 상호금융권 주택담보대출 모니터링 및 관리감독 강화

(2) 전세대출을 이용한 갭투자 방지

① 사적보증의 전세대출보증 규제를 공적보증 수준으로 강화

□ **(현행)** 전세대출 차주가 시가 9억원 초과 주택 구입·보유 시 전세대출에 대한 공적보증 (주택금융공사·HUG 보증)은 제한되나,

○ 사적 전세대출 보증(서울보증보험)의 경우에는 제한되지 않음

□ **(개선)** 서울보증보험도 시가 9억원 초과 주택 구입·보유 차주에 대한 **전세대출 보증**을 제한할 수 있도록 **협조 요청**

② 전세자금대출 후 신규주택 매입 제한

□ **(현행)** 금융회사는 **전세대출 취급·만기 시 차주의 주택 보유수를 확인**하여, **2주택 이상 보유 시 전세대출 보증 만기연장 제한**

□ **(개선)** 차주가 전세대출 받은 후 **시가 9억원 초과 주택**을 매입하거나 **2주택 이상 보유**할 경우 **전세대출 회수**

> ◆ **(적용시기)** 보증기관 내규개정 시행일 이후 전세대출 신규 실행 분부터 **적용**

(1) 민간택지 분양가 상한제 적용지역 확대

□ (적용시기) 2019.12.17일자로 지정 및 효력 발생.

구분	집값 상승 선도 지역		정비사업 이슈
	서울 평균 초과 (주택 종합 or APT)	수도권 1.5배 초과 (주택 종합 or APT)	
지역	강남, 서초, 송파, 강동, 영등포, 마포, 성동, 동작, 양천, 용산, 서대문, 중구, 광진, 과천, 광명, 하남		강서, 노원, 동대문, 성북, 은평

구분		지정	
집값 상승 선도지역	서울	강남, 서초, 송파, 강동, 영등포, 마포, 성동, 동작, 양천, 용산, 중구, 광진, 서대문	
	경기	광명 (4개동)	광명, 소하, 철산, 하안
		하남 (4개동)	창우, 신장, 덕풍, 풍산
		과천 (5개동)	별양, 부림, 원문, 주암, 중앙
정비 사업 등 이슈지역	서울	강서 (5개동)	방화, 공항, 마곡, 등촌, 화곡
		노원 (4개동)	상계, 월계, 중계, 하계
		동대문 (8개동)	이문, 휘경, 제기, 용두, 청량리, 답십리, 회기, 전농
		성북 (13개동)	성북, 정릉, 장위, 돈암, 길음, 동소문동2·3가, 보문동1가, 안암동3가, 동선동4가, 삼선동1·2·3가
		은평 (7개동)	불광, 갈현, 수색, 신사, 증산, 대조, 역촌

(2) 시장 거래 질서 조사체계 강화

① 고가주택에 대한 자금출처 전수 분석 및 법인 탈루혐의 정밀검증
② 실거래 조사 및 정비사업 합동점검 상시화
③ 자금조달계획서 제출대상 확대 및 신고항목 구체화

□ (개선) 자금조달계획서 제출대상을 투기과열지구·조정대상지역 3억 이상 주택 및 非규제지역 6억원 이상 주택 취득 시로 확대(시행령)

□ (적용시기) 「부동산거래신고법 시행령」 등 개정 후 즉시 시행('20.3월)

④ 자금조달계획서 증빙자료 제출

□ (개선) 투기과열지구 9억원 초과 주택 실거래 신고 시 자금조달계획서와 함께 신고 관련 객관적 증빙자료를 제출토록 함

□ (적용시기) 「부동산거래신고법 시행령」 개정 후 즉시 시행('20.3월)

(3) 공정한 청약 질서 확립

① 공급질서 교란, 불법 전매 시 청약제한 강화

	공급질서 교란행위			불법전매
	공공주택지구	투기과열지구	기타	
현행	10년	5년	3년	無
개선	10년	10년	10년	10년

□ **(적용시기)** 공급질서 교란행위자에 대한 **청약금지 기간 강화**는 「주택공급에 관한 규칙」 개정 후 즉시 시행('20. 3월)

② 청약당첨 요건 강화

□ **(개선)** 관계 지자체와 **협의**하여, **투기과열지구, 대규모 신도시** (66만㎡ 이상)의 **거주기간 강화**(1년 이상→2년 이상, 협의 후 즉시 시행)

③ 청약 재당첨 제한 강화

		재당첨 제한 대상자	재당첨 제한 주택
적용 대상		■ 분양가 상한제 적용주택 ■ 투기과열지구, 조정대상지역 주택 ■ 조정대상지역 공급 주택 ■ 분양전환 공공임대 ■ 이전기관 특공 주택 등 당첨자	■ 공공분양주택 ■ 분양전환 공공임대 ■ 투기과열지구 공급 주택 ■ 조정대상지역 공급 주택
기간	현행	■ 수도권 과밀억제권역 내 85㎡ 이하 당첨 5년, 85㎡ 초과 3년 ■ 수도권 과밀억제권역 외 85㎡ 이하 당첨 3년, 85㎡ 초과 1년	
	개선	현행 + **분양가 상한제 주택, 투기과열지구 당첨 10년, 조정대상지역 당첨 7년** (평형 무관)	

(적용시기) 「주택공급에 관한 규칙」 개정 후 즉시 시행('20. 3월)

■ 과밀억제권역, 성장관리권역 및 자연보전권역의 범위

※ **과밀억제권역이란?**
1. 수도권 ; 서울특별시와 인천광역시 및 경기도를 말합니다.
2. 과밀억제권역 인구 및 산업이 과도하게 집중되었거나 집중될 우려가 있어 그 이전 또는 정비가 필요한 지역을 말합니다.

※ 성장관리권성장관리 권역이란 ?

수도권정비계획법(제6조 및 7조)에 의해 수도권을 3개 권역으로 구분하여, 그중 과밀억제권역으로부터 이전하는 인구 및 산업을 계획적으로 유치하고, 산업의 입지와 도시의 개발을 적정하게 관리할 필요가 있는 지역을 말하며, 이 지역 내에서는 다음과 같은 행위제한이 가해진다. 즉 대통령이 정하는 학교·공공청사·연수시설 기타 인구집중 유발시설의 신설·증설이나 이의 허가 등의 제한과 공업지역 지정시 대통령령이 정하는 범위 안에서 수도권정비계획이 정하는 바에 따른다. 한편 과밀억제권역의 인구 집중을 억제키 위해 국가, 지자체 등 공공기관은 과밀억제권역으로부터 성장관리권역으로 이전하는 자에 대하여 대지의 우선분양 등의 정책을 펼치고 있다

※ 자연보전권역이란?

수도권 중 한강 수계의 수질과 녹지 등 자연환경을 보전할 필요가 있는 지역을 말하는데 수도권의 인구와 산업을 적정하게 배치하기 위하여수도권을 다음과 같이 과밀억제권역, 성장관리권역 및 자연보전권역의 3개 권역으로 구분하고 권역 특성별로 인구집중유발시설과 대규모 개발사업의 입지에 대한 차등규제를 실시하고 있다.

1 - **과밀억제권역** : 인구와 산업이 지나치게 집중되었거나 집중될 우려가 있어 이전하거나 정비할 필요가 있는 지역
2 - **성장관리권역** : 과밀억제권역으로부터 이전하는 인구와 산업을 계획적으로 유치하고 산업의 입지와 도시의 개발을 적정하게 관리할 필요가 있는 지역
3 - **자연보전권역** : 한강 수계의 수질과 녹지 등 자연환경을 보전할 필요가 있는 지역이다

※ 농림지역이란?

농림지역은 도시지역에 속하지 않는 농업진흥지역, 보전산지 등으로서 농림업을 진흥시키고 산림을 보전하기 위해 필요한 지역을 일컫습니다. 자 그럼 농업진흥지역과 보전산지가 무엇인지에 대해서 알 필요가 있겠네요.

1.농업진흥지역 : 농지를 효율적으로 이용하고 보전하기 위해 시·도지사가 "농지법"에 따라 지정·고시하는 지역을 말한다. 농업진흥지역은 녹지지역(특별시는 제외), 관리지역, 농림지역 및 자연환경보전지역을 대상으로 농업진흥구역과 농업보호구역으로 구분하여 지정한다.

1)농업진흥구역 : 농업의 진흥을 도모하기 위해 농지조성사업 또는 농업기반정비사업이 시행되었거나 시행 중인 지역으로서 농업용으로 이용하고 있거나 이용할 토지가 집단화 되어 있는 지역 또는 그 밖의 지역으로서 농업지대별 규모(평야지는 10ha 이상, 중간지는 7ha 이상,

산간지는 3ha 이상)로 농지가 집단화되어 농업 목적으로 이용할 필요가 있는 지역을 말한다.

2) 농업보호구역 : 농업진흥구역의 용수원 확보, 수질 보전 등 농업 환경을 보호 하기 위하여 필요한 지역을 말한다.

결국 농업진흥지역이라 함은 농업용으로 이용되는 토지가 집단화되어 있고 그러한 토지에 용수 공급을 위해 수원을 양호하게 보전할 필요가 있는 지역을 뜻합니다. 이런 경우 대부분 경지정리가 잘 되어 있는 경우가 많죠. 한마디로 농가용 주택이나 창고 및 농업적인 이용외에는 개발이 상당히 까다롭다라는 말이 성립됩니다. 이러한 토지에 까지 무분별하게 개발을 허용한다면 농업용으로 이용했을 때 큰 가치가 있는 토지가 남아나질 않겠죠. 국가의 식량 수급은 상당히 중요시되는 문제이고 우리나라의 경우 식량 자족률이 낮기 때문에 농업용 토지를 보호하는 것은 중요한 일이라고 볼 수 있습니다.

2. 보전산지 : 산림자원의 조성, 임업경영기반의 구축 등 임업생산 기능의 증진과 재해 방지, 수원 보호, 자연생태계 보전, 자연경과 보전, 국민보건휴양 증진 등의 공익 기능을 위하여 필요한 산지로서 산림청장이 "산지관리법"에 따라 지정·고시한 산지를 말한다. 산지는 보전산지와 준보전산지로 구분되며 보전산지는 지정 목적에 따라 임업용산지와 공익용산지로 구분된다.

◆주택임대차보호법의 적용범위

1) 임차인의 범위

· 임차인의 종류

구분	대항력있는 임차인	우선 변제받을 임차인	최우선 변제받을 임차인
근거	법 제3조	법 제2조의 2	법 제8조
요건	· 주민등록+인도 (점유, 거주) · 선순위말소기준권리x	· 주민등록+인도+확정일자 · 선순위말소기준권리	주민등록+인도
효력	매수인에 대항력있음	배당을 받음	좌동
기타	· 매수인이 인수하는 권리로 배당에서 배당바을 권리가 아님. · 최선순위근저당설정 이전에 요건을 갖추어야 함.	· 배당을 받아 보호받음. · 권리신고로서는 부족하고 배당요구를 하여야 함. · 저당권이 없는 경우 조세 채권의 법정기일과 우선순위를 비교(압류일과 비교하는 것이 아님)	· 압류(또는 경매기입등기) 전에 요건을 갖추어야 함. · 보증금 중 일정액만을 최우선 변제받음.

■ 최우선변제:전입(주거)+배당기일내)
■ 우선변제권:전입(주거)+확정+배당(기일내)

- **[사례분석]** 전입과 확정일에 따른 대항력 및 확정일자효력일, 우선변제순위
◆ 확정은 그날 주간9시이며 전입은 익일0시부터이다.
- **주택임차인**
- 주거용 건물을 사용, 수익함을 목적으로 하는 임대차 계약 당사자 중 임차인
- 일정기간이상 계속적인 임대차 관계 존속이 있는 임차인만을 의미하며 일시 사용을 위한 임대차임이 명백한 경우에는 이를 적용하지 아니함.

- **임차인의 승계인 (민집법 제9조)**
- 제1항: 임차인이 상속권자 없이 사망한 경우에 그 주택에서 가정공동생활을 하던 **사실상의 혼인관계에 있는 자**
- 제2항: 임차인이 사망한 경우에 사망당시 상속권자가 그 주택에서 가정공동생활을 하고 있지 아니한 때에는 그 주택에서 가정공동생활을 하던 사실상의 혼인관계에 있는 자와 2촌 이내의 친족은 공동으로 임차인의 권리와 의무를 승계.
- 제1항 및 제2항의 경우에 임차인이 사망한 후 1월 이내에 임대인에 대하여 반대의사를 표시한 때에는 그러하지 아니하고, 임대차관계에서 생긴 채권·채무는 임차인의 권리의무를 승계한 자에게 귀속

- **전차인**
- 임차인의 임차보증금 범위 내에서 주택임대차보호법의 적용을 받아 우선배당을 받을 수 있으나, (주택임대차보호법상의 대항력을 갖추지 못하였거나 임차인과의 전대차 계약으로 **임대인의 동의가 없었다면** 주택임대차보호법의 적용을 받을 수 없음).
- [판례] 주택임차인이 임차주택에 직접 점유하여 거주하지 않고 간접점유하여 자신의 주민등록을 이전하지 아니한 경우라 하더라도, 임대인의 승낙을 받아 임차주택을 전대하고 그 전차인이 주택을 인도받아 자신의 주민등록을 마친 때에는 임차인이 제3자에 대하여 대항력을 취득

- **주택임차인이 법인인 경우**
- 주택임대차보호법의 적용을 **받을 수 없음**.
- [판례] 법인은 법인의 직원이 주민등록을 마쳤다 하여 이를 법인의 주민등록으로 볼 수 없으므로, 법인이 임차주택을 인도받아 임대차계약서 상의 일자를 구비하였다 하더라도 우선변제권을 주장할 수는 없음 (대판 1997.7.11)
- 단, (주택임대차보호법 시행령 제1조2에 따라 LH공사와 지방공사는 법인이지만 대항력이 인

정됨.)

중소기업에 해당하는 법인이 소속 직원의 주거용으로 주택을 임차한 경우 해당 법인이 선정한 직원이 주택을 인도받고 주민등록을 마쳤을 때에는 이 법에 따른 대항력 등이 인정되도록 함(안제3조제3항신설[시행2013.8.13.][법률제12043호, 2013.8.13. 일부개정]

• 주택임차인이 외국인 경우
- 주택임대차보호법의 적용을 받을 수 있음.
- 출입국 관리법 제31조 및 제36조는 90일을 초과하여 국내에 체류하는 외국인은 외국인 등록을 하여야 하며, 주민등록법에는 주민등록신고 대신에 출입국관리법에 의한 외국인 등록을 하면 된다는 내용을 규정하고 있으므로 외국인 등록을 한 외국인은 법의 보호를 받음.

> **쉬어가기**
> 주택임차인은 서민에 속하는 자연인을 보호하기 위한 제도입니다. 따라서, 법에 의해 인간과 같은 취급을 받는 법인은 원칙적으로 보호의 대상이 아닌 것입니다. 같은 이유에서 외국인도 서민에 속하는 자연인이기 때문에 외국인도 주택임대차보호법의 보호대상이 됩니다. 경매의 이론을 무조건 외우는 것보다 그 이유를 이해하는 것이 훨씬 쉽게 경매를 접근하는 방법입니다.

• 채권담보의 목적으로 임대차 계약의 형식을 빌려 주택의 인도와 주민등록을 마친 경우
- 주택임대차보호법의 적용을 받을 수 없음.
- [판례] 실제는 주택의 사용, 수익을 목적으로 한 것이 아니고 단지 주택소유자 내지 담보권자에 대한 채권을 담보할 목적으로 성립된 계약에 까지 주택임대차보호법을 적용하는 것은 국민의 주거생활의 안정을 보장하려고자 하는 주택임대차보호법의 제정목적에 비추어 타당하지 못함. (서울고판 1984.10.26, 84나1128)

• 주택의 소유자는 아니지만, 적법한 임대권한을 가진 명의신탁자와의 사이에 임대차 계약을 체결한 경우
- 주택임대차보호법의 적용을 받을 수 있음.
- [판례] 주택임대차보호법이 적용되는 임대차로서는 반드시 주택의 소유자와 임대차계약이 체결된 경우에 한정된다고 할 수 없고, 주택에 관하여 적법하게 임대차계약을 체결할 수 있는 권한을 가진 임대인과 임대차 계약을 체결한 경우도 포함.
(대판 1995.19.12, 95다22283)

2) 주거용 건물의 범위

• **주거용 건물의 의미**
- 주택임대차보호법은 원칙적으로 주거용 건물을 그 적용대상으로 함.
- 주거용과 비주거용의 구분은 임차건물이 일상생활을 하는데 사용되느냐 하는 사실상의 용도를 기준으로 판단
- 건물의 등기, 건축허가 등의 내용과는 무관
- [판례] 주택임대차보호법 제2조 소정의 주거용건물에 해당하는지 여부는 공부상의 표시만을 기준으로 할 것이 아니라, 그 실지용도에 따라서 정하여야 하고, 주거용과 비주거용이 겸용되는 경우에는 임대차목적물의 이용관계, 임차인이 그곳에서 일상생활을 영위하는지 여부등을 고려하여 합목적적으로 결정해야 함. (대판1988.12.27, 87다카2024)
- 주거용건물인지의 판단시점은 임대차계약체결시를 기준

• **한 건물의 주거용 부분과 비주거용부분이 함께 임대차의 목적이 된 경우**
- [판례] 주거용부분이 주가 되고 비주거용이 부수적인 경우에는 그 전체에 대해 주택임대차보호법이 적용. 그 반대의 경우에는 적용되지 아니함.
(그러나, 현재는 주거용을 폭넓게 인정하고 있는 추세. 대판 1995.3.10, 94다52522)
- [판례] 주거용 비주거용은 그 건물의 위치, 구조, 객관적 용도, 실제이용관계 등을 고려하여 합목적적으로 판단해야 함.

• **임차주택이 미등기 건물인 경우**
- [판례] 주택임대차보호법의 보호를 받음. (대판 1987.3.24, 86다카164)
- 미등기건물이라도 주택인 이상, 무허가건물,/건축허가를 받았으나 사용승인을 받지 못한 건물도 역시 주택임대차보호법의 적용을 받음.

• **공부상 단층작업소 및 근린생활 시설이나, 실제 주거용과 비주거용으로 겸용되고 있는 경우**
- [판례] 비주거용으로 사용되는 부분이 더 넓기는 하지만 주거용으로 사용되는 부분도 상당한 면적이고 이것이 임차인의 유일한 주거인 경우 주택임대차보호법에서 정한 주거용 건물로 인정함.
(대판 1995.3.10, 94다52522)

• **점포 딸린 주택의 경우**
- 주택임대차보호법의 보호를 받음.

- [판례] 1층이 공부상으로 소매점으로 표시되어 있으나, 실제로 그 면적의 절반은 방 2칸으로, 나머지 절반은 소매점 등 영업을 위한 홀로 이루어져 있고, 임차인이 이를 임차하여 가족들과 함께 거주하면서 음식점영업을 하며 방부분은 영업시 손님을 받는 곳으로, 그 때 외에는 주거용으로 사용하여 왔다면 보호대상이 됨. (대판 1996.5.31, 96다5971)

• 공부상 용도는 공장이나, 현재 주거로 사용하는 경우
- 주택임대차보호법의 보호를 받음.
- [판례] 공부상 용도가 상가, 공장으로 되어 있어도 이미 건물의 내부구조 및 형태가 주거용으로 용도변경된 건물을 임차하여 이곳에서 일상생활을 하고 있었다면 주택임대차보호법이 적용됨. (대판 1988.12.27, 87다카2024)

• 옥탑을 주거용으로 임차한 경우
- 주택임대차보호법의 보호를 받음.
- [판례] 옥탑을 주거용으로 하는 임대차 계약을 체결하고 그 곳에서 주거생활을 하여 왔다면 비록 옥탑이 불법건축물로서 행정기관에 의해 철거될 수 있다하더라도 임차당시 주거용으로 실질적 형태를 갖추고 있고 주거용으로 사용해 왔다면 주택임대차보호법의 보호를 받을 수 있음.

• 여관, 여인숙의 내실을 개조하여 주거용을 점유한 경우
- 주택임대차보호법의 보호를 받지 못함.
- [판례] 여인숙 경영의 목적으로 임차한 건물의 방 10개중 1개를 내실로 사용하며 주거용으로 점유하였다 하더라도 영업목적이므로, 이 건물은 주택임대차보호법상의 주거용 건물에 해당하지 아니함.
(서울고판 1986.9.29, 86나77)

• 다방내 2개의 방과 주방을 주거용을 사용한 경우
- 주택임대차보호법의 보호를 받지 못함.
- [판례] 다방 내에 방 2개와 주방을 주거목적에 사용한다고 하더라도 이는 어디까지나 다방의 영업의 부수적인 것으로서 그러한 주거목적의 사용은 비주거용건물의 일부가 주거목적으로 사용되는 것일 뿐, 주택임대차보호법 제2조 후문에서 말하는 '주거용 건물의 일부가 주거외에 목적으로 사용되는 경우'에 해당한다고 볼 수 없음. (대판 1996.3.12, 95나51953)

• 임대기간 중 비주거용 건물을 주거용으로 개조한 경우
- 원칙적으로 주택임대차보호법의 보호를 받지 못함.
- 임대차계약당시 주거용 건물이어야 함.
- 다만, 임차인의 승낙을 얻어 주거용으로 개조한 경우에는 개조한 때부터 보호받을 수 있음.

● 주택임대차보호법(2)

1. 소액임차인

1) 의의: 소액보증금 중 일정액은 타 채권보다 최우선적으로 임차주택(대지포함)의 배당가액의 범위 내에서 배당받을 수 있는 제도

2) 소액임차인의 기준 및 최우선 변제액

시행일자	서울특별시 및 광역시			기타지역
1984.06.14	300만원 이하			200만원 이하
1987.12.01	500만원 이하			400만원이하
1990.02.19	2000만원 이하 700만원			1500만원 이하 500만원
1995.10.19	3000만원 이하 1200만원			2000만원 이하 800만원
2001.09.15	수도권중 과밀억제권역 (인천포함)	광역시 (인천광역시 제외)		3000만원 이하 1200만원
	4000만원 이하 1600만원	3500만원 이하 1400만원		
2008.08.21	6000만원 이하 2000만원	5000만원 이하 1700만원		4000만원 이하 1400만원
2010.07.26	서울특별시	과밀억제권역 (서울제외)	광역시(과밀억제권역 포함에 포함된 지역, 군지역 제외) 안산시, 용인시, 김포시 및 광주시	4000만원 이하 1400만원
	7500만원 이하 2500만원	6500만원 이하 2200만원	5500만원 이하 1900만원	
2014.01.01	서울특별시	[수도권정비계획법]에 의한 과밀억제권역(서울제외)	광역시(과밀억제권역 포함에 포함된 지역, 군지역 제외) 안산시, 용인시, 김포시 및 광주시	4500만원 이하 1500만원
	9500만원 이하 3200만원	8000만원 이하 2700만원	6000만원 이하 2000만원	
2016.03.31	서울특별시	수도권과밀억제권역	광역시 등 (세종지 포함)	그 밖의 지역
소액임차인기준	1억 이하	8000만원 이하	6000만원 이하	5000만원 이하
최우선변제액	최대 3400만원	최대 2700만원	최대 2000만원	최대 1700만원

제8조(보증금 중 일정액의 보호) ① 임차인은 보증금 중 일정액을 다른 담보물권자(擔保物權者)보다 우선하여 변제받을 권리가 있다. 이 경우 임차인은 주택에 대한 경매신청의 등기 전에 제3조제1항의 요건을 갖추어야 한다.
② 제1항의 경우에는 제3조의2제4항부터 제6항까지의 규정을 준용한다.

③ 제1항에 따라 우선변제를 받을 임차인 및 보증금 중 일정액의 범위와 기준은 제8조의2에 따른 주택임대차위원회의 심의를 거쳐 대통령령으로 정한다. 다만, 보증금 중 일정액의 범위와 기준은 주택가액(대지의 가액을 포함한다)의 2분의 1을 넘지 못한다.<개정 2009.5.8>

제3조(대항력 등) ① 임대차는 그 등기(登記)가 없는 경우에도 임차인(賃借人)이 주택의 인도(引渡)와 주민등록을 마친 때에는 그 다음 날부터 제삼자에 대하여 효력이 생긴다. 이 경우 전입신고를 한 때에 주민등록이 된 것으로 본다.)

[사례분석1] 근저당권 또는 담보가등기가 기준이 되는 경우

[사례분석] 근저당권 또는 담보가등기가 기준이 되는 경우 낙찰가:3000만원
(기준이1개인경우)

- 가정 : 주택소재지는 서울, 확정일자 없는 임차인
- 기준 : B 근저당권
- 최우선변제 : 임차인A, C는 각각 1천 2백만원
- 우선변제 : R 근저당권:600만원

[사례분석] 근저당권 또는 담보가등기가 기준이 되는 경우 낙찰가:3000만원
(기준이 2개인 경우)

- 가정 : 주택소재지는 서울, 확정일자 없는 임차인
- 기준 : A 근저당권 (보증금 2천만원 이하 7백만원),
        C근저당권 (보증금 3천만원 이하 1천2백만원)
- 1순위 : B 임차인 :7백만원
- 2순위 : A 근저당권 :600만원
- 3순위 : D 임차인 :1천2백만원, B 임차인 :5백만원
- 4순위 : C :근저당권

> [사례분석] 확정일자부 임차인이 기준이 되는 경우 낙찰가:4천2백만원
>
> - 기준 : A 전입./확정 (보증금 2000만원 이하 700만원)
> - 1순위 : B 임차인 7백만원
> - 2순위 : A 임차인 3천만원
> - 3순위 : B 임차인 5백만원
> - 4순위 : C 근저당권:
> - **매수인(낙찰자)인수 : B에게:800만원(배당받지 못한 금액)**

3) 소액임차인의 최우선 변제청구의 요건, 절차와 방법

경매기입등기전 주택의 인도와 주민등록을 마쳐야 하고, 주거용 건물에 대한 소액보증금이 지급된 적법한 임차인이어야 함. 낙찰기일까지 대항력을 계속 유지하여야 함.

임차주택의 경매개시법원의 임대차조사법원의 배당요구통지서를 받거나, 없다고 하더라도 소액임차보증금에 해당하는 임차인은 임대차계약서 사본, 주민등록등본을 첨부하여 권리신고하고, 배당요구종기일까지 배당요구

4) 소액임차인 보호와 관련된 기타 사항

처음에는 소액임차권자가 아닌 자가 나중에 소액임차권자가 된 경우

- [판례] 소액임차권자에 해당하지 아니한 자라 하더라도 후에 계약내용을 변경하여 소액임차권자가 된 경우에는 그 계약내용이 탈법적인 의사없이 진정한 의사로 적법하게 이루어진 경우에는 소액임차권자로 보호하여 주여야 함. (광주지판 1987.8.19, 86가단4111)

임차주택경매시 소액임차인의 대항요건을 언제까지 유지하고 있어야 하는가?
- 임차인이 우선변제를 받기 위하여 언제까지 대항요건을 유지하고 있어야 하는지에 대해서는 명시적으로 규정하고 있지 않으나 판례를 보면 낙찰기일 (매각결정기일) 까지는 주택의 점유 및 주민등록을 유지하고 있어야 함.
- 다만, 주택임대차보호법 제3조의 3에 의하여 임차권등기를 설정하고 이사를 한 경우, 주민등록을 옮기더라도 대항력과 우선변제권을 상실하지 않음.

2인 이상의 주택임차인이 가정공동생활을 할 경우 각각 소액임차인이 되는지 여부
- 주택임대차보호법 시행령 제3조 4항을 보면 "하나의 주택에 임차인이 2인 이상이고 이들

이 주택에서 가정공동생활을 하는 경우에는 이들을 1인의 임차인으로 보아 이들의 각 보증금을 합산한다"라고 규정.
- 따라서, 1건의 임대차로 보아 보증금을 합산하여 소액임차인 여부를 판단하게 됨.

임차인으로부터 주택을 전차한 소액임차인
- 임차인으로 부터 다시 임차한 전차인이 소액임차인으로 보호받기 위해서는 원래의 임차인이 소액임차인에 해당하여야 하고 전대차는 임대인의 동의를 얻어서 이루어진 것이어야 함.
- 전차한 소액임차인은 원래의 임차인의 권리를 원용하여 대항력 및 우선변제권을 행사함으로써 전차인의 보증금을 반환받을 수 있음.

임금채권과 소액임차보증금의 순위
- 임금채권과 소액보증금의 채권은 모두 최우선순위의 채권이므로, 채권의 채권액에 비례하여 평등하게 배당받게 됨.
(임금채권 중 최우선변제되는 것은 최종 3개월분의 임금과 최종 3년간의 퇴직금에 한함).

5) 소액임차인 보호와 관련된 기타 사항
대지에 관한 저당권설정 후 지상에 건물이 신축된 경우, 건물의 소액임차인에게 그 저당권 실행에 따른 대지의 환가대금에 대한 우선변제권

- [판례] 대지에 관한 저당권설정당시 그 지상건물이 존재하는 경우에는 대지의 환가대금에 대해서 우선변제권이 있다고 할 것이나, 저당권 실행후에 비로소 건물이 신축된 경우에도 적용할 경우, 저당권자가 예측할 수 없는 손해를 입게되는 범위가 지나치게 확대되어 부당함. 따라서 이러한 경우에는 임차인은 대지의 환가대금에 대하여 우선변제를 받을 수 없음. (대판 1999.7.23, 99다25532)

대지 및 건물이 경매 개시되었다가 대지부분만 낙찰된 경우, 그 주택의 소액임차인은 대지 낙찰대금 중에서 보증금을 우선변제 받을 수 있는지 여부

- [판례] 받을 수 있음. (1996.6.14, 96다7595)

임차인 모르게 주소가 이전된 경우
- [판례] 임대인이 대출을 보다 많이 받기 위해 주택임차인 모르게 주민등록을 일시 다른 곳

으로 이전시켰다가 근저당권 설정 후에 재전입시킨 경우로서, 주택임차인의 의사와는 상관없이 이전하였다면 주택임차인의 책임을 물을 만한 사유가 없어, 이미 취득한 대항력에 영향을 미치지 아니함. (대판 2000.9.29, 2000다37012)

> **[사례분석] 소액임차인 관련 종합분석=낙찰1억원**
>
> - 가정 : 주택소재지는 서울, 확정일자 없는 임차인
> - 1순위 : B 임차인 1천2백만원
> - 2순위 : C 임차인 1천2백만원
> - **(A 근저당 설정당시 최우선변제기준은 보증금 3천만원이하, 1천 2백만원)**
> - 3순위 : A 근저당권 (5천만원)
> - **(D 근저당 설정당시 최우선변제기준은 보증금 4천 만원이하, 1천 6백만원),**
> - B 임차인: 400추가
> - C 임차인: 400추가
> - 4순위 : D 근저당권 1천 8백만원

2 확정일자

1) 의의
- 확정일자란 그 날짜에 임대차 계약서가 존재한다는 사실을 증명하기 위하여 계약서에 공신력있는 기관(법원, 공증기관, 동사무소 등)에서 확인인을 찍어주는 것을 의미
- 선순위 임차인이 대항력과 확정일자를 받아두면, 일반채권자나 후순위권리자에 우선하여 보증금을 배당받을 수 있음.

2) 확정일자 부여방법
- 부여기관
- 전국 지방법원 또는 지원의 등기과 (등기소)
- 공증인사무소, 법무법인 또는 공증인가합동법률사무소 등 공증기관
- 각 동사무소

- 주의점
- 반드시 임대차 계약서 원본에 받아야 함.

- 확정일자를 받은 계약서는 분실하지 않도록 주의함.

3) 우선변제권 발생시기
- [판례] 임차인이 주택의 인도와 주민등록을 마친 당일 또는 그 이전에 임대차계약증서상에 확정일자를 갖춘 경우, 우선 변제권은 대항력과 마찬가지로 주택의 인도와 주민등록을 마친 다음날을 기준을 발생 (대판 1998.9.8, 98다26002)

4) 우선변제권의 행사
- 대항력을 낙찰기일(매각허가결정기일)까지 계속하여 유지함.
  [판례] 구법사건인 경우 첫매각기일(입찰기일)이전까지, 신법사건인 경우 배당요구 종기일까지 배당요구를 하여야 배당시에 우선변제를 받을 수 있고 (대판 1997.10.10, 95다44597), 재경매가 실시된 경우에는 재경매의 첫 매각기일(입찰기일)이전까지 배당요구를 해야 함.
- 배당된 임차보증금을 수령하기 위해서는 주택임차인이 임차주택을 양수인에게 인도하여야 함. 즉, 배당금 수령과 주택의 인도는 동시이행관계
  (실무상으로는 낙찰자명의의 인감증명서가 첨부된 명도확인서와 임차인의 주민등록 등본을 제출함으로써 배당금을 수령)

5) 우선변제권의 내용
- 소액임차인과는 달리 그 금액에 제한이 없음.
- 건물만에 대한 확정일자 임차인이라 할지라도 대지의 낙찰대금을 포함한 금액에서 우선변제를 받을 수 있음은 소액임차인과 같음.
- 확정일자 임차보증금채권보다 선순위인 우선채권
- 주택임대차보호법상의 소액보증금
- 근로기준법상의 임금채권 중 최종 3월분의 임금과 최종 3년간의 퇴직금
- 국세 및 지방세 중 당해세

6) 우선변제권과 배당문제
- 경매절차 진행 중에 우선변제권을 가진 임차인의 배당요구가 있는 경우
- 대항력을 가진 임차인이 임대차기간이 종료되지 않았음에도 배당요구를 하는 것은 더 이상 임대차관계의 존속을 원하지 아니함을 명백히 표명하는 것
- [판례] 배당요구의 통지가 임대인에게 도달하는 즉시 임대차관계는 종료되고 임차인에게

는 법 제3조2의 1항 (2항)에 의한 우선변제권이 인정된다고 할 것임. (대판 1996.7.12, 94다37646)

- **우선변제권이 있는 임차인이 배당요구를 하였으나, 배당받을 수 없는 보증금 잔액이 있는 경우**
  - [판례] 법 제4조2항에 의하여 임차인이 보증금의 잔액을 반환받을 때까지 임대차 관계가 존속되는 것으로 의제되므로, 낙찰인은 같은 법 제3조 2항에 의하여 임대차가 종료된 상태에서의 임대인의 지위를 승계함. (대판 1997.8.22, 96다53628)

- **임차인이 전세금반환청구권에 따른 판결정본에 전세계약서를 첨부하여 경매신청을 하고, 경매법원에 전입신고가 된 주민등록등본을 제출한 경우, 임차인으로서의 배당요구를 한 것으로 볼 수 있는지 여부**
  - 경매신청의 청구권원과 같은 권원으로 다시 임차인으로서 배당요구를 할 필요는 없음. 임차인은 집행신청만으로도 임차권자로서 우선배당을 받을 수 있음.

- **허위채권인 임차보증금채권에 기한 배당**
  - [판례] 제3자들이 채무자와 결탁하여 허위의 임대차계약서를 소급작성한 다음 실제로 거주하지도 아니하면서 주민등록의 신고를 마치고, 소액임차보증금채권자라고 주장하여 배당신청을 함으로써, 각 금원을 채권자에게 앞서 배당한 경우 위 제3자들에 대한 배당표는 법률상 원인없이 작성된 것이므로 취소되어야 함. (부산지판 1987.9.30, 87가합1233)

- **다른 채권과의 순위문제**
  - (대항력을 갖춘 임차인의) 확정일자와 저당권설정등기일이 같은 날인 경우
    - [판례] 임차보증금채권자와 가압류채권자는 평등배당의 관계 있음
      (대판 1992.10.13, 92다30597)

  - 대항력+확정일자를 같은 날짜에 갖춘 경우
    - 대항력은 대항력 효력 발생일 다음. 따라서, 우선변제권도 위 날짜 다음일

  - 전입신고일과 저당권설정등기일이 같은 날인 경우
    - [판례] 대항력은 인도와 주민등록을 마친 다음날을 기준으로 발생하므로, 저당권이 우선 순위 (대판 1997.12.12, 97다22393)
  - 전입신고와 확정일자를 받은 다음날 설정된 저당권과의 배당순위

- [판례] 대항력의 효력발생일을 '익일부터'라고 함은 익일 오전 0시부터 대항력이 생긴다는 취지 (대판 1999. 5. 25, 99다9981)
- 임차인이 저당권보다 우선하여 배당받음.

■ 대항요건을 갖추었으나 확정일자가 가압류보다 늦은 경우
- [판례] 임차인에게 우선변제권은 없으나 대항요건과 확정일자를 받은 임차인은 부동산담보권에 유사한 권리를 인정하고 있으므로, 저당권자가 선순위 가압류채권자와 평등하게 배당을 받을 수 있듯이 선순위 가압류 채권자와 평등한 배당관계에 있게 됨. (대판 1992.10. 13, 92다30597)

> [사례분석] 대항요건을 갖추었으나 확정일자가 가압류보다 늦은 경우
>
> 여기서 1989년 입주한 B 임차인은 후순위 C 가압류권자와 평등배당을 받게 됨.

7) 기타

■ 확정일자를 갖춘 임차인의 경매신청권 여부
- 1999년 주택임대차보호법을 개정하기 전에는 임차인이 직접 경매신청을 하는 경우 집을 비워주어야 했고, 집을 비워주면 우선변제권을 상실하도록 되어 있어 사실상 임차인의 경매신청이 불가능하였음.

- 그러나, 개정 주택임대차보호법 제3조의 2 제1항에 의하면, "임차인이 임차주택에 대하여 보증금반환청구소송의 확정판결 기타 이에 준하는 채무명의에 기한 경매를 신청하는 경우에는 민사소송법 제491조의2의 규정에도 불구하고 반대의무의 이행 또는 이행의 제공을 집행개시의 요건으로 하지 아니한다"고 명시함으로써 임차인이 집을 비워주지 않아도 경매신청을 할 수 있도록 하였음.

◆ **주택임대차보호법 사례분석 (종합)**

> · [사례분석]
>
> - 가정 : 소재지가 서울, 배당금액이 8천만원, 확정일자 없는 임차인
> - 1순위 : 임차인 B, C, D, E는 각각 최대 1천 6백만원을 받을 수 있는 최우선변제권
>   ㅇ 임차인 B : 4천만원*1천만원/5천만원 = 800만원
>   ㅇ 임차인 C : 4천만원*1천6백만원/5천만원 = 1,280만원
>   ㅇ 임차인 D : 4천만원*1천6백만원/5천만원=1,280만원
>   ㅇ 임차인 E : 4천만원*8백만원/5천만원=640만원
> - 2순위 : A 근저당권 4천만원
>
> 1천육백씩 배당하여야 하기 때문에
> 우선B1천 E8백 C1천6백 D1천6백 나눈상태로 합5천에서 비율 배당 한다..

- 전입이 근저당보다 빨라 낙찰자가 인수할 수도 있을 것 같으나,
- 전 소유자가 현 임차인일 경우 임차인으로서의 대항력 발생시점은 현재 소유자로 소유권 등기이전 된 다음날부터여서 (대판 99다59306) 임차인 이성호의 대항력은 01년09월18일 되어 말소기준권리인 근저당권보다 나중임.
- 배당할 금액이 1억 3천만원이라면, 임차인 이성호 1천6백만원, 근저당권자 조흥은행 1억 1천 4백만원 순으로 배당받음.

◆주택 임대차보호법 정리하기

1. 소액임차인
- 소액보증금 중 일정액은 타 채권보다 최우선적으로 임차주택(대지포함)의 배당가액의 범위내에서 배당받을 수 있는 제도
- 경매기입등기전 주택의 인도와 주민등록을 마쳐야 하고, 주거용 건물에 대한 소액보증금이 지급된 적법한 임차인이어야 함. 낙찰기일까지 대항력을 계속 유지하여야 함.

2. 확정일자
- 확정일자란 그 날짜에 임대차 계약서가 존재한다는 사실을 증명하기 위하여 계약서에 공신력있는 기관(법원, 공증기관, 동사무소 등)에서 확인인을 찍어주는 것을 의미
- 선순위 임차인이 대항력과 확정일자를 받아두면, 일반채권자나 후순위권리자에 우선하여 보증금을 배당받을 수 있음.
- 주의점
  - 반드시 임대차 계약서 원본에 받아야 함.
  - 확정일자를 받은 계약서는 분실하지 않도록 주의함

★ 경매물건 : 서울 다가구주택

> **낙찰가 4억★**
> 1순위 : 근저당/1억5천만원/2002년5월
> 2순위 : 전세세입자 / 6천/2007년7월
> 3순위 : 근저당 /2억/2008년9월
> 4순위 : 전세세입자/ 5천만원/2012년5월

우선순위와 최우선변제의 관계를 보도록 하겠습니다.
(2002년5월에 해당하는 최우선변제금액 4000만원 중 1600만원)
그러면 1순위근저당은 1억5000만원을 다 받아갑니다.
잔액: 낙찰 잔액이 2억5000만원이 남네요 그러면 그다음순위를 보겠습니다. 그다음은 2순위세입자 6천만원 2순위세입자는 순위배당으로 6천만원을 다 받아 갑니다.
그러면 낙찰 잔액이 19000만원이 되겠네요.
그다음에 3순위 근저당2억을 배당할려고 보니 뒤에 소액임차인이 있군요.
(2008년9월에 해당하는 최우선변제금액 6000만원 중 2000만원)
그럼 여기서 4순위를 보면 최우선변제금액 범위안에 들어 해당이 되니4순위가 2000만원 먼저 받아갈까요? 아니요 범위가 19000만원이므로 2/1에서 배당합니다 은행도 손해보구 세입자도 손해봅니다. 그러면 각자 9500입니다 그런데 4순위는 최우선변제금액 2000받고 7500만원은 3순위에 흡수배당 되어서 3순위는 17000만원 받고요 4순위는 순위에 밀려서 3순위근저당이 17000만원 받아가고 배당이 끝나게 됩니다.
그럼 결론적으로 3순위와 4순위는 각각3000만원씩을 받지 못합니다.

●상가건물 임대차 보호법

1 상가건물 임대차보호법 기본개념

1) 의의

상가건물 임차에 관하여 민법에 대한 특례를 인정함으로써 국민 경제생활의 안정을 보장함을 목적으로 제정됨.

2) 적용범위

- 일정보증금액 범위내의 [상가건물]의 [임대차]에 대하여 적용됨.
- [상가건물]이란 제3조 제1항의 규정에 의한 사업자 등록의 대상이 되는 건물을 말함.
- [임대차]란 임대차 목적물의 주된 부분을 영업용으로 사용하는 것을 포함.
  다만, 대통령령이 정하는 보증금액을 초과하는 임대차에 대하여는 적용되지 않음.
- 주택임대차 보호법은 원칙상 자연인에 대해서만 적용되지만, 상가건물의 경우에는 법인도 사업자 등록을 할 수 있으므로 보호대상
- 일시사용이 명백한 경우에는 동법을 적용하지 않음 (법 제16조)
- 보증금액을 정함에 있어서는 당해 지역의 경제여건 및 임대차 목적물의 규모 등을 감안하여 지역별로 구분하여 규정함.
- 보증금 외에 차임이 있는 경우에는 그 차임액에 은행법에 의한 금융기관의 대출금리 등을 감안하여 대통령령이 정하는 비율을 곱하여 환산한 금액을 포함함.

3) 강행규정과 준용규정

- 이 법의 규정에 위반된 약정으로서 임차인에게 불리한 것은 효력이 없음 (법 제15조)
- 임차인이 임대인에 대하여 제기하는 보증금 반환청구소송에 관해서는 소액사건심판법 제6, 7, 10, 11조의 2 규정을 준용 (법 제18조)
- 이 법에 의해 임대차의 목적이 된 건물이 매매 또는 경매의 목적물이 된 경우에 담보책임에 관한 민법 제575조 1항, 3항, 제578조의 규정을 준용하는 것은 주택임대차보호법과 동일 (법 제3조 3항)

4) 보호대상 임대차 보증금 (환산보증금) 기준

5) 차임 (월세)의 보증금 환산 방법

- 환산 보증금액 = 차임(월세) * 100
- 보호대상 임대차 보증금 = 보증금 + 환산

보증금액

> (예 1) 보증금 1000만원 월 80만원의 차임인 경우
>   - 1000만원 + (80만원 * 100) = 9,000만원
> (예 2) 보증금 1억5,000만원 월 150만원의 차임인 경우
>   - 1억 5천만원 + (150만원 * 100) = 3억

쉬어가기

상가건물임대차보호법에서, 보호의 대상이 되는 임차인의 범위를 정한 이유는 무엇일까요? 주거용 건물에서 임차한 임차인에게, 임차보증금은 삶의 터전 전부라고도 할 만큼 중요한 것입니다. 삶의 터전이라는 차원에서 임차보증금의 많고 적음은 그다지 중요한 잣대는 아닐 것입니다. 그래서 주거용 건물에서의 임차보증금은 그 금액의 범위에 관계없이 다 보호를 해 줍니다.

그러나, 삶의 터전에 해당하는 주택과는 달리, 상가건물에서는 영업행위를 위해서 보증금을 납부하였다는 차이가 있습니다. 즉, 그 절실함에 있어서 주택임차보증금과 차이가 있는 것입니다. 더구나, 보증금이 몇 억을 초과하는 영업행위인 경우에는 서민의 생계형 영업이라고는 하기 어려울 것입니다.

이러한 이유로 상가건물임대차보호법에서는 환산보증금이라는 제도를 두어, 일정금액 이하의 임차보증금만을 보호하고 있는 것입니다.

6) 대항요건 (법 제3조)과 대항력의 효력

- 건물의 인도 + 사업자 등록을 신청한 다음날 효력이 발생

  즉, 임대차는 그 등기가 없는 경우에도 임차인이 건물의 인도와 부가가치세법 제5조, 소득세법 제168조 또는 법인세법 제111조의 규정에 의한 사업자등록을 신청한 때에는 그 다음 날부터 제3자에 대하여 효력이 발생

- 임차건물의 양수인(그 밖에 임대할 권리를 승계한 자를 포함한다)은 임대인의 지위를 승계한 것으로 간주

  즉, 상가건물의 임차인은 임차건물의 소유권을 취득하는 제3자에 대하여 임차인의 지위를 승계시켜서, 임차인은 임대차계약기간 동안 임차권 지위의 유지, 임대보증금 반환시까지 계속 거주가 가능

7) 임대차 관련 등록사항의 열람

- 건물의 임대차에 이해관계가 있는 자는 건물의 소재지 관할 세무서장에게 아래와 같은 사항에 대한 열람 또는 제공을 요청할 수 있음. 이때 관할 세무서장은 정당한 사유없이 이를 거부할 수 없음. (법 제4조)

  1. 임대인 · 임차인의 성명, 주소, 주민등록번호(임대인 · 임차인이 법인 또는 법인아닌 단체인 경

우에는 법인명 또는 단체명,대표자,법인등록번호,본점 · 사업장소재지)
2. 건물의 소재지, 임대차 목적물 및 면적
3. 사업자등록 신청일
4. 사업자등록 신청일 당시의 보증금 및 차임, 임대차기간
5. 임대차계약서상의 확정일자를 받은 날
6. 임대차계약이 변경 또는 갱신된 경우에는 변경된 일자, 보증금 및 차임, 임대차기간, 새로운 확정일자를 받은 날
7. 그 밖에 대통령령이 정하는 사항

8) 우선변제권 (법 제5조 제2항)
- 상가건물임대차계약서상의 확정일자를 받으면 확정일자를 받은 날짜를 기준으로 하여 후순위 권리자보다 우선하여 변제를 받을 수 있음.
법 제5조 2항 : 제3조제1항의 대항요건을 갖추고 관할 세무서장으로부터 임대차계약서상의 확정일자를 받은 임차인은 민사집행법에 의한 경매 또는 국세징수법에 의한 공매시 임차건물(임대인 소유의 대지를 포함한다)의 환가대금에서 후순위권리자 그 밖의 채권자보다 우선하여 보증금을 변제받을 권리가 있음.

9) 우선변제권 관련 주의사항
- 주의해야 할 사항은 대항요건을 갖춘 상태에서 확정일자의 효력이 발생한다는 것.
- 대항요건 없이 받았다면 어떠한 효력도 발생하지 않음. 단지, 그 날짜(확정일자)에 계약서가 있었다는 것만을 증명하는 것임.

10) 배당 보증금 수령 시 임차건물의 인도
- 우선변제의 대상이 되는 보증금을 수령하기 위해서는 임차건물의 인도가 필요
(법 제5조 3항)

11) 경매 신청요건의 완화
- 상가건물을 비워주지 않아도 경매 신청 가능
- 임차인이 임차건물에 대하여 보증금반환청구소송의 확정판결 그 밖에 이에 준하는 집행권원에 기한 경매를 신청하는 경우에는 민사집행법 제41조의 규정에 불구하고 반대의무의 이행 또는 이행의 제공을 집행개시의 요건으로 하지 아니함.
(법 제5조 1항)

- 즉, 임차보증금의 회수에 있어서 동시이행의 항변권을 주장한다면, 임대인이 보증금을 주지 않은 한 임차인은 계속 그 건물을 임차하고 있어야 하고 경매도 신청할 수 없는 경우가 발생. 상가건물임대차보호법은 이러한 불합리성을 막기 위해, 확정판결이나 집행권원에 의한 경매신청의 경우 명도를 하지 않아도 신청할 수 있도록 하고 있음.

2 | 소액보증금의 최우선 변제

1) 내용 (법 제14조)
- 상가건물의 경매시 임차인은 건물에 대한 경매신청의 등기 전에 대항력을 갖추었다면 임차인은 보증금 중 일정액을 다른 담보물권자보다 우선하여 변제받을 권리가 있음.

2) 최우선 변제의 요건
- 정당한 임차인일 것 (위법 또는 불법 임차인 제외)
- 경매신청 등기 전에 대항요건 (인도+사업자등록신청)을 갖출 것
- 보증금이 소액보증금에 해당할 것
- 매각기일 이전에 배당신청을 할 것

3) 최우선 변제에 해당하는 소액임차보증금액 및 최우선변제금액

기준시점	지역	적용범위(환산보증금)	임차인보증금한도	최우선변제금
2002.11. 1. ~	서울특별시	2억 4천만원 이하	4,500만원 이하	1,350만원
	과밀억제권역(서울제외)	1억 9천만원 이하	3,900만원 이하	1,170만원
	광역시 (권지역 및 인천 제외)	1억 5천만원 이하	3,000만원 이하	900만원
	그 밖의 지역	1억 4천만원 이하	2,500만원 이하	750만원
2008. 8. 21 ~	서울특별시	2억 6천만원 이하	4,500만원 이하	1,350만원
	과밀억제권역(서울제외)	2억 1천만원 이하	3,900만원 이하	1,170만원
	광역시 (권지역 및 인천 제외)	1억 6천만원 이하	3,000만원 이하	900만원
	그 밖의 지역	1억 5천만원 이하	2,500만원 이하	750만원
2010. 7. 26. ~	서울특별시	3억원 이하	5,000만원 이하	1,500만원
	과밀억제권역(서울제외)	2억 5천만원 이하	4,500만원 이하	1,350만원
	광역시(과밀억제권역 포함에 포함된 지역과 군지역 제외) 안산시, 용인시, 김포시 및 광주시	1억 8천만원 이하	3,000만원 이하	900만원
	그 밖의 지역	1억 5천만원 이하	2,500만원 이하	750만원

기준시점	지역	적용범위(환산보증금)	임차인보증금한도	최우선변제금
2014.1.1.~	서울특별시	4억원 이하	6,500만원 이하	2,200만원
	과밀억제권역(서울제외)	3억원 이하	5,500만원 이하	1,900만원
	광역시(과밀억제권역 포함에 포함된 지역과 군지역 제외) 안산시, 용인시, 김포시 및 광주시	2억 4천만원 이하	3,800만원 이하	1,300만원
	그 밖의 지역	1억 8천만원 이하	3,000만원 이하	1,000만원
2018. 1. 26.~	서울특별시	6억 1천만원 이하	6,500만원 이하	2,200만원
	과밀억제권역(서울제외)	5억원 이하	5,500만원 이하	1,900만원
	부산광역시(기장군 제외)	5억원 이하	3,800만원 이하	1,300만원
	부산광역시(기장군)	5억원 이하	3,000만원 이하	1,000만원
	광역시(과밀억제권역 포함에 포함된 지역과 군지역 제외) 안산시, 용인시, 김포시 및 광주시	3억 9천만원 이하	3,800만원 이하	1,300만원
	세종특별자치시, 파주시, 화성시	3억 9천만원 이하	3,000만원 이하	1,000만원
	그 밖의 지역	2억 7천만원 이하	2,500만원 이하	1,000만원

4) 최우선 변제의 한도

- 최우선변제금액의 합계액이 상가건물가액 (임대인 소유의 대지가액을 포함)의 1/2(2014년1월1일 개정)에 해당하는 금액의 한도내에서 최우선변제가 가능
- 하나의 상가건물에 임차인이 2인 이상이고, 각 보증금 중 일정액의 합산액이 상가건물가액의 1/2을 초과하는 경우, 각 보증금 중 최우선변제금 합계액과 각 임차인의 최우선변제금의 비율로서 상가건물의 1/2에 해당하는 금액을 분할
- [계산식] 각 임차인의 변제금액 = 건물가액의 1/2
- 각 임차인의 최우선변제금액/ 임차인들의 최우선변제금의 합계액

3. 임차권 등기명령

- 임차권등기가 경료되면 임차인은 대항력 및 우선변제권을 취득
  다만, 임차인이 임차권등기 이전에 이미 대항력 또는 우선변제권을 취득한 경우에는 그 대항력 또는 우선변제권이 그대로 유지되며, 임차권등기 이후에는 제3조제1항의 대항요건을 상실하더라도 이미 취득한 대항력 또는 우선변제권을 상실하지 아니함. (법제6조 5항)
- 임차권등기명령의 집행에 의한 임차권등기가 경료된 건물(임대차의 목적이 건물의 일부분인 경우에는 해당 부분에 한함)을 그 이후에 임차한 임차인은 최우선변제를 받을 권리가 없음. (법제6조 6항)
- 임차인은 임차권등기명령의 신청 및 그에 따른 임차권등기와 관련하여 소요된 비용을 임대인에게 청구할 수 있음. (법제6조 8항)

4. 경매에 의한 임차권의 소멸

- 임차권은 임차건물에 대하여 민사집행법에 의한 경매가 행하여진 경우에는 그 임차건물의 경락에 의하여 소멸
다만, 보증금이 전액 변제되지 아니한 대항력이 있는 임차권은 그러하지 아니함.
(법 제8조)

5. 임대차 기간 및 계약 갱신 요구권

1) 임대차 존속기간
- 기간의 정함이 없거나 기간을 1년 미만으로 정한 임대차는 그 기간을 1년으로 봄.
다만, 임차인은 임대차계약을 1년 미만으로 하였을 경우 그 기간이 유효함을 주장할 수는 있음. (법 제9조 1항)
- 임대차가 종료하였을지라도 임차인이 보증금을 반환받을 때까지는 임대차 관계는 존속하는 것으로 봄 (법 제9조 2항)

2) 계약 갱신 요구권
- 임대인은 임대차기간 만료 전 6개월 전부터 1개월 전까지 행하는 임차인의 계약갱신 요구에 대하여 10년간 정당한 사유없이 거절할 수 없음.
- 전차인도 임차인의 계약갱신요구권 행사기간 (10년) 범위내에서 임차인을 대위하여 임대인에게 계약갱신요구권을 행사할 수 있음.
- 단, 다음과 같은 정당한 사유가 있을 경우 임차인은 계약갱신요구권을 행사할 수 없음.
1. 임차인이 3기의 차임액에 달하도록 차임을 연체한 사실이 있는 경우
2. 임차인이 거짓 그 밖의 부정한 방법으로 임차한 경우
3. 쌍방 합의하에 임대인이 임차인에게 상당한 보상을 제공한 경우
4. 임차인이 임대인의 동의 없이 목적 건물의 전부 또는 일부를 전대한 경우
5. 임차인이 임차한 건물의 전부 또는 일부를 고의,또는 중대한 과실로 파손한 경우
6. 임차한 건물의 전부 또는 일부가 멸실되어 임대차의 목적을 달성하지 못할 경우
7. 임대인이 목적 건물의 전부 또는 대부분을 철거하거나 재건축하기 위해 목적 건물의 점유 회복이 필요한 경우
8. 그 밖에 임차인이 임차인으로서의 의무를 현저히 위반하거나 임대차를 존속하기 어려운 중대한 사유가 있는 경우
- 임대인이 만료전 1-6개월사이에 임차인에 대하여 갱신거절의 통지 또는 조건의 변경에 대한 통지를 하지 않은 경우
- 전임대차와 동일한 조건으로 다시 임대차한 것으로 봄. (법 제10조 4항). 이 경우 에는 임대차의 존속기간은 정함이 없는 것으로 간주됨 (동조 4항 단서)

- 임차인은 언제든지 임대인에 대하여 계약해지의 통고를 할 수 있고, 임대인이 그 통고를 받은 날부터 3월이 경과하면 그 효력이 발생 (법 제10조 5항)

6. 월세의 증감

1) 차임 (월세) 증감 청구권

월세 또는 보증금이 임차건물에 관한 조세, 공과금 그 밖의 부담의 증감이나 경제사정의 변동으로 인하여 상당하지 아니하게 된 때에는 당사자는 장래에 대하여 그 증감을 청구할 수 있음. (법 제11조 1항)

그러나, 임대차 계약 또는 약정한 차임 등의 증액이 있은 후 1년 이내에는 증액 청구를 할 수 없음. (법 제11조 2항)

2) 월차임 전환시 산정율의 제한

보증금의 전부 또는 일부를 월 단위의 차임으로 전환하는 경우, 대통령령에서 정한 비율의 범위를 초과할 수 없음.
※임대인의 월임차료 인상 상한
- 청구당시의 보증금 또는 월임차료의 9% 이내
※임대인의보증금 월차임 전환율 상한 : 연15% 이내

보증금 월세전환율 제한(2014.1.1 시행,주택과 공통) = 상임법 제12조
O 아래 2가지 중 낮은 비율을 곱한 월 차임의 범위 초과 금지
- 은행의 대출금리 및 해당 지역의 경제여건 등을 고려하여 대통령령으로 정하는 비율.
- 한국은행에서 공시한 기준금리에 대통령령으로 정하는 배수를 곱한 비율
  예) 12% 또는 '기준금리 x 4.5' 중에 낮은 것
=현재 금리가 1.25 라고 한다면 1.25x 4.5=5.625%를 두고 보증금을 월세로 또는 월세를 보증금으로 전환 하는 것. =상임법시행령 제5조
(①법 제12조제1호에서 "대통령령으로 정하는 비율"이란 연 1할2푼을 말한다.
 ② 법 제12조제2호에서 "대통령령으로 정하는 배수"란 4.5배를 말한다.)
※임대인의 월임차료 인상 상한
- 차임 또는 보증금의 증액청구는 청구당시의 차임 또는 보증금의 100분의 5의 금액을 초과하지 못한다. 〈개정 2008. 8. 21., 2018. 1. 26.〉

3) 소액보증금초과 보증금(환산보증금)계약 갱신

▶임차인의 계약갱신요구권은 최초의 임대차기간을 포함한 전체 임대차기간이 10년을 초과하지 아니하는 범위에서만 행사할 수 있다. [개정 2018.10.16]

▶대통령령으로 정하는 보증금액(환산보증금)을 초과하는 임대차에 대하여도 계약갱신요구권 인정
▶재계약시 주변상황과 경제사정을 고려하여 차임과 보증금 증감 청구 가능

※묵시적 갱신과 계약기간
- 계약기간 만료일 6개월부터 1개월 전까지 계약의 해지나 변경 미통지시
- 전 계약과 동일하게 다시 임대차 한 것으로 간주, 기간은 1년으로 함.
- 묵시적갱신 기간중에 임차인은 언제든지 계약의 해지를 통고 가능.
 (통고후 3개월 후에 법적인 효력 발생)

※제2조제1항 단서에 따른 보증금액을 초과하는 임대차의 계약갱신의 경우에는 당사자는 상가건물에 관한 조세, 공과금, 주변 상가건물의 차임 및 보증금, 그 밖의 부담이나 경제사정의 변동 등을 고려하여 차임과 보증금의 증감을 청구할 수 있다.
[본조신설 2013.8.13.]

※다음 각 호의 어느 하나에 해당하는 상가건물 임대차의 경우(권리금 적용 제외)에는 적용하지 아니한다. [개정 2018.10.16]
1. 임대차 목적물인 상가건물이 「유통산업발전법」 제2조에 따른 대규모점포 또는 준대규모점포의 일부인 경우(다만, 「전통시장 및 상점가 육성을 위한 특별법」 제2조제1호에 따른 전통시장은 제외한다)
2. 임대차 목적물인 상가건물이 「국유재산법」에 따른 국유재산 또는 「공유재산 및 물품 관리법」에 따른 공유재산인 경우 [본조신설 2015.5.13]

※상가건물 임대차와 관련된 분쟁을 심의·조정하기 위하여대한법률구조공단의 지부에 상가건물임대차분쟁조정위원회(이하 "조정위원회"라 한다)를 둔다. 특별시·광역시·특별자치시·도 및 특별자치도는 그 지방자치단체의 실정을 고려하여 조정위원회를 둘 수 있다.
② 조정위원회는 다음 각 호의 사항을 심의·조정한다.
1. 차임 또는 보증금의 증감에 관한 분쟁
2. 임대차 기간에 관한 분쟁
3. 보증금 또는 임차상가건물의 반환에 관한 분쟁
4. 임차상가건물의 유지·수선 의무에 관한 분쟁
5. 권리금에 관한 분쟁
6. 그 밖에 대통령령으로 정하는 상가건물 임대차에 관한 분쟁
③ 조정위원회의 사무를 처리하기 위하여 조정위원회에 사무국을 두고, 사무국의 조직 및 인력 등에 필요한 사항은 대통령령으로 정한다.

④ 사무국의 조정위원회 업무담당자는 「주택임대차보호법」 제14조에 따른 주택임대차분쟁 조정위원회 사무국의 업무를 제외하고 다른 직위의 업무를 겸직하여서는 아니 된다. [본조신설 2018.10.16] [[시행일 2019.4.17]]

※임대인은 임대차기간이 끝나기 6개월 전부터 임대차 종료 시까지 다음 각 호의 어느 하나에 해당하는 행위를 함으로써 권리금 계약에 따라 임차인이 주선한 신규임차인이 되려는 자로부터 권리금을 지급받는 것을 방해하여서는 아니 된다. 다만, 제10조제1항 각 호의 어느 하나에 해당하는 사유가 있는 경우에는 그러하지 아니하다. [개정 2018.10.16.]

1. 임차인이 주선한 신규임차인이 되려는 자에게 권리금을 요구하거나 임차인이 주선한 신규임차인이 되려는 자로부터 권리금을 수수하는 행위
2. 임차인이 주선한 신규임차인이 되려는 자로 하여금 임차인에게 권리금을 지급하지 못하게 하는 행위
3. 임차인이 주선한 신규임차인이 되려는 자에게 상가건물에 관한 조세, 공과금, 주변 상가건물의 차임 및 보증금, 그 밖의 부담에 따른 금액에 비추어 현저히 고액의 차임과 보증금을 요구하는 행위
4. 그 밖에 정당한 사유 없이 임대인이 임차인이 주선한 신규임차인이 되려는 자와 임대차계약의 체결을 거절하는 행위
   ② 다음 각 호의 어느 하나에 해당하는 경우에는 제1항제4호의 정당한 사유가 있는 것으로 본다.
1. 임차인이 주선한 신규임차인이 되려는 자가 보증금 또는 차임을 지급할 자력이 없는 경우
2. 임차인이 주선한 신규임차인이 되려는 자가 임차인으로서의 의무를 위반할 우려가 있거나 그 밖에 임대차를 유지하기 어려운 상당한 사유가 있는 경우
3. 임대차 목적물인 상가건물을 1년 6개월 이상 영리목적으로 사용하지 아니한 경우
4. 임대인이 선택한 신규임차인이 임차인과 권리금 계약을 체결하고 그 권리금을 지급한 경우
   ③ 임대인이 제1항을 위반하여 임차인에게 손해를 발생하게 한 때에는 그 손해를 배상할 책임이 있다. 이 경우 그 손해배상액은 신규임차인이 임차인에게 지급하기로 한 권리금과 임대차 종료 당시의 권리금 중 낮은 금액을 넘지 못한다.
   ④ 제3항에 따라 임대인에게 손해배상을 청구할 권리는 임대차가 종료한 날부터 3년 이내에 행사하지 아니하면 시효의 완성으로 소멸한다.
   ⑤ 임차인은 임대인에게 임차인이 주선한 신규임차인이 되려는 자의 보증금 및 차임을 지급할 자력 또는 그 밖에 임차인으로서의 의무를 이행할 의사 및 능력에 관하여 자신이 알고 있는 정보를 제공하여야 한다.
   [본조신설 2015.5.13]

◆ 상가건물 임대차 정리하기

1. 상가건물 임대차보호법 기본개념

1) 적용범위
- 일정보증금액 범위내의 [상가건물]의 [임대차]에 대하여 적용됨.
- [상가건물]이란 제3조 제1항의 규정에 의한 사업자 등록의 대상이 되는 건물을 말함.
- 다만, 대통령령이 정하는 보증금액을 초과하는 임대차에 대하여는 적용되지 않음.

2) 대항요건 (법 제3조)과 대항력의 효력
- 건물의 인도 + 사업자 등록후 둘 중 늦은 날짜 신청한 다음날 효력이 발생

3) 우선변제권 (법 제5조 제2항)
- 상가건물임대차계약서상의 확정일자를 받으면 확정일자를 받은 날짜를 기준으로 하여 후순위 권리자보다 우선하여 변제를 받을 수 있음.

2. 소액보증금의 최우선 변제

1) 내용 (법 제14조)
- 상가건물의 경매시 임차인은 건물에 대한 경매신청의 등기 전에 대항력을 갖추었다면 임차인은 보증금 중 일정액을 다른 담보물권자보다 우선하여 변제받을 권리가 있음.

2) 최우선 변제의 요건
- 정당한 임차인일 것 (위법 또는 불법 임차인 제외)
- 경매신청 등기 전에 대항요건 (인도+사업자등록신청)을 갖출 것
- 보증금이 소액보증금에 해당할 것

3) 최우선 변제의 한도
- 최우선변제금액의 합계액이 상가건물가액 (임대인 소유의 대지가액을 포함)의 1/2에 해당하는 금액의 한도 내에서 최우선변제가 가능

4) 계약 갱신 요구권
- 임대인은 임대차기간 만료 전 6개월 전부터 1개월 전까지 행하는 임차인의 계약갱신 요구에 대하여 5년간 정당한 사유없이 거절할 수 없음. (법 제10조 1항, 2항)
- 2014년 개정 환산보증금 초과 임차인 갱신요구권 가능

◆임대차보호법의 비교

구분	주택임대차 보호법	상가건물임대차보호법
적용범위	주거용	상가용
적용제외	일시적 임대차	일시적 임대차
대항력	전입+인도	사업자등록+인도
경매잔금 최대 보장금액	주택가격(낙찰가격) 2분의 1범위 내	상가가격(낙찰가격) 2분의 1범위 내
법정갱신	인정	인정
차임증가 청구	20분의 1금액초과하지 못함	100분의 5금액초과하지 못함
법정갱신	임대차 기간 만료6개월전부터 1개월전까지	임대차 기간 만료6개월전부터 1개월전까지 (전체기간 10년초과하지 않는 범위내)

메모:

제7주:
경매주의물건
(법정지상권/유치권/예고등기)

● 유치권(留置權)이란

1. 유치권의 의미

유치권이란 타인의 부동산을 점유한 자가 그 부동산에 관하여 생긴 채권이 변제기에 있는 경우 변제를 받을 때까지 그 부동산을 유치(점유)하여 채무자에게 채무변제를 강제하는 담보물권을 뜻한다(민법 제 320조 제 1항)

이러한 유치권은 경매절차에서 배당에 참여할 수 없지만 낙찰자가 항상 인수해야 하는 권리라는 점에서 사실상의 우선변제적 효력이 있고, 또한 유치권자는 자신이 채권을 변제받기 위하여 자신이 점유하고 있는 목적 부동산의 경매를 신청할 수 있다는 점에서 담보물권의 효력을 가진다.

2. 유치권의 유형

경매사건에 있어서 발생하는 대부분의 유치권은 두 가지로 나누어 볼 수 있다.

우선 가장 많이 문제가 되는 것은 신축건물이나 개축건물과 관련하여 미지급된 공사대금이 원인이 되어 공사업자가 유치권을 행사하는 경우와 또 한 가지는 상가건물이나 주택에서 임차인이 목적부동산의 보존이나 개량을 위하여 지출한 비용을 근거로 하여 임대인에게 유치권을 행사하는 경우이다.

3. 유치권의 성립요건

민법 제 320조는 유치권과 관련하여 타인의 물건을 점유한 자는 그 물건에 관하여 생긴 채권이 변제기에 있는 경우에는 변제를 받을 때까지 그 물건을 유치할 권리가 있다, 고 규정하고 있다. 즉 유치권이 성립하기 위해서는

1) **채권이 유치권의 목적물에 관하여 생긴 것이어야 한다**(민법320조1항)즉 채권과 목적물 사이에 牽連관계가 있어야한다. 이것이 유치권의 성립요건 중 가장 중요하다.
2) **채권이 변제기에 있어야 한다(320조1항)** 채권의 변제기가 아직 닥쳐오지 않은 경우에는 유치권이 발생하지 않는다.
3) **유치권자는 타인의 물건 또는 유가증권의 占有者 이어여 한다. 바꾸어 말해서 유치권자는 타인의 물건이나 또는 유가증권을 점유하고 있어야한다** 점유를 잃게 되면 유치권은 당연히 소멸한다(328조)점유는 직접점유이든 간접점유이든 묻지 않는다.

4) 점유가 불법행위에 의하여 시작된 것 이어서는 않된다(320조2)

건물임차인이 임대차계약이 해제.해지 된 후에도 계속건물을 점유하여 필요비나 유익비를 지출하여도 그 상환청구권에 관하여 유치권은 성립하지 않는다.

5) 당사자 사이에 유치권의 발생을 배제하는 특약이 없어야한다 다시 말하면 당사자가 미리 유치권의 발생을 막는 계약을 하면 그 계약은 유효하다.

> ■ 민사집행법 제274조 (유치권 등에 의한 경매)
> ① 유치권에 의한 경매와 민법·상법, 그 밖의 법률이 규정하는 바에 따른 경매(이하 "유치권 등에 의한 경매"라 한다)는 담보권 실행을 위한 경매에 따라 실시한다.
> ② 유치권 등에 의한 경매절차는 목적물에 대하여 강제경매 또는 담보권 실행을 위한 경매절차가 개시된 경우에는 이를 정지하고, 채권자 또는 담보권 자를 위하여 그 절차를 계속하여 진행한다.
> ③ 제2항의 경우에 강제경매 또는 담보권 실행을 위한 경매가 취소되면 유치권 등에 의한 경매절차를 계속하여 진행하여야 한다.

> ■ 민법 제320조(유치권)
> ① 타인의 물건 또는 유가증권을 점유한 자는 그 물건이나 유가증권에 관하여 생긴 채권이 변제기에 있는 경우에는 변제를 받을 때까지 그 물건 또는 유가증권을 유치할 권리가 있다.
>
> 유치권은 타인의 물건에 대한 점유자가 그 물건에 관하여 생긴 채권을 가지는 경우에 그 채권의 변제를 받을 때까지 그 물건을 유치할 수 있는 법정담보물권이다.
>
> ② 전항의 규정은 그 점유가 불법행위로 인한 경우에 적용하지 아니한다.

> ■ 민법 제322조(경매, 간이변제 충당)
> ① 유치권자는 채권의 변제를 받기 위하여 유치물을 경매할 수 있다.
> ② 정당한 이유 있는 때에는 유치권자는 감정인의 평가에 의하여 유치물로 직접변제에 충당할 것을 법원에 청구할 수 있다. 이 경우에는 유치권자는 미리 채무자에게 통지하여야 한다.

4 | 질권 과 저당권은 다르다.

① 유치권자는 원 건축주을 상대로 경매를 신청할 권리를 갖고 있다 (민법 322조 1항)
그러나 유치권은 물건을 유치하는 것을 그 본질로 하고 질권, 저당권과 같은 우선변제권을 갖지 않으므로 질 권이나 저당권과 다른 담보물권 이다.

② 유치권자는 원 건축주을 상대로 하는 경매신청의 목적은 피담보채권의 강제적 실현이 아니라 그 물건을 채무변제 시까지 무작정보관, 점유 하고 있어야 한다.

③ 유치권자는 원 건축주을 상대로 하는데 있어서 현행법은 유치권에 의한 경매의 성질을 형식적 경매 중 현금화를 위한 경매 중 하나의 담보권실행에 따른 경매이다

④ 유치권자는 원 건축주을 상대로 하는데 있어서 민사집행법 274조가 유치권에 의한 경매와 위 협의의 형식적 경매를 함께 "유치권 등에 의한 경매"라고 규정하고 있다.

⑤ 유치권자는 원 건축주을 상대로 하는데 있어서 경매 신청 시 유치권에 의한 경매는 임의경매와 강제경매와 다르게 형식적 경매로 되어 있기에 분리되어 판단하기 어려운 관계에 있다고 볼 수 있다

(민법제320조 제2항)이를 구체적으로 설명하면 다음과 같다.

1. 채권과 목적물의 견련관계

채권이 유치권의 목적물에 관하여 생긴 것 이어야 한다.

1) 따라서, 채권이 목적물 자체로부터 발생한 경우, 목적물에 필요비(목적물의 객관적 가치보존) 또는 유익비(목적물의 객관적 가치증대)를 지출한 경우, 비용상환 청구권자는 그 청구권을 위하여 목적물 위에 유치권을 취득하게 된다. 에컨대 건물임차인이 그 임대차계약 기간 중에 그 건물에 필요비 또는 유익비를 지출한 경우 그 상환청구권에 관하여 유치권이 성립한다(대법원 1980.10.14 선고 79다 1170호 판결). 그러나 임차인의 보증금반환청구권에는 유치권이 성립하지 않는다. 임차인의 보증금 반환청구권은 임차물인 부동산에 관하여 생긴 것이 아니라 임대차 계약에 따라 생긴 것이기 때문이다(대법원 1977.12.13 선고 77다 115호 판결). 그리고 임대인과 임차인 사이에 상가건물 명도시 상가권리금을 반환하기로 하는 약정이 있었다 하더라도 그와 같은 권리금 반환청구권은 건물자체로부터 발생한 채권이라고 할 수 없기 때문에 그 채권을 가지고 건물에 대한 유치권을 행사할 수 는 없다

(대법원 1994.10.14 선고 93다 62119호 판결) 그리고 건물의 부속물 설치에 소요된 공사비 채권은 건물 자체로부터 발생한 채권이 아니고 건물의 부속물로부터 발생한 채권이므로 이에 기하여 건물에 대한 유치권을 행사할 수 없다. (대법원 1973.5.31 선고 72다 2595호 판결) 목적물이 필요비. 유익비와 관련하여 주의해야 할 점은 수선비를 임차인이 부담하기로 하는 특약을 한 경우에는 유치권이 발생 하지 않는다는 것이다. 따라서 건물의 임차인이 임대차관

게 종료시에는 건물을 원상으로 복구하고 임대인에게 명도하기로 약정하는 것은 건물에 지출한 각종 유익비, 필요비의 상환청구청권을 미리 포기하기로 하는 취지의 특약이라고 인정되므로 이런 경우에는 유치권이 발생하지 않는다(대법원 1995.6.60 선고 95다 12927호 판결)

2) 채권이 목적물 자체로부터 발생한 것이 아니고 유치권을 주장하는 자의 편익을 위하여 지출한 비용인 경우에는 유치권이 성립하지 않는다. 예컨대 카페 영업을 위하여 공사하고, 또 카페의 규모를 확장하면서 내부시설공사를 하고, 또 창고지붕의 보수공사를 하고 지출한 공사(대법원 1991.10.8 선고 91다 8029호 판결), 음식점을 경영하기 위하여 간판을 설치하고 지출한 비용(대법원 1980.10.14 선고 80다 1851호 판결), 다방경영을 하기 위하여 필요한 시설을 하고 지출한 비용(대법원 1968.12.17선고 68다 1923호 판결), 사진관을 운영하기 위하여 특수장치를 하고 지출한 비용(대법원 1948.4.12. 선고 42180 민상 352판결)등의 경우에는 필요비, 유익비에 해당하지 않아 유치권이 성립될 수 없다.

3) 그리고 채권이 목적물의 반환청구권와 동일한 법률관계 또는 사실관계로부터 발생한 경우라야 유치권이 성립한다. 예컨대, 부동산에 관한 매매계약이 취소되었을 때, 매매대금의 반환청구권 목적물의 반환의무는 매매계약의 취소라는 동일한 법률관계에서 생긴 것이므로 서로 견련관계를 가지게 되고, 대금반환청구권자는 그 청구권을 위하여 목적물 위에 유치권을 취득하게 되는 것이다.

2. 타인의 목적물 유치 (점유)
유치권자는 타인의 물건을 유치(점유)하고 있어야 한다.

1) 여기서 타인 이라 함은 채무자에 한하지 않고 제 3자의 경우도 포함된다. (대법원 1972.1.31 선고 71다 2414호 판결). 그러나 유치권자의 점유는 직접점유이든 간접점유이든 이를 묻지않는다. 따라서 유치권자가 채무자의 승낙없이 유치목적물을 타인에게 임대 또는 담보제공을 한 경우, 즉 채무자의 승낙없이 간접점유를 하는 경우에도, 채무자가 유치권의 소멸을 청구하지 않는 한, 그것만으로 곧바로 유치권이 소멸하지는 않는다.(민법 제324조 2항 본문). 즉, 유치권자는 채무자의 승낙없이는 유치물의 사용. 대여. 담보 제공을 하지 못하는 데 (민법 324조 제 2항), 만일 이러한 유치권자 의무를 위반한 경우, 즉 채무자의 승낙없이 유치물을 타인에게 임대한 경우에는, 그 채권자는 유치권의 소멸을 청구할 수 있고 (민법 제 324조 제 3항), 이 청구가 있으면 유치권은 소멸하는 것이다(대법원 2002.11.27자 2002마 3516 결정).

2) 유치권자가 목적물의 점유를 상실하면 유치권은 소멸한다(민법 제 328조), 그러므로 유

치권자가 목적물의 점유를 제 3자에게 이전한 경우, 이미 유치권자는 그 점유의 이전에 따라 점유를 상실한 것이고 따라서 유치권도 상실한 것이 되기 때문에 그 승계인인 제 3자는 전 점유자를 대위하여 유치권이 있다고 주장할 수 없다. (대법원 1972. 5. 30 선고 72다 548호 판결). 그러나 유치권자가 일시적으로 점유를 침탈당하여 점유를 상실하였다가 후에 다시 점유를 회수한 경우에는 점유를 상실하지 않았던 것으로 되므로 유치권도 소멸하지 않았던 것으로 된다 (민법 제 192조 제 2항, 민법 제 204조 제 1항)

3) 유치권자의 점유는 적법한 점유여야 한다. 즉 유치권자의 점유는 불법행위로 인해 취득한 것은 아니어야 한다. (민법 제 320조 제 2항)

점유를 불법행위로 인해 취득하였다는 의미는, 점유의 취득이 점유의 침탈이나 사기. 강박 등에 의한 경우 뿐만 아니라, 채무자에게 대항할 수 있는 점유의 권원이 없이 점유를 한 경우까지도 포함된다. (대법원 1955. 12. 15. 선고 4288민상 136호 판결), 에컨대 건물임차인이 그 임대차계약이 해지된 후에 그 건물에 필요비를 지출하여도 그 상환 청구권에 관하여는 유치권이 성립하지 않는다.

3. 채권의 변제기

채권의 변제기가 도래하고 있지 않은 동안은 유치권은 성립하지 않는다. 그렇지 않으면 변제기 전의 채무의 이행을 강제한 결과가 되기 때문이다. 유치권 이외의 다른 담보물권, 예를 들어 저당권 등에서는 피담보채권의 변제기의 도래는 그 담보권 실행을 위한 요건에 불과하고 성립요건이 되는 점에서 다른 담보물권과 다르다.

4. 유치권 배제 특약의 부존재

당사자간에 유치권의 발생을 배제하는 특약이 있는 경유에는 그 특약은 유효하다. 따라서 유치권이 성립하려면 이러한 특약이 없어야 한다(대법원 1980. 7. 22. 선고 80다 1174호 판결)

5. 적법점유

유치권자의 점유는 적법점유이어야 한다. 불법행위에 의하여 점유를 취득한 자에 대하여는 유치권이 인정되지 아니한다(민법 제320조 제2항) 예를 들어 도둑이 그의 훔친 물건을 수선하여도 그 수선료의 상환청구권에 관하여 유치권을 행사할 수 없다

5 유치권의 성립

유치권은 법정담보물권이다. 즉 위와 같은 5가지 성립요건을 갖출때에 법률상 당연히 성립한다. 따라서 당사자의 합의에 의하여 설정하지는 못한다. 그리고 유치권에 있어서는 법정지상권의 경우와 같이 등기는 그 요건이 아니다(민법 제 187조)

6 유치권의 존손기간

유치권은 채무자가 그 채무를 변제하지 않는 한, 유채권자가 유치물을 점유하고 있는 동안은 그 권리를 행사하는 것으로 해서 소멸시효는 진행하지 못한다. 다만, 유치권자가 그 점유를 상실하면 유치권은 소멸한다(민법 제 328조), 그리고 유치권자가 유치물을 점유함에 있어서는 선량한 관리자의 주의로 유치물을 점유하여야 하고, 채무자의 승낙없이는 유치물의 사용.대여. 담보제공을 하지 못하는데, 만일 이러한 유치권자의 의무를 위반한 경우에는, 그 채권자는 유치권의 소멸을 청구할 수 있고, 이 청구가 있으면 유치권은 소멸한다. 그리고 채무자는 상당한 담보를 제공하고 유치권의 소멸을 청구 할 수 있다.

7 유치권의 효력

유치권자는 그의 채권의 변제를 받을 때까지 목적물을 유치할 수 있다. 그리고 유치권은 물권이기 때문에, 모든 사람 즉 채무자 뿐만 아니라 목적물의 양수인 또는 낙찰자에 대해서도 대항 할 수 있다. 목적물을 유치 한다는 것은 목적물의 점유를 계속함으로써 그 인도를 거절한다는 것을 의미한다. 주의해야 할 것이 유치의 의미에는 사용이 포함되지 않는다는 것이다. 따라서 유치물을 사용하기 위해서는 유치물의 보존에 필요한 경우만으로 한정하고,

그 이외의 경우에는 채무자의 승낙을 받아야 한다. 그런데 문제가 되는 것은 부동산 임차인의 경우이다. 즉 부동산 임차인이 임차 목적물에 지출한 비용상환청구권에 관한 유치권을 행사하는 경우 종전대로 부동산을 사용(점유)할 수 있는가. 이런 경우 임차인은 채무자 또는 낙찰자의 승낙없이 종전의 사용(점유) 상태를 계속 할 수 있다. 다만 그 점유기간 동안의 차임 상당액을 부당이득으로써 반환해야 한다. (대법원 1963.7.11선고 63다 235 호 판결)

8 | 유치권과 관련한 권리 분석

1) 유치권은 말소기준권리 해당성이 없다. 다만 유치권은 낙찰자가 항상 인수해야 하는 권리이다. 따라서 유치권자는 낙찰자에 대하여 그 피담보채권의 변제가 있을 때까지 유치목적물의 인도를 거절할 수 있고 (대법원 1996.8.23 선고 다 8713호 판결), 낙찰자는 유치권자에게 그 유치권으로 담보하는 채권을 변제할 책임이 있다(민사집행법 제 91조 제 5항)

2) 경매기록인 현황조서나 물건명세서 등에 유치권에 대한 언급이 없는데 낙찰 받은 후 유치권자가 나타나면, 낙찰자는 결국 그 목적물의 인도를 받기 위해서는 낙찰가액외에

추가로 유치권의 피담보채권을 부담하여야 하므로, 이러한 경우에는 낙찰자는 낙찰 후 일주일 뒤에 법원에서 낙찰허가 결정을 할 때 낙찰 허가에 대한 이의를 신청할 수 있고(민사 집행법 제 120조), 또는 낙찰 허가결절에 대한 즉시항고를 할 수 있고(민사집행법 106조 5호, 제 12조 제 6호, 130조 제 1항), 낙찰허가 결정 확정 후라도 낙찰대금 납부 전에 낙찰허가결정의 취소 신청을 하여 (민사집행법 제 127조) 낙찰을 포기할 수 있다.

3) 흔히 유치권을 경매의 핵폭탄이라고 말하고 한다. 유치권이라는 권리가 등기할 수 없는 물권이라는 데에 가장 큰 이유가 있다, 이런 경우 유치권을 주장하는 자가 경매법원에 유치권을 신고하고 채권액까지도 기재해 준다면 다행이지만, 유치권을 주장하는 자가 권리신고 등을 전혀하지 않고 있는 상태라면 유치권의 존재를 사전에 파악한다는 것이 결코 쉬운 일이 아니다. 유치권은 권리신고를 필요로 하지 않는 권리이므로 유치권자는 경매절차에서 그 권리에 대한 신고를 경매법원에 할 필요가 없다. 다만 권리신고를 할 경우에는 유치권자는 해당 경매절차에서 이해관계인이 된다. 낙찰 후에 유치권을 주장하는 자가 나타나면 경우에 따라서는 보증금을 또는 낙찰잔금 까지도 잃게 될 수도 있다.

4) 경매공고에는 유치권 성립여지 있음 이라고 기재되어 있는 경우도 있긴 하지만 이와 같은 기재문구가 있다 해서 안심하고 입찰 할 수도 없다. 왜냐 하면 이런 경우 가짜 유치권일 확률도 매우 높은데, 가짜 유치권자는 법원에 자신의 유치권을 신고하여 입찰자들로 하여금 이를 알게 하는 특성이 있다. 현행법에 따라 유치권을 신고하려면 유치권행사 신고서, 건축물 축조 필증, 건물주 확인서 등만 제출하면 되고, 법원이 현장실사를 나가는 경우는 거의 없다. 가장 유치권자가 유치권을 신고하는 경우는 유치권이 있는 물건임을 현출시켜 낙찰가가 낮아지게 하여 상대적으로 낮은 입찰 경쟁을 통해 이득을 취하려는 경우이거나 또는 향후 낙찰자로 하여금 유치권에 해당하는 채권의 만족을 취하려는 경우일 것이다.

5) 유치권 폐지:1. 유치권 인수주의 폐지하고 소멸주의 채택

　유치권 관련한 민사집행법 개정은 민법 일부개정법률안(2013년 1월 16일 입법예고)이 등기, 미등기 부동산을 불문하고 인정했던 유치권을 앞으로는 등기 부동산의 유치권을 폐지하고 미등기 부동산에 대해서만 유치권을 인정하되 미등기 부동산의 유치권자에 대해 부동산이 등기된 때부터 6개월 간 소로써 저당권설정청구를 할 수 있다고 규정하고 있어 이에 관련한 민사집행법 절차를 개정하는 차원에서 이뤄졌다.

　이로써 현행 유치권자는 배당요구권자에 포함되어 있지 않아 유치권자가 민법 제322조 제1항에 의하여 경매를 직접 신청한 경우가 아니면 배당권자에 포함되지 않았으나 민법, 민사집행법 등 관련법이 개정되면 미등기 부동산의 유치권자에 대해 저당권설정청구권이 인정되므로 저당권설정청구권을 소로써 행사한 유치권자에게 배당요구권을 부여하여 유치권자가 배당절차에 참여할 수 있는 길이 열린다.

　이는 경매로 인한 매각 시 매수인이 유치권 부담을 인수하는 인수주의를 폐지하고 매각부동산 위의 모든 유치권을 소멸하게 함으로써 매수인은 유치권에 대한 부담이 없는 상태에서 부동산을 취득할 수 있도록 소멸주의로 전환되는 중차대한 의미를 갖는 것이다.

　배당요구권자인 저당권설정청구의 소를 제기한 유치권자가 있었으나 배당 당시 아직 저당권 등기가 경료되지 않은 경우에는 그 유치권자에게 바로 우선변제권이 있는 것과 같이 배당을 할 수 없으므로 이러한 유치권자가 있으면 일단 공탁을 하고, 차후 유치권자의 저당권설정청구의 소가 받아들여지면 그에게 배당하고 받아들여지지 않으면 종전의 배당권자에게 배당하게 된다. 민법 개정안에 따르면 미등기 부동산에 대하여 유치권을 가진 채권자는 그 부동산이 등기된 날로부터 6개월 내에 소로써 저당권설정청구권을 행사하여야 하고, 이 기간 내에 행사하지 않으면 저당권설정청구권뿐만 아니라 유치권도 소멸하는 것으로 하였다.

유치권 포기각서

공사(주소) :

공사기 간 : 2009년

착공일 : 2009년

준공일 : 2009년

각서인:성명: 주민등록번호:

(대리인)주소: 전화번호:

이와 같이 건축주(소유주/임차인) 본인과 도급업체와 명시한 공사시행

본인이 위의 주소지에 임차 중 유치권에 대한 임대인에게 담보금액

(보증금) 확보를 위하여 유치권 신고를 하였으나

본인은 상기 공사와 관련된 유치권을 포기하기로 이에 각서 합니다.

20 년 월 일

전소유자겸 현세입자 및   서명:

이해관계인의(대리인 포함):

●법정지상권이란?

지상권이란?

- 토지를 지배하는 제한물권이고, 사용하는 용익물권에 속한다.
  그러므로 직접적이면서 다른 사람에게는 없는 지상권자의 배타적으로 지배할 수 있는 물권이다.

- 지상권의 민법에서는 타인의 토지를 이용할 수 있는 권리를 말 하는데 **지상권과 임차권으로** 규정하고 있다. 토지의 임차인은 토지를 사용·수익을 할 수 있으며 임대인에게 향후 반환과 함께 하게 무상 임차가 아닌 경우 청구할 수 있는 채권이기도 하다.

- 지상권은 **법률행위(지상권설정계약 등)** 와 **법률의 규정(민법 제305조 1항, 제366조)**에 의해서 설정이 되기도 하지만 될 뿐만 아니라 관습에 의한 관습법으로도 권리가 생기는 경우도 많이 있다.

- 지상권은 주로 **법률행위**에 의한 취득보다는 **법률규정**에 의해서 생기는 경우가 많으며, 관습법으로는 판례에 의한 형성된 근거로 **관습상의 법정지상권**과 **분묘기지권(墳墓基地權)**이 있다.

- 지상권의 **존속기간**은 설정행위로써 자유롭게 정할 수 있지만, 계약으로 정하지 않은 경우에는 지상물의 종류에 따라 최단기간으로 하는 최단기간의 제한이 있다. 지상물의 종류에 따라서 30년· 15년· 5년 이상 할 수 없다.

- 지상권은 물권이기 때문에 타인에게 양도·임대할 수 있으며, 타인에게 침해를 당한 경우에도 지상권에 의한 각종의 물권적 청구권을 행사할 수 있다.

- 지상권 존속기간이 만료한 경우에는 당사자 간의 합의로써 계약을 갱신할 수 있지만, 갱신합의가 없는 경우 지상물이 현존한 때는 지상권자는 계약의 갱신을 청구할 수 있으며, 토지 주인이 갱신을 거절한다면 지상권자는 지상물 매수청구권을 행사하므로 써 투자한 자본을 회수할 수 있다.

그러나 지상권이 소멸하였다면 지상권자는 토지를 원상회복 시켜주어야 하고 토지 주인은 지상권자의 매수청구를 정당한 이유가 없이 거절하지 못한다.

- **지료(地料)**의 약정이 있는 경우 지상권자는 이를 지급할 의무가 있고, 만일 **2년 이상 지료지급을 지체하면** 토지주인은 지상권의 소멸을 청구할 수 있다.

◉ 구분지상권(區分地上權)이 인정되며, 지상권자간 또는 지상권자와 인지소유자 간에 상린관계의 규정을 준용한다.

1. 법정지상권의 의미

우선 법정지상권을 이해하기에 앞서 지상권에 대한 이해부터 먼저 하여야 한다.
지상권이라 함은 타인 부동산을 이용할 목적으로 토지소유자와 지상권이라는 물권을 부동산등기부상에 설정하는 것으로서, 이는 **약정지상권**이라 한다. 즉, 지상권 설정기간, 지료, 지상권의 성립범위 등을 쌍방간 합의하여 이를 **등기부상에 등기하기에** 약정지상권이라고도 한다.

등기부상 지상권등기가 되어 있는 경우 두가지 측면에서 이해하면 된다. 즉, 순수하게 타인 토지를 이용할 목적으로 설정하는 것과 근저당권자가 담보권인 근저당권을 보다 확실하게 하여 자기 채권을 보전할 목적으로 -토지를 사용할 목적이 아님- 설정하는 것이 있다.

그렇다면 **법정지상권은 무엇인가?** 이 또한 타인 토지에 대한 사용권으로서, **민법 제366조**(=저당물의 경매로 인하여 토지와 그 지상건물이 다른 소유자에 속한 경우에는 토지소유자는 건물소유자에 대하여 지상권을 설정한 것으로 본다. 그러나 지료는 당사자의 청구에 의하여 법원이 이를 정한다.) 규정에 의해 일정한 요건만 갖추면 당연히 성립하기에 위에서 이야기한 약정지상권과 달리 부동산등기부상에 **등기를 할 필요가 없다.**

2. 법정지상권 성립요건

(1) 토지에 **저당권 설정**할 당시에 토지 위에 건물이 존재해야 합니다.
(2) **저당권 설정** 당시에 토지와 건물이 동일소유자에게 속하고 있어야만 합니다.
(3) 토지, 건물의 어느 한쪽이나 양쪽에 **저당권 설정**되어야 합니다.
(4) 저당권의 목적으로 되어 있는 토지나 건물이 **경매로 또는 공매**로 인하여 소유자가 달라 져야 합니다.
(5) 관습법상 이라고 따로 있습니다.(경매.공매가 아닌 일반 매매,증여,상속 기타 등에 의하여 소유권 및 권리 변동에 의하여 발생되는 경우

◆ **성립요건 사례**

= **전세권 법정지상권:**
  전제) 토지 및 건물이 동일인 소유 상태에서 건물에 전세권을 설정함
  원인) 토지소유권 특별승계(상속등) 됨
  결과) 전세권 법정지상권 획득

= **가등기 법정지상권:**
  전제) 토지 및 건물이 동일인 소유 상태에서 토지 or 건물에 가등기
       (소유권이전 가등기 등)설정함
  원인) 본등기 실행하여 소유권 획득함
  결과) 건물 권리자(소유자)는 법정지상권 획득

= **입목 관련 법정지상권**
  전제) 토지 및 입목의 소유자가 같은 상태
  원인) 경매,공매 등으로 인하여 토지 및 입목의 소유자가 달라지게 됨
  결과) 입목 소유자는 법정지상권 획득

= **저당권 법정지상권**
  전제1) 저당권 설정당시 건물이 존재하였을 것
  전제2) 저당권 설정당시 토지 및 건물의 소유자가 동일인일 것
  원인) 경매,공매로 인하여 토지와 건물의 소유자가 분리됨
  결과) 건물 소유자는 법정지상권 획득
  (대법 98다 43601 전원합의체 판결로 단독저당 (토지에만 저당)의 경우에만 해당함.)

= **관습법상법정지상권**
  전제1) 토지 및 건물이 동일인 소유 상태
  전제2) 건물 철거특약 없을 것
  원인) 매매,증여,경매 등으로 토지와 건물의 소유자가 분리됨
  결과) 건물 소유자는 법정지상권 획득

3 | 법정지상권의 성립시기와 등기여부

법정지상권의 성립시기는 낙찰자가 낙찰대금을 완납한 때이고, 이 때로부터 최장 30년간 법정지상권이 유지된다. 그리고 법정지상권은 법률의 규정(=민법 제366조)에 의한 물권 취득으로서 등기를 필요로 하지 않는다.

4 | 존속기간

법정지상권의 존속기간은 판례는 기간의 약정을 하지 않은 지상권으로 보며, 기간의 약정을 하지 않은 지상권의 존속기간은 **민법 제280조 제1항 규정의 최단기간으로 보아 석조, 석회**

조, 연와조 또는 이와 유사한 견고한 건물이나 수목의 소유를 목적으로 하는 때에는 30년, 그 밖의 건물의 소유를 목적으로 하는 때에는 15년, 건물 이외의 공작물의 소유를 목적으로 하는 때에는 5년으로 된다(=대법원 92다4857 판결 참조).

- ■ 대법원 92다4857 : 법정지상권의 존속기간은 성립 후 그 지상목적물의 종류에 따라 규정하고 있는 **민법 제280조 제1항 소정의 각 기간**(=1. 석조, 석회조, 연와조 또는 이와 유사한 견고한 건물이나 수목의 소유를 목적으로 하는 때에는 30년, 2. 전호 이외의 건물의 소유를 목적으로 하는 때에는 15년, 3. 건물 이외의 공작물의 소유를 목적으로 하는 때에는 5년)으로 봄이 상당하고 **분묘기지권과 같이 그 지상에 건립된 건물이 존속하는 한 법정지상권도 존속하는 것이라고는 할 수 없다.**

5 | 법정지상권의 범위

법정지상권이 성립될 경우 법정지상권자의 토지사용권 범위는 건물의 대지에 한정되지 않고 건물의 유지 및 사용에 일반적으로 필요한 범위 내에서 건물의 대지 이외의 대지에도 미치는데, 예로서 지상의 창고가 법정지상권을 가진다면 창고로 이용하는데 있어서 일반적으로 필요한 주변 토지까지 그 효력이 미친다(=**대법원 77다921 판결**).

- ■ 대법원 77다921 : 법정지상권이 미치는 범위는 반드시 그 건물의 기지만에 한하는 것이 아니며 지상건물이 창고인 경우에는 그 본래의 용도인 창고로서 사용하는데 일반적으로 필요한 그 둘레의 기지에 미친다.

6 | 지료

타인의 토지를 사용함으로서 건물소유자가 이득을 얻었다면 이는 부당이득에 해당되고, 따라서 지료의 지급은 이러한 부당이득에 대한 반환의 성격을 가지는데, 지료의 산정은 토지 및 건물 소유자간의 협의에 의해 결정하고, 협의가 안되면 법원에 청구하여 결정하여야 하며, 지료액의 정도는 아무런 제한없이 타인 토지를 사용함으로서 얻는 이익에 상당하는 대가이어야 한다(=**대법원 94다61144 판결**).

- ■ 대법원 94다61144 : 법정지상권자가 지급할 지료를 정함에 있어서 법정지상권 설정 당시

의 제반 사정을 참작하여야 하나, 법정지상권이 설정된 건물이 건립되어 있음으로 인하여 토지의 소유권이 제한을 받는 사정은 참작·평가하여서는 안된다.

7 | 법정지상권 판례연구

(1) 지료지급에 대한 약정이 없는 경우 : 대법원 95다52864

민법 제366조 단서의 규정에 의하여 법정지상권의 경우 그 지료는 당사자의 협의나 법원에 의하여 결정하도록 되어 있는데, 당사자 사이에 지료에 관한 협의가 있었다거나 법원에 의하여 지료가 결정되었다는 아무런 입증이 없고 법정지상권에 관한 지료가 결정된바 없다면, 법정지상권자가 지료를 지급하지 않았다고 하더라도 지료 지급을 지체한 것으로는 볼 수 없으므로 법정지상권자가 2년 이상의 지료를 지급하지 아니하였음을 이유로 하는 토지소유자의 지상권 소멸청구는 이유가 없다.

(2) 나대지상에 근저당권 설정 후 건물 신축의 경우 : 대법원 95마1262

건물 없는 토지에 저당권이 설정된 후 저당권설정자가 그 위에 건물을 건축하였다가 담보권의 실행을 위한 경매절차에서 경매로 인하여 그 토지와 지상 건물이 소유자를 달리하였을 경우에는, 민법 제366조의 법정지상권이 인정되지 아니할 뿐만 아니라 관습상의 법정지상권도 인정되지 아니한다.

(3) 지상권자가 2년간 지료를 지급하지 않은 경우 : 대법원 93다10781

가. 관습상의 법정지상권에 대하여는 다른 특별한 사정이 없는 한 민법의 지상권에 관한 규정을 준용하여야 할 것이므로 지상권자가 2년분 이상의 지료를 지급하지 아니하였다면 관습상의 법정지상권도 민법 제287조(=지상권자가 2년 이상의 지료를 지급하지 아니한 때에는 지상권설정자는 지상권의 소멸을 청구할 수 있다.)에 따른 지상권소멸청구의 의사표시에 의하여 소멸한다.

나. 민법 제283조 제2항(=지상권설정자가 계약의 갱신을 원하지 아니하는 때에는 지상자는 상당한 가액으로 전항의 공작물이나 수목의 매수를 청구할 수 있다) 소정의 지상물매수청구권은 지상권이 존속기간의 만료로 인하여 소멸하는 때에 지상권자에게 갱신청구권이 있어 그 갱신청구를 하였으나 지상권설정자가 계약갱신을 원하지 아니할 경우 행사할 수 있는 권리이므로, 지상권자의 지료연체를 이유로 토지 소유자가 그 지상권소멸

청구를 하여 이에 터잡아 지상권이 소멸된 경우에는 매수청구권이 인정되지 않는다.
- **민법 제283조 제1항** : 지상권이 소멸한 경우에 건물 기타 공작물이나 수목이 현존한 때에는 지상권자는 계약의 갱신을 청구할 수 있다.

(4) 토지상에 근저당권이 설정될 당시 건축중인 경우 : 대법원 2003다29043

민법 제366조의 법정지상권은 저당권설정 당시 동일인의 소유에 속하던 토지와 건물이 경매로 인하여 양자의 소유자가 다르게 된 때에 건물의 소유자를 위하여 발생하는 것으로서, 토지에 관하여 저당권이 설정될 당시 토지 소유자에 의하여 그 **지상에 건물을 건축 중이었던 경우** 그것이 사회관념상 독립된 건물로 볼 수 있는 정도에 이르지 않았다 하더라도 **건물의 규모, 종류가 외형상 예상할 수 있는 정도까지 건축이 진전되어 있었고, 그 후 경매절차에서 매수인이 매각대금을 다 낸 때까지 최소한의 기둥과 지붕 그리고 주벽이 이루어지는 등 독립된 부동산으로서 건물의 요건을 갖추어야** 법정지상권의 성립이 인정된다.

(5) 법정지상권이 성립되는 건물을 낙찰받은 경우 : 대법원 84다카1578

건물소유를 위하여 법정지상권을 취득한 자로부터 경매에 의하여 그 건물의 소유권을 이전받은 경락인은 경락후 건물을 철거한다는 등의 매각조건 하에서 경매되는 경우 등 특별한 사정이 없는 한 건물의 경락취득과 함께 위 지상권도 당연히 취득한다.

(6) 동일인 소유의 토지와 지상 건물에 대하여 공동저당권이 설정된 후 그 건물이 철거되고 다른 건물이 신축된 경우, 저당물의 경매로 인하여 토지와 신축건물이 서로 소유자가 달라진 경우 법정지상권 성립여부 : 대법원 98다43601

동일인의 소유에 속하는 토지 및 그 지상 건물에 관하여 공동저당권이 설정된 후 그 지상 건물이 철거되고 새로 건물이 신축된 경우에는 그 신축건물의 소유자가 토지의 소유자와 동일하고 토지의 저당권자에게 신축건물에 관하여 토지의 저당권과 동일한 순위의 공동저당권을 설정해 주는 등 특별한 사정이 없는 한 저당물의 경매로 인하여 토지와 그 신축건물이 다른 소유자에 속하게 되더라도 그 신축건물을 위한 법정지상권은 성립하지 않는다고 해석하여야 하는바, 그 이유는 동일인의 소유에 속하는 토지 및 그 지상 건물에 관하여 공동저당권이 설정된 경우에는, 처음부터 지상 건물로 인하여 토지의 이용이 제한 받는 것을 용인하고 토지에 대하여만 저당권을 설정하여 법정지상권의 가치만큼 감소된 토지의 교환가치를 담보로 취득한 경우와는 달리, 공동저당권자는 토지 및 건물 각각의 교환가치 전부를 담보로 취득한 것으로서, 저당권의 목적이 된 건물이 그대로 존속하는 이상은 건물을 위한 법정지상권이 성립해도 그로 인하여 토지의 교환가치에서 제외된 법정지상권의 가액 상당 가치는 법정지상권이 성립하는 건물의 교환가치에서 되찾을 수 있어 궁극적으로 토지에 관하여 아무런 제한이 없는 나대지로서의 교환가치 전체를 실현시킬 수 있다고 기대하지만, 건물이 철거된 후 신축된 건물에 토지와 동순위의 공동저당권이 설정되지 아니 하였는데도 그 신축건물을 위한 법정지상권이 성립한다고 해석하게 되면, 공동저당권자가 법정지상권이 성립하는 신축건물의 교환가치를 취득할 수 없게 되는 결과 법정지상권의 가액 상당 가치를 되찾을 길이 막혀 위와 같이 당초 나대지로서의 토지의 교환가치 전체를 기대하여 담보를 취득한 공동저당권자에게 불측의 손해를 입게 하기 때문이다.

- **공동저당** : 토지 및 건물 전부에 대하여 근저당권을 설정하였으나 근저당건이 설정된 건물을 멸실시키고 새로운 건물을 건축하였는데, 근저당권자가 토지 근저당권을 실행하여 토지와 건물의 소유자가 달라졌을 경우 법정지상권은 인정되지 않는다.

- **단독저당** : 토지상에 건물이 있는 상태에서 토지에만 근저당권을 설정하였고, 그 후 지상건물을 멸실시키고 건물을 신축하였는데, 토지 근저당권자가 토지만 경매신청 하여 토지와 건물의 소유자가 달라졌을 때에 법정지상권은 **인정된다고 보아야 한다**. 그러나 구건물과 신건물간의 규모나 구조상 차이가 많이 날 경우 하급심(=**대구지방법원 90나5472 참조**)은 법정지상권을 **인정하지 않았다**.

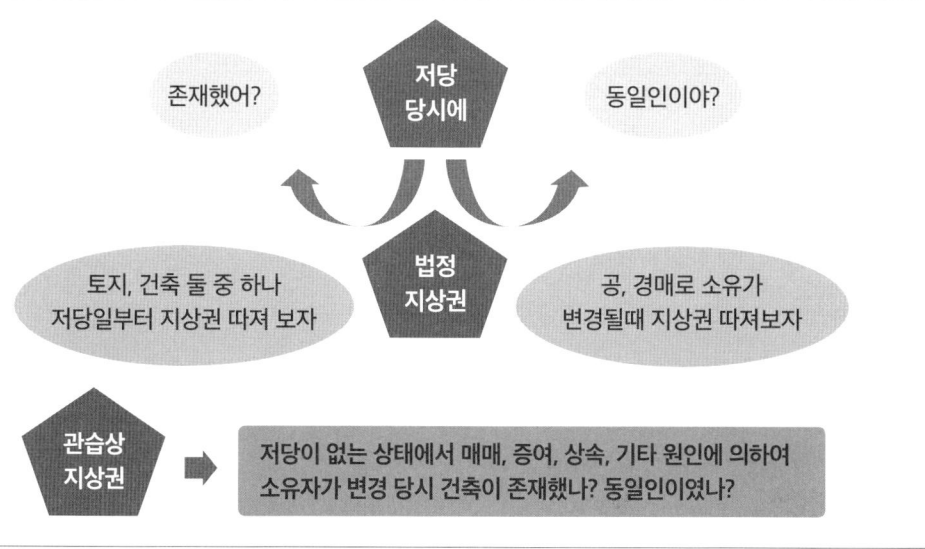

- **대구지방법원 90나5472** : 동일한 소유에 속하던 대지와 구건물에 관하여 근저당권이 설정된 다음에 소유자가 구건물을 철거하고 신건물을 건축한 후 저당권의 실행으로 대지와

신건물의 소유자가 다르게 된 경우, 신건물 소유자는 대지에 관하여 건물소유를 위한 법정지상권을 취득하나 그 존속기간이나 범위는 구건물을 기준으로 하여 그 이용에 필요한 범위 내로 제한되는 것인데, **구건물**은 **목조초즙 단층건물**로 견고하지 아니한 건물이었을 뿐만 아니라 **건물 넓이도 20.36㎡**로서 좁은 것이었음에 반하여, **신건물**은 **시멘트벽돌조 슬래브지붕**으로서 견고한 건물이고 건물 넓이도 1층 38.3㎡, 2층 32.4㎡ 이므로, 구건물을 기준으로 하여 신건물을 위한 법정지상권의 범위를 정할 때 신건물의 1층 건평만 해도 구건물의 것보다 거의 두 배나 되고 구건물이 단층인데 비해 신건물은 2층도 있으므로 명백히 구건물을 위해 인정된 법정지상권의 용법을 크게 위반한 것이 되고, 이런 경우에 위 법정지상권을 그 원래의 용법에 따라 사용하는 방법은 결국 신건물 중 구건물을 초과하는 부분을 철거하는 도리밖에 없으므로, 신건물 소유자가 신건물을 철거하고 원래의 용법에 따라 사용을 하지 아니한다면 대지소유자는 **민법 제544조**(=당사자 일방이 그 채무를 이행하지 아니하는 때에는 상대방은 상당한 기간을 정하여 그 이행을 최고하고 그 기간 내에 이행하지 아니한 때에는 계약을 해제할 수 있다.)에 의하여 그 용법 위반을 사유로 하여 위 법정지상권의 소멸을 청구할 수 있다.

- 전세권상의 지상권(민법 제305조),
- 저당권상의 지상권(민법 제366조),
- 입목법상의 지상권(입목에 관한 법률 제6조),
- 가등기담보법상의 지상권(가등기담보 등에 관한 법률 제10조).
- 분묘기지권(墳墓基地權) 등이 있다.

8 | 임차권(차지권)과 다르다.

지상권은 법률 행위에 의한 법정지상권과 법률 규정에 따른 토지임차권(전세, 월세)과 구별이 된다.

- 법률행위에 의한 법정지상권과 법률규정에 의한 임, 대차에 의한 지상권에서 전부 사용수익권과 매수청구권이 인정된다는 점에서 동일하다,
- 법률행위에 의한 법정지상권 물권이고 법률규정에 의한 임, 대차에 의한 지상권은 채권이다.
- 법정지상권과 임대차 지상권은 등기의 효력 과 토지사용에 대한 댓가인 지료(地料)의 성질 이 다르고 존속기간 역시 차이가 있다.

9 법정지상권 집중분석

(1) 나대지상에 저당권 설정 후 건물 신축

1) 토지만 경매신청 : 법정지상권 성립안됨.

토지 낙찰자는 주택양수인이 아니다(=대법원 98다3276 판결 : 주택임대차보호법 제3조 제2항에서 말하는 임대인의 지위를 승계한 것으로 보는 임차주택의 양수인이라 함은 같은 법 제1조 및 제2조의 규정 내용에 비추어 보면 임대차의 목적이된 주거용 건물의 양수인을 의미하고, 같은 법 제3조의2 제1항이 같은 법에서 정한 대항요건을 갖춘 임차인에게 경매 또는 공매에 의한 임차주택의 대지의 환가대금에서 후순위권리자들보다 보증금을 우선변제받을 권리를 인정하였다고 하여도 그 대지를 경락받은 자를 위에서 말하는 임차주택의 양수인이라고 할 수는 없다.)

2) 토지 및 건물 일괄경매신청 : 법정지상권 논할 가치가 없음.

토지에만 근저당권이 설정되었더라도 지상건물이 채무자 명의로 소유권등기되었을 경우 토지근저당권자는 지상 건물까지 일괄경매 신청할 수 있으나, 토지 근저당 권자는 건물 경매대금에 대하여는 우선변제받지 못한다[=**민법 제365조** : 토지를 목적으로 저당권을 설정한 후 그 설정자(=채무자)가 그 토지에 건물을 축조한 때에는 저당권자는 토지와 함께 그 건물에 대하여도 경매를 청구할 수 있다. 그러나 그 건물의 경매대가에 대하여는 우선변제를 받을 권리가 없다].그리고 지상 건물의 임차인은 토지 경매대금에 대하여 최우선변제권을 주장할 수 없다(=**대법원 99다25532 판결 참조**).

■ **대법원 99다25532** : 임차주택의 환가대금 및 주택가액에 건물뿐만 아니라 대지의 환가대금 및 가액도 포함된다고 규정하고 있는 주택임대차보호법 제3조의2 제1항 및 제8조 제3항의 각 규정과 같은 법의 입법 취지 및 통상적으로 건물의 임대차에는 당연히 그 부지 부분의 이용을 수반하는 것인 점 등을 종합하여 보면, 대지에 관한 저당권의 실행으로 경매가 진행된 경우에도 그 지상 건물의 소액임차인은 대지의 환가대금 중에서 소액보증금을 우선 변제받을 수 있다고 할 것이나, 이와 같은 법리는 대지에 관한 저당권 설정 당시에 이미 그 지상 건물이 존재하는 경우에만 적용될 수 있는 것이고, 저당권 설정 후에 비로소 건물이 신축된 경우에까지 공시방법이 불완전한 소액임차인에게 우선변제권을 인정한다면 저당권자가 예측할 수 없는 손해를 입게 되는 범위가 지나치게 확대되어 부당하므로, 이러한 경우에는 소액임차인은 대지의 환가대금에 대하여 우선변제를 받을 수 없다고 보아야 한다.

(2) 토지 및 건물이 공동담보였으나 건물 멸실 후 신축

1) 토지만 경매신청 : 법정지상권 성립안됨.

대법원 98다43601에 의하면 토지와 건물을 공동으로 채권자에게 담보제공하였으나

그 후 건물을 멸실시키고 새로운 건물을 건축하였으며, 토지만 경매신청되어 토지와 건물의 소유자가 달라졌을 경우 법정지상권은 성립되지 않는다고 하였다. 이는 기존의 대법원 90다카6399, 92다9388, 92다20330, 2000다19007, 2000다48517 판결과는 배치된다.

■ 대법원 90다카6399 ⇒ 변경 : 대법원 98다43601 전원합의체 판결

민법 제366조 소정의 법정지상권이 성립하려면 저당권의 설정당시 저당권의 목적되는 토지 위에 건물이 존재할 경우이어야 하는 바, 저당권설정 당시 건물이 존재한 이상 그 이후 건물을 개축, 증축하는 경우는 물론이고 건물이 멸실되거나 철거된 후 재축, 신축하는 경우에도 법정지상권이 성립한다 할 것이고, 이 경우 법정지상권의 내용인 존속기간, 범위 등은 구 건물을 기준으로 하여 그 이용에 일반적으로 필요한 범위 내로 제한되는 것이다.

■ 대법원 92다9388 ⇒ 변경 : 대법원 98다43601 전원합의체 판결

동일소유자에 속하는 대지와 건물에 관하여 근저당권이 설정된 후 그 건물이 철거되고 제3자 소유의 새 건물이 축조된 경우에도 그 후 근저당권의 실행에 의하여 대지가 경락됨으로써 대지와 건물의 소유자가 달라지면 위 대지에 새 건물을 위한 법정지상권이 성립되고, 다만 이 경우 그 법정지상권의 내용은 구건물을 기준으로 하여 그 이용에 일반적으로 필요한 범위 내로 제한된다.

■ 대법원 92다20330 ⇒ 변경 : 대법원 98다43601 전원합의체 판결

민법 제366조의 법정지상권은 저당권설정 당시부터 저당권의 목적되는 토지 위에 건물이 존재할 경우에 한하여 인정되며 건물 없는 토지에 대하여 저당권이 설정된 후 저당권설정자가 그 위에 건물을 건축하였다가 임의경매절차에서 경매로 인하여 대지와 그 지상건물이 소유자를 달리하였을 경우에는 위 법조 소정의 법정지상권이 인정되지 아니할 뿐만 아니라 관습상의 법정지상권도 인정되지 아니한다.

■ 대법원 2000다48517 ⇒ 변경 : 대법원 98다43601 전원합의체 판결

민법 제366조 소정의 법정지상권이 성립하려면 저당권 설정 당시 저당권의 목적이 되는 토지 위에 건물이 존재하여야 하는데, 저당권 설정 당시의 건물을 그 후 개축·증축한 경우는 물

론이고 그 건물이 멸실되거나 철거된 후 재건축·신축한 경우에도 법정지상권이 성립하며, 이 경우 신건물과 구건물 사이에 동일성이 있거나 소유자가 동일할 것을 요하는 것은 아니라 할 것이지만, 그 법정지상권의 내용인 존속기간·범위 등은 구건물을 기준으로 하여야 할 것이다.

2) 토지 및 건물 일괄경매신청 : 법정지상권 논할 가치가 없음.

(3) 지상에 건물이 있었으나 토지만 단독으로 근저당권 설정

1) 토지만 경매신청 : 법정지상권 성립됨.
2) 토지 및 건물 일광경매신청 : 법정지상권 논할 가치없음.

메모:

10 | 법정지상권 관련 낙찰사례분석

(1) 동부지방법원 2000타경26382 : 토지 임의경매신청

주소/감정평사	건물현황	경매가	임차내역	등기부상권리관계
서울특별시 강동구 둔촌동 46-29 ■ 감정평가내역 -둔촌고교북서측 인근 직선100m지점 소재 -버스(정)인근소재 -남동측폭 15m도로접 -일반주거지역 -도시계획시설도로접 000. 12. 08 프라임감정 표준공시지가: 1,020,000 감정지가: 1,5,30,000	대 210 (63.5평) (63.5평) 입찰외3층다가구 주택소재 법정지상권성립 여지있음 ■ 토지,주택 규제사항 -주택투기지역 -토지투기지역 -투기과열지구 -주택거래신고지역 ※양도세실거래:주택 ※양도세실거래:토지 ※분양권전매금지	최초가 321,300,000 최저가 131,604,480 (41.0%) -------- 유찰 01. 06. 25 유찰 01. 08. 06 유찰 01. 09. 10 유찰 01. 10. 22 낙찰 01. 11. 26 131,100,000 (42%) -응찰자수:1명 -낙찰자명:김정재	김진석 전입 1997.05.17 권오성 전입 1997.11.08 확정 1997.09.24 배당 2001.10.29 4500만 하금수 전입 1998.11.05 손정심 전입 1998.11.30 조재문 전입 1999.08.23 확정 1999.08.23 배당 2001.06.26 조영창 전입 1999.09.07 김지숙 전입 2000.03.13 확정 2000.03.13 배당 2001.08.02 1700만 박찬권 전입 2000.03.22 확정 2000.03.22 배당 2001.06.15 3000만 지층 김동숙 전입 2000.06.26 확정 1997.07.28 배당 2001.07.02 조청현 전입 3000만 ※도움말 지상권의 해결방안 없는 응찰은 상당히 부담이 많을것임	근저당권 한성항호 관악지점 1995.02.11 2억 4000만 근저당권 한상쾌,안진춘 1996.11.15 8000만 이전 정운정 2001.05.17 (안진춘 이전) 임의 오렌지신 2000.12.01 청구: 84,673,221원 가압류 정종실 2001.01.20 2000만 압류 강동구 2001.02.22

(2) 동부지방법원 2004타경3462 : 건물 강제경매신청

주소/감정평사	건물현황	경매가	임차내역	등기부상권리관계

서울특별시 강동구 둔촌동 46-29번지
 	
■ 감정평가내역
-철근촌크리트조슬래브(평)
-건물만입찰
-둔촌고등교북측인근
-도시가스보일러온수 개별난방
 	
04.06.08 에이스감정
	• 대지권 없음
	건물
	• 1층 109.44
	  (33.11평)
	  방5, 주방2, 화장실2
	• 2층 128.44
	  (37.53평)
	  방5, 주방2, 화장실2
	• 3층 124.08
	  (37.53평)
	  방4, 화장실2
	• 지층 84.95
	  (25.7평)
	  방5, 주방2, 화장실2
	
	■ 토지,주택 규제사항
	-주택투기지역
	-토지투기지역
	-투기과열지구
	-주택거래신고지역
	※양도세실거래:주택
	※양도세실거래:토지
	※분양권전매금지
	
	배당종기일
		최초가
		    331,669,800
		
		최저가
		    169,815,000
		    (51.2%)
		
		---------- 	
		
		유찰 04. 09. 13
		유찰 04.10.18
		유찰 01.11.22
		낙찰 05. 01. 03
		    215,000,000
		    (64.8%)
		-응찰자수:1명
		-낙찰자명:김정재
		
		01.06.14
			김진석
			전입 1997.05.17
			확정 1997.05.20
			배당 2004.05.11
			6500만
			2층 일부방3
			
			김동숙
			전입 1997.06.07
			확정 1997.07.28
			배당 2004.05.11
			5500만
			1층일부방3
			
			권오성
			전입 1997.11.08
			3350만
			2층일부
			
			방순자
			전입 1998.11.05
			확정 1998.11.05
			배당 2004.05.11
			3000만
			1층일부방2
			
			조청현
			전입 1999.08.23
			확정 1999.08.23
			배당 2004.06.14
			3000만
			(99.8.23)에 전출했다가/지층일부방3
			2002.7.4.에 재전입)
			지층일부방2
			
			박찬권
			전입 2000.03.22
			확정 2000.03.22
			배당.200.05.24
			3000만
			지층일부방2
				강제
				김정재
				2004.03.20
				청구:
				29,262,660원
				
				압류
				강동구 세무관리과
				2004.04.10

(3) 동부지방법원 2000타경25310 : 토지 임의경매신청

주소/감정평사	건물현황	경매가	임차내역	등기부상권리관계
서울특별시 송파구 풍납동 227-42 ■ 감정평가내역 -건물 96.2m² 있었으나, 멸실된 상태 -토성초등교현대 아파트 경계부분 -버스(정),전철역인근 -장방형토지 -남측4m도로접함 -도시지역 -일반주거지역 000.11.20 삼상감정 감정지가 : 950,000 표준공시지가 720,000원~ 1,050,000원	대198 (59.9평) (59.9평) 입찰외제시외2층 다가주택(5가구) 1층 113.4 2층113.4 지층 113.4 (총 108.7평)소재 (감정 : 143,760,000원) 법정지상권성립 여지있음 ■ 토지,주택 규제사항 -주택투기지역 -토지투기지역 -투기과열지구 -주택거래신고지역 ※양도세실거래:주택 ※양도세실거래:토지 ※분양권전매금지	최초가 188.100.000 최저가 96.307.200 (51.2%) ------------------------ 유찰 01.11.05 유찰 01.12.10 유찰 02.01.28 낙찰 02. 03. 25 97,000,000 (51.6%) 낙찰 02. 07.15 101,050,000 (53.7%) -응찰자수:1명 -낙찰자명:이재성	국중석 전입 1997.07.24 확정 1997.07.10 배당 2001.11.08 4500만 (1층방2-문패202호) (장정미의 진술) 박정숙 전입 1997.09.25 확정 1997.09.25 배당 2001.11.02 6500만 (1층방3-문패201호) (장정미 진술) 김정호 전입 1997.10.20 확정 1997.10.22 배당 2001.12.11 3200만 (지층 102호-방) 전경호 전입 2000.02.01 (주민등록등재자)	근저당권 국민은행 원당지점 1996.12.28 6000만 근저당권 한국자산권 관리공사 1997.01.23 1억 3000만 가압류 한두개 1997.09.01 2000만 압류 송파구청 1997.11.11 임의 한국자산 2000.11.20 청구: 130,000,000원

(4) 동부지방법원 2003타경7481 : 건물 강제경매신청

주소/감정평사	건물현황	경매가	임차내역	등기부상권리관계

서울특별시 송파구 풍납동 227-42
 	
■ 감정평가내역
-알씨조슬래브(평
-건축법상사용승인받지 않은 건물
-학교,아파트단지 소재
-버스정류장 도보10분소요
-차량진입 및 주차용이
-장방형경사지
-일반주거지역 용도지역
세분입안중
-도시지역
 	
03.07.14 이송만 감정
	• 대지권 없음
	건물
	• 1층 103.2
	  (31.22평)
	  2가구-방3,방2
	• 2층 103.2
	  (31.22평)
	  방3, 욕실겸화장실2
	• 지층 103.2
	  (31.22평)
	  2가구-방3,방2
	• 옥탑
	  (5.45평)
	  2003.7.3 보존
	
	■ 토지,주택 규제사항
	-주택투기지역
	-토지투기지역
	-투기과열지구
	-주택거래신고지역
	※양도세실거래:주택
	※양도세실거래:토지
	※분양권전매금지
		최초가
		    266,666,400
		
		최저가
		    69,905,000
		    (26.2%)
		
		....
		
		유찰 04. 09. 13
		유찰 04.04.26
		유찰 04.05.31
		유찰 04.06.28
		유찰 04.08.02
		유찰 04.09.06
		낙찰 04. 10. 11
		    70,000,000
		    (26.3%)
		-응찰자수:1명
		-낙찰자명:이재근
		
		배당종기일
			국중석
			전입 1997.07.24
			확정 1997.07.10
			배당 2003.10.01
			4500만
			전부
			
			박정숙
			전입 1997.09.25
			확정 1997.09.25
			배당 2004.02.05
			6500만
			전부
			
			김정호
			전입 1997.10.20
			확정 1997.10.22
			배당 2004.01.19
			3200만
			(신청채권자)/전부
			
			윤복철
			전입 1998.06.01
			확정 1998.06.01
			배당 2004.02.05
			4000만
			전부
			
			신선미
			전입 2003.02.24
			(주민등록등재자)
			
			04.02.10
				가압류
				박정숙,윤복철
				2003.078.03
				1억 0500만
				
				강제
				김정호
				2003.07.07
				청구 :
				32,000,000원
				
				압류
				송파구
				2003.10.06

제7주:경매주의물건 (법정지상권/유치권/예고등기) | 175

11 | 기타

(1) 관습상 법정지상권

이는 토지와 건물 소유자가 동일인이었으나 토지와 건물 중 어느 하나가 매매 기타 일정한 원인으로 각각 소유자를 달리하게 된 때에는 그 건물을 철거한다는 특약이 없으면 건물소유자가 관습법에 의해 당연히 취득하게 되는 지상권을 말한다. 그렇다면 건물을 철거한다는 특약이 있으면 건물은 관습상 법정지상권을 가지지 못하나, 건물철거특약이 향후 건물신축 등으로 인한 대지의 계속적 사용을 전제로 한다면 관습상 법정지상권은 없어지지 않는다. (=대법원 98다58467 판결 참조).

■ **대법원 98다58467** : 토지와 건물의 소유자가 토지만을 타인에게 증여한 후 구 건물을 철거하되 그 지상에 자신의 이름으로 건물을 다시 신축하기로 합의한 경우, 그 건물 철거의 합의는 건물 소유자가 토지의 계속 사용을 그만두고자 하는 내용의 합의로 볼 수 없어 관습상의 법정지상권의 발생을 배제하는 효력이 인정되지 않는다.

1) 성립요건
① 토지와 건물이 동일한 소유자에게 속하고 있어야 한다.
② 토지와 건물 중의 하나가 매매 기타의 원인(증여등)으로 처분되어 토지 소유자와 건물 소유자가 달라져야 한다.
③ 당사자 사이에 건물을 철거한다는 특약이 없어야 한다.
④ 관습법상 지상권은 관습법에 의해 성립되기 때문에 당연히 성립하는 것으로서 등기를 요하지 않는다.

2) 존속기간
판례는 기간의 약정을 하지 않은 지상권으로 본다. 기간의 약정을 하지 않은 지상권의 존속기간은 민법 제280조 제1항 규정의 최단기간으로 보아
▶ 석조, 석회조, 연와조 또는 이와 유사한 견고한 건물이나 수목의 소유를 목적으로 하는 때에는 30년
▶ 그 밖의 건물의 소유를 목적으로 하는 때에는 15년
▶ 건물 이외의 공작물의 소유를 목적으로 하는 때에는 5년으로 된다.

3) 토지사용권의 범위
건물의 유지 및 사용에 일반적으로 필요한 범위내이다.

4) 지료 산정

지료는 당사자간의 협의에 의해 결정하고, 협의가 안되면 법원에 청구하여 결정하여야 하며, 지료액의 정도는 아무런 제한 없이 타인 토지를 사용함으로서 얻는 이익에 상당하는 대가이어야 한다.

법정지상권과 관습법상 지상권의 효력

민법 제187조:
㉠ 법정지상권은 법률상 당연히 성립하는 지상권이므로 등기를 요하지 않는다.

(대법원 1977. 7. 26. 77다921 판결).
㉡ 법정지상권이 미치는 범위는 반드시 그 건물의 기지만에 한하는 것이 아니며 그 본래의 용도로서 사용하는 데 일반적으로 필요한 그 둘레의 기지에 미친다.

(민법 제281조, 제280조)
㉢ 기간을 정하지 않는 지상권에 해당하며 최단존속기간동안 존속한다.

(대법원 2001. 12. 27. 2000다1976 판결).
㉣ 법정지상권이 건물의 소유에 부속되는 종속적인 권리가 되는 것이 아니며 하나의 독립된 법률상의 물권으로서의 성격을 지니고 있는 것이기 때문에 건물의 소유자가 건물과 법정지상권 중 어느 하나만을 처분하는 것도 가능하다

(대법원 1985. 5. 14. 85다카13 판결)
㉤ 법정지상권 취득당시의 건물이 멸실되어 다시 신축하거나 건물의 독립성을 인정할 수 없을 정도로 훼멸된 것을 새로운 독립된 건물로 개축하여 양 건물이 동일성이 상실한 경우에는 건물소유를 위한 법정지상권은 소멸하나 기왕의 건물의 일부를 증, 개축하여 그 면직에 다소의 증감이 있었거나 지붕이나 구조에 일부 변동이 있는 사실만으로는 건물의 동일성을 상실한다고 볼 수 없으므로 그 건물의 소유를 위한 법정지상권은 여전히 존속한다.

(대법원 1968. 8. 30. 68다1029 판결).
㉥ 관습법상 법정지상권은 다른 특별한 사정이 없는 한, 민법 규정의 지상권에 관한 규정을 준용한다.

---

(2) 분묘기지권

분묘기지권이란 타인의 토지에 분묘를 설치한 자가 그 분묘를 소유하기 위하여 분묘가 소재한 타인 소유의 토지를 사용할 것을 내용으로 하는 관습에 의해 인정된 지상권과 유사한 물권이다.

- **분묘기지권은 다음과 같은 경우에 성립되며, 분묘기지권의 존속기간은 분묘가 존속하는 한 계속된다.**

1) 토지 소유자의 승낙을 얻어 분묘를 설치한 경우.
2) 토지 소유자의 승낙없이 분묘를 설치한 경우로서 20년간 평온, 공연하게 그 분묘를 유한 경우.
3) 자기 토지상에 분묘를 설치한 자가 분묘의 이전을 한다는 특약 없이 토지를 매매한 경우.

> 매장·화장 및 개장에 관한 사항과 묘지시설 및 장례식장의 설치·관리 등을 규정하여 보건위생상의 위해를 방지하고, 국토의 효율적 이용과 공공복리 증진에 이바지하기 위한 법률이다.
> 제1장 총칙, 제2장 매장·화장·개장 및 자연장의 방법 등, 제3장 묘지·화장시설·봉안시설·자연장지 등 7장으로 나누어진 전문 43조와 부칙으로 이루어져 있다.
>
> 1961년 '매장 등 및 묘지 등에 관한 법률'로 제정된 후 몇 차례 내용과 법률명이 개정되었다가 2000년 1월 12일 법률 제6158호로 '장사 등에 관한 법률'로 바뀌었다.
> 국가가 설치·운영하는 묘지에 대하여는 이 법을 적용하지 않는다. 사망 또는 사산한 때부터 24시간이 지난 후가 아니면 매장 또는 화장을 하지 못한다.

> ⊙ **법 개정**
>
> 보건복지부는 장례를 치를 연고자가 없는 무연고 시신이나 무연분묘 유골의 봉안기간을 10년에서 5년으로 단축 (장례를 치를 연고자가 없거나 알 수 없는 시신, 연고자가 있으나 인수를 거부·포기한 시신 등 무연고 시신과 분묘를 관리할 연고자가 없는 무연분묘는 연고자가 찾아갈 경우를 대비해 10년간 유골을 매장하거나 봉안해왔다.)
>
> 정부는 1인 가구 증가와 가족관계 단절, 묘지관리 후손 부족 등으로 무연고 시신과 무연분묘가 증가하고 있고, 5년 이후 봉안한 유골을 찾아가는 사례가 많지 않은 현실을 반영해 봉안기간을 10년에서 5년으로 줄였다.
>
> **장사 등에 관한 법률 시행령 일부개정령안 국무회의 의결 (12.30)**
> **- 무연고시신 및 무연분묘 유골의 봉안기간 단축 -**
>
> □ 보건복지부(장관 박능후)는 장례를 치를 연고자가 없는 무연고시신이나 무연분묘 유골의 봉안기간을 단축하는「장사 등에 관한 법률 시행령 일부개정령안」이 12월 30일(월) 국무회의에서 의결되었다고 밝혔다.
>
> ○ 그간 장례를 치를 연고자가 없는 무연고시신*과 분묘를 관리할 연고자가 없는 무연분묘는 연고자가 찾아갈 경우를 대비하여 10년간 유골을 매장하거나 봉안하도록 하였다.
>
> * 연고자가 없거나 알 수 없는 시신, 연고자가 있으나 인수를 거부·포기한 시신
>
> ○ 그러나 최근 1인 가구 증가, 가족관계 단절 및 묘지관리 후손의 부족 등으로 무연고시신* 및 무연분묘가 증가하고, 5년 이후 봉안한 유골을 찾아가는 건수가 저조**함에 따라 장기간 봉안의 필요성이 줄어든다는 지적이 있었다.

(3) 건물 소유를 위한 지상권설정

1) 지상 건물이 경매신청된 경우

토지임차인이 지상 건물의 소유를 목적으로 지상권을 설정하고 건물 신축과 아울러 임차인(= 지상권자) 명의로 보존등기한 후 건물 부분에만 근저당권이 설정되었고, 그 후 건물 근저당권이 경매신청하여 제3자가 건물을 낙찰받은 경우, 민법 제358조 본문을 보면 "저당권의 효력은 저당부동산에 부합된 물건과 종물에 미친다"고 규정하고 있는 바, 이 규정은 저당부동산에 종된 권리에도 유추적용되어 건물에 대한 근저당권의 효력은 그 건물의 소유를 목적으로 하는 지상권에도 미치고, 따라서 건물 낙찰자는 종전의 지상권자를 상대로 지상권이전등기절차의 이행을 청구할 수 있다.

건물 낙찰자가 종전 지상권자로부터 지상권등기를 이전받으면 지상권 존속기간동안 건물을 적법하게 사용·수익할 수 있고, 지상권 존속기간이 만료될 경우 지상에 건물 등이 현존한다.면 지상권의 갱신을 청구할 수 있으며(=민법 제283조 제1항), 토지소유자가 계약갱신을 거절할 경우 지상권자(=건물소유자)는 지상물에 대한 매수청구를 토지소유자에게 할 수 있다 **(대법원 92다527판결, 지상권이전등기).**

- **대법원 92다527**

가. 민법 제358조 본문은 "저당권의 효력은 저당부동산에 부합된 물건과 종물에 미친다."고 규정하고 있는바, 이 규정은 저당부동산에 종된 권리에도 유추적용 되어 건물에 대한 저당권의 효력은 그 건물의 소유를 목적으로 하는 지상권에도 미친다고 보아야 할 것이다.

나. 위 "가" 항의 경우 건물에 대한 저당권이 실행되어 경락인이 그 건물의 소유권을 취득하였다면 경락 후 건물을 철거한다는 등의 매각조건 하에서 경매되었다는 등 특별한 사정이 없는 한 그 건물 소유를 위한 지상권도 민법 제187조의 규정에 따라 등기 없이 당연히 경락인이 취득하고, 따라서 경락인은 종전의 지상권자를 상대로 지상권이전등기절차의 이행을 구 할 수 있다고 보아야 할 것이며, 그 이행을 구하는 소가 소의 이익이 없다고도 볼 수 없다.

2) 토지가 경매신청 된 경우

지상 건물의 소유를 목적으로 지상권이 설정된 토지를 낙찰 받았다면, 예로서 토지에 지상권이 설정되고 나서 근저당권이 설정된 후 근저당권 실행으로 토지를 낙찰 받았다면, 지상권은 근저당권보다 먼저 설정되어 경매결과 소멸되지 않아 지상 건물은 온전히 존재할 것이다.

따라서 지상권자(=건물 소유자)는 지상권 존속기간동안 토지를 사용·수익할 수 있고, 존속기간이 만료되어도 지상 건물이 존재하는 한 지상권에 대한 기간갱신을 청구할 수 있고(=민법 제283조 제1항), 지상권설정자(=토지소유자)가 계약갱신을 거절할 경우 지상물에 대하여 토지소유자에게 상당한 가액으로 매수청구할 수 있다(=민법 제283조 제2항).

(4) 건물 소유를 목적으로 한 토지임대차계약

지상 건물소유를 목적으로 토지에 물권인 지상권을 설정할 수도 있으나, 토지 소유자와 채권계약인 토지임대차계약을 체결하고 이에 터 잡아 지상 건물을 신축한 후 토지 임차인 명의로 건물에 대한 보존등기를 할 수 있는데, 이는 법정지상권 또는 관습상 법정지상권과는 무관하다. 이와 같이 토지임대차계약에 의해 지상건물을 토지임차인 명의로 등기한 후 토지임차인 명의의 지상 건물이 경매신청된 경우와 토지가 경매신청된 경우로 나누어 볼 수 있다.

1) 지상 건물이 경매신청된 경우

토지임대차계약에 터잡아 지상 건물을 신축하여 토지임차인 명의로 등기한 후 건물 부분에 토지임차인(=건물 소유자)을 채무자로 하여 근저당권이 설정되고 그 후 건물 근저당권이 경매신청하여 제3자가 건물을 낙찰받은 경우, 건물 낙찰자는 토지 임대인의 동의가 없는 한 토지임차권을 취득하지 못하고, 이렇게 되면 토지를 적법하게 사용·수익할 수 있는 권리가 없어, 토지를 토지 임대인에게 반환해 주어야 한다. 즉, 건물은 철거의 위기에 놓이게 된다
(=대법원 92다24950 판결 참조).

■ **대법원 92다24950**

가. 건물의 소유를 목적으로 하여 토지를 임차한 사람이 그 토지 위에 소유하는 건물에 저당권을 설정한 때에는 민법 제358조 본문에 따라서 저당권의 효력이 건물뿐만 아니라 건물의 소유를 목적으로 한 토지의 임차권에도 미친다고 보아야 할 것이므로, 건물에 대한 저당권이 실행되어 경락인이 건물의 소유권을 취득한 때에는 특별한 다른 사정이 없는 한 건물의 소유를 목적으로 한 토지의 임차권도 건물의 소유권과 함께 경락인에게 이전된다.

나. 위 "가" 항의 경우에도 민법 제629조가 적용되기 때문에 토지의 임대인에 대한 관계에서는 그의 동의가 없는 한 경락인은 그 임차권의 취득을 대항할 수 없다고 할 것인바, 민법 제622조 제1항은 건물의 소유를 목적으로 한 토지임대차는 이를 등기하지 아니한 경우에도 임

차인이 그 지상건물을 등기한 때에는 토지에 관하여 권리를 취득한 제3자에 대하여 임대차의 효력을 주장할 수 있음을 규정한 취지임에 불과할 뿐, 건물의 소유권과 함께 건물의 소유를 목적으로 한 토지의 임차권을 취득한 사람이 토지의 임대인에 대한 관계에서 **그의(=토지 소유자) 동의가 없이도 임차권의 취득을 대항할 수 있는 것까지 규정한 것이라고는 볼 수 없다.**

2) 토지가 경매신청된 경우

토지임대차계약에 터잡아 지상 건물을 토지임차인 명의로 등기한 후 토지소유자가 변경(⇒매매든 경매든 관계없음)되었을 경우, 토지임차인(=건물 소유자)은 토지취득자에 대하여 토지임차권을 주장할 수 있어, 임대차계약기간이 만료되면 토지임대차 계약기간의 갱신을 청구할 수 있고, 토지취득자가 이를 거절하면 지상물 매수청구권이 주어진다(=**민법 제622조** : 건물의 소유를 목적으로 한 토지임대차는 이를 등기하지 아니한 경우에도 임차인이 그 지상건물을 등기한 때에는 제삼자에 대하여 **임대차의 효력**이 생긴다)(=**대법원 96다14517 판결 참조**).

■ 민법 제643조(임차인의 갱신청구권, 매수청구권)
건물 기타 공작물의 소유 또는 식목, 채염, 목축을 목적으로 한 토지임대차의 기간이 만료한 경우에 건물, 수목 기타 지상시설이 현존한 때에는 제283조의 규정을 준용한다.

■ 민법 제283조(지상권자의 갱신청구권, 매수청구권)
① 지상권이 소멸한 경우에 건물 기타 공작물이나 수목이 현존한 때에는 지상권자는 계약의 갱신을 청구할 수 있다.
② 지상권설정자가 계약의 갱신을 원하지 아니하는 때에는 지상권자는 상당한 가액으로 전항의 공작물이나 수목의 매수를 청구할 수 있다

■ **대법원 96다14517** : 甲이 토지를 취득할 당시에는 乙과 丙 사이에 그 토지에 대한 임대차계약이 존재하지 않고 있었다고 하더라도, 그 이전에 乙이 丙과의 사이에 건물의 소유를 목적으로 하는 임대차계약을 체결하였다가 그 계약이 종료되어 乙이 丙에 대하여 그 건물에 관한 매수청구권을 행사할 수 있었을 때에는, 乙은 그 토지의 취득자인 甲에 대하여도 매수청구권을 행사할 수 있다.

(5) 법정저당권(=민법 제649조)

민법 제649조(임차지상의 건물에 대한 법정저당권) 토지임대인이 변제기를 경과한 최후 2년의 차임채권에 의하여 그 지상에 있는 임차인 소유의 건물을 압류한 때에는 저당권과 동일한 효력이 있다.

● 유치권 . 법정지상권 판례해설

가. 압류 부동산에 대한 유치권 행사의 효력

대법원 2006다22050판결

채무자(00건설) 소유의 부동산에 경매개시결정의 기입등기가 경료되어 압류의 효력이 발생한 이후에 채권자(피고)가 채무자로부터 위 부동산의 점유를 이전받고 이에 관한 공사 등을 시행함으로써 채무자에 대한 공사대금채권 및 이를 피담보채권으로 한 유치권을 취득한 경우, 이러한 점유의 이전은 목적물의 교환가치를 감소시킬 우려가 있는 처분행위에 해당하여 민사집행법 제92조 제1항, 제83조 제4항에 따른 압류의 **처분금지효에 저촉**되므로, 위와 같은 경위로 부동산을 점유한 채권자로서는 위 유치권을 내세워 그 부동산에 관한 경매절차의 매수인(원고)에게 대항할 수 없고, 이 경우 위 부동산에 경매개시결정의 기입등기가 경료되어 있음을 채권자가 알았는지 여부 또는 이를 알지 못한 것에 관하여 과실이 있는지 여부 등은 채권자가 그 유치권을 매수인에게 대항할 수 없다는 결론에 아무런 영향을 미치지 못한다.

근저당	임의경매	유치권
01.01.05	02.11.25	03.03.28
25억	25억	7억
우리은행	우리은행	00건설

⊙ 특수경매물건의 종류와 분석

첫 번째 : 순위 임차인(가장, 무상임차인/전액배당 임차인)에 관하여

① 선순위 임차인: 매수인(낙찰자)이 반드시 분석을 해야한다. (감정평가사, 집행관, 법원도 실수할때가 간혹 있습니다)
② 후순위 임차인: 매수인(낙찰자)이 굳이 선순위 임차인처럼 분석을 자세히 할 필요성까지는 없다.
③ 선순위, 후순위 임차인이라도 매수인(낙찰자)이 반드시 분석을 해야 하는 이유는 대항력(인수, 승계) 있는 임차보증금을 인수해야 할수도 있기 때문인데 만약 분석후 인수를 안한다면 성공한 경매일 것이다

 선순위임차인중에서 진성임차인과 가장임차인을 분석하여 인수를 안하는 경우도 있고 최우선변제, 우선변제의 요건과 조건이 되어서 법원에서 배당을 전부와 일부 배당 해준다면 인수, 승계 할 필요가 없는 것이기 때문이다.

두 번째 : 유치권에 관하여

 진정한 유치권인지 여부와 낙찰 후 대책을 세우고 입찰하여야 한다.
 유치권자는 경매법원에 권리신고하면 이해관계인으로 취급된다.

 유치권은 등기부 기재 사항이 아니다.
 인도의 거절을 본체석 효력으로 하는 법정담보물권으로
 민법 제7장 유치권법으로 정한 성립요건이 갖추어지면 낙찰자는 항상 인수하게 되어 경매물건을 인도받기 위해서는 유치권이 성립한 채권금액을 지불해야 한다.

> **유치권관련 조문**
> **민법320조:**
> ① 타인의 물건 또는 유가증권을점유한 자는 그 물건이나 유가증권에관하여 생긴 채권이 변제기에 있는 경우에는 변제를받을때까지 그 물건 또는 유가증권을유치할 권리가 있다.
> ② 전항의 규정은 그 점유가 불법행위로인한 경우에 적용하지 아니한다.유치권의 성립 요건

유치권이 성립 조건

 (유치권 성립의 대상은 타인 소유의 물건(채무자 소유의 물건)이어야 되며 타인의 물건이면 미등기, 불법 건물, 경매된 것이면 건축 중의 건물이어도 성립 가능)

⇨ **유치권의 원인채권은 그 물건에 관하여 발생한 채권이어야 한다.**

경매물건에서 예를 들어 공사채권, 수리비 등이 그 건물에서 직접 발생한 원인 채권이어야 하고 세입자의 필요비, 유익비도 유치권 주장이 가능하다.

(권리금 반환 청구, 손해배상 청구, 부속물매수청구, 보증금 반환 청구권에 의한 채권은 견련성이 없어 유치권 발생 채권이 아니다.)

⇨ **변제기가 도래하였어야 한다.**

채권의 청구권이 발생하기 위해서는 변제기가 도래하여야 한다.

(경매물건의 경우 최소한 경매개시 등기 이전까지 변제기가 되어야 한다)

⇨ **유치권을 행사하기 위해서는 가장 중요한 쟁점이 점유 해야한다.** (목적물의 점유)

점유당시 폭력 등에 의해서 불법적으로 개시된 점유는 안된다 또한 (담보가치 하락을 막는 법원의 압류의 효력에 위배되지 않기 위해서는 최소한 경매개시등기 이전의 점유가 필요하다.)

점유의 시기: 채권 발생 시가 아니라도 가능하며 타인을 동원하여 간접점유도 가능하다.

유치권자 임대: 유치권자가 임대를 할 경우에는 소유주의 허락이 필요하여 무단으로 임대한 경우 유치권 소멸의 사유가 된다.

유치권자 점유 상실: 유치권자 점유의 상실로 유치권이 소멸하지만 타인의 불법 침탈로 점유를 잃은 경우에는 **1년 이내에 점유회복의 소 제기** 가능하다.

⇨ **유치권 배제특약이 없어야 한다.**

유치권자가 도급 등에 의해 공사에 관한 계약시 유치권 배제 특약이 없어야 된다.

(임차인의 경우 임대차계약서에 원상회복조항이 있다면 유치권을 포기한 것과 같이 취급된다.)

유치권 소멸의 주요 원인

⇨ 점유 불일치,

⇨ 물건의 멸실,

⇨ 채권의 변제,

⇨ 유치권자의 선량한 관리자로서의 의무위반,

⇨ 담보의 제공,

⇨ 특약 준수

⇨ 점유의 상실 등으로 유치권은 소멸한다.

기타 주요 내용 및 특성

⇨ 유치권자에게는 보존에 필요한 범위 내에서 이용권이 있다
(담보물권자로서 경매 신청이 가능한 유치권 경매(형식적경매)가 가능하다.)

⇨ 유치권으로는 낙찰대금에서 배당이 없다.
(성립조건을 갖추면 당연히 성립하는 물권으로 부동산등기부에는 기재가 없고 유치권 신고 내용을 입찰 참가자는 직접 열람할 수 없는데 이해관계인이 아니기 때문이다.)

⇨ 임차인의 인테리어공사비는 자신을 위한 비용으로 보아 유치권 성립의 원인채권이 되지 않는다. (본인이 필요한 필요비 이기 때문이다. 원상복구 특약이 있기도 하다)

⇨ 신고 여부와 성립 여부는 무관하며 유치권은 소멸 시효가 3년이기는 하지만 판결이 된다면 10년이 된다. (원인채권이 소멸되면 유치권도 소멸한다.)

⇨ 유치권이 있는 물건은 성립, 불성립을 떠나 금융권에서 경락 대출을 꺼려하기 사전에 자금 계획을 확실히 세우고 입찰하여야 한다.(신용대출 또는 다른 부동산 대출로 대처 하기 한다.)

⇨ 낙찰 후에 유치권이 신고 되는 경우에는 매각 불허가, 허가 사례가 있어 일률적으로 판단할 수 없다 (대금 납부 후 인도명령과 함께 준비서면에 유치권 불성립을 근거 제시하면 인도멸령 결정문이 나오는 경우가 있다 이때 유치권의 95%는 없어진거나 다름 없다.)

⇨ 토지만 낙찰 받은 경우 건물의 유치권자는 토지 낙찰자와 직접적 관련이 없다.

조사 및 대처 방법

⇨ 조사 방법은 여러 가지를 해야 하는 경우와 한가지만으로도 불성립을 찾기도 한다,

⇨ 법원 경매 정보 상의 자료 활용한다.
(현황조사서, 매각물건 명세서 상 정보, 소송 내역,유치권 신고의 내용, 배제 신청, 철회 등)
⇨ 경매신청 금융기관(채권자)등 이해관계인을 통해 대출 당시 (유치권 포기 특약 여부를 확인 , 법원신고 자료를 입수하여 임대차 계약서의 원상회복조항, 신고의 세부 내용, 금액 등)

⇨ 서류 및 다른 조사가 끝나면 임장활동에 의한 분석이 반드시 있어야 한다.

사실의 공사 여부(신축 시는 성립 가능성 높다) 와 공사내용 확인, 소멸시효 도과여부, 점유의 상태를 확인한다.

(다세대, 아파트의 신축공사 유치권은 시공업자가 세대 당 일정금액을 받고 유치권을 포기하는 경우가 있으니 세대 당 부담액을 확인하고 입찰하는 방법이 이 있다. 점유는 한세대만 할 수 있고 유치권자는 한세대에 만 유치금액을 청구 할 수도 있다.)

⇨ 협상 방법 : 조사에 근거를 두고 제시하면서 협상을 조절 한다. 근거 없는 조절은 안된다.
(낙찰 후에는 조사된 자료를 활용하여 이익범위 내에서 협상으로 종결하는 방법과 협상이 안될 경우 인도 명령을 신청을 거쳐 강제집행으로 점유를 넘겨받는 방법이 있지만
인도 명령이 안될 경우 부당이득 반환청구 소송과 명도 소송을 제기하여야 한다.)

세 번째: 법정지상권에 대하여

⇨ 법정지상권은 경매에서 토지나 건물 한쪽만 매각될 경우이다.
⇨ 지상의 건물이 토지의 이용권(사용)이 있는지를 따지는 문제이다.
⇨ 민법 336조에 의해 법정지상권이 건물소유자를 위해 성립하게 된다.
⇨ 법정지상권이 성립된다면 건물 유지에 필요한 합리적인 범위로 토지사용이 제약 받게 된다.
⇨ 법정지상권 성립의 여지가 있는 물건이라면 철저한 조사와 대책 수립 후 입찰하여야 한다.

법정지상권 민법279조:
⇨ 지상권자는 타인의 토지에 건물 기타 공작물이나 수목을 소유하기 위하여 그 토지를 사용할 권리가 있다.
(타인의 토지를 빌려 거기에 건물을 세우거나 식수(植樹)를 할 때 건물과 수목 등에 대한 권리를 보장 받기 위한 권리가 지상권. 하지만 당사자의 설정 계약에 의하지 않고 법률로 규정돼 있어 당연히 인정되는 지상권이 있는데요. 이를 법정(법률)지상권)

성립 요건
1. 토지의 근저당 설정 시 건물 존재 해야한다.
 (근저당권자의 지상권이 있는 경우와 없는 경우)
 (미등기, 무허가건물도 법정지상권의 성립 대상이 된다.)
 (건물이란? 정착성, 외기 분단성, 용도성(계속사용 여부)이 있어야하며 일반적으로 벽과 지붕이 있

고 건물의 기초가 토지에 고정되어 움직일 수 없으면 건물로 볼 수 있다.)

(비닐하우스, 컨테이너는 건물이 아니기 때문에 법정지상권이 성립하지 않는다.)

2. 근저당 설정 당시에 토지와 건물이 동일인 소유이어야 한다.

3. 경매로 토지와 건물 소유자가 다르게 될 것

4. 공경매로 인하여 물건 중에 토지와 건물이 같이 경매되고 일부의 건물만 매각제외될 경우

법정지상권의 종류

= 전세권 보호를 위한 법정지상권이 있습니다(민법 제 305조)
전세권 설정 후에 토지소유자가 달라진 경우를 말합니다.

> 제305조(건물의 전세권과 법정지상권) ① 대지와 건물이 동일한 소유자에 속한 경우에 건물에 전세권을 설정한 때에는 그 대지소유권의 특별승계인은 전세권설정자에 대하여 지상권을 설정한 것으로 본다. 그러나 지료는 당사자의 청구에 의하여 법원이 이를 정한다. ②전항의 경우에 대지소유자는 타인에게 그 대지를 임대하거나 이를 목적으로 한 지상권 또는 전세권을 설정하지 못한다.

=저당권 실행에 의한 법정지상권이 있습니다(민법 제366조)
저당권을 실행해서 토지와 건물의 소유자가 달라진 경우

> 제366조(법정지상권) 저당물의 경매로 인하여 토지와 그 지상건물이 다른 소유자에 속한 경우에는 토지소유자는 건물소유자에 대하여 지상권을 설정한 것으로 본다. 그러나 지료는 당사자의 청구에 의하여 법원이 이를 정한다.

= 전세권 보호를 위한 법정지상권이 있습니다(민법 제 305조)
전세권 설정 후에 토지소유자가 달라진 경우를 말합니다.

> 제10조(법정지상권)
> 토지와 그 위의 건물이 동일한 소유자에게 속하는 경우 그 토지나 건물에 대하여 제4조제2항에 따른 소유권을 취득하거나 담보가등기에 따른 본등기가 행하여진 경우에는 그 건물의 소유를 목적으로 그 토지 위에 지상권(地上權)이 설정된 것으로 본다. 이 경우 그 존속기간과 지료(地料)는 당사자의 청구에 의하여 법원이 정한다.

= 입목에 관한 법정지상권(입목에 관한 법률제 6조 제1항)
입목경매 등의 사유로 토지와 입목의 소유자가 달라진 경우

> 제6조(법정지상권) (1) 입목의 경매나 그 밖의 사유로 토지와 그 입목이 각각 다른 소유자에게 속하게 되는 경우에는 토지소유자는 입목소유자에 대하여 지상권을 설정한 것으로 본다.
> (2) 제1항의 경우에 지료(地料)에 관하여는 당사자의 약정에 따른다.

관습법상 법정지상권

　토지와 건물이 동일한 소유자에 속하였다가 건물 또는 토지가 매매, 증여, 상속, 기타의 원인으로 인하여 양자의 소유자가 다르게 될 때 그 건물을 철거한다는 조건이 없다면 건물소유자는 토지소유자에 대하여 그 건축을 위한 관습상의 법정지상권을 취득하게 된다.

- 철거 특약 없이 매매, 증여, 경매, 공매 시 성립
- 경매는 강제 경매 시 적용(임의 경매시 근저당)
- 토지나 건물 매수인이 매각대금을 모두 완납한 때에 취득하였으나 바뀐 판례는 등기부 상 가압류를 기준으로 소유자 동일성을 판단하고 있다.

　선행 근저당이 경매로 같이 소멸할 경우 그 근저당을 기준으로 하는 것이 합리적이라고 판시하였다.

법정지상권 관련 주요 판례

　⇨ 토지와 건물이 같이 근저당이 설정되어 있는 상태에서 토지만 먼저 경매 시에는 지상의 건물은 법정지상권을 취득한다.(건축이 변경(증축, 신축인 경우는 다르다)

　⇨ 토지만 근저당이 설정된 경우 법정지상권이 성립이 되었다 하여도 이후 구 건물을 철거 후 신축한 경우 신축건물의 법정지상권의 성립 범위는 구 건물을 기준이 된다.

　⇨ 건축이 미등기일 때 토지와 건물이 같이 매각되었고 그 이후 대지에 근저당이 설정된 경우 지상 건물의 소유권은 민법 상 여전히 전소유자의 것으로 보므로 소유자 동일성이 없어 경매 시 법정지상권은 성립하지 않는다.(재산세로 구분하여야 한다)

　⇨ 건물이 공유이고 토지는 공유자 중 한명의 단독 소유일 경우 토지가 경매될 때는 일부의 소유자 동일성이 건물 전체에 미쳐 법정지상권이 성립이 된다. (아파트 빌라의 경우)

　⇨ 토지가 공유일 경우 공유자 동의하에 건축된 공유자 중 1인의 단독소유 건물 경매일 경우는 법정지상권은 성립하지 않는다. 그러나 공유의 토지는 소유자 과반 동의하에 사용, 수익되므로 타 지분권자가 토지 임대 등의 방법으로 건물의 철거를 안된다.

　⇨ 토지는 공유 형태이고 사실적, 실제적으로 공유자간에 분할하여 사용하고 있다면 구분소유적 공유관계가 된다. 낙찰 받은 사람은 전 소유자들의 사용 상태를 승인하여야 한다.

입찰 전 조사 방법

법정지상권이 성립하는 물건은 낙찰자의 권리가 제한되므로 현장 확인과 철저한 자료조사가 필요하다.

- 경매정보 확인 : 매각물건 중에 매각 제외되는 건물이 있다면 매각 제외되는 물건이 건물에 해당되는 지를 먼저 사진자료 등을 보아 판단하고 현장에서 다시 확인한다. 또 매각 제외된 원인도 같이 확인한다.

- 등기부, 건축물 대장, 과세대장 등의 공적 자료로 건물의 소유자를 파악하고 자료가 없을 경우 탐문활동으로 건물의 소유자를 확인한다. 주의할 점은 건물이 상속된 경우에는 등기부가 없거나 상속등기를 하지 않아도 소유자의 동일성을 갖추게 된다.
건물만 매각 시에는 입찰에 상당한 주의를 하여야 하는데 지상권이 성립하는 조건이 확실한 경우에만 입찰하여야 하고 종전에 토지가 경매된 사실이 있는 건물의 경우 특히 지상권 해지 여부를 확인하여야 한다.

- 건축시기 확인도 중요한데 건축 허가일자, 착공신고일자와 시기, 건축물 대장상 사용승인일, 항공사진, 건물등기부, 폐쇄 등기부의 공적 자료와 주변 거주 주민, 인근 중계업소 방문을 통해 건축시기를 탐문한다. 또 채권자 특히 경매신청채권자의 경우 금융권이면 대출 시 감정평가 여부를 확인하고 당시 건물 존재 여부를 문의한다.

낙찰 후 조치

- 법정지상권이 성립하면 낙찰자는 지상 건물 사용에 필요한 범위에 한정하여 사용을 승낙하여야 하고 그 대가로 지료를 청구할 수 있는데 지상물이 없다는 전제 하에 산정한 금액의 통상 년 5-6% 해당금액을 받을 수 있으나 임대가 활발하지 않은 지역의 경우 더 낮아질 수도 있다.

- 지료는 당사자 간의 협의가 우선이지만 응하지 않거나 이견이 있는 경우 지료청구소송을 한다. 판결이 있는 경우 외에는 사후의 소멸청구 가능성과 분쟁을 피하기 위해 등기를 하는 것이 좋다.

- 지료를 2년 분 연체 시에는 토지의 소유자는 지상권 해지를 통보하고 연체된 지료를 원인 채권으로 하여 집행권원을 얻어 건물에 대해 강제경매신청이 가능하고 이때 건물철거, 토지반환 소송 등을 병행하기도 한다.

- 법정지상권은 30년의 존속기간이 성립하는데 존속기간 만료 시 당사자 간에는 갱신 청구의 의무나 권리는 없고 지상물 매수 청구권이 발생한다.

- 법정지상권이 불성립할 경우에는 낙찰자는 건물 매수협의를 하거나 토지의 임대, 소송으로 건물철거, 토지반환, 철거 시 까지의 부당이득 반환 청구를 할 수 있다. 이때 철거 소송 전에 건물에 대한 가처분을 신청하여 두면 추후에 경매 시 건물경매 시 유리하게 작용한다.

- 참고로 건물 만 매각 물건의 토지 소유자의 건물철거를 위한 가처분은 인수.

참고사항:지상권의 대상물 → 건물,공작물,수목
법정지상권의 대상물 → 건물, 수목
관습상법정지상권 대상물 → 건물

넷째: 선순위전세권에 관하여

말소기준 권리의 보다 빠른 선순위에 있는 권리

> **전세권 민법303조:**
> 전세권자는 전세금을 지급하고 타인의 부동산을 점유하여 그 부동산의 용도에 쫓아 사용·수익하며, 그 부동산 전부에 대하여 후순위 권리자 기타 채권자보다 전세금의 우선변제를 받을 권리가 있다.

선순위 전세권. 1)원칙: 인수 2)예외: 소멸

다섯째: 선순위가등기에 관하여

가등기는 순위를 보전하기위해 하는 등기로, 가등기한 후에 본등기의 순위가 가등기한 때로 소급하게되며,가등기한 후 본등기 사이에 행해진 중간(후순위)는 말소가 되므로 절대 조심해야한다.

여섯째: 선순위가처분에 관하여

금전채권 이외의 권리 또는 보전처분으로 권리관계의 지위를 임시로 정한 등기.
앞으로 확정 판결을 받아 집행하여 본기를 할 수도 있기에 절대 조심 물건이다.
선순위가처분. 1)원칙: 인수 2)예외: 소멸

일곱째: 대지권미등기에 관하여

집합건물에서 대지사용권이 등기되지 않은것을 말합니다.
(감정평가서에서 확인하여 본인의 등기가 될 것인가? 안되면 매입을 따로 해야하는가? 확인)
대지사용권: 집합건물의 구분소유자가 건물의 전유부분을 소유하기 위하여 건물의 대지에 대하여 가지는 권리(집합건물의 소유 및 관리에 관한 법률 제2조6호)

여덟째: 농지에 관하여

(농지법)농지를 이용하여 농업경영을 하거나 농업경영(주말농장)을 할 예정인 사람만이 농지를 소유할 수있다
부동산경매에서 농지는 농지취득증명서 받는경우와 받지않아도 되는 경우가 있습니다.
우선 농지취득자격 증명서는 지자체에서 발행 해주어야한다 최근 판례는 농지 취등자격 증명서를 해주고 향후에 판단 하라는 판례이다. 농사를 경영하고 못하고는 향후 문제이다)

아홉째: 관리비에 관하여

부동산경매에서 집합건물을 낙찰받은 매수인은 공용부분 관리비만 인수하고 전유부분 관리비는 (개인사용)인수대상이 아니고 향후 공용부분의 비용은 양도시 필요경비에서 포함이 된다.

열 번째: 지분경매에 관하여

하나의 부동산에 여러넝이 등기가 되이 있는 기운데 일부만 경매가 되는 것이기에 분석하는데 여러 가지 요소가 있다 우선 일반 분석외 공유자 우선 매수자의 분석이 있어야 하며 향후 형식적 경매에 의한 공유물 분할 경매에서 염두해야 할 것은 경매신청시 예상에 대한 낙찰의 금액분석 과 향후 부동산의 전망 역시공유자의 관계분석이 필요하다.

메모:

나. 기존의 구 건물에 공동저당권 설정 후 권리관계 변동과 법정지상권 성립여부
대법원 1998다43601

원고의 피고 백재호에 대한 청구에 관하여 (1) 동일인의 소유에 속하는 토지 및 그 지상건물에 관하여 **공동저당권이 설정**된 후 그 지상건물이 철거되고 새로 건물이 신축된 경우에는, 그 신축건물의 소유자가 토지의 소유자와 동일하고, 토지의 저당권자에게 신축건물에 관하여 토지의 저당권과 동일한 순위의 공동저당권을 설정해 주는 등 특별한 사정이 없는 한, 저당물의 경매로 인하여 토지와 그 신축건물이 다른 소유자에 속하게 되더라도 그 신축건물을 위한 법정지상권은 성립하지 않는다고 해석함이 상당하다.

왜냐하면, 동일인의 소유에 속하는 토지 및 그 지상건물에 관하여 공동저당권이 설정된 경우에는, 처음부터 지상건물로 인하여 토지의 이용이 제한 받는 것을 용인하고 토지에 대하여만 저당권을 설정하여 법정지상권의 가치만큼 감소된 토지의 교환가치를 담보로 취득한 경우와 달리, 공동저당권자는 토지 및 건물 각각의 교환가치 전부를 담보로 취득한 것으로서, 저당권의 목적이 된 건물이 그대로 존속하는 이상은 건물을 위한 법정지상권이 성립해도 그로 인하여 토지의 교환가치에서 제외된 법정지상권의 가액상당가치는 법정지상권이 성립하는 건물의 교환가치에서 되찾을 수 있어 궁극적으로 토지에 관하여 아무런 제한이 없는 나대지로서의 교환가치 전체를 실현시킬 수 있다고 기대하지만, 건물이 철거된 후 신축된 건물에 토지와 동순위의 공동저당권이 설정되지 아니 하였는데도 그 신축건물을 위한 법정지상권이 성립한다고 해석하게 되면, 공동저당권자가 법정지상권이 성립하는 신축건물의 교환가치를 취득할 수 없게 되는 결과 법정지상권의 가액상당가치를 되찾을 길이 막혀 위와 같이 당초 나대지로서의 토지의 교환가치 전체를 기대하여 담보를 취득한 **공동저당권자에게 불측의 손해를** 입게 하기 때문이다.

이와 달리, 동일인의 소유에 속하는 토지와 그 지상건물에 관하여 공동저당권이 설정된 후 그 지상건물이 철거되고 새로 건물이 신축된 경우에도 그 후 저당권의 실행에 의하여 토지가 경락됨으로써 대지와 건물의 소유자가 달라지면 언제나 토지에 관하여 신축건물을 위한 법정지상권이 성립된다는 취지의 대법원 1990. 7. 10. 선고 90다카6399 판결, 1992. 6. 26. 선고 92다9388 판결, 1993. 6. 25. 선고 92다20330 판결, 2000. 12. 12. 선고 2000다19007 판결, 2001. 3. 13. 선고 2000다48517, 48524, 48531 판결의 견해는, 위와 **저촉되는 한도 내에서 이를 변경**하기로 한다.

홍길동 (근저당)		홍길동		홍길동
	멸실 후 신축		임의경매	
홍길동 (근저당)		홍길동 (근저당)		이순동

메모:

유치권 5가지

1) 해당 채권이 **목적물**에 관하여 생긴 것이어야 하고
2) 유치권자는 타인의 목적물을 계속적으로 **유치(점유)**하여야 하며
3) 해당채권이 변제기에 도래한 것이어야 할 뿐만아니라
4) 채무자와 유치권자 사이에 유치권 발생을 배제하는 **특약이 없어**야한다.
5) **적법점유**이어야 한다 (민법제320조 제2항)이를 구체적으로 설명하면 다음과 같다.

법정지상권 5가지

(1) 토지에 저당권 설정할 당시에 토지 위에 건물이 **존재**해야 합니다.
(2) 저당권 설정 당시에 토지와 건물이 **동일소유자**에게 속하고 있어야만 합니다.
(3) 토지, 건물의 어느 **한쪽이나 양쪽**에 저당권 설정되어야 합니다.
(4) 저당권의 목적으로 되어 있는 토지나 건물이 **경매로 또는 공매**로 인하여 소유자가 달라 져야 합니다.
(5) 관습법상지상권

제8주:
매각기일 후 대응전략
(인도명령 명도소송)

이번강의는 경매부동산을 낙찰받은 후 후속조치에 관하여 알아보도록 하겠습니다.

경매부동산은 낙찰을 받고 잔금을 지급하면 소유권을 취득하지만 전소유자나 채무자 혹은 세입자가 계속 점유하고 있는 것이 대부분 입니다. 경매잔금 납부 후 후속조치는 어떻게 원만하고 빠른 시간 내에 점유를 회수하여 입주를 하는가하는 것이 관건입니다. 실제 낙찰 받아 세입자나 전소유자를 만나면 터무니없이 많은 이사비용을 요구한다거나 아예 연락이 안 되는 등 여러 가지 변수가 많이 있습니다. 이런 경우 어떻게 하는 것이 가장 좋은 방법이 될까요?? 먼저 법적인 절차부터 알아보도록 하겠습니다.

먼저 정식 소송인 명도소송과 약식절차인 인도명령이 있습니다.

두 가지의 차이점은 여러 가지가 있겠지만 우선 두 가지로 단축하면

첫째는 소요시간에 차이가 많이 있습니다.

인도명령의 경우는 인도명령 신청시 심문이 없는 경우 2주후에 인도명령을 받을 수 있고 명령이 점유자에게 송달이 되면 바로 송달증명서를 교부받아 강제집행 할 수 있는 상태가 됩니다. 심문을 한다하더라도 2-3주정도 지체될 뿐입니다.

그러나 명도소송의 경우는 **정식 소송이므로 소장 접수하여도 몇 개월을** 기다려야하며 요즘 민사소송은 소송방식이 변화되어 준비서면과 답변서를 2-3회 우편으로 교환 후 변론기일이 잡히게 되므로 예전보다는 빨라졌다하더라도 몇 개월의 시간은 각오를 하셔야 합니다.

두 번째는 비용에서 차이가 납니다.

인도명령의 경우 송달료10,800원(점유자1인) 1명 추가시 마다 5,400원 인지대1,000원이므로 세입자가 1세대라면 인도명령 신청시 11,800원이 됩니다.

그러나 명도소송의 경우는 소가(소송목정물의 가액)에 대하여 인지를 붙이게 됩니다. 주택의 **명도소송의 예를 들어보면** 소유권에 기한 소송을 하는 경우 목적물가액의 의 2 분의 1일 소가 가됩니다.

그럼 목적물의 가액은 과세시가 표준이 되겠습니다.

과세시가표준액은 어떻게 알 수가 있냐구요?

(그건 부동산관할 구청에 가면 알 수가 있습니다.)

왜냐하면 과세시가표준액이 구청에서 세금을 부과하기위한 기준이기 때문이죠.

예를 들어 보도록 하겠습니다. (감정가 2억 정도 되는 빌라)

과세시가표준액이 90,000,0000원이라고 하면 소가(소송목적물의 가액)45,000,000원이됩

니다. 그럼 소가를 기준으로 인지를 첨부하게 됩니다

<인지액 산정 방법>

> 1,000 만원 미만 : 소가 X 0.005
> 1,000 만원 이상 ~ 1억원 미만 : 소가 X 0.0045 5,000원
> 1억원 이상 ~ 10억원 미만 : 소가 X 0.004 55,000원
> 10억원 이상 : 소가 X 0.0035 555,000원
> 위의 표에 의해서 인지첨부액을 계산하면 소가 45,0000,000원으로 1억 미만이므로
> 45,000,000원 X 0.0045 5,000원= 203,000원이 되겠습니다.

그다음으로는 송달료를 납부하게 되는 데 명도소송은 대부분이 민사단독사건 이므로당사자수 X 2,700 X 8회분 입니다.

그러므로 세입자가 1세대라면 당사자가 낙찰자와 세입자이므로 2 X 2,700원 X 8회분 이므로 =43,200원 입니다.

결론적으로 명도소송 시 약 246,200원 정도 비용이 될 것입니다.

그리고 명도소송 시에는 일반적으로 점유이전금지 가처분도 같이 하는 것이 보통입니다. 이는 확정판결 후에 라도 집행 전에 점유가 타인에게 이전이 되어버리면 또다시 법적절차를 할 수밖에 없기 때문입니다.

또한 인도명령은 민사집행법 제136조 규정에 의하면 매수인이 대금을 낸 뒤 6월 이내에 신청하면 채무자, 소유자 또는 부동산 점유자에 대하여 부동산을 매수인에게 인도하도록 명할 수 있다. (그럼 대금지급 후 6개월이 경과되면 어떻게 될까요? 그건 인도명령대상이라도 **명도소송 해야 하므로** 시간적으로 금전적으로나 손해가 될 것입니다.)그러나 단서조항으로 점유자가 매수인에게 대항할 수 있는 권원에 의하여 점유하고 있는 것으로 인정되는 경우에는 그러하지 아니하다. 라고 규정하고 있습니다. 또한 소유자와 점유자이외의 자에 대하여 인도명령을 하려면 그 점유자를 심문하여야 한다고 규정 하고 있으나 단서조항으로 그 점유자가 매수인에게 대항할 수 있는 권원에 의하여 점유하고 있지 아니함이 명백한 경우 그러하지 아니하다고 규정하고 있습니다. 이러한 법적절차에 따른 인도명령이나 확정판결이 있으면 송달증명원 또는 집행문을 부여받아서 강제집행을 하게 됩니다. 강제집행비용은 30평 아파트의 경우 대략(법원과 이삿짐 센타에 따라 차이가 있음)약250-350만원 정도 됩니다. 그 외 보관료 등 추가 비용이 있고 동산이 파괴 되면 변상해주어야 합니다. 이처럼 경매로 낙찰 받더라도 법적으로 인도명령이나 확정판결까지는 가도 강제 집행까지 가는 경우는 많치가 않습니다.소송비용이나 집행비용 한도 내에서 적절하게 이사비를 지급하고 점유를 이전 받는 것이 좋은 방법입니다.

1 | 인도명령이란?

인도명령이란 낙찰대금 납부 후 권리 없는 점유자가 경매부동산을 인도하지 않을 경우, 낙찰자가 부동산을 인도 받기 위하여 법원으로부터 받는 채무명의를 말합니다. 인도명령은 명도소송에 비해 단시간에 부동산을 명도 받을 수 있는 장점이 있으며, 법원으로부터 인도명령 결정을 받은 낙찰자는 집행관을 통하여 인도 집행 하면 됩니다. 그러나, 인도명령신청은 낙찰 대금 납부 후 6개월 이내에 하여야 하며, 이 기간이 경과하였을 때는 명도소송에 의해 부동산을 명도 받아야 합니다.

◆인도명령의 신청

인도명령신청은 경매법원에 서면 또는 구술로 신청할 수 있으며, 일반적으로 서면에 의해 신청을 합니다. 채무자, 소유자 또는 경매조서의 현황조사보고서 등 기록상 명백한 점유자가 그 대상인 경우에는 증빙서류의 제출을 요하지 않으나, 채무자의 일반승계인(상속, 합병)을 상대로 하는 경우에는 호적등본 또는 법인등기부등본 등 권원 없이 점유하고 있음을 증명할 수 있는 증빙서류를 제출하여야 합니다. 경매기록상 나타나지않는 점유자를 상대방으로 하는 경우에는 '채무자에 대한 인도명령에 기하여 인도명령을 실시하였으나 제3자의 점유로 집행불능이 되었다'는 집행관 작성의 집행불능조서등본 또는 주민등록등본 등 그 점유사실 및 점유개시일시를 증명할 수 있는 서면을 제출하여야 하며, 1,000원의 인지를 첨부하여야 합니다.

◆인도명령을 신청할 수 있는 자

낙찰인, 낙찰인의 상속인(대리인 가능)

◆인도명령의 대상자

경매부동산의 소유자, 채무자 및 대항력 없는 임차인과 부동산 점유자는 모두 인도명령 대상자이다.(민사집행법 제136조 제1항) 다만 점유자가 낙찰자에게 대항할 수 있는 권원(權原)에 의하여 점유하고 있는 것으로 인정되는 경우에는 (예컨대 보증금 중 일부라도 반환받지 못한 선순위 대항력 있는 임차인) 인도명령의 대상이 아니다. 상속인이 복수인 경우에는 각 공동상속인마다 개별적으로 인도명령의 상대방이 된다. 채무자나 소유자의 동거가족, 채무자를 위하여 부동산을 소지하는 자, 점유보조자 (법인인 채무자의 직원 등), 신의칙상 채무자와 동일하게 취급되는 자 (점유자가 채무자의 근친자, 집행방해의 목적으로 채무자와 공모한 점유자 등)도 인도명령의대상이 된다.

특히 입찰기록 서류에 기록이 없는 점유자를 상대방으로 하는 경우는 주민등록등본 또는 집행관이 작성한 집행불능조서를 첨부해야 한다.

◆ **인도명령신청서**

인도명령신청서에는 채권자, 채무자, 임차인, 낙찰인을 기재하고 낙찰 받아 소유권을 취득하여 인도 요구했으나 불응하여 인도명령을 구한다는 취지를 기재하면 됩니다.

◆ **〈인도명령의 진행절차〉**

> ▶송달에는 보통송달 ⇨ 특별송달 ⇨ 공시송달이 있다 즉 보통송달 후 반송이 되면 특별송달, 공시송달 순으로 전달 하는데 우리나라는 도달주의를 라서 도달이 되어야 집행을 할 수있다.

법원은 인도명령신청이 있으면 일반적으로 서면에 의한 심리를 하게 되지만, 인도명령의 대상자가 임차인으로서 법원이 필요하다고 인정될 때에는 소환하여 심문하기도 합니다. 인도명령의 결정 기간은 신청내용과 법원의 업무량 등에 따라 차이가 있으며, 빠른 경우는 신청일로부터 3-4일 내에, 늦어도 2주이내에 결정이 나게 됩니다.

결정문을 피신청인(점유자)에게 송달하게 되고, 신청인은 피신청인에 대한 송달증명을 발급 받고 이를 첨부하여 관할법원의 집행관에게 인도집행을 신청하면 됩니다.

◆인도명령의 집행

점점유자가 인도명령결정문을 송달 받았음에도 부동산을 인도하지 않을 경우, 낙찰인(신청인)은 집행관에의한 인도집행을 하여야 합니다. 인도명령집행은 낙찰인(신청인)에게 송달된인도명령결정문과 인도명령신청서가 점유자에게 송달되었음을 증명하는 송달증명서를 첨부하여 집행관에 신청을 해야 하며, 보통 신청일로부터 2주 내에 집행이 이루어지게 됩니다. 인도명령은 강제집행의 부수절차로서 채무명의를 부여한 것이므로 집행문을 부여 받을 필요는 없으나, 인도명령신청인 또는 인도명령의 대상자에 대하여 일반승계가 된 경우나 점유가 제3자에게 승계된 경우에는 승계집행문을 부여 받아 집행하여야 합니다.

◆인도명령 대상자가 부재중 일 때의 집행

점유자가 있음에도 불구하고 문을 열어주지 않거나, 집행이 2회 이상 불능 된 경우에는 물건의 양이 적은 경우에는 건물의 한쪽에 보관하면 되지만, 그 양이 많을 때에는 먼저 낙찰자의 비용으로 유료창고에 보관. 적치한 후에 물건의 소유자로부터 창고비용을 지급받아야 합니다. 그러나, 물건 소유자로부터 보관료를 지급 받지 못할 경우에는 채무명의를 얻어 물건(유체동산)에 경매신청을 하여 회수하여야 합니다.

◆건물이 비어 있을 때의 집행

이웃집이나 관리실(아파트의 경우)에 문의하여 빈집임이 확인되면, 이웃이나 관리인의 입회하에 강제로 문을 열고 인도집행을 하면 됩니다. ◆인도집행 후 재 침입 하였을 경우 인도집행이 끝난 후 재침입하였을 때에는 민사법적 으로는 다시 채무명의를 얻어 재집행하여야 합니다. 그러나, 형사적으로 무단침입죄가 성립하므로 형사고소로 대응하는 것이 더욱 효과적인 인도방법 일 수 있습니다.

◆**인도명령의 불복**

점유자는 인도집행의 종류 시까지 인도명령에 대해 불복할 수 있습니다.

1) 인도명령결정에 대한 불복

인도명령결정이 있는 날로부터 7일 내에 즉시항고로서 이의를 제기할 수 있습니다.

2) 인도명령결정의 확정에 대한 불복

인도명령에 대한 항고기간이 경과하였거나, 항고를 제기하였으나 기각결정으로 인하여 인도명령이 확정된 경우 '청구이의의 소'로서 인도명령에 불복할 수 있습니다.

이때 확정된 인도명령결정을 받은 자(인도명령신청자)는 곧바로 집행관에 의한 인도집행을 하게 되므로, '집행정지신청'도 병행해야 합니다.

3) 인도의무가 없는 점유자가 인도명령결정문을 송달 받았을 경우

부동산에 대한 인도의무가 없음에도 불구하고, 신청인(낙찰인 등)이 인도명령신청을 하여 결정을 받을 경우, 점유자는 '제3자 이의의 소'로서 인도명령결정의 효력을 상실시킬 수 있습니다.

4) 인도명령에 대한 불복사유

(1) 인도명령의 신청에 하자가 있는 경우
(2) 서면심리 및 소환에 의한 심사 과정에 하자가 있는 경우
(3) 인도대상 부동산이나 인도대상자가 특정되지 않은 경우
(4) 인도명령 대상자에 하자가 있는 경우
(5) 신청기한에 하자가 있는 경우
 - 경매낙찰절차에 대한 하자는 인도명령 불복사유가 되지 않습니다.

◆ 강제 집행 통상 비용

종류	비용		비고
강제집행 접수비	약 40,000원		
집행관 수수료	집행 1개소마다 15,000원		1990. 8. 21 대법원 규칙 제1126호
	2시간 초과 1시간마다 1,500원 가산		
	집행불능 시 1/2		
노무비용	노무자	1인 70,000원	1993. 7. 10 집행관 임원 회의
	야간집행	일당의 20% 가산	
	장비 및 특수 기술자	별도비용계산	
	복잡 위험 저항도	가감조정가능	
	특수명도 야간 무인명도 재 집행	일당의 30% 가산	
	집행불능 시	일당의 30%	

∴ 노무자 수

명도 종류	아파트주택	5평미만 5평이상~10평미만 10평이상~20평미만 20평이상~30평미만 30평이상~40평미만 40평이상~50평미만 50평이상 2층부터 1개 층 증가시	2~4명 5~7명 8~10명 11명~13명 14명~16명 17~19명 매 10평 증가시 2명 추가 1,2항 인원에 2명 추가	엘리베이터 사용 시 제외
	사무소 업소	주택 1호기준으로하며, 노무자 수 조정가능		

2. 명도소송이란?

◆명도소송의 뜻 : 임대차계약관계가 종료되어서 임차인이 더 이상 부동산에 점유할 수 있는 권리가 없어졌음에도 불구하고 부동산을 비워주지 않을 때 임대인이 관할법원에 제기하는 소송을 말하며, 명도소송을 통해서 임대인이 승소판결을 받으면 강제로 점유자를 내보낼 수 있다.

◆ **명도소송을 하게 되는 유형으로는**

- 임대차계약기간이 종료됨에도 불구하고 임차인이 임대인에게 임의명도를 하지 않을 경우,
- 임차인의 차임연체 등 사유로 임대차계약이 종료된 경우,
- 불법점유자가 권한없이 토지나 건물을 점유하고 있는 경우,
- 경매절차에서 부동산을 낙찰받았을 때 점유자를 상대로 하는 경우,
- 상가건물의 임대인이 임차인에게 명도를 요구하면서 임차인의 영업을 방해하는 경우,
- 대항력있는 임차인이 경 공매의 낙찰자로부터 명도청구를 받을 경우,
- 이외에도 다양한 유형이 있다.

◆ **점유이전금지가처분신청** : 명도소송시 주의할 점은 반드시 점유이전금지가처분신청을 함께 해야 한다는 점이다. 명도소송 진행중에 점유자가 부동산을 타인에게 이전하게 되면 기존의 점유자를 상대로 받은 판결문은 사실상 효력을 발휘하기 어렵게 된다. 따라서 명도소송중에는 현재 점유자가 타인에게 점유를 이전하지 못하도록 하는 점유이전금지가처분신청을 통해 사전에 권리를 확보해야만 한다.

점유이전금지가처분신청 및 본안명도소송은 부동산이 소재한 지방법원에 소송을 제기하고, 소송 및 신청서에는 계약서, 개별공시지가확인서, 재산관계공부, 명도대상 건물도면 등의 입증서류를 첨부하여야 한다. 이에 첨부되는 서류는 등기부등본, 부동산목록, 건축물대장, 개별공시지가확인원, 소가산정표, 점유자가 점유한 현황도면이 필요하며, 소가산정표는 대형서점에 비치되어 있는 건물과세표준액을 참조하여 소가계산서작성방법을 보고 작성하면 된다.

점유이전금지가처분신청시에는 판사가 정하는 공탁금을 걸어야 되는데 공탁금은 보통 감정가의 5% 정도이며, 통상적으로 보증보험증권으로 공탁하게 된다. 판사의 결정이 떨어지면 집행관에게 신청하여 가처분결정을 실행하면 된다. 이때 만약 점유자가 현장에 없게 되면 입회인 2명을 대동하여 가처분실행을 하면 된다.

임차인의 권리 : 임대차계약이 종료되면 임대인의 임대차보증금반환의무와 임차인의 부동산명도의무는 동시이행관계에 있게 된다. 임차인은 임대인이 명도요구나 명도소송을 제기할 경우 임대차계약기간이 종료되지 않았음을 주장하거나, 부동산의 명도의무와 보증금반환의무는 동시이행관계에 있음을 항변해야만 한다. 이때 부속물매수청구권이나 필요비, 유익비 등을 청구함으로써 임대인에게 대항할 수 있다.

임차인의 권리유형으로는 주택임대차보호법과 상가건물임대차보호법에 의한 계약기간갱신요구권, 부속물매수청구권, 필요비 유익비상환청구권, 보증금반환청구권의 동시이행항변권이 있다.

◆ 명도소송절차

최소한 3개월 이상 소요되지만 보통은 배당전에 심리가 연기되므로 4~5개월을 생각해야 된다. 만약 심리과정에서 지연되고 항소(1심판결 불복),상소(항소심판결에 불복) 등을 하게 되는 경우에는 6~7개월까지 걸리는 수도 있다.

1) 소장의 접수 : 명도소송의 소장은 법무사에 의뢰하거나 직접 작성한다.
 소송물가액(과세시가표준액)*1/2*0.005로 계산된 인지를 사서 표지에 붙이고,송달료(1,760원*10회*명도대상자수)와 함께 법원 민사신청과에 접수한다.

2) 사건번호 및 담당판사의 배정 : 소장을 제출하면 사건번호와 담당판사가 배정된다. 사건의 진행 등에 관해 확인할 사항이 있으면 해당 민사부에 문의한다.

3) 심리 : 재판에서는 원고의 주장을 소장에 적힌 것으로 대신하거나 준비된 서면으로 변론기일 3~4일 전에 제출하면 된다. 상대방의 주장에 대해서는 인정 또는 반박하는 진술을 할 수 있으며,후에 그 사항은 서면으로 제출한다.

4) 선고 : 판사는 원고와 피고의 진술후 증거서류를 제출하거나 증인을 세우게 하고 최종적으로 선고를 내린다.

5) 승소판결 : 명도소송판결이 내려지고 집행문이 부여되면 별도의 채무명의없이 명도소송 판결문만으로 강제집행을 실행하여 점유이전을 받을 수 있다. 명도소송판결정본,즉 집행문과 송달증명을 첨부하여 부동산소재지 관할 집행관사무소에 강제집행을 신청한다.

◆ 명도소송의 집행

원고는 판결문과 집행문, 그리고 피고에 대한 송달증명을 첨부하여 관할법원(부동산 소재지 법원) 집행관 사무소에 강제집행을 신청하면 된다.

> 필요서류 : 집행력있는 판결정본,송달증명원,강제집행예납금,도장,인감증명서,위임장(위임시 필요서류)

◆ 낙찰 후 첫 방문 부재중 일때

>   님 안녕하십니까?
> 요번 　　 지방법원 사건번호 계 　 타경 　 호 　 년 　 월 　 일
> 법원부동산경매 낙찰자입니다.
> 다름이 아니라 /소유자/세입자님의 배당 및 인도(명도)에 관하여 상의 하고자 찾아뵙는데 부재중 인것 같아 메모로 남기게 되었습니다. 보시면 빠른 연락 부탁합니다.
> 　　　　　　　　　　　　　　　年　月　日　時 방문
> 　　　　　　　　　　　　　　　전화:010-2222-3333

◆ 낙찰 후 두번째 방문 부재중 일때

>   님 안녕하십니까?
> 요번 　　 지방법원 사건번호 계 　 호 　 년 　 월 　 일
> 법원부동산경매 낙찰자입니다.
> 다름이 아니라 소유자/세입자님의 법원배당 및 인도(명도)에 관하여 상의 하고자 찾아뵙는데 수차례 방문하여도 만날 수가 없어 상의가 안되므로 인도명령신청 중이며/법원절차에 의한 강제집행 진행 중임을 알려드리고자 방문하였으나 오늘도 부재중 인것같아 메모로 남기게 되었습니다. 현 시각이라도 보시면 빠른 연락 부탁합니다.
> 　　　　　　　　　　　　　　　年　月　日　時 방문
> 　　　　　　　　　　　　　　　전화:010-2222-3333

◆ 통상 이사비용 영수증

> # 영 수 증
>
> 일금 팔십만원정(800,000)
>
> 상기금액을 경기도 성남시 중원구 성남동 2986 다세대주택 2층 1호 (사건번호 2006 타경 16378)의 명도에 대한 위로금으로 정히 영수함.
> 단 이사일 현재 전기료, 수도료, 가스비, 관리비등의 미납분은 공제할 수 있으며 이사를 한 후 남아있는 물건은 모두 포기하는 조건임.
>
> 　　　　　　　　　　　　　　　　　　　　　　　　20 년 월 일
> 　　　　　　　　　　　　　　　영수인 성명 : 　　　　(인감인)
>
> 　　　　　　　　　　　　　　　주소 :

- 빈집의 명도
- 점유자가 고의로 피하는 경우
- 채무자가 도주하여 연락이 안 되는 경우의 명도비결

- 무대포 점유자 간단히 내보내는 비결(집행사전 예고 활용)
- 명도확인서를 먼저 요구하는 세입자 명도비결
- 아파트 체납관리비 처리 비결
- 점유자가 있는 경우
- 채무자가 도망간 경우
- 가까 임차인 간단히 내보내는 명도비결
- 위장 전입된 임차인 간단히 처리하는 비결
- 전주인에게서 떼인 임차인의 보증금 찾는 방법 알려주기
- 폐문부재, 수취인부재시 특별송달하는 방법
- 채무자가 도주하여 연락이 안 되는 경우 송달하는 방법
- 강제집행조치 예고장으로 합의를 이끌어 내는 방법
- 인도.명도 합의시 이행각서 작성하는 방법

- 명도확인서를 먼저 달라고 요구하는 막무가내 세입자의 처리 방법
- 집주인과 짜고 가짜 계약서로 인도를 거부하는 무대포 세입자 내보내는 방법
- 주민등록도 전입되어 있지 않고 법원명세서에도 없는 마이동풍 점유자 내보내는 방법
- 살지 않고 주민등록만 전입돼 있는 막가파의 처리 방법
- 떼인 보증금 찾는 방법 알려줘 쉽게 인도하는 방법
- 전입주자가 체납한 관리비 자칫하면 낙찰자의 몫
- 관리비 연체자 우회 공략하여 체납관리비 떠 안지 않고 내보내는 방법
- 배당요구하지 않은 선순위 가장 임차인에 대한 명도소송
- 유치권신고인으로부터 부동산을 임차한 자에 대한 명도소송
- 인도명령을 신청하자 공사대금에 대하여 유치권을 주장하는 자에 대한 명도소송

◆ **(배당받기위해서는 낙찰자의 명도확인서가 필요) 하지만 낙찰자 인감증명서 및 명도확인서를 주지 않으면 세입자는 이렇게 처리 할 수 있어요**

1. 불거지 확인서[통장이 발행]
2. 주민등록등.초본[전입한 새 주소지]
3. 통장재직증명서[동사무소에서 발행]을 제출하면 된다.

• 인도 .명도시 알아 두면 좋은 형법

■ **형법 제140조의 2(부동산 강제집행효용침해)**
강제집행으로 명도 또는 인도된 부동산에 침입하거나 기타 방법으로 강제집행의 효용을 해한 자는 5년 이하의 징역 또는 700만원 이하의 벌금에 처한다.

■ **형법 제315조(경매, 입찰의 방해)**
위계 또는 위력 기타 방법으로 경매 또는 입찰의 공정을 해한 자는 2년 이하의 징역 또는 700만원 이하의 벌금에 처한

■ **형법 제319조(주거침입, 퇴거불응)**
①사람의 주거, 관리하는 건조물, 선박이나 항공기 또는 점유하는 방실에 침입한 자는 3년 이하의 징역 또는 500만원 이하의 벌금에 처한다.
②전항의 장소에서 퇴거요구를 받고 응하지 아니한 자도 전항의 형과 같다.

■ **형법 제327조 (강제집행면탈)**
강제집행을 면할 목적으로 재산을 은닉, 손괴, 허위양도 또는 허위의 채무를 부담하여 채권자를 해한 자는 3년 이하의 징역 또는 1천만원 이하의 벌금에 처한다. [개정 1995.12.29]

■ **형법 제349조 (부당이득)**
①사람의 궁박한 상태를 이용하여 현저하게 부당한 이익을 취득한 자는 3년 이하의 징역 또는 1천만원 이하의 벌금에 처한다. [개정 1995.12.29]
②전항의 방법으로 제삼자로 하여금 부당한 이익을 취득하게 한 때에도 전항의 형과 같다.

■ **형법 제350조 (공갈)**
①사람을 공갈하여 재물의 교부를 받거나 재산상의 이익을 취득한 자는 10년 이하의 징역 또는 2천만원 이하의 벌금에 처한다. [개정 1995.12.29]
②전항의 방법으로 제삼자로 하여금 재물의 교부를 받게 하거나 재산상의 이익을 취득하게 한 때에도 전항의 형과 같다.

형법 제366조 (재물손괴등)
타인의 재물, 문서 또는 전자기록등 특수매체기록을 손괴 또는 은닉 기타 방법으로 기 효용을 해한 자는 3년이하의 징역 또는 700만원 이하의 벌금에 처한다. [개정 1995.12.29]

제347조 (사기)
①사람을 기망하여 재물의 교부를 받거나 재산상의 이익을 취득한 자는 10년 이하의 징역 또는 2천만원 이하의 벌금에 처한다. [개정 1995.12.29]
②전항의 방법으로 제삼자로 하여금 재물의 교부를 받게 하거나 재산상의 이익을 취득하게 한 때에도 전항의 형과 같다.

인도(명도)합의확인서

각서인: 성　명:
(대리인)주　소:
주민등록번호:
전화　번호:

　위 합의서의 각서인은
부동산경매사건 춘천지방법원 강릉지원 2013타경 10671호　의 해당 부동산이 낙찰됨에 따라 낙찰자 겸 소유자인 OOO 와　합의로 20　년　월　일 까지 점유한 목적물
주소: 강원도 동해시 천곡동 1-00번지(　층 일부)

을 인도하여 줄 것과 인도 시까지의 전기료/수도요금/도시가스사용료와 관리비등 각서인이 처리해야 할 모든 공과금을 정리할 것이며, 위부동산의 열쇠를 사전에 소유자에게 인계하고, 인도 시에는 합의한　　원(명목상의)이사비용으로만 합의합니다.
이사 후 폐기물 등은 깨끗이 처리하겠으며, 이의를 제기하지 않겠습니다.
위내용을 위반시에는 각서인이 모든 민/형사상의
(예: 손해배상청구) 책임을 질 것이며/낙찰자의 임의로 대문 개. 폐및 가구/가전/가제도구 등 및 집안 모든 일체의 살림을 임의처리 하여도 이의를 제기하지 않겠습니다.

별도사항:
명도합의금계좌:

　　　　　　　　　　　　　　　　　　　　　　　　20 년 월 일
　　　　　　　　　　　　　　　　　　　전 소유자겸 현세입자 및　　서명:
　　　　　　　　　　　　　　　　　　　이해관계인의(대리인 포함):

◆ 각서라는말보다 합의서라는 확인서를 받으면 더부드럽다

최 고 장 (주택경매)

제 목 : 주택경매낙찰 건

발신인 : 김 철 수 (000-000-0000)
　　　　서울시 서초구 반포동

수신인 : 김 영 희 (000-000-0000)
　　　　서울시 강남구 논현동

1. 귀하의 일익번창을 기원합니다.

2. 본인은 귀하가 살고 있는 주택을 20○○년 ○월 ○일에 경매 낙찰을 받았습니다. 본인이 현재 귀하가 거주하고 있는 주택을 비워주도록 3차에 걸쳐 내용증명을 발송하였으나, 금일까지 회신이 없어 귀하가 모든 것을 인정한 것으로 간주하며 마지막으로 본인이 경매 낙찰 받은 주택을 비워 줄 것을 귀하에게 최고합니다.

3. 이에 준해 본인은 귀하에게 마지막으로 최고하니 20○○년 ○월 ○일까지 본인이 낙찰 받은 주택을 비워 주지 않을 시에는 본인은 부득이 법적인 절차를 진행할 것이오니 불미스러운 일이 없기를 바랍니다.

4. 만일, 20○○년 ○월 ○일까지 성실한 이행이 이루어지지 않을 경우는 법적 조치를 취하기로 하겠습니다. 성실한 이행조치가 있기를 바랍니다.

　　　　　　　　　　　20 년　월　일

　　　　　　　　　　　　　　　　　　발신인 :　　　(인)

• 명도시 마음가짐과 자세

명도의 가장 기본은 인간적인 자세입니다.

많은 사람들이 낙찰을 받으면 상당히 잘못된 지식을 바탕으로, 우월감을 가지고 임차인을 만나는데 그럴 필요 없습니다.

어찌 보면 그들도 선의의 피해자(세입자/보증인) 입니다. 인간적인 대화와 다독거림은 일단 그 분들로 하여금 적대감을 사라지게 만듭니다.
둘째 내가 먼저 흥분은 금물입니다. 정말 어리석은 행동 입니다. 칼자루는 내가 쥐고 있습니다. 그러기에 흥분할 필요 없습니다. 상대방 이야기를 다 들어 주세요,
하고 싶은 말 모두 할 수 있도록. 상대방 이야기를 듣다 보면 그 사람의 말 속에서 거의 답을 알 수 있습니다.이게 요령이지요.
그런 다음에 내가 하고자 하는 말을 절도 있고, 명료하게 주입을 시키세요.

조금은 다소 단호한 어조로. 명도를 하다 보면 그분들이 원하는 것은 결론은 돈 입니다. 궁극적인 목표인 셈이지요.
명도는 순간 판단이 요구되는 순발력이 필요 합니다. 같은 법 테두리 안에서 진행 되는 것이지만 하나도 같은 경우가 거의 없습니다. 그래서 상대방의 의도를 빨리 간파하고,
바로 대처 할 수 있는 순발력을 필요로 합니다. 물론 쉽지만은 않은 일이지요.
다음은 협상의 기술 입니다. 절대로 칼자루를 내어주는 그래서 끌려가는 어리석은 일을 하면 안 됩니다.
항상 우선권은 내가 가지고 일을 해야 합니다.
그래야 내가 원하는 답을 얻을 수 있습니다.
명도는 법적인 절차와 협상 두 가지를 동시에 해야 합니다.
초보 분들이 가장 애를 먹는 것이 협상만 하지 법적 절차는 진행 하지 않는다는 것입니다. 그래서 명도 기간이 더 길어지고 어려워지는 것입니다.
법적 절차란 잔금내고 바로 인도명령, 점유이전금지 가처분(필요에 따라), 등을 법원에
신청하고, 기타 내용증명 등 심리적 압박을 줄 수 있는 방법들을 동원해야 합니다.
그러면서 협상도 같이 해야 하구요. 법적인 절차라는 것이 긴 시간을 필요로 하는 것이기에 항상 절차를 밟으면서 협상을 같이 진행해야 시간이 절약 됩니다.
안 그러면 두 배 세배의 시간을 빼앗길 수 있습니다. 그렇다고 법 좀 안다고 해서 무조건 강제집행을 하지는 마세요. 법으로 집행하는 것이 가장 바보스럽습니다.

실무에서는 하면서 법대로 가는 것보다 협상이 양쪽 전부 훨씬 이익이 많습니다.
집행은 가장 최후의 수단으로 해야 합니다.

낙찰자나 임차인, 또는 채무자 서로 가슴에 상처로 남을 일입니다.
어찌 되었던 명도는 순간순간 발휘되는 순발력이 많이 필요 하며, 임차인이나 채무자 만나는 걸 두려워해서는 안됩니다. 왜냐면 그 물건의 소유자는 낙찰자인 자신이니 권리가 당연히 있으니까요.

제9주:
경매관련 부동산 기본세법 / 입찰서 작성 및 주의점

◆ 경매를 하는 사람들이 중요하게 생각하면서도 간과하는 부분이 세금이다.
부동산 경매 시 알아야 할 세금은 크게 국세와 지방세로 분류된다.

- **지방세:** 지방자치단체에서 부과하는 세금이다.

취득시점에 발생	보유시점에 발생	양도시점에 발생
취득세와 농어촌 특별세 등록세와 지방교육세	재산세	지방소득세(과거주민세): 양도소득세의 10%

- **국세 :** 국가(중앙정부)에서 부과하는 세금이다

국세는 판단의 문제가 발생하므로 잘못 판단해서 세금을 계산하여 판매시 경매로 취득한 자산의 수익률이 마이너스(-)로 돌아설 심각한 문제가 발생할 수 있다.

(1) 부가가치세

(2) 양도소득세

(3) 종합소득세 (법인세)

- **부가가치세**

거래 과정에서 발생하는 부가가치에 대한 세금이다.

낙찰 받을 물건이 반드시 과세대상이 되는지 확인해야 한다.

(국민 주택 면세: "국민주택"이란 제60조에 따른 국민주택기금으로부터 자금을 지원받아건설되거나 개량되는 주택으로서 주거의 용도로만 쓰이는 면적(이하 "주거전용면적"이라 한다)이 1호(戶) 또는 1세대당 85제곱미터 이하인 주택(「수도권정비계획법」 제2조제1호에 따른 수도권을 제외한 도시지역이 아닌 읍 또는 면 지역은 1호 또는 1세대당 주거전용면적이 100제곱미터 이하인 주택을 말한다. 이하 "국민주택규모"라 한다)을 말한다. 이 경우 주거전용면적의 산정방법은 국토해양부령으로 정한다.

- **종합소득세**

낙찰자가 양도소득세를 신고하고 납부하더라도 낙찰자가 세법에서 의미하는 사업자에 해당이 된다면 사업소득세를 신고하여야 하며 사업자에 해당

- **양도소득세**

양도소득세를 쉽게 정의하면 양도를 원인으로 해서 발생한 소득에 대해 부과되는 국세이다.

경매로 인해서 발생하는 양도소득세 과세대상은 다음과 같다.
(주택의 양도/상가의 양도/토지의 양도 등)

세금의 종류 세율 기타
부가가치세 건물공급가액 10%
토지는 면세 예외존재
종합소득세(법인세) 6%~38% (비교 과세와 추가법인세 존재)
양도소득세 6%~38%

경매와 세금=취득세/재산세/양도세
경매는 일반 매매와 하등 다를 것이 없다. 따라서 세법에서는 일반 취득과 동일하게 세법을 적용하고 있다. 이하에서는 경매와 관련된 세무 문제를 살펴보자.

① 취득세:

취득세는 소유권의 취득시 부과되는 조세로서 지방세법에서 규정하는 취득이라 함은 매매·교환·상속·증여·기부·법인에 대한 현물출자·건축·개수·공유수면의 매립·간척에 의한 토지의 조성 등과 기타 이와 유사한 취득으로서 원시취득·승계취득 또는 유상·무상을 불문한 일체의 취득을 말한다.

또한 소유권의 이전이나 건축에 의하여 취득하는 것이 아니라 하더라도 토지의 지목변경, 건축물의 증축, 차량·기계장비·선박의 종류변경, 과점주주의 주식취득 등도 취득으로 의제하여 취득세의 과세대상으로 하고 있다.

⊙ **6억원 초과 ~ 9억원 이하 주택 유상거래**의 취득세율이 2%에서 **1~3%**로 세분화
⊙ **1세대 4주택** 이상의 주택에 대해서는 **4%**의 취득세율이 적용
(1개 주택은 3번째 주택으로 보아 주택 유상거래 취득세율(1~3%)을 적용하고, 나머지 2개 주택은 4번째, 5번째 주택으로 보아 4% 세율 적용함)
⊙1세대는 **주민등록상 세대**를 기준으로 하며, **배우자**와 **미혼인 30세 미만 자녀**는 따로 거주하더라도 **1세대에 포함/지분**으로 주택을 소유하는 경우도 **1개의 주택으로 산정**되지만, 부부 등 **세대 내에서 공동소유하는 경우**는 세대원이 각각 소유하는 것이 아니라 **세대가 1개 주택을 소유**하는 것으로 산정/**배우자**와 **미혼인 30세 미만의 자녀**는 세대를 분리하여 거주하더라도 **1세대로 간주함**/자녀가 **미혼이고 30세 미만**이라면 **1세대에 포함/세대 내에서 공동소유하는 경우**는 개별 세대원이 아니라 '세대'가 **1개 주택을 소유**하는 것으로 산정/등록 임대주택

도 **주택수에 포함**/주거용 오피스텔은 현재도 주택 유상거래 특례세율(1~3%) 적용대상 주택이 아니므로 일반 세율(4%)이 적용되고 있으며, **주택수에서도 제외**됨/**재건축**주택이 아니므로 **주택수에서 제외**됨/분양권, 입주권은 주택 취득시점*에 주택으로 산정됨/상속 등으로 **기존에 소유**하고 있는 주택은 **주택수에 포함.**

참고2 | 6~9억원 구간 주택 유상거래 취득세율표(3주택 이하)

취득가격	세율	세액	취득가격	세율	세액
60,000	1.00	600	76,000	2.07	1,573
61,000	1.07	653	77,000	2.13	1,640
62,000	1.13	701	78,000	2.20	1,716
63,000	1.20	756	79,000	2.27	1,793
64,000	1.27	813	80,000	2.33	1,864
65,000	1.33	865	81,000	2.40	1,944
66,000	1.40	924	82,000	2.47	2,025
67,000	1.47	985	83,000	2.53	2,100
68,000	1.53	1,040	84,000	2.60	2,184
69,000	1.60	1,104	85,000	2.67	2,270
70,000	1.67	1,169	86,000	2.73	2,348
71,000	1.73	1,228	87,000	2.80	2,436
72,000	1.80	1,296	88,000	2.87	2,526
73,000	1.87	1,365	89,000	2.93	2,608
74,000	1.93	1,428	90,000	3.00	2,700
75,000	2.00	1,500			

◉ 취득세율표(2020년 1월1일부터)

구분		취득세	농어촌 특세	지방 교육세	합계	비고
부동산	분류					
주택 / 6억이하	85m²이하	1.0%	-	0.10%	1.10%	
	85m²이상	1.0%	0.2%	0.10%	1.30%	별장 9%
주택 / 6억초과-9억이하	85m²이하	1.01-3.0%	-	0.20%	1.21-3.2%	
	85m²이상		0.2%	0.20%	1.41-3.4%	별장 10%
주택 / 9억초과	85m²이하	3.0%	-	0.30%	3.30	
	85m²이상		0.2%	0.30%	3.50	별장 11%
1세대 4주택	-	4.0%	0.2%	0.40%	4.6%	
재건축/재개발 관리처분후	토지만	4.0%	0.2%	0.40%	4.6%	
재건축	85m²이하	2.8%		0.16%	2.96	
	85m²이상	2.8%	0.20%	0.16	3.16	
주택외(상가,등)	-	4.0%	0.2%	0.40%	4.60	
농지	신규	3.0%	0.2%	0.20	3.40	
	2년 이상자경	1.5%	-	0.10%	1.60%	
원시,재건축,재개발 준공후(건물과세)		2.8%	0.2%	0.16%	3.16%	
상속	1가구1주택	0.8%		0.16%	0.96%	
상속 / 농지	일반	2.3%	0.2%	0.06%	2.56%	
	2년 이상자경	0.15%		0.03%	0.18%	
상속 / 농지외	85m²이하	2.8%		0.16%	2.96%	
	일반	2.8%	0.20%	0.16%	3.16%	
증여 (주택,농지,기타 포함)	일반	3.5%	0.2%	0.30%	4.00%	
	85m²이하	3.5%		0.30%	3.80%	

② **양도소득세 :** 양도소득세는 양도차익에 대해 부과되는 세금이다.

여기서 양도란 매매·교환 등으로 소유권이 다른 사람에게 유상으로 넘어가는 것을 가리키는 말이고, 양도차익이란 양도가액에서 취득가액과 필요경비·공제금액를 뺀 소득이다. 따라서 양도차익이 발생하지 않거나 무상으로 소유권을 넘겨주는 경우에는 양도소득세의 납세의무가 발생하지 않는다. 예컨대 3억원에 사서 3억원에 팔았다든가, 상속이나 증여 등 무상으로 소유권을 넘겨줄 때에는 양도소득세를 물지 않는다는 것이다

◆ 납부

양도소득세는 자진신고 납부가 원칙이다. 자진신고는 예정신고와 확정신고로 나눌 수 있다. 예정신고는 잔금을 받은 날이 속하는 달의 말일부터 2개월 내에 주소지 관할 세무서에 신고하는 것을 말한다. 예정신고와 함께 세금을 납부하면 세액의 10%가 감면된다. 예정신고를 하지 않았다면 양도일 다음해 5월에 종합소득세 확정신고를 하고 세금을 납부하면 된다. 확정신고시에는 세액 감면혜택이 없다. 한편 부동산 양도신고를 하고 그에 따른 세액을 양도일이 속하는 달의 말일부터 2개월 이내에 납부하면 예정신고를 한 것으로 간주됨은 물론 세액의 15%가 공제된다 만일 신고를 하지 않으면 납세액의 20%가 추가로 가산됩니다.

◆ 부동산 양도신고

 -신고 장소 : 주소지 관할 세무서를 직접 방문하거나 우체국에 비치된 부동산 양도신고용 왕복민원 우편 이용
 -제출 서류 : 부동산양도신고서(세무서·우체국에 비취), 토지 및 건물 등기부등본, 토지 대장 및 건축물대장 등본, 보유기간중 환지가 있었던 경우 및 도시재개발 또는 주택재건축이 있었던 경우에는 이를 확인할 수 있는 서류

◆ 양도세 예정신고

 - 신고장소 : 주소지 관할 세무서
 - 제출서류 : 매매차익 예정신고 및 자진 납부 계산서(세무서 비치), 매매차익 계산 명세서(세무서 비치), 주민등록등본 1통, 토지 및 건물대장 1통, 토지 및 건물등기부등본 1통, 양도 및 취득 매매계약서(실거래가 기준시)

◆비과세 / 면제

토지·주택은 물론 기타 부동산과 관련된 권리에 부과되는게 양도소득세이다. 단 예외적으로 양도소득세가 비과세되는 경우가 있다. 비과세 대상은 주택(주택에 딸린 부속토지 포함)과 농지만 해당된다.

◆경매를 통해 부동산을 취득한 후 이를 양도하는 경우에는 부동산에 대한 제도들이 그대로 적용된다.

 ⊙ 조정 지역 내 와 조정지역 외의 양도세 /중과세/재산세/종부세 비교
 ▶조정지역내 일시적 2주택(2년 이내) :비과세

▶조정지역외 일시적 2주택(3년 이내) :비과세

▶조정지역내 2주택자=기본 양도세+10% 추가
▶조정지역내 3주택자=기본 양도세+20% 추가
▶조정지역내 장기보유특별 공제 적용 안함.

▶조정지역외 2,3 ,다주택자=기본 양도세 적용
▶조정지역외 장기보유특별 공제 적용 .

▶조정지역 내 분양권 주택수 포함
▶조정지역 외 분양권 주택수 불포함.

▶조정지역 내 1주택자 기준 거주기간 2년이상 :비과세
▶조정지역 외 1주택자 기준 거주기간 없음 :비과세

① 종합부동산세 세율 상향조정

과표 (대상)	일반			3주택이상+ 조정대상지역 2주택		
	현행	개정		현행	개정	
3억 이하 (1주택 17.6억원 이하 다주택 13.3억원 이하)	0.5%	0.6%	+0.1%p	0.6%	0.8%	+0.2%p
3~6억 (1주택 17.6~22.4억원 다주택 13.3~18.1억원)	0.7%	0.8%	+0.1%p	0.9%	1.2%	+0.3%p
6~12억 (1주택 22.4~31.9억원 다주택 18.1~27.6억원)	1.0%	1.2%	+0.2%p	1.3%	1.6%	+0.3%p
12~50억 (1주택 31.9~92.2억원 다주택 27.6~87.9억원)	1.4%	1.6%	+0.2%p	1.8%	2.0%	+0.2%p
50~94억 (1주택 92.2~162.1억원 다주택 87.9~157.8억원)	2.0%	2.2%	+0.2%p	2.5%	3.0%	+0.5%p
94억 초과 (1주택 162.1억원 초과 다주택 157.8억원 초과)	2.7%	3.0%	+0.3%p	3.2%	4.0%	+0.8%p

* 공시가격 현실화율 70%, 공정시장가액비율 90%를 적용했을 경우

② 조정대상지역 2주택자 종합부동산세 세부담상한 상향조정

현행			개정안		
일반	조정지역 2주택	3주택이상	일반	조정지역 2주택	3주택이상
150%	200%	300%	150%	300%	300%

③ 종합부동산세 1주택 보유 고령자 세액공제율 및 합산공제율 확대

현행				개정안			
고령자		장기보유		고령자		장기보유	
연령	공제율	보유기간	공제율	연령	공제율	보유기간	공제율
60세~65세	10%	5년~10년	20%	60세~65세	20%	5년~10년	20%
65세~70세	20%	10년~15년	40%	65세~70세	30%	10년~15년	40%
70세 이상	30%	15년 이상	50%	70세 이상	40%	15년 이상	50%

○ 공제한도: 고령자+장기보유 **합계 70%**   ○ 공제한도: 고령자+장기보유 **합계 70%**

① 1세대 1주택자 장기보유특별공제에 거주기간 요건 추가

보유기간		3년~4년	4년~5년	5년~6년	6년~7년	7년~8년	8년~9년	9년~10년	10년이상
1주택	합계	24%	32%	40%	48%	56%	64%	72%	80%
	보유	12%	16%	20%	24%	28%	32%	36%	40%
	거주	12%	16%	20%	24%	28%	32%	36%	40%
다주택		6%	8%	10%	12%	14%	16%	18%	20~30%*

□ (적용시기) 법 개정 후 '21. 1. 1 양도 분부터 적용

투기수요 차단 및 실수요 중심의 시장 유도			실수요자 공급 확대
투기적 대출수요 규제 강화	주택 보유부담 강화 및 양도소득세 제도 보완	투명하고 공정한 거래 질서 확립	실수요 중심의 공급 확대
◆투기지역·투기과열지구 주담대 관리 강화 1·시가 9억원 초과 LTV 강화 2·초고가 아파트 주담대 금지 3·차주 단위 DSR 한도 규제 4·주담대 실수요 요건 강화 5·구입용 사업자대출 관리 강화 6·부동산임대업 RTI 강화 7·상호금융권 대출 관리 강화 ◆전세대출 이용 갭투자 방지 1·사적보증의 전세대출보증 규제 강화 2·전세대출 후 고가 신규주택 매입 제한	◆보유부담 강화 1·종합부동산세 세율·등 상향 2·공시가격 현실화·형평성 제고 ◆양도세 제도 보완 1·1주택자 장특공제에 거주기준 요건 추가 2·2년 이상 거주자에 한해 1주택자 장특공제 적용 3·일시적 2주택 전입요건 추가 및 중복보유 허용기간 단축 4·등록 임대주택 양도세 비과세 요건에 거주요건 추가 5·조정대상지역 다주택자 양도소득세 중과 시 주택 수에 분양권도 포함 6·2년 미만 보유 주택 양도세율 인상 7·조정대상지역 내 한시적 다주택자 양도세 중과 배제	◆민간택지 분양가 상한제 적용지역 확대 ◆거래 질서 조사체계 강화 1·고가주택 자금출처 전수 분석 2·실거래·정비사업 점검 상시화 3·자금조달계획서 제출대상 확대 및 신고항목 구체화 4·자금조달계획서 증빙자료 제출 ◆청약규제 강화 1·불법전매자 등 청약제한 2·청약 당첨 요건 강화 3·청약 재당첨 제한 강화 ◆임대등록 제도 보완 1·취득세·재산세 혜택 축소 2·임대사업자 합동점검 3·임대사업자 등록요건 강화 4·임대사업자 의무 강화	◆서울 도심 내 공급의 차질없는 추진 ◆수도권 30만호 계획의 조속한 추진 ◆관리처분인가 이후 단계 정비사업 추진 지원 ◆가로주택정비사업 활성화를 위한 제도개선 ◆준공업지역 관련 제도개선

■ 양도소득세 신고시에 경비로 인정받는 것이 있고 없는 것이 있다.

- 경매 물건 매매 시 공제 되는 항목

- 소송비 필요 경비로 항목에 해당함
- 낙찰가액 취득가액으로 공제 항목에 해당함
- 취득세 및 등록세 등 취득가액으로 공제 항목에 해당함
- 등기관련 수수료는 공제 항목에 해당함
  (매매시점에서 물건 소재지 관할관청에서 세목별 과세 증명원발급하면 내역이 나옴)
- 낙찰가액 취득가액으로 공제 항목에 해당함
- 취득세 및 등록세 등 취득가액으로 공제 항목에 해당함
- 등기관련 수수료는 공제 항목에 해당함
  (매매시점에서 물건 소재지 관할관청에서 세목별 과세 증명원발급하면 내역이 나옴)

- 등기촉탁수수료 주택채권 매매손실도 공제대상에 포함
- 대항력 있는 전세보증금 취득가액으로 공제 항목에 해당함
- 취득시 실지거래가액에는 대항력 있는 전세보증금으로서
  (매수인부담하는 금액을 포함하는 것이나, 구상권을 행사할 수 없는 것에 한하는 것임)
- 발코니 샤시 공제 항목에 해당함
- 자본적 지출에 해당되므로 공제 항목에 해당함
- 거실 확장비용 공제 항목에 해당함
- 자본적 지출에 해당되므로 공제 항목에 해당함
- 난방시설 교체비 공제 항목에 해당함(난방시설 수리비용은 공제대상이 아님)
- 자본적 지출에 해당되므로 공제 항목에 해당함
- 건물의 용도변경 목적 수선비 공제 항목에 해당함
- 자본적 지출에 해당되므로 공제 항목에 해당함
- 공인중개사 수수료 공제 항목에 해당함
- 양도소득세 신고수수료 공제 항목에 해당함

- 경매 물건 매매 시 공제 안되는 항목

- 항목 공제여부
- 명도비용 공제를 받을 수 없음
- **벽지 또는 장판 교체비 공제를 받을 수 없음**
- 싱크대 및 주방기기 교체비 공제를 받을 수 없음
- **보일러 수리비 공제를 받을 수 없음**
- 옥상의 방수공사비용 공제를 받을 수 없음
- 변기교체 및 타일 교체등 화장실
- 전부의 수리비용 공제를 받을 수 없음
- 타일교체비용 공제를 받을 수 없음

◆ **경매 빈도(매매 사업자)와 세금**

개인이 유상 매매로 주택을 취득하든 경매로 주택을 취득하든 취득 당시에는 세법상 별 다른 문제는 없다. 그리고 주택을 양도하는 경우에도 마찬가지이다. 그런데 자주 사고팔면 자칫 사업으로 취급되어 전혀 엉뚱한 세금이 과세될 수 있다.

◆ **부동산 매매업에 해당하는 경우**

> § 부동산 매매업 해당 여부(재일46014-2245,1 997. 9. 24) : 부동산의 양도로 인해 발생한 소득이 양도 소득인지, 또는 부동산 매매업에 따른 사업 소득인지 판단은 그 양도가 수익을 목적으로 하고 있는지와 규모, 횟수, 거래 형태 등에 비추어 사업 활동으로 볼 수 있는지의 여부에 따라 소관 세무서장이 결정한다(따라서 사실 관계 판단이 중요하다).

부동산 매매를 사업의 목적으로 하는 이들은 부동산 매매업으로 사업자등록을 한다. 하지만 사업 목적을 표방하지 않을 경우 어떻게 판단할 것인가? 세법은 부가가치세법상의 각 1고세기간(1. 1~ 6. 30, 7. 1~12. 31)에 1회 이상의 부동산을 취득하고 2회 이상 판매하면 부동산 매매업으로 판단해 부가가치세 및 종합소득세를 부과한다. 그러나 실제로 부동산을 자주 사고팔았다고 해서 부동산 매매업으로 보아 종합소득세를 과세하는 예는 많지는 않다. 다음의 국세청 예규를 참고하자.

◆ **부가가치세법상 부동산 매매업의 판정기준**

다음중 하나에 해당하면 부가가치세법상 사업자로 부가가치세 납세의무 존재 ①부동산의 매매(건물신축판매) 또는 그 중개를 사업목적으로 나타내어 부동산을 판매 하는 자②사업상의 목적으로 1과세기간 중에 1회이상 부동산을 취득하고 2회이상 판매하는 경우◆부동산 매매업사업소득세의 구분

사업소득이란 영리를 목적으로 독립적 계속적으로 이루어지는 활동에서 나오는 소득을 말한다. 여기에 부동산 매매업에 해당이 된다면 낙찰자들은 양도소득세로 세금 신고를 하면 안 된다. 사업소득세로 신고를 해야 불이익이 없다.

◆ **소득세법상 부동산 매매업의 판정기준**

자산의 양도로 인하여 발생하는 소득이 양도소득에 해당하는지 사업소득(부동산매매업)에 해당하는지 여부는 자산의 취득 및 양도의 목적과 경위, 이용실태, 거래의 규모 · 빈도 · 계속성 · 반복성 등을 종합하여 사회통념에 비추어 사실 판단할 사항이다.

◆ 양도 소득세와 매매사업자(사업소득세)의 차이

구분	양도소득세	사업소득세
양도가액	실지거래가액	실지거래가액
필요경비	(1) 취득에 소요된 실지거래가액 (2) 자본적지출액	(1) 취득에 소요된 실지거래가액 (2) 자본적지출액 (3) 양도비용 (4) 건설자금이자 (5) 공과금 (6) 일반관리비
장기보유특별공제	공제	배제
양도소득기본공제	적용	배제
소득공제	배제	공제
예정신고납부세액공제	공제(폐지예정)	공제(폐지예정)
신고방법	예정신고 및 납부로 납세의무종결	예정신고의무 존재 종합소득세 신고의무

◆ 경매를 부동산 매매업으로 하는 것이 유리할까?

최근 경매를 자주 하는 사람들이 부동산 매매업으로 등록하는 경우가 많아지고 있다. 이렇게 되면 양도소득세와는 전혀 다른 납세 의무를 지게 되는데, 부동산 매매업이 양도소득으로 과세되는 것보다 유리한 상황을 열거하면 다음과 같다.

첫째, 비사업용 주택에 대해서는 양도소득세 비과세를 받을 수 있다. 만일 매매사업자용 주택 2채와 비사업용으로 보유한 주택이 1채 있는 경우 사업용 주택은 사업소득세로 비사업용 주택은 양도소득세로 과세되므로 비사업용 주택에 대해서는 양도소득세 비과세 규정을 적용받을 수 있다.

둘째, 양도소득세가 보유 기간에 관계없이 6~38%의 세율을 적용받을 수 있다.

셋째, 기타 경비의 처리에서도 유용성이 있다. 사업을 하면 사무실 유지비나 인건비 그리고 이자 비용이나 차량 유지비 등 각종 비용이 발생한다. 따라서 이러한 비용들은 장부를 통해서 입증하면 세금을 낼 때 사용할 수 있다. 하지만 양도소득으로 과세를 받는 경우에는 취득세 및 몇 가지 취득과 양도에 관련된 비용만 필요 경비로 인정될 뿐이다. 따라서 경비의 활용도 측면에서는 매매사업자가 훨씬 더 유용성이 있다고 할 수 있다.

다만, 매매사업자에게 중과세가 적용되는 경우에는 이런 경비를 활용할 수 없다. 매매차익에 대해 중과세를 적용할 때에는 개인이 중과세를 적용받는 것과 같은 효과를 내도록 법이 규정되어 있기 때문이다.

1 양도소득세와 매매사업자 세금의 차이

현행 소득세법상 소득의 종류는 종합소득, 양도소득, 퇴직소득으로 구분하고 있으며, 종합소득 납세의무와 양도소득 납세의무는 장을 달리하여 각각 규정하고 있다.

소득세법: 제2장: **"거주자의 종합소득 및 퇴직소득에 대한 납세의무"**를 규정
소득세법: 제3장: **"거주자의 양도소득에 대한 납세의무"**를 규정하고 있다.

부동산매매업자로 세금을 신고 납부하는 것은 부동산 양도차익에 따른 소득세를 일반적인 양도소득세가 아닌 종합소득세 그 중에서도 사업소득으로 계산하여 신고 납부한다는 것을 의미하며 소득세법 규정상 양도소득세와 종합소득세 간 상이한 과세체계로 인하여 납세자에게 유리한 규정을 활용한 절세방안이라 할 수 있다. 소득세법에서 규정하고 있는 종합소득 납세의무와 양도소득 납세의무의 차이 중 가장 큰 차이는 소득금액 계산시 필요경비 공제 항목의 차이, 소득공제 항목의 차이, 세율 적용의 차이 부분이며 이 부분을 나누어서 설명하면 다음과 같다.

(1)필요경비의 차이

양도 소득세	종합소득세
1.취득가액 2.자본적 지출액 3.양도비	1.부동산 장부가액 2.종업원 급여 3.사업용 자산의 수선비 4.사업과 관련 있는 제세공과금 5.기타 총수입금액에 대응하는 경비

양도소득세와 종합소득세의 필요경비 항목은 대체로 일치하고 있으나 종합소득세의 경우 사업과 관련된 경비로써 지출이 확인되는 경우에는 대체로 비용을 인정해 주고 있어 양도소득세에 비하여 공제 항목의 폭이 넓다고 할 수 있다.

2)소득공제 차이

일반적으로 양소소득의 경우 연간 인별로 250만원 소득공제가 가능하나 종합소득세의 경우에는 인적공제 이외에도 기부금 공제, 연금 공제 등 공제 항목의 폭이 넓다.

양도소득세	종합소득세
국내자산 토지,건물,부동산에 관한권 권리 및 기타자산의 양도소득:250만원	1.소득세법상 종합소득공제 가.기본공제 나.다자녀추가공제 다.표준공제:60만원 라.기부금 특별공제 2.조세특례제한법상 소득공제 가.연금보험료공제 나.개인연금저축 및 연금저축공제 다.소기압.소상공인 공제부금에대한 소득공제 라.투자조합출자 등 소득공제

(3)적용세율의 차이

양도세	종합소득세
▶12백만원 이하 6%(2년이상보유) (누진공제액 없음) ▶12백만원 초과 46백만원 이하 15% (누진공제액 108만원) ▶46백만원 초과 88백만원 이하 24% (누진공제액 522만원) ▶88백만원 초과 1.5억원 이하 35% (누진공제 1,490만원) ▶1.5억원 원 초과 3억원 이하 38% (누진공제액 1,940만원) ▶3억원 원 초과 5억원 이하 40% (누진공제액 2,540만원) ▶5억원 원 초과 →→→→→→→42% (누진공제액 3.540만원)	▶12백만원 이하 6% (누진공제액 없음) ▶12백만원 초과 46백만원 이하 15% (누진공제액 108만원) ▶46백만원 초과 88백만원 이하 24% (누진공제액 522만원) ▶88백만원 초과 1.5억원 이하 35% (누진공제액 1,490만원) ▶1.5억원 원 초과 3억원 이하 38% (누진공제액 1,940만원) ▶3억원 원 초과 5억원 이하 40% (누진공제액 2,540만원) ▶5억원 원 초과 →→→→→→→42% (누진공제액 3.540만원)
▶1년 이내 양도 : 토지:50%/주택:50% ▶1년-2년 이내 양도 :토지:40%/주택40% ▶ 미등기 양도 :70%	기간 상관없음

◉조정 지역 내 2주택자: 기본세율에 10% p 가산

◉조정 지역 내 3주택 이상자: 기본세율에 20% p 가산

◉조정 지역 내 다주택자: 장기보유특별공제 또한 적용되지 않습니다.

비사업용토지는 2015년부터는 기본세율+10%P적용하지만 보유기간이 2년 미만인 경우에는 중과세 대상인 40% 또는 50%의 세율 중 높은 적용한다(소득세법 제104조 제4항 신설)

종합소득세와 양도소득세의 소득구간별 적용세율에서 다소 차이가 있으며, 종합소득세에서는 양도소득세와 달리 단기 양도에 따른 단일 세율은 적용되지 않는다.

(4) 부동산매매업자 세금 계산 특례

부동산매매업자 세금 계산에 있어 필요경비, 소득공제, 적용세율의 차이로 인한 장점이 있음에도 불구하고 현행 세법에서는 부동산매매업자의 종합소득세 세금 계산 시 양도소득세 계산을 준용하여 계산한 세액과 비교하여 산출세액이 큰 세액으로 부담하도록 하고 있어 다음에 해당되는 사업자의 경우에는 부동산매매업자 등록이 실익이 없는 경우가 있어 주의해야한다

■ 장기보유 특별공제

(3년 이상 보유한 토지. 건물만 해당 됨)

장기보유특별공제란 장기간에 걸쳐 형성된 양도소득이 일시에 실현됨으로 인하여 높은 세율을 적용받는 효과를 완화하고, 그 높은 세율의 적용으로 인한 과중한 세부담의 이유로 양도를 거부하는 동결효과를 방지하기 위함이다.

보유기간	1세대 1주택의 경우 (9억원 초과)	1세대 1주택외의 경우
3년이상 4년미만	24%	6%
4년이상 5년미만	32%	8%
5년이상 6년미만	40%	10%
6년이상 7년미만	48%	12%
7년이상 8년미만	56%	14%
8년이상 9년미만	64%	16%
9년이상 10년미만	72%	18%
10년이상 11년미만	80%	20%
11년이상 12년미만		22%
12년이상 13년미만		24%
13년이상 14년미만		26%
14년이상 15년미만		28%
15년이상		30%

▶ 장기보유특별공제에서 제외되는 대상
- 미등기 양도자산
- 비사업용 토지

■ 2014년 개정 상속, 증여 세율: 2020년 개정 입법 예고 (증여, 상속 상승 여지 있음)

과세표준	세율	누진공제
1억 이하	10%	0원
1억 초과 ~ 5억 이하	20%	1,000만원
5억 초과 ~ 10억 이하	30%	6,000만원
10억 초과 ~ 30억 이하	40%	16,000만원
30억 초과	50%	46,000만원

[증여공제 관련 개정 내용] 2014. 1. 1 시행
1. 직계존속 및 직계비속으로 부터 증여 ; 3,000만원 / 미성년 ' 1,500만원 ⇨ 아래와 같이 개정
   직계존속으로 부터 증여 ; 5,000만원 / 미성년 ; 2,000만원으로 개정
2. [신설] **직계비속**(수증자와 혼인 중인 배우자의 직계비속을 포함)**으로부터 증여 ; 3,000만원**

◉ (증여금액 × 세율)—누진공제액=증여세

◉ 증여세 면제 한도와 상속세 기본 공제

증여세 면제 한도		상속세 기본 공제	
배우자로부터 증여	6억원	기초 공제	2억원
직계존속으로 부터 증여	성년 5,000만원	배우자 공제	최소 5억원, 최대 30억원 한도
	미성년 2,000만원	자녀 공제	1인당 5,000만원
직계비속으로 부터 증여	5,000만원	미성년자 공제	1,000만원×(만 19까지의 연수)
기타 친족으로 부터 증여	1,000만원	연로자 공제	1인당 5,000만원(65세 이상)
		장애자 공제	1,000만원×공제기대여명연수
		일괄공제	5억원(배우자 공제 별도)
*증여세 신고, 납부 기간: -증여일이 속하는 달의 말일부터 3개월 이내		*상속세 신고, 납부 기간: -상속개시일이 속하는 달의 말일부터 6개월 이내	
*증여, 상속세 신고 기한내 신고시 : 산출 세약의 3% 세액공제			

2. 부동산매매업자 장단점

위 1에서 검토한 부동산매매업자의 장단점을 요약하면 다음과 같다.

장점	단점
(1) 단기(2년이내) 양도의 경우에도 일반세율이 적용된다. 단 비교과세 대상인 경우는 양도소득세율이 적용된다. (2) 소득공제 및 비용공제 적용 범위가 넓다 (3) 다주택자인 경우에도 주택, 비사용토지 이외의 투자 물건에 대해서는 비교과세를 적용하지 않으므로 세율 및 비용 공제 혜택이 있다	(1)세대별로 2주택 이상 보유한 경우에는 양도소득세 세율이 적용되므로 세율면에서 실익이 없다. 다만, 지방 소재 주택으로 기준시가 3억 이하 주택은 주택 수에 포함되지 않는다. (2)사업자등록 신청으로 인하여 4대보험 공과금 부담이 추가될 수 있다. (3)국민주택 규모 초과 주택, 근린생활시설 및 상가 매매시에는 건물분에 대한 부가가치세 부담이 추가될 수 있다.

2. 경매참여는 어떻게 하나?

(1) 입찰참여 개괄

채권자의 경매신청이 있으면 경매법원은 경매개시결정을 한 후 집행관으로 하여금 경매목적물의 현황을 조사(=부동산 현황, 점유관계, 보증금액 등)하게 하고, 감정평가사에게 경매목적물에 대한 평가명령을 하여 평가액이 결정되면 이 가격이 최저매각가격이 되며, 이해관계인에게 경매개시된 사실을 송달한 후 매각기일을 지정한다. 법원이 지정한 매각기일에 최고가격을 제시한 자가 있다면 이 자를 최고가매수신고인으로 결정하며, 만약 매수신고인이 없다면 새로이 매각기일을 지정(⇒보통 한달 후 지정됨)하여 직전 매각기일의 최저매각가격에서 20% 혹은 30%를 저감한 가격으로 하여 다시 경매를 진행시킨다.

입찰에 참여하기 위해서는 먼저 ▶입찰표와 입찰보증금봉투 그리고 입찰봉투를 집행관으로부터 받아서 입찰법정 안에 있는 입찰표 기재대에서 입찰자의 인적사항 및 입찰금액과 매수신청 보증금액 등을 입찰표에 기재한 후 ▶매수신청보증금과 함께 입찰봉투에 넣어 입찰함에 투여하기 전에 집행관의 확인을 받고 입찰봉투 상단에 있는 입찰자용 수취증을 집행관으로부터 받은 후 입찰봉투를 입찰함에 투여하며, ▶개찰시 최고가 매수신고인으로 결정되면 집행관의 확인과 아울러 매수신청보증금에 대한 영수증을 집행관으로부터 수취하면 되고, ▶입찰에서 떨어지면 입찰표 하단에 있는 입찰보증금 반환란에 서명날인을 하고 입찰자용 수취증을 집행관에게 주어 매수신청보증금을 반환받으면 된다.

(2) 입찰표 제출

1) 입찰보증금봉투

입찰보증금 봉투(=하얀색 작은 봉투)에 최저매각가격의 10%(⇒재경매의 경우 20%) 에 해당하는 현금이나 자기앞 수표를 넣어야 하며, 입찰보증금 봉투 앞면에는 사건번호와 물건번호(⇒물건번호가 없으면 기재할 필요없음.), 그리고 제출자(⇒대리입찰의 경우 대리인이 제출자가 됨)의 성명을 기재한 후 날인하면 된다. 그리고 입찰보증금 봉투 뒷면에는 도장을 날인하는 곳이 3곳 있는데, 여기에 제출자의 도장을 날인하면 되고, 참고로 입찰보증금은 원활한 경매진행을 위해 현금보다는 자기앞 수표를 사용하는 것이 좋으며, 수표 뒷면에는 경매사건번호와 입찰자의 인적사항을 표시하도록 하자.

2) 입찰봉투

입찰표와 입찰보증금 봉투를 입찰봉투(⇒황색 큰 봉투)에 넣은 후 앞부분이 속으로 들어가게 하여 반으로 접은 후 호치키스로 찍어야 한다. 입찰봉투의 앞면에는 사건번호, 물건번호(⇒물건번호가 없으면 기재할 필요없음.) 및 입찰자의 성명을 기재하고 입찰봉투 뒷면의 날인표시가 있는 곳에 도장을 날인한다.

3 | 입찰시 절차 및 주의할 점

채권자(대부분 금융회사)가 채무변제를 위하여 법원에 임의경매(강제경매)를 신청하게 됨으로서 진행되게 된다. 경매를 신청하게 되면 등기부상에 사건번호가 기재되며 감정평가, 현황조사 등의 여러 단계들을 거치면서 수개월이 지나게 된다.

대법원에서 매각공고가 나와야 비로소 매각기일을 확인할 수 있다.

간혹 유료경매정보사이트에 다음기일을 예상하여 정보를 제공하고 있지만 매각공고이전까지 취하,변경등의 변동사항이 있을 수 있으므로 수시로 확인해야 한다.

매각공고와 기본사항 및 기일내역은 대법원 법원경매정보(www.auction.go.kr)에서 확인할 수 있다.

입찰에 참여하려면 매각기일과 입찰시간을 확인하여 관할 법원의 경매법정으로 가야한다.

일부법원을 제외하고는 10시 ~ 10시반이면 입찰을 시작하며 입찰 시작 후 입찰표와 입찰봉투, 보증금봉투 등 관련서류를 교부받아 입찰마감시간 전까지 제출하여야 한다.

입찰표에는 입찰일자, 사건번호, 응찰자의 인적사항, 보증금액, 응찰가액을 정확히 기재하여야 하며 보증금봉투와 입찰봉투(대봉투)에도 사건번호와 이름을 기재하고 뒷면에 도장을 날인하여야 한다.

입찰표작성시 금액부분은 수정이 불가하므로 잘못 기재하였을 경우 다시 작성하여야 한다.

본인이 응찰할 경우 본인의 신분증과 도장이 있어야 하며, 대리인이 응찰할 경우 응찰자본인의 인감증명서와 인감도장이 날인된 위임장, 대리인의 도장과 신분증이 필요하다.

Tip. 입찰표 뒷면의 위임장을 작성하면 되지만 본인의 인감도장을 가져와야 하는 번거로움이 있으므로 동일한 양식을 갖춘 위임장을 작성하여 첨부하여도 관계는 없다. 입찰보증금은 가급적 자기앞수표를 이용하는 것이 좋고 최저가격의 10%를 준비하여야 한다.
(재매각 사건의 경우 20% ~ 30%)

오전 10시 입찰을 시작하면 약 10분간 입찰표 작성요령 및 주의점에 대한 집행관의 설명을 들은 뒤 자료열람을 시작하고 11시10분 ~ 11시 20분까지 입찰표를 제출하여야 한다.

응찰자가 많은 경우 접수마감시각이 연장될 수도 있다. 접수가 마감한 후에 입찰봉투를 사건번호별로 정리하고 완료되면 순서대로 입찰결과를 발표하게 된다.

Tip. 법원에 따라 응찰자가 많은 사건을 먼저 발표하는 곳도 있음

낙찰을 받게 되면 보증금에 대한 영수증을 받고 패찰을 하게 되면 보증금은 즉시 반환받을 수 있다. 이때 낙찰을 받은 사람을 최고가매수인이라고 한다.

낙찰이 되면 1주일 뒤에 매각허가결정여부를 확인할 수 있고 매각결정기일로부터 1주일 후에 매각확정여부를 확인할 수 있다. 매각이 확정되면 잔금납부기일이 지정된다.

Tip. 매각허부사항은 대법원 법원경매정보(www.auction.go.kr) 에서 확인할 수 있으나 확정여부는 담당경매계에서 확인할 수 있다.

대금납부기일이 지정되면 매수인에게 대금지급기일 안내문을 발송해주고 납부기일까지 법원은행에 잔금을 납부하여야 한다. 잔금납부시에는 경매계에서 법원보관금 납부명령서를 받아 법원내의 은행에서 법원보관금납부서를 작성하여 잔금을 납부하여야 한다. 잔금을 납부한 영수증과 매각대금완납증명원 2부를 작성하여 접수하고 경매계에 제출하여야만 매각대금완납증명원을 발급받을 수 있다.

Tip. 매각대금완납증명원이 있어야만 구(시)청에서 취,등록세 고지서를 발급받을 수 있다.

대금을 납부하면 통상 한달 내에 배당기일이 지정되며 당일에 이해관계인들의 배당이 이루어지고 배당이 종결되면 경매사건은 종결되게 된다.

낙찰이후

1. 매각불허가 신청(매각허가에 대한 이의신청)의 의미

최고가매수인이 "매각불허가 신청"을 하려면 민사집행법 제121조 제1호부터 제7호까지의 "매각허가에 대한 이의신청"으로 열거된 내용을 알고 있어야 한다.

왜냐하면,

민사집행법 제123조에서 '매각의 불허'라는 타이틀로 '매각을 허가하지 아니한다.'라고 표현하고 있을 뿐이지 다른 법조문 그 어디에도 "매각불허가 신청"이라는 단어는 보이지 않는다.

이 말은 곧 "매각불허가 신청"이란 조문은 없고 우리가 알고자 하는 "매각불허가 신청"의 사유는 곧 "매각허가에 대한 이의신청"이다.

매각불허가 신청 = 매각허가에 대한 이의신청

2. 매각불허가 신청(매각허가에 대한 이의신청)의 사유

법조문을 통해 **매각불허가 신청사유(매각허가에 대한 이의신청사유)**를 먼저 보도록 하자. 민사집행법 제121조(매각허가에 대한 이의신청사유) 매각허가에 관한 이의는 다음 각 호 가운데 어느 하나에 해당하는 이유가 있어야 신청할 수 있다.

1. 강제집행을 허가할 수 없거나 집행을 계속 진행할 수 없을 때
2. 최고가매수신고인이 부동산을 매수할 능력이나 자격이 없는 때
3. 부동산을 매수할 자격이 없는 사람이 최고가매수신고인을 내세워 매수신고를 한 때
4. 최고가매수신고인, 그 대리인 또는 최고가매수신고인을 내세워 매수신고를 한 사람이 제108조 각호 가운데 어느 하나에 해당되는 때
5. 최저매각가격의 결정, 일괄매각의 결정 또는 매각물건명세서의 작성에 중대한 흠이 있는 때
6. 천재지변, 그 밖에 자기가 책임을 질 수 없는 사유로 부동산이 현저하게 훼손된 사실 또는 부동산에 관한 중대한 권리관계가 변동된 사실이 경매절차의 진행 중에 밝혀진 때
7. 경매절차에 그 밖의 중대한 잘못이 있는 때

3. 매각불허가 신청(매각허가에 대한 이의신청)의 절차

매각불허가 신청 즉, 매각허가에 대한 이의신청을 하려면 매각허가가 떨어지기 전에 해야 하는 것이므로 매각기일->매각결정기일 이렇게 진행되는 과정 중에서 매각기일[낙찰일]

로 부터 매각결정기일[매각에 대한 허가 또는 불허가를 결정하는 날]사이에 신청하여야 한다. 그렇다면 왜 매각기일[낙찰일]로 부터 7일 이내에 매각허가에 대한 이의신청[매각불허가 신청]을 해야 하는 이유는 무엇일까 이 말은 곧 더 기다렸다가 즉시항고를 해도 될 터인데 굳이 "매각허가에 대한 이의신청"을 서둘러 해야 하는 이유이기도 하다

첫째, 매각불허가가 떨어지면 입찰보증금(매수신청보증금)을 되돌려 받을 수 있지만 매각허가가 떨어질 경우는 매각허가를 원치 않았으므로 매각대금의 납입을 하지 않게 될 것이고 결국에는 입찰보증금(매수신청보증금)이 몰수 될 것이기 때문이다.

둘째, 매각불허가를 받게 되면 즉시항고의 과정으로 가지 않음으로 인해서 항고보증금이 추가로 필요치 않은 이유도 된다

매각기일로부터 7일 이내에 매각불허가 신청이 받아 들여져서 매각결정기일에 매각불허가 결정이 나면 최저매각가격의 10%에 해당 되는 입찰보증금(매수신청보증금)을 돌려받을 수 있다. 하지만 매각기일로부터 7일이 도과되고 매각결정기일이 되어 매각허가결정이 나버리면 이제는 매각불허가 신청[매각허가에 대한 이의신청]을 할 수 없고 즉시항고라는 방법을 택해야 한다. 즉시항고를 하려면 위에서 언급한 민사집행법 제121조 제1호부터 제7호까지의 사유가 마찬가지로 있어야 한다. 즉, 즉시항고를 하기 위해서도 매각허가에 대한 이의신청사유와 똑같은 사유가 있다거나, 그 결정절차에 중대한 잘못이 있다는 것을 이유로 드는 때에만 할 수 있고 더군다나 즉시항고를 하기 위해서는 항고보증금도 필요하다

4. 매각허가여부에 대한 즉시항고

먼저 법조문을 통해 매각허가여부에 대한 항고를 알아보자

민사집행법 제130조(매각허가여부에 대한 항고) ※ 우리가 논의하려고 하는 즉시항고를 의미한다.

① 매각허가결정에 대한 항고는 이 법에 규정한 매각허가에 대한 이의신청사유가 있다거나, 그 결정절차에 중대한 잘못이 있다는 것을 이유로 드는 때에만 할 수 있다

② 중략

③ 매각허가결정에 대하여 항고를 하고자 하는 사람은 보증으로 매각대금의 10%에 해당하는 금전 또는 법원이 인정한 유가증권을 공탁하여야 한다.

④ 항고를 제기하면서 항고장에 제3항의 보증을 제공하였음을 증명하는 서류를 붙이지 아니한 때에는 원심법원은 항고장을 받은 날부터 1주 이내에 결정으로 이를 각하하여야 한다.

⑤ 제4항의 결정에 대하여는 즉시항고를 할 수 있다

⑥ 채무자 및 소유자가 한 제3항의 항고가 기각된 때에는 항고인은 보증으로 제공한 금전

이나 유가증권을 돌려 줄 것을 요구하지 못한다.

　⑦ 채무자 및 소유자 외의 사람이 한 제3항의 항고가 기각된 때에는 항고인은 보증으로 제공한 금전이나, 유가증권을 현금화한 금액 가운데 항고를 한 날로부터 항고기각결정이 확정된 날까지의 매각대금에 대한 대법원규칙이 정하는 이율에 의한 금액에 대하여는 돌려 줄것을 요구할 수 없다. 다만, 보증으로 제공한 유가증권을 현금화하기 전에 위의 금액을 항고인이 지급한 때에는 그 유가증권을 돌려 줄 것을 요구할 수 있다

　⑧ 항고인이 항고를 취하한 경우에는 제6항 또는 제7항의 규정을 준용한다.

5. 즉시항고의 기간

먼저 이해를 돕기 위해서 매각불허가 신청기간 즉, 매각허가에 대한 이의신청기간과 즉시항고 할 수 있는 기간을 도식으로 살펴본다.

매각기일	7일간	-매각결정기일	7일간	매각허가결정확정
(낙찰일)	매각불허가 신청기간	(매각허부결정일)	매각허가결정에 대한 신청기간	매각허가결정확정일

◆**즉시항고기간 (즉시항고 없으면 매각허가결정이 확정됨)**

매각허가에 대한 이의신청기간[일명 매각불허가 신청기간]이 도과되면 위에서 말한 대로 이제는 즉시항고라는 절차를 밟아야 하는데, 즉시항고를 하기 위해서는 위의 민사집행법 제130조 제1항의 규정에 따라 매각허가에 대한 이의신청사유가 있다거나, 그 결정절차에 중대한 잘못이 있다는 것을 이유로 드는 때에만 할 수 있고, 제3항에서는 항고를 하기 위해서는 매각대금[여기서의 매각대금은 최저매각대금이 아닌 최고가매수인이 써 내어 낙찰된 금액을 말한다]의 10%에 해당하는 항고보증금을 공탁하여야 한다. 참고로 매각허가에 대한 이의신청을 할 때에는 항고보증금 같은 금전의 공탁이 필요치 않았음은 당연히 알 것이고 오히려 입찰보증금10%를 반환받기 위한 과정이었음 알 것이다.

더 나아가 채무자 및 소유자가 한 제3항의 항고가 기각된 때에는 채무자 및 소유자가 공탁한 항고보증금은 몰수되고 한 푼도 돌려받지 못하게 되고 채무자 및 소유자 이외의 사람이 항고를 제출하여 기각되면 항고를 한 날부터 항고기각결정이 확정된 날까지의 매각대금에 대한 법정이자[연20%의 비율에 의한 이자]부분에 대해서는 돌려 줄 것을 요구할 수 없다.

6. 매각불허가에 관한 총체적 분석

매각불허가결정이 신청에 의해서만 매각불허가결정이 나오는 것이 아니므로 즉, 법원의 직권으로도 매각불허가결정이 나온다.

◆매각불허가결정이 나오는 경우의 수

1. 민사집행법 제121조의 매각허가에 대한 이의신청[= 일명 매각불허가 신청]으로 가능하다. "매각허가에 대한 이의신청"으로
2. 민사집행법 제121조의 매각허가에 대한 이의신청 사유가 있을 때는 법원의 직권으로도 가능하다. 법원의 직권으로도.
3. 민사집행법 제124조(과잉매각되는 경우의 매각불허가)의 과잉매각인 경우도 법원의 직권으로 가능하다. 한개의 매각대금으로 모든 채권자의 채권액과 강제집행비용을 변제하기에 충분하면 다른 부동산의 매각을 불허한다.
4. 민사집행법 제127조(매각허가결정의 취소신청)에 의하면 민사집행법 제121조제6호(천재지변…)에서 규정한 사실이 매각허가결정의 확정
뒤에 밝혀진 경우에는 매수인은 대금을 낼 때까지 매각허가결정의 취소신청을 할수 있으므로 결국은 이 경우도 매각불허가가 가능하다.

◆매각불허가 사유가 될 수 있는 경우들 (매각허가에 대한 이의신청)(민사집행법 제121조)

1. 매각물건명세서에는 나타나지 않은 대항력 있는 임차인이 존재 -- 제121조제5호
2. 매각결정기일 이전에 매각허가에 대한 이의신청 할 수 있는 사유가 존재 -- 제121조 조문 모두 해당
3. 매각물건명세서의 작성에 중대한 하자가 있을 때 -- 제121조제7호
4. 천재지변, 그 밖에 자기가 책임 질 수 없는 사유로 부동산이 현저하게 훼손된 또는 부동산에 관한 중대한 권리관계가 변동된 사실이 경매절차의 진행 중에 밝혀진 때 -- 제121조제6호임. 이 경우는 제121조에 해당하여 최고가매수인이 낙찰불허가를 신청[매각허가에 대한 이의신청] 할 수도 있고, 제127조(매각허가결정의 취소신청)에 의하여 대금을 낼 때까지 매각허가결정의 취소신청을 할 수도 있다.
5. 매각결정기일 전 대위변제시 -- 법원의 직권 또는 이의신청으로
6. 제124조의 과잉매각에 따른 불허가 -- 법원의 직권으로
7. 채권신청자에게 무잉여가 될 경우 -- 법원의 직권으로
8. 채무자에게 경매개시결정 송달이 안된 경우 -- 제121조제7호 경매절차에 중대한 잘못이 있는 때에 해당
9. 채무자(소유자)가 대리인을 내세우거나, 폭력. 회유 등 부정한 방법으로 낙찰 받는 경우 -- 제121조제3호에 해당
10. 법률상의 매각조건에 위반하여 매수하거나, 이해관계인의 합의 없이 매각조건을 변경한 경우

11. 특별매각조건을 지키지 않은 경우 -- 재경매시 입찰보증금 20% 제출, 농지취득자격증 명원의 미제출 등
12. 최고가매수신고인이 매수능력이 없는 경우 --매각대금 미납시 당연
13. 강제집행을 허가 할 수 없거나 집행을 속행 할 수 없는 경우 -- 제121조제1호
14. 경매기일 공고가 법률규정에 위반된 경우 -- 절차상 중대한 하자
15. 집행법원에서 입찰할 자들에게 매수가격의 신고를 독촉한 후 1시간이 경과되기 전에 경매를 종결한 경우
16. 최고가매수신고인과 차순위 매수신고인의 선정에 문제가 있는 경우
17. 최저매각가격의 10%에 해당하는 매수신청보증금[입찰보증금]을 받지 않고 최고가매수신고인을 정한 경우
18. 그 외 여러 변수

메모:

제10주: 경매법원 현장답사 및 물건별 전략

● **경매법원 현장답사**

1) 경매법정 내부 구조 스케치

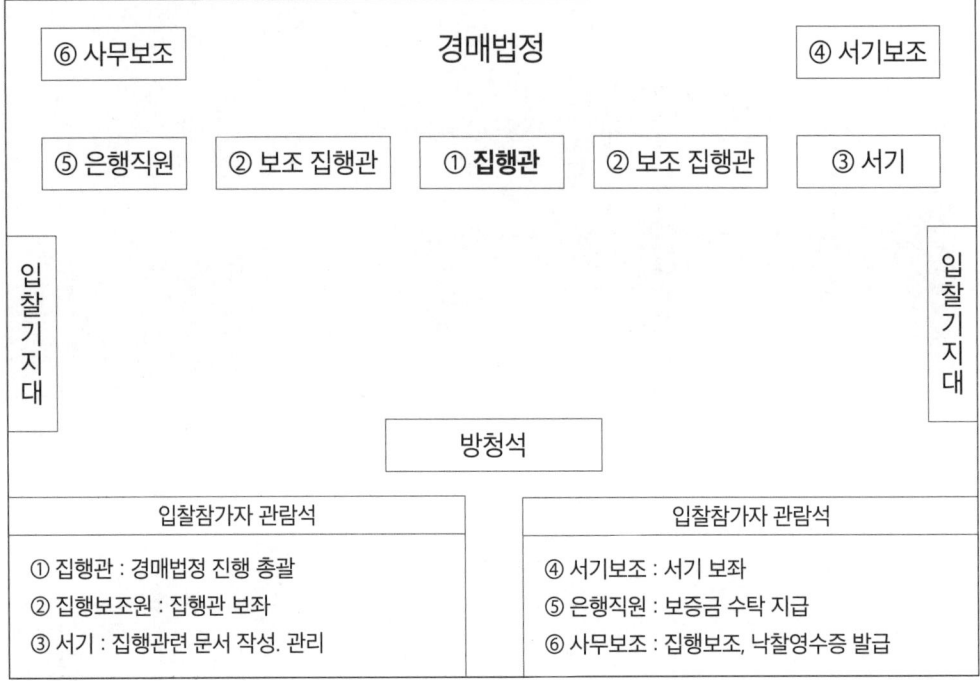

● **기간입찰**

1) 입찰기간 및 매각기일 확인

기간입찰에서 입찰기간은 1주 이상 1월 이하의 범위 안에서 정합니다. 매각기일은 입찰기간이 끝날 후 1주 안의 날로 정합니다.

2) 입찰의방법

기간입찰에 참여하려면 입찰기간 안에 입찰표를 집행관에게 직접 제출하거나 집행관을 수취인으로 하여 등기우편으로 부치는 방법으로 합니다.

3) 입찰표작성

기간입찰에서는 연두색 용지로 된 "기간입찰표"를 작성하여야 합니다. 기간입찰표에는 ① 사건번호, ② 입찰자의 성명과 주소, ③ 물건번호, ④ 입찰가격, ⑤ 대리인에 의하여 입찰하는 경우에는 대리인의 성명과 주소, ⑥ 입찰보증금액을 기재합니다. 입찰가격은 일정한 금액으로 표시하여야 하며, 다른 사람의 입찰가격에 대한 비율로 표시할 수 없습니다.

4) 매수신청보증

매수신청보증의 제공방법으로는 다음의 2가지 방법이 있습니다.

○ 입금증명서 : 입찰기간 동안 법원보관금 취급은행에 매수신청보증금을 납부한 후 발급받은 보관금영수필통지서를 법원에 비치된 입금증명서 양식에 붙여서 입찰표와 함께 입찰봉투에 넣어 제출합니다.
○ 보증서 : 서울보증보험 주식회사에 일정액의 보증료를 지불한 후 보증보험증권을 발급받아 기간입찰표와 함께 기간입찰봉투에 넣어 제출합니다.

5) 입찰표 제출

입찰표, 매수신청보증(입금증명서 또는 보증서), 기타 첨부서류를 기간입찰봉투에 넣고, 봉투 겉면에 매각기일을 적은 다음 입찰기간 동안 집행관에게 제출하여야 합니다. 봉투 겉면에 매각기일을 기재하지 않으면 입찰이 무효로 된다는 점을 주의하시기 바랍니다.

○ 직접 제출 : 평일에는 09:00부터 12:00까지, 13:00부터 18:00까지 집행관 사무실을 방문하여 집행관 또는 그 사무원에게 제출하고, 입찰봉투접수증을 받아야 합니다. 토요일과 공휴일에는 법원 당직근무자에게 제출하면 됩니다.
○ 등기우편 제출 : 입찰기간 개시일 00:00경부터 마감일 24:00까지 법원에 우편물이 도착하여야 합니다. 입찰봉투가 등기우편 이외의 방법으로 송부되거나 마감일 이후에 접수되면 무효처리 됩니다.

6) 매각기일의 참석

입찰에 참여한 사람은 매각기일에 입찰표를 개봉할 때 참여할 수 있습니다. 차순위매수신고를 하고자 하는 입찰참가자는 매각기일에 반드시 참석하여 신고하여야 합니다. 최고가매수신고인이 2인 이상인 경우에는 그들만을 상대로 기일입찰 방식으로 추가입찰을 합니다. 출석하지 아니한 사람에게는 추가입찰 자격을 부여하지 않고, 출석한 사람들만을 상대로 추가입찰을 실시하며, 출석한 사람이 1인인 경우에는 출석자에게만 추가입찰을 실시합니다. 최고가매수신고인 중 매각기일에 출석한 사람이 없는 경우, 출석한 전원이 추가입찰을 하지 않는 경우, 추가입찰가격이 동액인 경우, 추가입찰을 실시하였으나 그 입찰이 전부 무효인 경우에는 그들 중에서 추첨에 의하여 최고가매수신고인을 정합니다. 이때 입찰자 중 출석하지 아니한 사람 또는 추첨을 하지 아니한 사람이 있는 경우에는 법원사무관등 상당하다고 인정되는 사람이 추첨을 대신 합니다.

● 기일입찰

1) 매각장소

매각기일은 법원 안에서 진행합니다. 매각장소에는 매수신청인이 입찰표를 작성할 수 있는 설비 (입찰표 기재대)가 마련되어 있습니다.

2) 입찰의 개시

입찰절차는 집행관이 진행합니다. 집행관은 입찰을 시작하기에 앞서 입찰희망자가 매각물건명세서·현황조사보고서 및 평가서의 사본을 볼 수 있도록 합니다.

또한 특별한 매각조건이 있으면 이를 알려드립니다. 집행관이 입찰표의 제출을 최고하고 입찰마감시각과 개찰시각을 고지하면 입찰이 시작됩니다.

3) 입찰표의 작성

기일입찰에 참여하려면 흰색 용지로 된 "기일입찰표"를 작성하여야 합니다. 기일입찰표에는 ① 사건번호, ② 입찰자의 성명과 주소, ③ 물건번호, ④ 입찰가격, ⑤ 대리인에 의하여 입찰하는 경우에는 대리인의 성명과 주소, ⑥ 입찰보증금액을 기재합니다. 입찰가격은 일정한 금액으로 표시하여야 하며, 다른 사람의 입찰가격에 대한 비율로 표시할 수 없습니다.

입찰을 하려는 사람은 입찰표 기재대에 들어가서 입찰표를 기재하고, 매수신청보증을 입찰보증금 봉투에 넣고 1차로 봉한 다음, 기재한 입찰표와 매수신청보증봉투를 다시 큰 입찰봉투에 넣어 스테이플러로 찍어 봉하고 봉투의 지정된 위치에 날인하면 됩니다.

4) 입찰표 및 매수신청보증의 제출

입찰표와 매수신청보증이 들어 있는 봉투를 집행관에게 제출하여야 합니다. 봉투를 입찰함에 넣으면 집행관에게 제출한 것이 됩니다. 한 번 제출한 입찰표는 취소, 변경 또는 교환할 수 없습니다. 매수신청의 보증금액은 최저매각가격의 1/10입니다. 다만 법원이 상당하다고 인정하는 때에는 보증금액을 달리 정할 수 있으므로 주의하시기 바랍니다(재입찰의 경우에는 매수신청의 보증금액을 입찰가격의 2/10 혹은 3/10으로 정하는 것이 보통입니다). 매수신청보증을 제공하려면 현금, 자기앞수표 또는 일정액의 보증료를 지급하고 발급받은 지급위탁계약체결문서(경매보증보험증권)를 제출하면 됩니다. 매수신청보증을 제출하지 아니하면 입찰이 무효로 처리됩니다.

5) 입찰의 종결
① 입찰의 마감 및 개찰

입찰을 마감하면 지체 없이 입찰표를 개봉하여 개찰을 실시합니다. 입찰에 참여한 사람은 입찰표를 개봉할 때 참여할 수 있습니다.

② 최고가매수신고인의 결정

개찰 결과 가장 높은 가격으로 입찰하고 정해진 입찰보증금을 제공한 사람이 최고가매수신고인으로 결정됩니다. 만일 가장 높은 가격으로 입찰한 사람이 2인 이상일 경우에는 그들만을 상대로 추가입찰을 실시합니다. 추가입찰을 실시한 결과 또 다시 2인 이상이 가장 높은 가격으로 입찰한 경우에는 추첨에 의하여 최고가매수신고인을 정합니다.

③ 차순위매수신고인의 결정

최고가매수신고인 이외의 매수신고인은 매각기일을 마칠 때까지 차순위매수신고를 할 수 있습니다. 차순위매수신고란, 최고가매수신고인이 대금지급의무를 이행하지 아니하는 경우에는 자기의 입찰에 대하여 매각을 허가하여 달라는 신고를 하는 것을 말합니다. 차순위매수신고는 그 신고액이 최저매각가격 이상이고 최고가입찰가에서 그 보증금액을 공제한 금액을 넘는 경우에만 할 수 있습니다. 차순위매수신고를 한 자가 2인 이상인 때에는 입찰가격이 높은 사람을 차순위매수신고인으로 정하고, 입찰가격이 같을 때에는 추첨에 의하여 차순위매수신고인을 정합니다.

④ 매각기일의 종결

최고가매수신고인과 차순위매수신고인이 결정되면 집행관은 그들의 성명과 가격을 부르고 매각기일의 종결을 고지하게 됩니다. 입찰자가 없는 사건은 입찰불능으로 처리하고 종결을 고지합니다.

⑤ 입찰보증금의 반환

집행관은 매각기일의 종결을 고지한 후에는 최고가매수신고인 및 차순위매수신고인 이외의 입찰자에게 그들이 제출한 입찰보증금을 즉시 반환하게 됩니다.

◆.입찰실시
1) 입찰 전 확인사항

입찰당일 법정 게시판의 공고를 통해 당해 경매사건에 대해 최종 확인 취하, 변경, 연기, 전 낙찰자가 재경매 3일전까지 잔금을 낸 경우에는 당해 경매물건은 입찰이 실시될 수 없음.

2) 입찰에 참여할 수 없는 자
- 채무자겸 소유자
- 무능력자 (미성년자)
- 재경매의 경우 종전 낙찰자
- 이해관계 집행법원 및 그 친족
- 경매부동산의 감정인 및 그 친족
- 이해관계 집행법원의 법관, 담당 법원 직원
- 강제집행면탈 범죄자 및 경매를 교사하거나 방해한 자
- 공무집행방해 범죄자

3) 입찰 참가 시 준비물
- 본인이 직접 입찰에 참가할 경우
    ① 신분증 (주민등록증 또는 운전면허증 또는 여권
    ② 도장
    ③ 매각보증금 (최저가격의 10-20%)
- 대리인이 입찰에 참가할 경우
    ① 대리인을 증명하는 신분증
    ② 본인의 위임사실이 기록된 위임장 (본인의 인감이 날인된 것
    ③ 본인의 인감증명서
    ④ 대리인의 도장
    ⑤ 매각보증금
- 법인이 입찰에 참가할 경우
    ① 법인등기부등본
    ② 법인인감증명서
    ③ 대표이사 신분증
    ④ 법인인감도장
    ⑤ 매각보증금

4) 대금납부의 효력
등기없이도 소유권을 취득. 그러나, 부동산 처분을 하려면 등기하여야 함.

낙찰자가 대금을 납부하는 경우, 이해관계인의 경매신청의 취하신청, 경매개시결정에 대한 이의신청을 할 수 없음.

차순위신고인의 대금납부의무가 면하게 되고, 입찰보증금이 반환됨.

낙찰자에게 대항할 수 없는 채무자 또는 소유자에 대한 인도명령신청은 대금납부일로부터 6개월 이내에 신청해야 함. 만약 이 기간을 경과하면 명도소송을 제기하여야 함.

낙찰자가 부담하지 않는 부동산상의 권리들은 말소촉탁대상이 되어 소멸

◆ 입찰 볼 물건에 대하여

1) 건물의 명도전략을 사전에 구상
- 명도비용/시간 감안

2) 주택경매의 경우 임차인 확인
- 낙찰자에게 대항할 수 있는 임차인 유무 판단

3) 등기부상 인수되는 권리유무 확인
- 최선순위 근저당권 (근저당권이 없을 경우 강제경매신청 기입등기일 또는 가압류 등기, 담보가등기 중 빠른 권리)을 기준하여 선순위에 설정된 권리들 (전세권, 지상권, 지역권, 소유권이전청구권보전가등기, 가처분 등기, 환매등기)은 경매로 소멸되지 않음
- 유치권, 예고등기는 소멸기준에 관계없이 무조건 인수

4) 현장답사는 반드시 실시
- 부동산 공부와 현장이 일치하는지 여부파악

5) 경매부동산물건의 인근상황을 정확히 파악
- 유흥가, 가스충전소등 혐오시설 여부

6) 정확한 시세파악 후 입찰가격을 사전에 결정
- 법원의 최저매각가격은 단지 참고자료
- 시세가 가장 정확한 기준

7) 경매투자에 따른 수익성 여부를 확인

8) 입찰가격은 소신 있게 결정
- 자신의 책임하에 결정

9) 입찰서류 작성에 신중
- 정확한 입찰보증금
- 신법, 구법사건 구분

10) 경매대금 납부계획을 사전에 수립
- 낙찰 후, 보증금 10%를 제외한 잔여금액인 90%를 납부
- 기한은 항고가 없다면 통상 낙찰 후 1개월 이내
- 취, 등록세 준비

◆ **물건별 확인 시 유의사항**

■ **아파트**

요즘 들어 아파트경매의 낙찰가는 실거래가와 비교해도 별로 가격차이가 나지 않습니다. 그만큼 실수요자 층이 두꺼운 종목입니다.

아파트는 단지정비가 잘된 500가구 이상의 대단지가 좋고 소규모일 경우에는 대단지와 가까우면 유리하다. 그러나 1동짜리 아파트는 절대 피하는 게 좋다. 재건축대상 아파트가 아니라면 새로 지은 것일수록 좋고 대지지분이 넓어야 용적률이 낮아 주거환경이 쾌적하다.

경매로 아파트를 구입할 때 인근 부동산중개업소를 통한 시세파악과 관리사무소에서 방문하여 관리비 체납여부를 확인하는 것은 필수다. 법원의 감정가만 맹신하는 것은 절대 금물.

경매로 아파트를 취득하면 취득세금과 경비를 빼더라도 중소형 아파트는 10% 이상, 대형 아파트는 20% 가까이 주변시세보다 싸게 낙찰 받을 수 있다. 40평형 이상 대형아파트일수록 고가의 금액이다 보니 유찰횟수도 많고, 유찰 저감금액도 상대적으로 커 시세 보다 유리하게 구입할 수 있다는 뜻이다.

아파트는 단지정비가 잘된 500가구 이상의 대단지가 좋고 소규모일 경우에는 대단지와 가까우면 유리하다. 재건축대상 아파트가 아니라면 새로 지은 것일수록 좋고, 대지지분이 넓어야 용적률이 낮아 주거환경이 쾌적하다.

1. 단지규모 시공회사 : 500세대 이상, 유명건설회사, 관리비 등
2. 주차공간, 기타 편의시설 : 지하주차장, 상가, 유치원, 놀이터, 노인정
3. 재건축 대상인 경우 : 건축년도, 택지개발지구 지정 여부, 저밀도 아파트지구 지정 여부, 조합 구성 여부, 조합원 부담금 수준
4. 대지 처분 : 원래 대지권이 없는 경우(경락되어도 대지권 취득 못함) '대지, 건물 일괄입찰'이나 감정평가서에 대지권 가격이 포함되어 있는 경우는 안심입니다.
5. 주택거래 신고제지역 : 이 지역의 아파트는 경매로 낙찰 받으면 관할 시청, 구청에 15일 내 신고해야 합니다.

■ **단독주택. 다가구주택**

첫째, 단독주택은 감정평가서의 감정 가격을 면면히 검토해야 합니다. 다른 경매물건에 비해 현재의 시세와 많은 차이가 있습니다. 특히 1년 이상 입찰이 진행되지 못하고 있어 1년 전에 감정가가 그대로 평가서에 기록되어 있는 경우가 많습니다.

따라서 감정평가서의 금액보다는 직접 현장을 방문하여 정확한 시세를 파악해야 합니다.

둘째, 단독주택은 아파트와는 달리 거래가 정형화되어 있지 않으므로
정확한 시세 확인이 어려우므로 인근 공인중개사 사무소를 통해 토지가격을 재차 확인하고 임대수익률을 계산하여 목표수익률에 도달하는지를 계산해 봐야 합니다.

형식적인 조사방법으로는 낙찰가에서 오류를 범할 수 있습니다.

저는 공인중개사무소를 최소한 3군데 이상을 방문하여 비교한 후 낙찰가를 정합니다.

셋째, 다른 경매물건보다도 위치나 도로조건 또는 주변여건에 따라 시세가 다양하다는 것입니다. 특히 단독주택은 10년 이상이 되면 건물은 감가상각되어 감정가격에 건물가격이 포함되어 있다 해도이를 감안하여 입찰에 참가해야 하며, 대부분 주택가격이 토지가격인 경우가 많습니다.

네째, 중요한 이야기인데 진입도로는 주차 공간 확보와 직결되므로 가능한 4m 이상은 되어야 하며, 요즘 뜨고 있는 도시형 생활주택으로 활용하기 위하여는 주차장 설치 기준을 원룸형은 가구당 0.5대, 기숙사형은 가구당 0.3대로 하는 내용의 '주차장 설치 및 관리조례' 개정 에 맞춰야 합니다.

단독주택은 한달에 2,800여건 정도가 경매로 진행되며, 낙찰가율은 75%정도. 즉 1억 정도 하는 주택을 7,500만원에 살 수 있다는 얘기다.

또한 경매시장에서 노릴 만한 대상은 시세보다 감정가격이 크게 낮은 물건들이다. 보통 경매주택은 경매 개시가 결정된 후 보름 내에 감정한다. 여러 중개업소에 들러 낙찰 받은 후 당장 팔 수 있는 가격도 확인해야 한다. 세금과 명도 비용 등을 감안할 때 시세보다 10% 이상 싼 값에 낙찰 받아야 투자에 성공할 수 있다. 너무 싼 값에 응찰하면 낙찰받기 어렵다. 최소한의 이익이 보장되는 범위 내에서 가격의 상한선을 정해 입찰가를 정해야 한다. 입찰장의 분위기에 휩쓸리지 않는 것도 중요하다. 주택을 낙찰 받을 때 고려해야 할 점은 10년 이상 된 집은 건물가 비중이 높지 않기 때문에 싼값에 낙찰 받을 수 있는 반면 10년이 안된 집은 감가상각이 된다 하더라도 건물가액이 높기 때문에 감정가가 비교적 높게 책정된다. 따라서 반드시 주변 시세를 확인하는 게 중요하다. 구입 후 신축이나 리모델링 등을 한다면 도로를 끼고 있으면서 최소 50~80평 이상 되는 물건을 잡는 게 좋다. 1. 인접토지와의 경계 : 공부상 경계와 현황일치 여부 2. 도로와의 접면관계 : 폭 6m 이상 도로에 접하거나, 4m 이상 도로에 2면 이상 접해있는가 여부 3. 법정지상권 성립여부 : 건물주와 토지소유자와의 일치여부, 타인소유 미등기건물의 소재 유무, 단 토지소유자 명의의 미등기 건물로서 경매대상에 포함된 것은 안심, 전신주 기타 공작물의 설치 유무를 확인해야 합니다. 4. 구옥 : 장차 건축하고자 하는 건축물과 관련하여 규제사항과 건축가능성 여부 5. 다가구(다세대)주택 신축예정 : 인접대지와의 거리, 가구당 주차장비율, 가구당 최저평수, 층수 등이 규제되므로 대지면적이 최소 100평

정도는 되어야 합니다.

■ 공동주택(연립,다세대,빌라)

일반적으로 5층 미만의 공동주택으로 지층을 제외한 각층 바닥면적 합계(연면적)가 660㎡이하면 다세대주택으로 구분되며, 660㎡(200평)이상인 주택을 건축법상 연립이라 불립니다. 다른 경매종목처럼 지역에 대한 분석이 매우 중요합니다. 지역에 따라 연립등의 가격차이가 나기 때문입니다.

첫째, 재개발.뉴타운지역내 빌라가 환금성과 수익성에서 유리합니다.

뉴타운지역안에서도 주거환경개선지구, 재개발, 재건축, 도시환경정비사업등 사업종류에 따라 용적률 등에서 차이가 나므로 개발방식을 살펴보아야 합니다.

또한 밀도나 조합원수, 향후 아파트건립세대수, 면적도 중요한 변수입니다,

둘째, 연립과 다세대주택이 아파트에 비해 단점이 좀 많지만 그중에서 편의 시설 이용이 불편하므로 일정규모의 단지가 형성된 연립과 다세대주택의 경우가 좋습니다. 그렇지 않다면 주변 편의시설을 이용할 수 있는 지역의 주택이면 좋습니다.

세째, 주차여건이 연립. 다세대주택을 고르는 기준이 되고 있습니다.

따라서 주차공간이 어느 정도인지 현장답사 갔을때 살펴보고, 건물 내부자재와 설비 등을 체크하여 빌라를 전문으로 건축하는 시공사인지 알아보는 것도 필요합니다. 오래된 주택이라면 개·보수비용도 함께 체크해야 하며, 최소한의 수선유지비를 생각해야 합니다.

네째, 연립과 다세대주택을 현장답사해보면 의외로 일조량이 부족한 경우가 많이 있습니다. 보통 획일적인 평형으로 건축되므로 그중에서 동남향의 주택을 살펴보는 것이 유리합니다.

다섯째, 낙찰받는 목적에 따라 다르겠지만 가능하면 임대가격이 높은 곳을 물색하는 것이 좋습니다. 연립과 다세대의 경우 구입한 후 본인이 거주하기도 하지만 임대를 안고 사거나 임대를 놓는 경우가 많습니다. 임대가가 높은 지역의 물건이어야 초기투자비용이 적게 들어가고, 가격 상승가능성도 더 높습니다. 따라서 앞서 말한 것처럼 임대수요가 높은 역세권이나 자체내 생활권이 형성되는 지역 또는 대학교 인근의 물건을 먼저 찾으시면 재테크에 도움이 되실 겁니다.

빌라를 낙찰 받으려고 할 때는 고급빌라와 소형빌라에 따라 체크사항이 다르다.

고급빌라는 경매 투자는 투자금액이 큰 만큼 주의할 점도 한두 가지가 아니다. 고급빌라 우선 이들 빌라는 거래 수요가 많지 않기 때문에 단기 차익을 노린 투자보다는 실수요 목적으로 입찰하는 게 중요하다. 내부 마감재에 따라 가격차가 심해 현지 중개업소를 3곳 이상 방문해 실제 시세보다 입찰가가 저렴한지 정확한 시세파악 후 응찰하는 게 좋다.

소형빌라는 세입자들이 낙찰 받으면 좋다. 신축주택으로 단지를 형성하고 있는 것을 골라야 하며 가구당 1대 이상 주차가 가능해야 한다. 가급적 역세권 주택을 구입하는 게 유리하다.

경매·공매시장에서 저가매입의 기회를 잡아 여유 돈을 장기 간 굴릴 목적으로 매입하면 이만한 투자처도 드물다. 노후 연립주택 재건축은 단지 규모가 작고, 사업기간도 짧으므로 투자금액 회수가 빠르다. 오래 전에 지어진 연립주택일수록 대지지분이 많아 아파트에 비해 무상지분율이 높은 편이다. 조합원수가 적다보니 조합원간 합의도 쉬워 분쟁의 소지가 줄어들기 때문이다.

1. 대지지분 및 위치 : 대지지분이 많아야 하고, 쾌적성과 교통여건 등 접근성이 어떤가 여부
2. 구조 및 층수 : 구조 중 등기부상 구조와 층수가 현황과 일치하는가의 여부를 확인해야 합니다

■ **상가주택**

되도록 점포나 주택 공히 임대수요가 풍부하고 공실이 적은 지역 내 물건에 투자해야 나중에 되팔기도 쉽고 직접 영업하기도 좋다. 수회 유찰해 가격이 싼 것만 고집하지 말고 입지나 위치가 양호한 물건을 골라야 한다. 특히 장래 발전가능성도 따져보고 추후 건물의 가치가 오를 가능성이 있는 물건을 집중적으로 노려야 한다.

상가주택은 도로의 접면상태가 양호한 게 무엇보다 중요하다. 큰길가에 다소 떨어져 있는 이면도로의 물건이라도 차량통행이 가능한 최소 6m 이상 도로에 접해 있거나 4×6m이상 도로에 접해 있는 물건을 골라야 한다.

투자하려는 건물의 일부 층이 비어있거나 노후화 되어있더라도 지역 내 입지와 상권에 맞게 리노베이션 또는 용도를 변경해서 승산이 있다고 판단되면 과감하게 입찰에 참여할 필요가 있다.

■ **아파트 단지 상가**

아파트상가는 요즘 대형유통시설로 인해 상권이 점차로 사라져가고 있으니 주의해야 합니다. 근린상가는 역세권이나 기존 상권지역이 신생 분양상가면서 유리하므로 그 비교우에 있는 것이 무엇인지 살펴보고, 테마형 상가(쇼핑몰)는 무조건 피하시기 바랍니다.

되도록 단지 규모가 큰(최소 500가구 이상) 상가를 고르는 게 유리하다.

입주민의 생활수준이 높은 대형평수가 많은 단지 내 상가보다는 중소형 평형인 33~66㎡ 대의 서민형 아파트 밀집지역 내 상가가 훨씬 구매력이 높아 단지 내 상가가 활성화되는 게 보통이다.

상가의 규모는 아파트 세대수에 비해 작을수록 유리하다. 아파트 1가구 당 상가 면적이 0.5평 이하라면 투자성이 있고 상가가 활성화할 여지가 높다. 즉 1,000세대라면 상가의 연면적은 990㎡ 정도라야 상가활성화 여지가 있다고 할 수 있다. 되도록 인근 대형 유통시설과의 경쟁관계에도 신경을 써야 한다. 단지 내 상가는 대형 유통점과의 경쟁이 심하므로 되도록 멀리 떨어져 있어야 유리하다.

■ 농가주택
1. 경계 : 인접토지와의 경계관계를 지적도를 통해 정확히 파악하여 낙찰 후 분쟁소지를 없애야 합니다.
2. 진입로 : 폭 4m 이상 도로의 존재여부, 현황은 도로이나 지적도상에 표시되어 있지 않으면 차후 건축허가를 받을 수 없으며, 경우에 따라서는 진입로 개설에 필요한 토지를 별도로 매입하여야 합니다.
3. 지목 : 공부상 지목과 현재 이용 상황과의 일치 여부
4. 면적 : 500㎡ (151.2평) 이하인가의 여부
5. 규제상황 : 개발제한구역, 상수원 보호구역, 군사시설 보호구역, 공원구역 등 이용상 제한이 있는 지역인가의 여부를 확인해야 합니다.

■ 농지
1. 농지취득 자격증명 : 입찰에 응하기 전에 반드시 농지취득자격증명 발급 가능성 여부를 확인해야 하며, 기간 내에 이를 제출하지 못하면 낙찰이 불허될 수도 있습니다.
2. 면적 : 1,000㎡ 이상 인가의 여부
3. 용도변경 가능성 : 반드시 국토이용관리법상 '준농림지역' 이면서 농지법상 '농업진흥지역 밖' 이라는 두 가지 요건을 동시에 충족하고 있어야 장차 용도변경이 수월 합니다.
4. 농지전용 가능성 및 비용 : 농지와 접한 도로(농로)가 2m 이상인가의 여부, 전용으로 인하여 인근 농업진흥지역 농지의 훼손가능성 여부, 농지전용 부담금(공시지가의 20%)과 대체농지 조성비(㎡당 전 2,160원, 답 3,600원) 등 비용과 전용 후의 경제성 비교
5. 농지법상 규제 : 중요 농작업의 1/3 이상 또는 1년 중 30일 이상 직접 영농에 종사 가능성 여부, 만일 위의 조건을 충족시키지 못할 때는 강제처분 명령을 내리며 이때는 반드시 처분해야 됩니다

■ 상가
상가 경매의 핵심 포인트는 권리 분석이 아닌 입지 분석인데, 상가는 높은 수익률을 발생시

키는 위치가 절대적으로 중요합니다. 특히 상권이 어떠한지 판단해야 좋은 물건을 고를 수 있습니다. 또한 경매를 통한 상가 매입은 높은 권리금의 거품이 제거 되는 장점이 있는 반면, 권리금과 임대차 보증금 모두 들 인정받지 못한 세입자(임차인)들이 순순히 명도에 응해주지 않습니다.

특히 근린상가의 경우 싼값에 낙찰을 받았다 하더라도 임차인이 권리금과 보증금을 요구하며 명도에 응하지 않는 경우가 대부분이라 생각하여 다른 경매물건과는 좀 더 면밀한 명도전략을 세워야 합니다. 따라서 권리분석과정에서 치밀하게 명도계획을 세워야 한다.

임대차보증금보다 훨씬 많은 권리금이 붙어있는 점포 주인의 경우에는 임대차 보증금을 포기하고서라도 재계약을 하는 경우가 많은데 원만한 선에서 합의하는 것도 좋은 방법이 될 수 있습니다.

일반적인 근린상가나 상가는 임대료조사만 하여도 상권의 수준을 짐작할 수 있는데 일단 경매로 나온 상가의 상권이 일반적으로 떨어지는 경우가 있으므로 수익률분석에 보다 더 주의를 기울여야 합니다.

가장 중요한 것은 경매로 낙찰받는 목적이 무엇이냐는 것입니다. 단순 임대목적용이라면 아주 저렴하게 낙찰받아야 합니다. 또한 임대가 되지 않으면 괜한 관리비만 계속 내야 하므로 사용계획을 세운 후 입찰에 참가해야 합니다.

중요한 것은 상가를 낙찰받은 후 소호사무실이나, 고시텔등으로 리모델링하여 전체적인 수익률이 높여야 한다는 것입니다.

주 5일 근무가 본격적으로 실시되면 주말상권으로 불리는 젊은 층 유동인구가 많은 대학가나 역세권, 유흥가 주변 상권이 활기를 띤 가능성이 많다. 반면 정부청사 등 주요 관공서 주변 상가는 큰 타격을 입을 것으로 보인다.

단지내 상가, 대형보다는 소형상가를, 단기전매차익보다는 안정적인 임대수익을 노린 장기투자 매물을 노리는 것이 투자 포인트다.

하지만 상가는 경기에 민감하며 경기가 급랭할 경우 임대수익률이 급락할 가능성이 높다. 따라서 새로운 상권형성이 가능한지, 실수요자 층이 선호하는지, 입주 후 전문적으로 상가를 관리하는 업체가 있는지 여부를 세밀히 따져 봐야 한다. 상권분석에 자신이 없다면 주변상인의 말 한마디에 귀 기울일 필요가 있다.

근린상가는 임대료와 권리금이 수익률을 판단하는 기준이 된다. 낙찰 받아 개업할 생각이라면 업종을 미리 정해둔 후, 임대목적용이면 예상수익률을 고려해 매물을 고르는 게 현명하다. 아파트상가는 700가구 이상으로 주변에 대형유통시설이 없는 곳이 좋고, 상가주택이나 근린상가는 역세권이나 기존 상권이 임대나 매매시 유리하다.

상가를 단지내 상가, 근린상가, 테마형 상가 형태로 구분해 볼 수 있는데,

▶**단지내 상가**

단지내 상가는 독점상권보장으로 고정임대수익을 얻을 수 있어 퇴직자나 주부 등 임대소득자들에게 최고 인기를 누리고 있다. 배후 단지의 규모는 500가구 이상의 중급단지에 점포의 수는 적은 게 좋다. 배후세대가 아무리 많더라도 점포수가 많으면 독점적인 지위를 확보하기 어렵기 때문이다. 통상적으로 가구당 상가면적이 0.3~0.5평 이하가 돼야 안정된 투자수익을 올릴 수 있다. 예를 들면 1,000세대일 경우 상가 연면적이 300~500평 이내면 투자적격이다. 또 배후단지의 평형구성도 꼼꼼히 체크해야 한다. 배후단지의 평형이 40평형 이상 대형평형 위주로 구성된 곳은 피하는 것이 좋다. 대형평형 위주인 중산층 주거지역에서는 단지 내 상가보다 백화점이나 대형매장 등을 더 선호하는 경향이 있다. 30평형대 이하의 중소형평형 위주로 이뤄진 단지가 구매력이 좋다. 과거에는 선착순 또는 추첨방식으로 분양했으나 최근에 수요가 몰리자 내정가를 정해 최고가로 낙찰하는 경쟁입찰방식을 시행하고 있다. 내정가의 2배에서 낙찰될 경우 임대수익률은 크게 하락할 수밖에 없다. 내정가의 1.5배 이내에서 낙찰 받는 방안이 안전하며, 고가낙찰 또는 높은 프리미엄을 주고 매입하는 것은 금물이다.

▶**근린상가**

근린상가는 입지여건이나 배후인구에 따라 매출과 임대료가 다르며 개발계획이나 발전 잠재력에 의해서도 투자가치가 차이가 난다. 초기 수익률은 단지내 상가에 비해 떨어지는 편이나 시간이 지날수록 주변상권이 안정되고 땅값이 오르는 경향이 있어 자산가치측면에서는 오히려 유리하다. 높은 내재가치 때문에 불경기에도 쉽게 떨어지지 않고 주거를 겸용할 수 있어 자영업자에게 적합하다. 근린상가는 상가중에서 공급물량이 가장 많기 때문에 선택시 보다 주의가 요구되는데 역세권이나 대로변 등에 위치해 유동인구가 많은 곳이 좋으며, "퇴근길 상가"가 고객 흡인력이 높다.

▶**테마상가**

테마형 상가는 상권에 따라 거액의 프리미엄과 권리금을 노릴 수 있고 높은 월세수익도 기대할 수 있다. 반면 상권이 꺼질 경우 투자원금을 날릴 수도 있어 고수익, 고위험 법칙이 존재한다. 따라서, 매입 전에 철저한 입지분석과 함께 시행사 마케팅 능력과 경험, '상권활 성화방안' 수립 및 예산확보 여부에 대한 검증이 필요하다. 말뿐인 활성화는 공염불에 지나지 않고 반드시 분양가에 활성화 비용이 포함 돼야 한다. 단순 품목보다는 오락시설 등 엔터테인먼트 기능을 갖춘 테마상가가 안정적이고, 입점시기가 빠른 곳, 전문상인들이 많아 실제로 장사할

사람이 많은 상가 등을 선택하는 것도 요령이다. 주말에 가족단위로 찾기 쉽거나 대학생 등 젊은층 유동인구가 많은 대학가나 유흥가, 대규모주택 단지, 그리고 관광지 주변이 고객 확보 면에 유리하다.

1. 임차인 문제 : 상가입찰에서 가장 애로사항이 많은 분야이고, 법률상으로는 낙찰인이 책임져야할 사항은 아니나 현실적으로는 인도에 어려움이 생깁니다. 특히 거액의 권리금이 있는 상가일수록 인수받는데 많은 어려움이 따르므로 임차인과의 문제를 어떠한 방법을 동원하여 원만하게 해결하느냐가 상가입찰 성공의 관건입니다.

2. 상권형성 상태 : 경매입찰에 나오는 상가의 대부분이 상권형성이 미약하고 영업이 잘 안 되는 곳이 많으므로 주변의 상권분석을 철저히 하여 장래발전 가능성을 면밀히 따져본 후에 입찰여부를 결정합니다.

3. 단지 내 상가 : 단지 내 가구 수가 1,000 가구 이상이고 25 ~ 30평형의 중소평형의 아파트가 많은 곳이 구매력이 높습니다.

4. 입지분석 : 거주 인구수에 비하여 상업지역 면적이 지나치게 넓은 신도시지역상가에는 가급적 입찰하지 않는 것이 좋고, 주위에 백화점, 대형할인점, 재래시장 등 상권이 중복되는 지역도 피하는 것이 좋습니다.

5. 수익성 : 직접 운영하지 않고 임대를 놓을 경우 월 임대수익률이 순 투자액의 0.6% 이상은 되어야 합니다.

■ 임야

1. 개발가능성 여부 및 경계 : 낙찰 후 개발가능성에 대한 치밀한 계획이 필요하고, 따라서 대상임야가 준보진 임지인가외 여부와 시.군.구청 지적과에서 임야도를 발급받아 지형, 지물을 기준으로 경계를 파악합니다.

2. 분묘(분묘기지권) : 분묘기수와 위치를 파악하고, 인근마을의 이장 또는 읍, 면사무소에 들러 연고자 파악 가능성 여부를 알아봅니다. 연고.무연고 분묘를 구분하여 임야도상에 표시한 후 장래개발 이용계획에 분묘의 존재가 방해요인이 된다면 입찰에 응하지 않는 것이 좋습니다.

3. 진입로 : 장래 이용에 필요한 진입로 상태를 점검해야 합니다. 낙찰 후 개발단계에서 진입로가 없어 새로 개설할 필요가 있을 경우에는 개설에 필요한 인접토지의 매수비용 등을 고려해야 하고, 진입로 개설에 필요한 인접토지의 가격이 비싼 경우 전체비용 측면을 심사숙고하여 입찰참여 여부를 결정해야 합니다.

4. 각종 부담금 : 임야를 대지로 전환하는 데는 사림전용부담금(공시지가의 20%), 대체조림비 (㎡당 800원)가 추가비용으로 듭니다

■ 공장

경매로 공장을 구입하면 시세의 60~70%선에서 매입할 수 있다. 이처럼 취득비용을 대폭 절감할 수 있을 뿐만 아니라, 구입 후 간단히 정비만 하고 즉시 가동에 들어갈 수 있어 제품 경쟁력 확보는 물론 생산원가 절감 등 유리한 점이 많다. 공장을 구입하고자 할 때 현장 답사는 기본이며, 주변 시세와 공과금・임차관계・기계나 기구・장비 포함 유무 등을 확인하는 것도 응찰 전에 반드시 확인해야 한다. 또한 건물을 임대해 쓰는 경우 지상권 문제가 있을 수 있으므로 사전에 철저한 조사가 필요하다. 전기・도로・수도 등 기반시설 여부를 잘 살펴보는 것도 중요한데 아무래도 전용 공단내에 위치한 공장이 유리하다.

공장경매에는 응찰자들이 대부분 중소기업 운영자들로 한정돼 있어 보통 3, 4회 유찰후 새 주인이 결정된다. 공장을 구입할 때는 낙찰 받은 후 낙찰대금을 1개월 이내에 법원에 납부해야 하기 때문에 현금동원에 부담이 따른다. 따라서 경매에 참여하기 전에 자금동원 계획을 세워야 한다. 공장 저당법에 따라 토지와 건물 기타 공장에 속한 기계기구까지 담보물이 될 수 있으므로 소유권이전 후 은행 등에서 등록한 공장재산을 담보로 시가의 50~70%까지 대출받을 수 있다. 물건을 고를 때는 제품의 판매시장 및 원재료 구입시장과의 거리를 비롯하여, △간선도로 항만 철도 이용의 편리성 △물류비부담 △동력자원 및 용배수에 관한 비용 △노동력 확보 △관련산업과의 거리 등을 중점적으로 점검해야 한다.

종류가 다른 공장을 인수해 용도변경할 때는 미리 해당 지자체 지적과를 방문, 용도변경 허가여부를 확인해봐야 한다. 공장 재단목록에 올라있는 주요 동산은 감정평가서에 자세히 나와 있으므로 기계기구를 잘 챙겨야 한다.

1. 공장저당법 : 공장경매는 공장저당법에 의하여 기계, 기구류까지 일괄매수 하여야 합니다. 따라서 기계, 시설 등에 대한 전문가의 조언이 필요합니다.
2. 체납세금과 미납 공과금 : 경매입찰에 붙여진 공장은 대부분 부도로 인하여 생산 가동이 중단 된 상태에 있으므로 체납된 세금과 미납된 전기요금, 수도요금이 얼마인가 반드시 확인해야 합니다.
3. 오.폐수 배출상태 및 정화시설 구비여부 : 환경관련 법률의 강화로 오염물질을 배출하는 공장일 경우 오.폐수 배출상태와 이를 정화하는데 필요한 정화시설들이 갖추어졌는가 여부를 확인할 필요성이 있습니다. 만일 이런 시설이 관계법률에서 요구하는 기준에 미달되었을 경우에는 낙찰 받은 이들 시설물 보완에 많은 경비가 소요됩니다.
4. 확인 : 기타 공장의 용도변경 가능성 여부 등은 관할 시.군.구청 공업계를 통하여 확인합니다.

■ 토지

토지는 대지, 전, 답, 잡종지, 임야 등을 통틀어 말하며, 전체 물량(연간 30만 건 가량)중 10만 건 가량이 경매로 나온다. 토지는 환금성이 떨어져 돈이 묶일 수 있기 때문에 투자목적을 명확히 하고 이에 맞는 입지조건의 땅을 구입해야 한다. 가급적 여유돈으로 투자하는 게 좋으며, 토지공부상 내용과 토지사용현황이 일치하는지 반드시 확인해야 한다. 문서에는 대지로 표시돼 있는데 실제로 농지로 사용하고 있는 경우 문제가 생길 수 있다. 이를 확인하기 위해서 토지이용계획확인원을 발급받아 확인하면 된다. 도로 유무도 반드시 살펴봐야 할 사항이다. 땅 가치는 도로가 결정하는 만큼 전원주택 등을 지으려면 최소 4m 폭 진입도로를 확보해야 건축 허가가 난다. 또 보존녹지지역 그린벨트 상수원보 호구역 군사시설보호구역 등 규제에 묶여 있는 땅이나 인근 마을에서 멀리 떨어져 있거나 농지에 둘러싸여 있는 땅은 건축허가를 쉽게 받을 수 없기 때문에 반드시 현장답사를 해야 한다. 농지취득자격증명을 필요로 하는 경우 낙찰후 7일 이내에 해당 경매법원에 제출해야 낙찰허가를 받을 수 있다.

■ 오피스텔

임대가 비율(매매가에서 임대가가 차지하는 비율)이 높은 지역일수록 임대수요가 높다. 강북보다는 강남이, 외곽보다는 도심이, 대형 보다는 소형 오피스텔에 투자하는 것이 유리하다. 건축연도가 짧은 오피스텔일수록 주거기능의 비율이 높고 각종 생활편익과 첨단 정보시스템을 구축한 오피스텔이 많은 편이다.

투자목적이라면 임대수요를 먼저 따져봐야 한다. 일반적으로 전세보증금의 비율이 매매가의 50~60%를 넘어야 투자가치가 있다. 지하철 등 주변의 교통여건과 생활편익시설 구비 여부를 잘 따져보고 주거기능이 강화 된 오피스텔일수록 가치가 높은 게 보통이다.

요즘 적은 금액으로 수익률을 높이는 방법으로 오피스텔 경매물건의 경쟁률이 뜨겁습니다.

역세권인근 오피스텔의 낙찰가는 매매가와 차이가 없습니다. 고가낙찰이 되지 않도록 주의해야 합니다. 주거형 오피스텔이 아닌 사무형 오피스텔은 경매 전에 현장답사를 통해 전체 오피스텔 공간에서 주거부분이 얼마나 차지하는 지를 반드시 점검해야 하고, 주거부분에 대해서는 주택임대차 보호법이 적용되므로 권리관계를 꼼꼼히 따져 본후 하자가 없는 물건을 구입해야 합니다. 또한 연체되어 있는 일반관리비를 입주하는 사람이 떠안게 될 수도 있기 때문에 관리비의 연체유무도 확인해야 할 중요사항입니다.

오피스텔 구입 시 몇 가지 주의해야 할 사항으로는

첫째, :임대로 수익을 얻을 것인지 매매로 수익을 얻을 것인지를 결정한 후 구입 목적에 따라 지역 선정을 할 필요가 있습니다. 요즘같은 때에는 임대가 얼마나 잘 되느냐에 따라 그 가치가 결정됩니다. 임대가 잘 되려면 먼저 교통이 편리하고 주변생활시설도 잘 갖추어진 곳이어야 합니다. 또한 주변 환경에 따라 사무용으로 살 것인지, 주거용으로 투자용으로 투자할 것인지 결정하는 것도 필요합니다.

둘째, : 가격이 싼 오피스텔을 선호하기보다는 주변 오피스텔과의 비교를 통해 경매물건을 선택해야 하며, 평당 관리비가 일반 주거형보다는 다소 높으므로 그 비용도 생각합니다.

셋째, : 오피스텔은 입주 후의 상황을 예측해 보고 결정해야 하는데 가장 중요하게 생각해야 하는 것은 공급이 수요에 비해 지나치게 높아 임대나 매매가 되지 않는 지역은 피하는 것이 좋습니다.

◆경매물건선별요령

경매물건의 선별은 입찰자 개인의 몫이다. 통상 경매물건 선별은 취득목적의 결정-지역과 종목 선정-투자금액범위 설정- 권리분석-임대차분석의 순으로 진행된다. 이 과정에서 경매 수익성 여부가 결정된다고 해도 과언이 아니다.

◇**취득 목적과 지역. 종목 선정**=부동산 물건을 취득하는 목적은 대개 두 가지이다. 하나는 투자고 또 하나는 실수요이다. 투자가 목적이라면 역세권의 오피스텔, 강남 아파트, 재건축단지 주변의 연립주택, 상업지역 상가, 공장 수요가 많은 지역의 공장, 도로 여건이 양호한 개발용 토지 등이 알맞다.

반면 실수요가 목적이라면 입지여건을 보다 꼼꼼하게 살펴야 한다. 주거시설의 경우 학교시설, 교통여건, 쇼핑환경, 단지환경 등 가족 구성원 전체에 골고루 혜택이 갈 수 있는 지역이어야 한다. 공장 역시 제품의 판매시장 및 원재료 구입시장과의 거리 등을 따져봐야 한다. 지역 선정이 어려운 경우엔 자신이 거주하고 있는 지역 일대를 범위로 설정해보고 투자대상을 고르는 것도 좋은 예다.

◇**투자금액 결정**=낙찰금액 외에도 세금과 명도 비용, 컨설팅 수수료 등의 비용이 들어간다. 은행이나 보험사를 통해 경락잔금대출을 받을 수 있기 때문에 이를 포함하여 경매물건이 과연 금액적으로 소화할 수 있는 범위 안에 있는가를 보아야 한다. 요즈음에는 신건입찰사례가 부쩍 늘고 경매과열양상으로 낙찰가가 대폭 증가하였지만 유찰횟수로 볼 때 2회 이상 유찰된 물건을 고르는 것도 물건 검색의 수고를 더는 방법이다.

◆ **일반적으로 말하는 우량물건이란 어떤 물건일까?**

① 경매주택에 임차인이 없이 소유자가 거주하는 물건

주로 아파트, 빌라물건 중에 많고, 낙찰후 주택을 명도 받는데 1개월 정도 소요된다. 만약 집주인이 집을 비워주지 않을 때는 해당법원에 인도명령을 신청하면 2~3주후 명도집행이 가능하기 때문이다.

② 소액임차인만 거주하는 물건

소액임차인이란 주택임대차보호법상 임대보증금이 서울시 7,500만원, 과밀억제권역(서울제외, 인천포함) 6,500만원, 광역시(인천 군제외)와 안산, 김포, 용인, 광주시 5,500만원, 기타지역 4,000만원 이하의 임차인을 말하는데, (근)저당 (가)압류. 담보가등기 등의 말소기준권리보다 먼저 전입신고 되어있다면 최선순위로 각각 2,500만원, 2,200만원, 1,900만원, 1,400만원씩 낙찰대금에서 배당받을 수 있다. 그리고, 법원에서 배당받기 위해서는 전세계약서, 주민등록등본, 낙찰자의 인감이 첨부된 명도확인서를 법원에 제출해야 하기 때문에 배당받기 위해서는 먼저 집을 비워야 한다.

③ 선순위 임차인이 배당을 받아 보증금을 다 돌려받는 물건

해당 물건에 선순위 임차인이 있더라도 법원에 배당요구를 했으면 낙찰가에서 배당을 받아가기 때문에 낙찰 예상가를 미리 계산해 보고 선순위 임차인이 보증금을 전액 돌려받을 수 있는 물건도 좋다.

단순임대를 목적으로 할 경우 낙찰가 정하는 방법

보증금 2000만원/월세200만원   희망수익률: 7%로 예상했을 경우
2400만원(200만원 * 12개월) / 0.07 % = 3억4286만 원
(상가를 3억4,286만원에 구입하여 매월 200만원 원씩을 받으면 연간 수익률이 7%라는 뜻)
3억4286만 원 + 보증금 2000만원 => 3억6,286만 원(적정시세).

메모:

제11주:
경매의 함정과 주의점

1. 경매절차상의 경매함정 사례

1) 입찰표상의 입찰금액란은 절대 수정할 수 없다.
- 입찰가액의 기재가 정정되어 있는 경우에 정정인 날인 여부를 불문하고 무효로 처리

2) 배당요구는 첫 매각기일까지 하면 된다?
- 배당요구의 종기를 첫 매각기일까지 알고 있다가 뒤늦게 매각기일에 이르러 법원에 배당요구를 하였으나 배당요구기간이 지나 낭패를 보는 사례가 속출
- 법원이 정하는 배당요구 종기일 전에 배당요구를 해야 함.

3) 경매 부동산의 소유자는 매수인 자격이 없다?
- 민사집행규칙 제55조에 의하면, 채무자는 입찰에 참여할 수 없음. 따라서, 채무 자겸 소유자는 입찰에 참여할 수 없고, 물상보증인에 불과한 소유자는 입찰 참여 가능

4) 매수 신청전 해당사건의 변경, 연기 또는 취하여부 등 확인필요!
- 입찰 전 담당 경매계에 전화문의하거나 법원경매정보사이트에 접속하여 입찰하고자 하는 물건의 변경, 연기 또는 취하 여부를 확인해야 불필요한 수고를 줄일 수 있음.

5) 공유자우선 매수신고를 함부로 하지 말라.
- 신법에서는 공유자의 우선 매수신청은 있었지만 다른 매수신고인이 없는 경우, 우선매수신청을 최고매수신고가격으로 보아 우선매수를 인정
- 따라서, 매수신고 할 실익이 있는 경우에만 우선매수 신청. 실무상 법정에서 다른 매수신고인 참여여부 확인 후 법정에서 매수신고 하는 것이 바람직.

6) 명도소송 전 반드시 점유이전금지가처분 신청을!
- 명도청구의 본안소송 중 목적물의 점유가 이전되면 그대로 본안소송에서 패소하기 때문에, 새로이 제3자를 대상으로 소송을 제기하거나 그 제3자에게 소송을 인수시켜 소송을 유지하여야 함.
- 이를 방지하기위해 명도소송 전에 점유이전금지가처분을 하여야 함.

2. 입찰물건 선별상의 경매함정 사례

1) 농지경매의 경우 농지취득자격증명의 필요여부는 공부상 지목에 의한다?
- 공부상 지목이 농지라 하더라도 실제로 농지가 아니면 농취증 불필요. 다만, 농지가 필요없다는 사실이 관할 관청에서 발급하는 서면에 의해 증명되어야 함.
- 지목이 임야라 하더라도 실제로 농지로 이용되고 있다면 농취증 필요 (현황주의)

2) 제시 외 건물이 있는 경우 반드시 감정평가서 확인을!
- 미등기 상태의 증개축 부분이 존재하는 경우, 이를 종물이나 부합물로 보아 감정평가하여 감정가격에 포함시킨 후 주물과 함께 경매를 진행시키는 것이 실무
- 종물이나 부합물이 아닌 제시외 건물이 경매대상에서 제외된 경우 '입찰외 주택소재' '입찰외 창고소재' 등으로 표시

3) 산업단지내 산업용지 또는 공장취득은 신중히!
- 산업단지내의 산업용지 또는 공장을 경매로 취득하는 경우에 영위하고자 하는 업종이 산업단지내 입주 가능한 업종이어야 입주계약 체결이 가능
- 경매취득일로부터 6월 이내에 입주계약을 체결하지 못하는 경우 6월경과일로부터 1년 이내에 제3자에게 양도해야 함.

(산업집적활성화 및 공장설립에 관한 법률 제40조)

4) 임야의 경우 종중재산 여부 및 분묘소재여부 확인 필수!
- 중종재산을 경매를 통해 매수한 경우 종중의 원인무효 (종친회 임원이 사원총회의 결의 없이 저당권 설정)에 따른 '근저당권 말소청구의소'에 따라 소유권을 잃을 가능성 있음.
- 분묘의 존재여부, 관리어부를 조사하여 분묘기지권에 의한 피해 예방

5) 소액채권 경매물건을 조심하라!
- 감정가의 10%도 안되는 채권회수를 위해 부동산 경매를 이용하는 사례가 자주 발견됨. 이들은 경매에 부쳐지더라도 취하, 변경, 연기되는 경우가 90% 이상으로 대부분 불필요한 시간낭비를 하지 말 것

6) 불법으로 용도변경한 건물에 대한 각종 부담은 낙찰자 부담
- 경매를 통해 매수한 물건이 불법적으로 용도변경한 경우 (상업용을 주거용으로 하는 등), 이를 원상복구하지 않으면 매수인에게 형사고발 및 이행강제금이 부과
- 전소유자가 이미 형사고발된 상태라면 형사고발은 면할 수 있으나, 원상복구에대한 이행강제금은 6월 간격으로 부과되므로 매수희망자는 건축물대상, 등기부등본등을 발급받아 원래의 용도를 확인할 필요 있음.

7) 일부 지분만 경매에 부쳐지는 공유물건을 무조건 피하지는 말라!
- 건물의 1/3 또는 1/5이 경매에 부쳐지는 경우, 온전한 소유권 행사의 제약 때문에 입찰을 포기하는 것이 대부분이나, 지분을 매수한 후 소유권 행사시 다른 공유자와 원만히 진행되지 않는 경우 공유물 분할을 법원에 청구하면 법원은 매각분할을 하는 것이 통상적이므로 의외로 큰 수확을 얻을 수 있음.

3 | 권리분석상의 경매함정 사례

1) '대지권없음'과 '대지권 미등기'는 하늘과 땅차이
- 대지권이 없는 경우는 시유지 위에 건축된 집합건물, 당초부터 토지와 건물의 소유자를 달리한 경우의 건물의 경매로서 건물만 입찰에 부쳐지므로 요주의 (후에 지료납부)
- 택지개발 또는 신도시개발 등에 의해 건축된 공동주택의 경우 토지구획 또는 지분관계가 완료되지 않아 아직 대지권 미등기인채로 경매에 부쳐지고, 법원은 대지사용권을 감정평가에 포함시킴 (후에 매수인 비용으로 대지권 등기가능)

2) '토지별도등기'가 있는 경우
- 토지별도등기가 있으면, 건물에 대한 저당권만으로 경매가 진행되고 그 토지의 저당권은 매각으로 말소되지 않는 경우임.
- 이 경우, '토지별도등기 매수인 인수'라는 특별매각조건이 붙어 있지 않거나, 토지저당권자가 채권신고를 한 경우(토지저당권자는 배당을 받고 토지저당권은 말소가 됨)에만 경매에 참가해야 함.

3) '담보가등기', 그 등기시점에 유의하라!
- 담보가등기는 저당권으로 취급되어 말소기준권리로서 항상 소멸하는 것이 원칙
- 그러나, 1984년 1월1일 이전에 설정된 가등기는 무조건 소유권이전청구권 가등기로 취급됨.

4) 전 소유자의 가압류는 무조건 매수인이 인수한다?
- 전 소유자의 가압류 후 소유권이 이전되고 새로운 소유자에게 발생된 가압류 또는 담보권에 기한 경매의 경우 전소유자의 가압류는 말소되지 않음.
- 그러나, 다음과 같은 경우 전 소유자의 가압류는 말소됨.
- 가압류(경매신청권자)-저당권-소유권이전-저당권 (또는 가압류)
- 가압류-저당권(경매신청권자)-소유권이전-저당권 (또는 가압류)
- 저당권-가압류-소유권이전-저당권(가압류)(경매신청권자)

쉬어가기

유치권이 성립하기 위해서는 반드시 점유를 필요로 하나, 유치권자가 직접 점유하지 않고, 직원 기타 친족 등에 의한 간접점유에 의해서도 성립합니다. 유치권자에게 그들의 채권액을 변제할 경우, 반드시 유치권 당사자에게 변제를 해야 합니다. 법인인 경우 대표이사에게 해야 합니다. 변제금액이 유치권자에게 전달되지 않을 수도 있기 때문입니다. 또한 임차보증금의 변제와 마찬가지로 유치권 변제와 명도는 반드시 동시에 하는 것이 좋습니다.

---

5) 선순위 담보물건의 채권액이 소액인 경우 대위변제의 가능성 농후
- 대위변제는 주로 1번 근저당 채권최고액이 소액인 경우 바로 다음 순위의 후순위 채권자

가 그들의 불안한 지위를 안전한 지위로 격상시키기 위해 행하는 것이 보통

6) 법정지상권, 무조건 피할 일은 아니다.
- 물건을 정확하게 분석해보면 법정지상권이 성립하지 않은 것도 있을 수 있고, 성립되더라도 그 존속기간이 짧거나, 이미 유찰이 많이 되어 저렴하게 매입하고 상대적으로 높은 지료를 받을 수도 있음.

4 │ 임대차분석상의 경매함정 사례

1) 일반매매에서의 대항력과 경매에서의 대항력
- 일반매매에 있어서는 전입과 점유를 하면 선후순위에 관계없이 신소유자에게 임차인으로서 대항력 주장 가능
- 경매에 있어서는 대항력을 주장하기 위해서는 말소기준권리보다 앞서 있어야 함.

2) '임대차관계 미상'인 경우 리스크는 매수인이 부담
- 대항력있는 선순위 임차인은 집행관의 현황조사시 응하지 않는 경우가 있음. 이 경우, 집행관은 '임대차관계 미상' 또는 '폐문부재로 임대차관계 조사 하지 못함'으로 처리하고, 매수인이 인수하는 경우가 있으니 주의해야 함.
- 이런 경우, 동사무소에서 임차인의 전입일자를 확인하고 결과 선순위라고 판단되면 가급적 입찰을 피할 것

3) '세대합가'의 문제
- 문제가 되는 '세대합가'란 갑이 선순위 임차인으로 거주하다 뒤늦게 갑의 부친인 을이 동일 호수에 입주하면서 갑과 을이 세대를 합친 경우를 말함. 이 경우 삽의 전입일자는 삭제되고 을이 입주한 일자를 기준으로 전입일자가 잡히지만, 임대차 보호법상 대항력은 갑의 당초 전입일을 기준을 발생 (대판 1989.1.17. 선고 88다카143)
- 매수희망자는 '세대합가'라는 말이 나오면 반드시 주민등록초본을 확인해야 함.
- 다만, 개정된 주민등록법시행규칙(개정 2001.7.28)에 의하여 이해관계인이 아닌 경매참가자의 경우에는 주민등록 등초본의 교부를 신청할 수 없어 이를 파악하기란 쉽지 않음.

4) 다가구주택의 임차인은 호수를 특정하지 않아도 대항력은 인정된다.
- 다가구주택의 임차인은 다가구주택의 지번만으로 전입신고를 하면 되고 호수를 특정하여 주민등록을 하지 않아도 대항력이 인정됨.
- 판례의 경우 다가구 주택 임차인이 종전에 임차하고 있던 부분에서 다른 부분으로 옮기면서 그 옮긴 부분으로 다시 전입신고한 경우 (대법 1998.1.23, 97다47848), 전입신고를

다시 하지 않았더라도 (서울지법 1998.1.22, 97가합40419), 다가구주택의 호수를 잘못 기재한 경우 (대법 1997.11.14, 97다29530)에도 대항력을 인정

5) 다세대주택의 공용부분에 입주한 임차인의 대항력은 없다.
- 다세대주택 등 건물의 구분등기가 가능한 주택은 동호수를 기입해야 대항력 인정
- 임차는 공유부분(옥탑, 지하 등)이 아닌 전유부분에 전입신고를 해야 대항력 인정 (서울지법 2001나12248, 서울지법2000나52219)

6) 임차인의 대항력 유무는 건물만을 기준으로 한다.
- 토지에 대하여 1순위 저당권이 설정되고, 그 후 임차인이 대항력을 갖춘 다음 건물에 1순위 저당권이 설정된 경우, 건물의 낙찰자에게 임차인은 대항력을 갖추고 있음. (대법 1997.8.22 96다53628)
- 다음 사례에서 임차인 C는 변제를 받을 수 있을까요?
- 정답 받을 수 있다는 것입니다. 왜 그럴까요?(토지와 건물별도)

토지저당   토지저당

7) 선순위 담보물권 설정일을 기준으로 소액임차인이 아니더라도 기회는 있다.
- 임차인은 A 근저당권을 기준으로 소액보증금의 범위를 벗어나 소액최우선 변제를 받을 수 없으나, 매각가격이 A 근저당 채권액을 전부 배당하고도 남아 B 근저당까지 이루어진다면 임차인의 지위는 2번 근저당권을 기준으로 변동. 따라서 소액임차인은 B 근저당권에 우선하여 1600만원을 변제받을 수 있음.

8) 특수주소변경물건 - 좋은 투자 기회일 수 있다!
- 특수주소변경이란 주민등록상 전입된 지번이나 동호수가 실제지번 또는 동호수와 다른 경우 당사자의 신청이나 직권으로 이를 정정하는 것을 의미
- 임차인의 착오로 인한 경우 변경이 일어난 재전입 다음날 0시에 대항력 발생
- 동사무소 직원의 실수로 발생한 경우에는 최초 전입일 기준으로 소급하여 대항력이 인정됨. (대법 1991.8.13, 91다18118)

◆사례분석

5 | 사례 분석 총 정리

1) 말소기준권리 이전의 보증금액만 낙찰자에 대항
- 위의 사례에서 예상배당은 다음과 같음.

○ 1순위 : 전세권 인호선 3천만원

○ 2순위 : 근저당 김복동 6천5백만원

2) 말소기준권리 이전의 보증금액만 낙찰자에 대항

■ 예상 배당

○ 1순위 (우선변제) : 임차인 유굉필 4천5백만원

○ 2순위 (우선변제) : 임차인 조정훈 4천만원

○ 3순위 (우선변제) : 근저당 김지희 4천만원

○ 4순위 (우선변제) : 임차인 유굉필 증액분 1천5백만원

○ 5순위 (우선변제) : 임차인 조정훈 증액분 중 약 5백만원

3) 낙찰자 인수금액이 있는 경우

■ 예상 배당

○ 1순위 (최우선변제) : 임차인 강대곤, 임백이 각 1천 2백만원

○ 2순위 (우선변제) : 임차인 이창열 8천만원

○ 3순위 (우선변제) : 근저당 1억4천6백만원

○ 인 수 : 김진태 6천5백만원, 강대곤 1천3백만원

4) 임차인은 많아도 인수되는 임차인은 없는 경우

■ 예상 배당

○ 1순위 (최우선변제) : 임차인 최영자, 김정일, 안종대, 이상철, 이내윤, 안복남, 박기선 각 7백만원

○ 2순위 (우선변제) : 근저당 조흥은행 9천만원

○ 3순위 (우선변제) : 근저당 국민은행 6천만원

○ 4순위 (우선변제) : 근저당 신한은행 1천1백만원

5) 소액보증금 최우선변제의 기준권리가 변동되는 경우

■ 예상 배당

○ 1순위 (최우선변제) : 임차인 지영진 7백만원

○ 2순위 (우선변제): 근저당 삼성생명 8천만원

○ 3순위 (2차 최우선변제): 임차인 이재하, 정태금 각 1천2백만원,
　　　　　　　　　　　　 임차인 지영진 5백만원

○ 4순위 (우선변제): 근저당 채신서 2천만원

○ 5순위 : 김종억 6천만원

○ 6순위 : 정태금 1천3만원

6) 유치권이 있는 경우

- 예상 배당 (배당금액이 2억3천만원일 경우)
  - ○ 1순위 (우선변제) : 임차인 김선오 5백만원 (법원이 유치권을 인정하고 배당할 경우)
  - ○ 2순위 (우선변제) : 한빛은행 1억1천5백만원
  - ○ 3순위 (우선변제) : 임차인 김선오 1억1천만원
  - ○ 인수 : 임차인 김선오 2천만원

---

1. 등기부외적인 권리와 이들권리가 경매절차상 어떠한 지위를 차지하고 있는지 설명
법정지상권 - 민법상의 법정지상권과 관습법상의 법정지상건의 내용 및 관련 판례
유치권 - 성립요건, 효력 및 관련 판례
분묘기지권 - 분묘기지권의 범위, 무연분묘의 처리방법, 관련 판례

2. 기타권리분석 관련 문제
대지권 미등기 - 경매감정가에 대지권 포함 여부 확인
토지별동등기 - 작찰자 인수조건이라는 특별매각조건 있는지 확인
체납관리비 - 전유부분과 공유부분 체납관리비중 낙찰자는 공유부분의 체납관리비만 부담
위반건축물 - 이행강제금 부과 및 부과기준
제시외 건물 - 종물과 부합물인 제시외 건물, 종물과 부합물이 아닌 제시외 건물
학교법인, 사회복지법인 기본 재산 - 매각허가 또는 소유권 이전이 곤란한 이유

---

1. 경매대상물건에의 숨은 하자 발견
　가. 권리상의 하자, 물건내역상의 하자
　나. 하자 치유비용 추정으로 취득시 소요비용 반영

2. 입찰시전의 시세조사를 통한 감정평가액의 적정성 여부 평가
　=경매물건의 저가감정 또는 고가감정 여부판단에 따라 입찰시점율, 고가낙찰피해 예방
　가. 감정시점이 가격 정점기인 경우: 입찰시점에서는 감정평가액이 현 시세보다 높음.
　나. 감정시점이 가격 저점기인 경우: 입찰시점에는 현 시세가 감정평가액보다 높음.

3. 현상의 가치뿐만 아니라 개발호재, 활용방안 등 잠재적 미래가치 평가를 통해 입찰가 반영
　=미래가치가 반영되는 경우 적극적 입찰가 선정

4. 점유자의 성향 파악으로 낙찰 후 인도(명도)협의 비용 및 인도(명도)기간고려
　=경매투자수익률 분석에 반영

5. 현장조사와 더불어 취득 후 매각 가능성 검증 또는 매각 시 거래수요에 대한 정보 습득
　=경매 투자자금의 회수기간 판단

제12주:
질의응답 및 총정리

⊙ 경매 물건의 탄생-강제경매와 임의경매의 차이점

경매는 돈을 빌려주고 못 받은 사람이 빚진 사람의 부동산이 소재하는 지방법원에 경매신청서를 접수함으로써 시작된다. 누가 경매를 신청했느냐에 따라서 임의경매와 강제경매로 나누어진다.

● 임의 경매

돈을 빌려주면서 부동산 등기부등본상에 담보권을 설정한 사람이 돈을 받지 못할 경우 담보 물권을 바로 경매신청 하는 것이다. 강제경매는 담보권 없이 차용증이나 약속어음 등을 받고 돈을 빌려준 사람이 약속한 날짜가 지나도 돈을 받지 못했을 때 채무자 소유의 부동산을 경매 신청하는 것이다.

● 강제경매

신청할 때는 먼저 차용증 등을 근거로 채무자의 부동산에 가압류를 신청한 후 빌린 돈을 돌려달라는 재판을 별도로 해야 한다. 재판에서 승소한 다음에는 판결문을 가지고 채무자의 부동산을 다시 경매에 붙치면 된다.

- **첫 번째**, 환금성이 높은 물건을 골라라.
- **두 번째**, 권리분석을 철저히 하라
- **세 번째**, 입찰가격의 상한선을 미리 정하라.
- **네 번째**, 낙찰 후 소유권확보에 신경 써라.

》 투자원칙 중 가장 중요한 것-부동산변화에 민감해야한다
 (적정한 시기의 투자와 적정시기의 매도 시점)

1. 정보활동	- 경매 정보지 및 경매14일전 신문공고 및 법원 사이트공고 물건자료열람 (일주일전)가능, - 무료, 유료사이트로 검색 (입찰물건 명세서. 임대차조사 등)
2. 임장활동	- 현지(물건확인)답사. - 시세확인(부동산업소 방문 및 전화확인) 교통 및 주변여건 확인 - 세입자와 면담 등 물건확인 .건축의 상태확인
3. 입찰활동	- 법원입찰. 입찰표 기재 및 준비사항 지참 입찰 참여 (보증금. 주민증. 도장. 대리시: 위임장)

4. 명도(인도)활동	- 인도를 위한 세입자 및 채무자와 합의 인수 및 상담(명도와 함께 잔금납부) - 강제 집행 최후의 수단 - 협의와 함께 따로 인도명령을 신청하여 동시진행 한다.
5. 소유권 이전활동	- 법무사에게 위임하거나 직접 등기 이전 (소유권 등기 이전 촉탁)
6. 임대, 매매 활동	- 중개업소 및 지인의 소개로 임대, 매매 하는데 - 각종 세금 및 수수료, 매매시기 등을 체크

> 부동산 법원경매는 자본주의 국가에서 법원이 있는한 지속적인 은퇴없는 직업이라고 할 수 있습니다.

⊙ 부동산경매의 주체

- **채무자**: (또는 물상보증인으로서 소유자)
- **채권자**:
- **법원(경매계)**: 경매계는 관할 법원 내의 경매 사건을 한 번의 경매 때마다 적정 분량(100~200건 정도)을 안분 배당받아 전담 처리하는 곳으로, 경매 사건이 증가함에 따라 경매계의 숫자가 계속 늘어나는 추세이고, 전국적으로 약 200여개의 경매계가 있다.
- **입찰인**: 채무자의 재산을 채권자가 경매 신청하여 법원이 대신 경매를 실시하고 입찰인들의 입찰로 낙찰 후 납부된 대금으로 경매 신청한 채권자와 기타 채권자들이 배당을 통해 채권을 회수한다. 법원이 대신하는 것뿐이지 하나의 매매로서 매매 당사자에 있어서 매도자는 어디까지나 채무자이고, 매수자는 낙찰인 이다.

정보활동/ 임장활동 /입찰활동/ 명도활동 /소유권 이전활동

1 (정보활동)

(1) 경매정보지에 의한 물건 선택

경매정보지에 의한 물건 선택이 다음 사항을 점검하여야 한다.

1) 말소기준권리분석	2) 경매신청권자 확인
3) 청구채권액 확인	4) 대위변제 가능성 확인
5) 최우선변제금 지급기준권리 확인	6) 물건분석 및 가격시점 확인
7) 수익분석	8) 명도분석

2 (임장활동)

(1) 현장답사, 시세조사 및 동사무소, 구청, 등기소 방문

1) 현장답사

경매물건의 현장답사를 반듯이 하여야 한다. 참고로 낙찰된 물건에 대한 현장답사 등을 통하여 낙찰자의 입찰금액을 분석해 보는 것도 경매투자의 감을 잡을 수 있는 한 방법이 될 수 있다.

2) 시세조사

시세조사는 경매부동산 인근에 소재하는 중개업소 2군데 이상을 방문하여 현재의 부동산 가치 및 미래가치에 대한 조사를 하여야 한다.

3) 동사무소 방문

경매부동산을 관할하는 동사무소에 가서 **주소별 세대열람내역**을 확인하여 전입자 및 전입일자를 확인하여야 한다.

▶주소별 세대열람 내역◀

행정기관 : 자양제1동   작업일자 : 2005년 1월 3일
페이지 : 1

주 소 : 서울특별시 광진구 자양동 000-000

순번	세대주 성명	전입일자	거주상태	최초전입자성명	전입일자	거주상태
1	홍길동(洪吉童)	2004-03-02	거주자	홍길동	2004-03-02	거주자
2	김개동(金開東)	2004-03-02	거주자	김개동	2004-03-02	거주자
3	김철수(金鐵洙)	2004-01-26	거주자	김철수	2004-01-26	거주자

서울특별시 광진구 자양동 000-000

4) 구청방문

경매대상 부동산을 관할하는 구청이나 시청 또는 군청에 가서 건축물대장, 토지대장, 토지이용계획확인원, 지적도, 개별공시지가 확인원을 발급받도록 하자.

5) 부동산등기부등본열람

부동산 관할 등기소 또는 대법원 홈페이지에서 부동산등기부등본을 발급받아 최종적인 권리분석을 하여야 한다.

(3) 매각물건명세서, 현황조사보고서, 감정평가서 열람

매각기일 7일 전에 경매법원 민사집행과를 방문하여 매각물건명세서와 현황조사보고서 및 감정평가서를 열람하여야 한다. 참고로 대법원(www.scourt.go.kr)의 법원경매정보 싸이트를 방문하여 초기화면 경매정보검색창의 "경매물건검색"에 들어가서 경매법원을 선택하여 담당 경매계를 클릭하면 매각물건명세서 등을 확인할 수 있다.

● **감정평가의 방법**

부동산 감정평가 방식에는
▷원가방식 ▷비교방식 ▷수익방식 등 3가지가 있다.

이들 3가지 방식별로 다시 해당 부동산의 가격을 구하는 방법과 해당 부동산의 임대료를 구하는 방법이 있는데, 3가지 방식에 6가지 방법이 있다 해서 '3방식 6방법'이라 부른다.

▶원가방식은 건축을 하는데 어느 정도의 비용(원가)을 들여야 하는가의 관점에서 가격을 산출하는 방법이다.

▶비교방식은 해당 부동산의 가격을 시장성, 즉 해당 부동산이나 해당 부동산과 비슷한 부동산의 거래 사례(시세)와 임대차 사례를 비교하는 관점에서 가격을 산출하는 방법이다.

비교방식으로 해당 부동산의 가격을 구하는 방법을 거래사례비교법(매매사례비교법)이라고 하고, 임대료를 구하는 방법을 임대사례비교법이라고 한다.

▶수익방식은 해낭 부동산이 향후 일정기간까지 얼마만큼의 수익을 올릴 수 있을까하는 관점에서 부동산 가격 등을 평가하는 방식이다. 즉 해당 부동산의 향후 수익을 산출해 부동산의 가격 또는 임대료를 구하는 것이다.

소득접근법이라고도 불리는 이 수익방식에서 해당 부동산의 가격 구하는 방법을 수익환원법이라고 하고, 임대료 구하는 방법을 수익분석법이라고 한다.

방식	원리	명칭	방법	주요 대상물
원가방식	비용의 원리	적산가격	원가법	전원주택, 독립된 건물
		적산임료	적산법	
비교방식	비교의 원리	비준가격	거래사례비교법	아파트, 공동주택
		비준임료	임대사례비교법	
수익방식	수익의 원리	수익가격	수익환원법	상가, 영업장소
		수익임료	수익분석법	

● **권리분석이란?** : 일반매매는 전부 인수 및 승계를 하지만 경매는 다르게 권리를 인수하는 것이 있고 인수가 안 되는 것이 있다 법원경매를 통해 경매물건을 낙찰받기 전 낙찰자가 낙찰대금 이외에 추가로 인수해야 되는 권리가 있는지 여부를 확인하기 위한 절차이다. 권리분석을 하기 위해서 기준이 되는 권리(말소기준권리)를 찾아내어 그 이전 권리는 인수되고, 그 이후 권리는 말소된다. 이 때 인수되는 권리와 말소되는 권리를 구분해야 하며, 낙찰 후에도 소멸되지 않는 권리는 낙찰자에게 인수된다.

그러면 말소기준권리에 무엇이 있는가 확인한다.①저당(②근저당),③압류(④가압류),⑤담보가등기,⑥경매개시등기,⑦전세권 총 7가지로 나눌 수 있다.

즉 말소기준 권리는 외우어야 하는데 앞글자를 따서 저압담경전 이라고 외운다

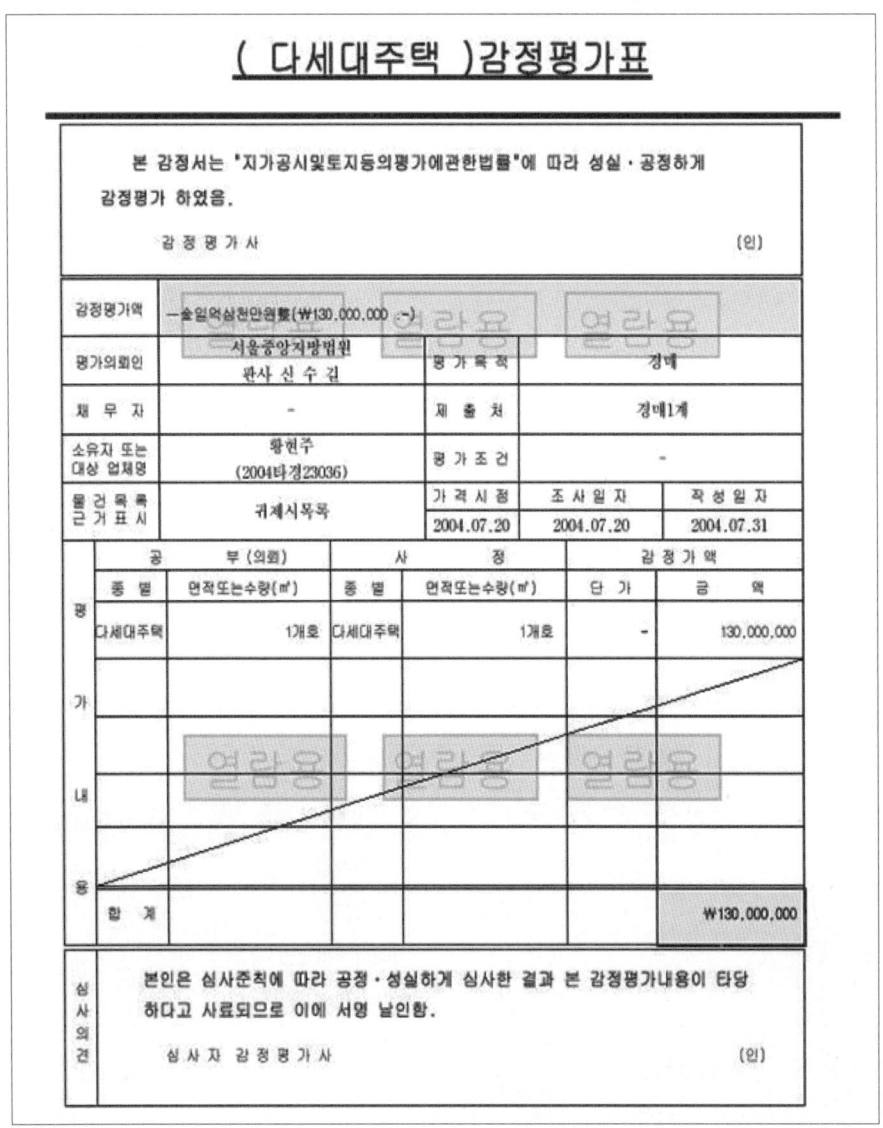

점유자	점유부분	출처	권리	점유기간	보증금	차임	전입일자	확정일자	배당요구
장세현	방1칸	현황조사	임차인	2004. 6. 18. ~2006. 6. 17.	1,600만원		2004. 6. 22.	2004. 6. 22.	
장세현	방1칸	권리신고	임차인	2004. 6. 18 ~	금 1,600만원		2004. 6. 22.		2004. 9. 20.
최용준	미상	현황조사	임차인	미상	미상		2004. 6. 19.	미상	
최용준	방1칸	권리신고	임차인	2004. 6. 19	금 1,700만원		2004. 6. 19.	2004. 6. 19.	2004. 9. 10.

부동산의 현황 및 점유관계 조사서

1. 부동산의 점유관계

소재지	1. 서울특별시 관악구 봉천동 673-91 4층 402호
점유관계	채무자(소유자)점유, 임차인(별지)점유
기타	

임대차관계조사서

1. 임차 목적물의 용도 및 임대차 계약 등의 내용

[소재지] 1. 서울특별시 관악구 봉천동 673-91 4층 402호			
1	점유인	최용준	당사자구분	임차인
	점유부분	미상	용도	주거
	점유기간	미상		
	보증(전세)금	미상	차임	
	전입일자	2004. 6.19	확정일자	미상
2	점유인	장세현	당사자구분	임차인
	점유부분	방1칸	용도	주거
	점유기간	2004. 6. 18~2006. 6. 17		
	보증(전세)금	1,600만원	차임	
	전입일자	2004. 6. 22.	확정일자	2004. 6. 22.

부동산표시목록			
번호	지번	용도/구조/면적	비고

1	서울특별시 관악구 봉천동 673-91 4층 402호	1동의 건물의 표시
		서울특별시 관악구 봉천동 673-91
		철근콘크리트조 평스라브지붕 5층 다세대주택(8세대)
		1층 121. 62m²
		2층 138.76m²
		3층 138.76m²
		4층 138.76m²
		5층 132.16m²
		옥탑 15.60m²
		
		전유부분의 건물의 표시
		   건물의 번호 : 4층 402호
		   구　　　조 : 철근콘크리트조 63. 86m²
		
		대지권의 목적인 토지의 표시
		   토지의　표시 : 1.서울특별시 관악구 봉천동 673-91 4층 402호 238m²
		   대지권의 종류 : 1. 소유권
		   대지권의 비율 : .1 238분의 30.14
			임대차관계: 별지와 같음

			부동산임의경매

3 (입찰 활동)

1) 매각장소

매각기일은 법원 안에서 진행합니다. 매각장소에는 매수신청인이 입찰표를 작성할 수 있는 설비 (입찰표 기재대)가 마련되어 있습니다.

2) 입찰의 개시

입찰절차는 집행관이 진행합니다. 집행관은 입찰을 시작하기에 앞서 입찰희망자가 매각물건명세서 ·현황조사보고서 및 평가서의 사본을 볼 수 있도록 합니다.

또한 특별한 매각조건이 있으면 이를 알려드립니다. 집행관이 입찰표의 제출을 최고하고 입찰마감시각과 개찰시각을 고지하면 입찰이 시작됩니다.

3) 입찰표의 작성

기일입찰에 참여하려면 흰색 용지로 된 "기일입찰표"를 작성하여야 합니다. 기일입찰표에는 ① 사건번호, ② 입찰자의 성명과 주소, ③ 물건번호, ④ 입찰가격, ⑤ 대리인에 의하여 입찰하는 경우에는 대리인의 성명과 주소, ⑥ 입찰보증금액을 기재합니다. 입찰가격은 일정한 금액으로 표시하여야 하며, 다른 사람의 입찰가격에 대한 비율로 표시할 수 없습니다.

입찰을 하려는 사람은 입찰표 기재대에 들어가서 입찰표를 기재하고, 매수신청보증을 입찰보증금 봉투에 넣고 1차로 봉한 다음, 기재한 입찰표와 매수신청보증봉투를 다시 큰 입찰봉투에 넣어 스테이플러로 찍어 봉하고 봉투의 지정된 위치에 날인하면 됩니다.

4) 입찰표 및 매수신청보증의 제출

입찰표와 매수신청보증이 들어 있는 봉투를 집행관에게 제출하여야 합니다. 봉투를 입찰함에 넣으면 집행관에게 제출한 것이 됩니다. 한 번 제출한 입찰표는 취소, 변경 또는 교환할 수 없습니다. 매수신청의 보증금액은 최저매각가격의 1/10입니다. 다만 법원이 상당하다고 인정하는 때에는 보증금액을 달리 정할 수 있으므로 주의하시기 바랍니다(재입찰의 경우에는 매수신청의 보증금액을 입찰가격의 2/10 혹은 3/10으로 정하는 것이 보통입니다). 매수신청보증을 제공하려면 현금, 자기앞수표 또는 일정액의 보증료를 지급하고 발급받은 지급위탁계약체결문서(경매보증보험증권)를 제출하면 됩니다. 매수신청보증을 제출하지 아니하면 입찰이 무효로 처리됩니다.

5) 입찰의 종결

① 입찰의 마감 및 개찰

입찰을 마감하면 지체 없이 입찰표를 개봉하여 개찰을 실시합니다. 입찰에 참여한 사람은 입찰표를 개봉할 때 참여할 수 있습니다.

② 최고가매수신고인의 결정

개찰 결과 가장 높은 가격으로 입찰하고 정해진 입찰보증금을 제공한 사람이 최고가매수신고인으로 결정됩니다. 만일 가장 높은 가격으로 입찰한 사람이 2인 이상일 경우에는 그들만을 상대로 추가입찰을 실시합니다. 추가입찰을 실시한 결과 또 다시 2인 이상이 가장 높은 가격으로 입찰한 경우에는 추첨에 의하여 최고가매수신고인을 정합니다.

③ 차순위매수신고인의 결정

최고가매수신고인 이외의 매수신고인은 매각기일을 마칠 때까지 차순위매수신고를 할 수 있습니다. 차순위매수신고란, 최고가매수신고인이 대금지급의무를 이행하지 아니하는 경우에는 자기의 입찰에 대하여 매각을 허가하여 달라는 신고를 하는 것을 말합니다. 차순위매수신고는 그 신고액이 최저매각가격 이상이고 최고가입찰가에서 그 보증금액을 공제한 금액을 넘는 경우에만 할 수 있습니다. 차순위매수신고를 한 자가 2인 이상인 때에는 입찰가격이 높은 사람을 차순위매수신고인으로 정하고, 입찰가격이 같을 때에는 추첨에 의하여 차순위매수신고인을 정합니다.

④ 매각기일의 종결

최고가매수신고인과 차순위매수신고인이 결정되면 집행관은 그들의 성명과 가격을 부르고 매각기일의 종결을 고지하게 됩니다. 입찰자가 없는 사건은 입찰불능으로 처리하고 종결을 고지합니다.

⑤ 입찰보증금의 반환

집행관은 매각기일의 종결을 고지한 후에는 최고가매수신고인 및 차순위매수신고인 이외의 입찰자에게 그들이 제출한 입찰보증금을 즉시 반환하게 됩니다.

◆. 입찰실시

1) 입찰 전 확인사항
- 입찰당일 법정 게시판의 공고를 통해 당해 경매사건에 대해 최종 확인
- 취하, 변경, 연기, 전 낙찰자가 재경매 3일전까지 잔금을 낸 경우에는 당해 경매물건은 입찰이 실시될 수 없음.

2) 입찰에 참여할 수 없는 자
- 채무자겸 소유자
- 무능력자 (미성년자)
- 재경매의 경우 종전 낙찰자
- 이해관계 집행법원 및 그 친족
- 경매부동산의 감정인 및 그 친족
- 이해관계 집행법원의 법관, 담당 법원 직원
- 강제집행면탈 범죄자 및 경매를 교사하거나 방해한 자
- 공무집행방해 범죄자

3) 입찰 참가 시 준비물

- **본인이 직접 입찰에 참가할 경우**

　① 신분증 (주민등록증 또는 운전면허증 또는 여권

　② 도장

　③ 매각보증금 (최저가격의 10-20%)

- **대리인이 입찰에 참가할 경우**

　① 대리인을 증명하는 신분증

　② 본인의 위임사실이 기록된 위임장 (본인의 인감이 날인된 것

　③ 본인의 인감증명서

　④ 대리인의 도장

　⑤ 매각보증금

- **법인이 입찰에 참가할 경우**

　① 법인등기부등본

　② 법인인감증명서

　③ 대표이사 신분증

　④ 법인인감도장

　⑤ 매각보증금

4 (명도활동)

먼저 정식 소송인 **명도소송**과 약식절차인 **인도명령**이 있습니다.

★인도 . 명도시 알아야 형법

> ■ **형법 제140조의 2(부동산 강제집행효용침해)**
> 강제집행으로 명도 또는 인도된 부동산에 침입하거나 기타 방법으로 강제집행의 효용을 해한 자는 5년 이하의 징역 또는 700만원 이하의 벌금에 처한다.
>
> ■ **형법 제315조(경매, 입찰의 방해)**
> 위계 또는 위력 기타 방법으로 경매 또는 입찰의 공정을 해한 자는 2년 이하의 징역 또는 700만원 이하의 벌금에 처한다.
>
> ■ **형법 제319조(주거침입, 퇴거불응)** ①사람의 주거, 관리하는 건조물, 선박이나 항공기 또는 점유하는 방실에 침입한 자는 3년 이하의 징역 또는 500만원 이하의 벌금에 처한다.
> ②전항의 장소에서 퇴거요구를 받고 응하지 아니한 자도 전항의 형과 같다.
>
> ■ **형법 제327조 (강제집행면탈)**
> 강제집행을 면할 목적으로 재산을 은닉, 손괴, 허위양도 또는 허위의 채무를 부담하여 채권자를 해한 자는 3년 이하의 징역 또는 1천만원 이하의 벌금에 처한다. [개정 1995.12.29]
>
> ■ **형법 제349조 (부당이득)**
> ① 사람의 궁박한 상태를 이용하여 현저하게 부당한 이익을 취득한 자는 3년 이하의 징역 또는 1천만원 이하의 벌금에 처한다. [개정 1995.12.29]
> ② 전항의 방법으로 제삼자로 하여금 부당한 이익을 취득하게 한 때에도 전항의 형과 같다.
>
> ■ **형법 제350조 (공갈)**
> ① 사람을 공갈하여 재물의 교부를 받거나 재산상의 이익을 취득한 자는 10년 이하의 징역 또는 2천만원 이하의 벌금에 처한다. [개정 1995.12.29]
> ② 전항의 방법으로 제삼자로 하여금 재물의 교부를 받게 하거나 재산상의 이익을 취득하게 한 때에도 전항의 형과 같다.
>
> **형법 제366조 (재물손괴등)**
> 타인의 재물, 문서 또는 전자기록등 특수매체기록을 손괴 또는 은닉 기타 방법으로 기 효용을 해한 자는 3년이하의 징역 또는 700만원 이하의 벌금에 처한다. [개정 1995.12.29]
>
> **제347조 (사기)**
> ① 사람을 기망하여 재물의 교부를 받거나 재산상의 이익을 취득한 자는 10년 이하의 징역 또는 2천만원 이하의 벌금에 처한다. [개정 1995.12.29]
> ② 전항의 방법으로 제삼자로 하여금 재물의 교부를 받게 하거나 재산상의 이익을 취득하게 한 때에도 전항의 형과 같다.

○강제 집행 보다는 합의로 이끌어야 한다.

◆명도시 마음가짐과 자세

명도의 가장 기본은 인간적인 자세입니다.

많은 사람들이 낙찰을 받으면 상당히 잘못된 지식을 바탕으로, 우월감을 가지고 임차인을 만나는데 그럴 필요 없습니다.

어찌 보면 그들도 선의의 피해자(세입자/보증인) 입니다. 인간적인 대화와 다독거림은 일단 그 분들로 하여금 적대감을 사라지게 만듭니다.
둘째 내가 먼저 흥분은 금물입니다. 정말 어리석은 행동 입니다. 칼자루는 내가 쥐고 있습니다. 그러기에 흥분할 필요 없습니다. 상대방 이야기를 다 들어 주세요,
하고 싶은 말 모두 할 수 있도록. 상대방 이야기를 듣다 보면 그 사람의 말 속에서 거의 답을 알 수 있습니다. 이게 요령이지요.
그런 다음에 내가 하고자 하는 말을 절도 있고, 명료하게 주입을 시키세요.

조금은 다소 단호한 어조로. 명도를 하다 보면 그분들이 원하는 것은 결론은 돈 입니다. 궁극적인 목표인 셈이지요.
명도는 순간 판단이 요구되는 순발력이 필요 합니다. 같은 법 테두리 안에서 진행 되는 것이지만 하나도 같은 경우가 거의 없습니다. 그래서 상대방의 의도를 빨리 간파하고,
바로 대처 할 수 있는 순발력을 필요로 합니다. 물론 쉽지만은 않은 일이지요.
다음은 협상의 기술 입니다. 절대로 칼자루를 내어주는 그래서 끌려가는 어리석은 일을 하면 안 됩니다.
항상 우선권은 내가 가지고 일을 해야 합니다.
그래야 내가 원하는 답을 얻을 수 있습니다.
명도는 법적인 절차와 협상 두 가지를 동시에 해야 합니다.
초보 분들이 가장 애를 먹는 것이 협상만 하지 법적 절차는 진행 하지 않는다는 것입니다. 그래서 명도 기간이 너 길어지고 어려워지는 것입니다.
법적 절차란 잔금내고 바로 인도명령, 점유이전금지 가처분(필요에 따라), 등을 법원에
신청하고, 기타 내용증명 등 심리적 압박을 줄 수 있는 방법들을 동원해야 합니다.
그러면서 협상도 같이 해야 하구요. 법적인 절차라는 것이 긴 시간을 필요로 하는 것이기에 항상 절차를 밟으면서 협상을 같이 진행해야 시간이 절약 됩니다.
안 그러면 두 배 세배의 시간을 빼앗길 수 있습니다. 그렇다고 법 좀 안다고 해서 무조건 강제집행을 하지는 마세요. 법으로 집행하는 것이 가장 바보스럽습니다.

실무에서는 하면서 법대로 가는 것보다 협상이 양쪽 전부 훨씬 이익이 많습니다.
집행은 가장 최후의 수단으로 해야 합니다.

낙찰자나 임차인, 또는 채무자 서로 가슴에 상처로 남을 일입니다.
어찌 되었던 명도는 순간순간 발휘되는 순발력이 많이 필요 하며, 임차인이나 채무자 만나는 걸 두려워해서는 안됩니다. 왜냐하면 그 물건의 소유자는 낙찰자인 자신이니 권리가 당연이 있으니까요.

5 (소유권이전 활동)

부동산 경매 시 알아야 할 세금은 크게 국세와 지방세로 분류된다.

-지방세: 지방자치단체에서 부과하는 세금이다.

취득시점에 발생	보유시점에 발생	양도시점에 발생
취득세와 농어촌 특별세 등록세와 지방교육세	재산세	지방소득세(과거주민세): 양도소득세의 10%

-국세: 국가(중앙정부)에서 부과하는 세금이다

국세는 판단의 문제가 발생하므로 잘못 판단해서 세금을 계산하여 판매시 경매로 취득한 자산의 수익률이 마이너스(-)로 돌아설 심각한 문제가 발생할 수 있다.

(1) 부가가치세
(2) 양도소득세
(3) 종합소득세 (법인세)

-부가가치세

거래 과정에서 발생하는 부가가치에 대한 세금이다.

낙찰 받을 물건이 반드시 과세대상이 되는지 확인해야 한다.

(국민 주택 면세: "국민주택"이란 제60조에 따른 국민주택기금으로부터 자금을 지원받아 건설되거나 개량되는 주택으로서 주거의 용도로만 쓰이는 면적(이하 "주거전용면적"이라 한다)이 1호(戶) 또는 1세대당 85제곱미터 이하인 주택(「수도권정비계획법」 제2조제1호에 따른 수도권을 제외한 도시지역이 아닌 읍 또는 면 지역은 1호 또는 1세대당 주거전용면적이 100제곱미터 이하인 주택을 말한다. 이하 "국민주택규모"라 한다)을 말한다. 이 경우 주거전용면적의 산정방법은 국토해양부령으로 정한다.

-종합소득세

낙찰자가 양도소득세를 신고하고 납부하더라도 낙찰자가 세법에서 의미하는 사업자에 해당이 된다면 사업소득세를 신고하여야 하며 사업자에 해당

-양도소득세

양도소득세를 쉽게 정의하면 양도를 원인으로 해서 발생한 소득에 대해 부과되는 국세이다.

경매로 인해서 발생하는 양도소득세 과세대상은 다음과 같다.

(주택의 양도/상가의 양도/토지의 양도 등)

세금의 종류 세율 기타

부가가치세 건물공급가액 10%

토지는 면세 예외존재

종합소득세(법인세) 6%~35%(10%~22%) (비교 과세와 추가법인세 존재)

양도소득세 6%~35%   (중과세율존재(70%~40%))

경매와 세금=취득세/재산세/양도세

경매는 일반 매매와 하등 다를 것이 없다. 따라서 세법에서는 일반 취득과 동일하게 세법을 적용하고 있다. 이하에서는 경매와 관련된 세무 문제를 살펴보자.

■ 양도소득세 신고시에 경비로 인정받는 것이 있고 없는 것이 있다.

- 경매 물건 매매 시 공제 되는 항목

- 소송비 필요 경비로 항목에 해당함
- 낙찰가액 취득가액으로 공제 항목에 해당함
- 취득세 및 등록세 등 취득가액으로 공제 항목에 해당함
- 등기관련 수수료는 공제 항목에 해당함
  (매매시점에서 물건 소재지 관할관청에서 세목별 과세 증명원발급하면 내역이 나옴)
- 낙찰가액 취득가액으로 공제 항목에 해당함
- 취득세 및 등록세 등 취득가액으로 공제 항목에 해당함
- 등기관련 수수료는 공제 항목에 해당함
  (매매시점에서 물건 소재지 관할관청에서 세목별 과세 증명원발급하면 내역이 나옴)

- 등기촉탁수수료 주택채권 매매손실도 공제대상에 포함
- 대항력 있는 전세보증금 취득가액으로 공제 항목에 해당함
- 취득시 실지거래가액에는 대항력 있는 전세보증금으로서
  (매수인부담하는 금액을 포함하는 것이나, 구상권을 행사할 수 없는 것에 한하는 것임)
- 발코니 샤시 공제 항목에 해당함
- 자본적 지출에 해당되므로 공제 항목에 해당함
- 거실 확장비용 공제 항목에 해당함
- 자본적 지출에 해당되므로 공제 항목에 해당함
- 난방시설 교체비 공제 항목에 해당함(난방시설 수리비용은 공제대상이 아님)
- 자본적 지출에 해당되므로 공제 항목에 해당함

- 건물의 용도변경 목적 수선비 공제 항목에 해당함
- 자본적 지출에 해당되므로 공제 항목에 해당함
- 공인중개사 수수료 공제 항목에 해당함
- 양도소득세 신고수수료 공제 항목에 해당함

- 경매 물건 매매 시 공제 안되는 항목

- 항목 공제여부
- 명도비용 공제를 받을 수 없음
- **벽지 또는 장판 교체비 공제를 받을 수 없음**
- 싱크대 및 주방기기 교체비 공제를 받을 수 없음
- **보일러 수리비 공제를 받을 수 없음**
- 옥상의 방수공사비용 공제를 받을 수 없음
- 변기교체 및 타일 교체등 화장실
- 전부의 수리비용 공제를 받을 수 없음
- 타일교체비용 공제를 받을 수 없음

적용세율

양도세	종합소득세
▶12백만원 이하 6%(2년이상보유) (누진공제액 없음)	▶12백만원 이하 6% (누진공제액 없음)
▶12백만원 초과 46백만원 이하 15% (누진공제액 108만원)	▶12백만원 초과 46백만원 이하 15% (누진공제액 108만원)
▶46백만원 초과 88백만원 이하 24% (누진공제액 522만원)	▶46백만원 초과 88백만원 이하 24% (누진공제액 522만원)
▶88백만원 초과 1.5억원 이하 35% (누진공제액 1,490만원)	▶88백만원 초과 1.5억원 이하 35% (누진공제액 1,490만원)
▶1.5억원 원 초과 3억원 이하 38% (누진공제액 1,940만원)	▶1.5억원 원 초과 3억원 이하 38% (누진공제액 1,940만원)
▶3억원 원 초과 5억원 이하 40% (누진공제액 2,540만원)	▶3억원 원 초과 5억원 이하 40% (누진공제액 2,540만원)
▶5억원 원 초과 →→→→→→→42% (누진공제액 3,540만원)	▶5억원 원 초과 →→→→→→→42% (누진공제액 3,540만원)
▶1년 이내 양도 :토지:50%/주택:50% ▶1년-2년 이내 양도 :토지:40%/주택40% ▶ 미등기 양도 :70%	기간 상관없음

⊙ 취득세율표(2020년 1월1일부터)

구분		분류	취득세	농어촌 특세	지방 교육세	합계	비고
부동산							
주택	6억이하	85m²이하	1.0%	-	0.10%	1.10%	
		85m²이상	1.0%	0.2%	0.10%	1.30%	별장 9%
	6억초과-9억이하	85m²이하	1.01-3.0%	-	0.20%	1.21-3.2%	
		85m²이상		0.2%	0.20%	1.41-3.4%	별장 10%
	9억초과	85m²이하	3.0%	-	0.30%	3.30	
		85m²이상		0.2%	0.30%	3.50	별장 11%
	1세대 4주택	-	4.0%	0.2%	0.40%	4.6%	
재건축/재개발 관리처분후		토지만	4.0%	0.2%	0.40%	4.6%	
재건축		85m²이하	2.8%		0.16%	2.96	
		85m²이상	2.8%	0.20%	0.16	3.16	
주택외(상가,등)		-	4.0%	0.2%	0.40%	4.60	
농지		신규	3.0%	0.2%	0.20	3.40	
		2년 이상자경	1.5%	-	0.10%	1.60%	
원시,재건축,재개발 준공후(건물과세)			2.8%	0.2%	0.16%	3.16%	
상속	1가구1주택		0.8%		0.16%	0.96%	
	농지	일반	2.3%	0.2%	0.06%	2.56%	
		2년 이상자경	0.15%		0.03%	0.18%	
	농지외	85m²이하	2.8%		0.16%	2.96%	
		일반	2.8%	0.20%	0.16%	3.16%	
증여 (주택,농지,기타 포함)		일반	3.5%	0.2%	0.30%	4.00%	
		85m²이하	3.5%		0.30%	3.80%	

메모:

부록: 부동산 경매관련법과 시행령

1 민사집행법 중 '부동산에 대한 강제집행'편

제정 2002.1.26 법률 제6627호
제1차 일부개정 2005.1.27 법률 제7358호
제2차 (타)일부개정 2007.8.3 법률 제8581호
제3차 (타)일부개정 2007.8.3 법률 제8622호
제4차 일부개정 2009.3.25 법률 제9525호
제5차 일부개정 2010.7.23 법률 제10376호

제1편 총칙

제1조(목적) 이 법은 강제집행, 담보권 실행을 위한 경매, 민법·상법, 그 밖의 법률의 규정에 의한 경매(이하 "민사집행"이라 한다) 및 보전처분의 절차를 규정함을 목적으로 한다.

제2절 부동산에 대한 강제집행

제1관 통칙

제78조 (집행방법)
① 부동산에 대한 강제집행은 채권자의 신청에 따라 법원이 한다.
② 강제집행은 다음 각호의 방법으로 한다.
1. 강제경매
2. 강제관리
③ 채권자는 자기의 선택에 의하여 제2항 각호 가운데 어느 한 가지 방법으로 집행하게 하거나 두 가지 방법을 함께 사용하여 집행하게 할 수 있다.
④ 강제관리는 가압류를 집행할 때에도 할 수 있다.

제79조 (집행법원)
① 부동산에 대한 강제집행은 그 부동산이 있는 곳의 지방법원이 관할한다.
② 부동산이 여러 지방법원의 관할구역에 있는 때에는 각 지방법원에 관할권이 있다. 이 경우 법원이 필요하다고 인정한 때에는 사건을 다른 관할 지방법원으로 이송할 수 있다.

제2관 강제경매

제80조 (강제경매신청서)

강제경매신청서에는 다음 각호의 사항을 적어야 한다.

1. 채권자·채무자와 법원의 표시
2. 부동산의 표시
3. 경매의 이유가 된 일정한 채권과 집행할 수 있는 일정한 집행권원

제81조 (첨부서류)

① 강제경매신청서에는 집행력 있는 정본 외에 다음 각호 가운데 어느 하나에 해당하는 서류를 붙여야 한다
1. 채무자의 소유로 등기된 부동산에 대하여는 등기부등본
2. 채무자의 소유로 등기되지 아니한 부동산에 대하여는 즉시 채무자명의로 등기할 수 있다는 것을 증명할 서류. 다만, 그 부동산이 등기되지 아니한 건물인 경우에는 그 건물이 채무자의 소유임을 증명할 서류, 그 건물의 지번·구조·면적을 증명할 서류 및 그 건물에 관한 건축허가 또는 건축신고를 증명할 서류
② 채권자는 공적 장부를 주관하는 공공기관에 제1항제2호 단서의 사항들을 증명하여 줄 것을 청구할 수 있다.
③ 제1항제2호 단서의 경우에 건물의 지번·구조·면적을 증명하지 못한 때에는, 채권자는 경매신청과 동시에 그 조사를 집행법원에 신청할 수 있다.
④ 제3항의 경우에 법원은 집행관에게 그 조사를 하게 하여야 한다.
⑤ 강제관리를 하기 위하여 이미 부동산을 압류한 경우에 그 집행기록에 제1항 각호 가운데 어느 하나에 해당하는 서류가 붙어 있으면 다시 그 서류를 붙이지 아니할 수 있다.

제82조 (집행관의 권한)

① 집행관은 제81조제4항의 조사를 위하여 건물에 출입할 수 있고, 채무자 또는 건물을 점유하는 제3자에게 질문하거나 문서를 제시하도록 요구할 수 있다.
② 집행관은 제1항의 규정에 따라 건물에 출입하기 위하여 필요한 때에는 잠긴 문을 여는 등 적절한 처분을 할 수 있다.

제83조 (경매개시결정 등)

①경매절차를 개시하는 결정에는 동시에 그 부동산의 압류를 명하여야 한다.
②압류는 부동산에 대한 채무자의 관리·이용에 영향을 미치지 아니한다.
③ 경매절차를 개시하는 결정을 한 뒤에는 법원은 직권으로 또는 이해관계인의 신청에 따

라 부동산에 대한 침해행위를 방지하기 위하여 필요한 조치를 할 수 있다.
④ 압류는 채무자에게 그 결정이 송달된 때 또는 제94조의 규정에 따른 등기가 된 때에 효력이 생긴다.
⑤ 강제경매신청을 기각하거나 각하하는 재판에 대하여는 즉시항고를 할 수 있다.

제84조 (배당요구의 종기결정 및 공고)

① 경매개시결정에 따른 압류의 효력이 생긴 때(그 경매개시결정전에 다른 경매개시결정이 있은 경우를 제외한다)에는 집행법원은 절차에 필요한 기간을 감안하여 배당요구를 할 수 있는 종기(終期)를 첫 매각기일 이전으로 정한다.
② 배당요구의 종기가 정하여진 때에는 법원은 경매개시결정을 한 취지 및 배당요구의 종기를 공고하고, 제91조제4항 단서의 전세권자 및 법원에 알려진 제88조제1항의 채권자에게 이를 고지하여야 한다.
③ 제1항의 배당요구의 종기결정 및 제2항의 공고는 경매개시결정에 따른 압류의 효력이 생긴 때부터 1주 이내에 하여야 한다.
④ 법원사무관 등은 제148조제3호 및 제4호의 채권자 및 조세, 그 밖의 공과금을 주관하는 공공기관에 대하여 채권의 유무, 그 원인 및 액수(원금·이자·비용, 그 밖의 부대채권(附帶債券)을 포함한다)를 배당요구의 종기까지 법원에 신고하도록 최고하여야 한다.
⑤ 제148조제3호 및 제4호의 채권자가 제4항의 최고에 대한 신고를 하지 아니한 때에는 그 채권자의 채권액은 등기부등본 등 집행기록에 있는 서류와 증빙(證憑)에 따라 계산한다. 이 경우 다시 채권액을 추가하지 못한다.
⑥ 법원은 특별히 필요하다고 인정하는 경우에는 배당요구의 종기를 연기할 수 있다.
⑦ 제6항의 경우에는 제2항 및 제4항의 규정을 준용한다. 다만, 이미 배당요구 또는 채권신고를 한 사람에 대하여는 같은 항의 고지 또는 최고를 하지 아니한다.

제85조 (현황조사)

① 법원은 경매개시결정을 한 뒤에 바로 집행관에게 부동산의 현상, 점유관계, 차임(借賃) 또는 보증금의 액수, 그 밖의 현황에 관하여 조사하도록 명하여야 한다.
② 집행관이 제1항의 규정에 따라 부동산을 조사할 때에는 그 부동산에 대하여 제82조에 규정된 조치를 할 수 있다.

제86조 (경매개시결정에 대한 이의신청)

① 이해관계인은 매각대금이 모두 지급될 때까지 법원에 경매개시결정에 대한 이의신청을

할 수 있다.
② 제1항의 신청을 받은 법원은 제16조제2항에 준하는 결정을 할 수 있다.
③ 제1항의 신청에 관한 재판에 대하여 이해관계인은 즉시항고를 할 수 있다.

제87조 (압류의 경합)

① 강제경매절차 또는 담보권 실행을 위한 경매절차를 개시하는 결정을 한 부동산에 대하여 다른 강제경매의 신청이 있는 때에는 법원은 다시 경매개시결정을 하고, 먼저 경매개시결정을 한 집행절차에 따라 경매한다.
② 먼저 경매개시결정을 한 경매신청이 취하되거나 그 절차가 취소된 때에는 법원은 제91조제1항의 규정에 어긋나지 아니하는 한도 안에서 뒤의 경매개시결정에 따라 절차를 계속 진행하여야 한다.
③ 제2항의 경우에 뒤의 경매개시결정이 배당요구의 종기 이후의 신청에 의한 것인 때에는 집행법원은 새로이 배당요구를 할 수 있는 종기를 정하여야 한다. 이 경우 이미 제84조제2항 또는 제4항의 규정에 따라 배당요구 또는 채권신고를 한 사람에 대하여는 같은 항의 고지 또는 최고를 하지 아니한다.
④ 먼저 경매개시결정을 한 경매절차가 정지된 때에는 법원은 신청에 따라 결정으로 뒤의 경매개시결정(배당요구의 종기까지 행하여진 신청에 의한 것에 한한다)에 기초하여 절차를 계속하여 진행할 수 있다. 다만, 먼저 경매개시결정을 한 경매절차가 취소되는 경우 제105조제1항제3호의 기재사항이 바뀔 때에는 그러하지 아니하다.
⑤ 제4항의 신청에 대한 재판에 대하여는 즉시항고를 할 수 있다.

제88조 (배당요구)

① 집행력 있는 정본을 가진 채권자, 경매개시결정이 등기된 뒤에 가압류를 한 채권자, 민법·상법, 그 밖의 법률에 의하여 우선변제청구권이 있는 채권자는 배당요구를 할 수 있다.
② 배당요구에 따라 매수인이 인수하여야 할 부담이 바뀌는 경우 배당요구를 한 채권자는 배당요구의 종기가 지난 뒤에 이를 철회하지 못한다.

제89조 (이중경매신청 등의 통지)

법원은 제87조제1항 및 제88조제1항의 신청이 있는 때에는 그 사유를 이해관계인에게 통지하여야 한다.

제90조 (경매절차의 이해관계인)

경매절차의 이해관계인은 다음 각호의 사람으로 한다.

1. 압류채권자와 집행력 있는 정본에 의하여 배당을 요구한 채권자
2. 채무자 및 소유자
3. 등기부에 기입된 부동산 위의 권리자
4. 부동산 위의 권리자로서 그 권리를 증명한 사람

제91조 (인수주의와 잉여주의의 선택 등)

① 압류채권자의 채권에 우선하는 채권에 관한 부동산의 부담을 매수인에게 인수하게 하거나, 매각대금으로 그 부담을 변제하는 데 부족하지 아니하다는 것이 인정된 경우가 아니면 그 부동산을 매각하지 못한다.
② 매각부동산 위의 모든 저당권은 매각으로 소멸된다.
③ 지상권·지역권·전세권 및 등기된 임차권은 저당권·압류채권·가압류채권에 대항할 수 없는 경우에는 매각으로 소멸된다.
④ 제3항의 경우 외의 지상권·지역권·전세권 및 등기된 임차권은 매수인이 인수한다. 다만, 그중 전세권의 경우에는 전세권자가 제88조에 따라 배당요구를 하면 매각으로 소멸된다.
⑤ 매수인은 유치권자(留置權者)에게 그 유치권(留置權)으로 담보하는 채권을 변제할 책임이 있다.

제92조 (제3자와 압류의 효력)

① 제3자는 권리를 취득할 때에 경매신청 또는 압류가 있다는 것을 알았을 경우에는 압류에 대항하지 못한다.
② 부동산이 압류채권을 위하여 의무를 진 경우에는 압류한 뒤 소유권을 취득한 제3자가 소유권을 취득할 때에 경매신청 또는 압류가 있다는 것을 알지 못하였더라도 경매절차를 계속하여 진행하여야 한다.

제93조 (경매신청의 취하)

① 경매신청이 취하되면 압류의 효력은 소멸된다.
② 매수신고가 있은 뒤 경매신청을 취하하는 경우에는 최고가매수신고인 또는 매수인과 제114조의 차순위 매수신고인의 동의를 받아야 그 효력이 생긴다.
③ 제49조제3호 또는 제6호의 서류를 제출하는 경우에는 제1항 및 제2항의 규정을, 제49조제4호의 서류를 제출하는 경우에는 제2항의 규정을 준용한다.

제94조 (경매개시결정의 등기)

① 법원이 경매개시결정을 하면 법원사무관 등은 즉시 그 사유를 등기부에 기입하도록 등

기관(등기관)에게 촉탁하여야 한다.
② 등기관은 제1항의 촉탁에 따라 경매개시결정사유를 기입하여야 한다.

제95조 (등기부등본의 송부)

등기관은 제94조에 따라 경매개시결정사유를 등기부에 기입한 뒤 그 등기부의 등본을 법원에 보내야 한다.

제96조 (부동산의 멸실 등으로 말미암은 경매취소)

① 부동산이 없어지거나 매각 등으로 말미암아 권리를 이전할 수 없는 사정이 명백하게 된 때에는 법원은 강제경매의 절차를 취소하여야 한다.
② 제1항의 취소결정에 대하여는 즉시항고를 할 수 있다.

제97조 (부동산의 평가와 최저매각가격의 결정)

① 법원은 감정인(鑑定人)에게 부동산을 평가하게 하고 그 평가액을 참작하여 최저매각가격을 정하여야 한다.
② 감정인은 제1항의 평가를 위하여 필요하면 제82조제1항에 규정된 조치를 할 수 있다.
③ 감정인은 제7조의 규정에 따라 집행관의 원조를 요구하는 때에는 법원의 허가를 얻어야 한다.

제98조 (일괄매각결정)

① 법원은 여러 개의 부동산의 위치·형태·이용관계 등을 고려하여 이를 일괄매수하게 하는 것이 알맞다고 인정하는 경우에는 직권으로 또는 이해관계인의 신청에 따라 일괄매각하도록 결정할 수 있다.
② 법원은 부동산을 매각할 경우에 그 위치·형태·이용관계 등을 고려하여 다른 종류의 재산(금전채권을 제외한다)을 그 부동산과 함께 일괄매수하게 하는 것이 알맞다고 인정하는 때에는 직권으로 또는 이해관계인의 신청에 따라 일괄매각하도록 결정할 수 있다.
③ 제1항 및 제2항의 결정은 그 목적물에 대한 매각기일 이전까지 할 수 있다.

제99조 (일괄매각사건의 병합)

① 법원은 각각 경매 신청된 여러 개의 재산 또는 다른 법원이나 집행관에 계속된 경매사건의 목적물에 대하여 제98조제1항 또는 제2항의 결정을 할 수 있다.
② 다른 법원이나 집행관에 계속된 경매사건의 목적물의 경우에 그 다른 법원 또는 집행관은 그 목적물에 대한 경매사건을 제1항의 결정을 한 법원에 이송한다.

③ 제1항 및 제2항의 경우에 법원은 그 경매 사건들을 병합한다.

제100조 (일괄매각사건의 관할)
제98조 및 제99조의 경우에는 민사소송법 제31조에 불구하고 같은 법 제25조의 규정을 준용한다. 다만, 등기할 수 있는 선박에 관한 경매사건에 대하여서는 그러하지 아니하다.

제101조 (일괄매각절차)
① 제98조 및 제99조의 일괄매각결정에 따른 매각절차는 이 관의 규정에 따라 행한다. 다만, 부동산 외의 재산의 압류는 그 재산의 종류에 따라 해당되는 규정에서 정하는 방법으로 행하고, 그 중에서 집행관의 압류에 따르는 재산의 압류는 집행법원이 집행관에게 이를 압류하도록 명하는 방법으로 행한다.
② 제1항의 매각절차에서 각 재산의 대금액을 특정할 필요가 있는 경우에는 각 재산에 대한 최저매각가격의 비율을 정하여야 하며, 각 재산의 대금액은 총대금액을 각 재산의 최저매각가격비율에 따라 나눈 금액으로 한다. 각 재산이 부담할 집행비용액을 특정할 필요가 있는 경우에도 또한 같다.
③ 여러 개의 재산을 일괄매각하는 경우에 그 가운데 일부의 매각대금으로 모든 채권자의 채권액과 강제집행비용을 변제하기에 충분하면 다른 재산의 매각을 허가하지 아니한다. 다만, 토지와 그 위의 건물을 일괄매각하는 경우나 재산을 분리하여 매각하면 그 경제적 효용이 현저하게 떨어지는 경우 또는 채무자의 동의가 있는 경우에는 그러하지 아니하다.
④ 제3항 본문의 경우에 채무자는 그 재산 가운데 매각할 것을 지정할 수 있다.
⑤ 일괄매각절차에 관하여 이 법에서 정한 사항을 제외하고는 대법원규칙으로 정한다.

제102조 (남을 가망이 없을 경우의 경매취소)
① 법원은 최저매각가격으로 압류채권자의 채권에 우선하는 부동산의 모든 부담과 절차비용을 변제하면 남을 것이 없겠다고 인정한 때에는 압류채권자에게 이를 통지하여야 한다.
② 압류채권자가 제1항의 통지를 받은 날부터 1주 이내에 제1항의 부담과 비용을 변제하고 남을 만한 가격을 정하여 그 가격에 맞는 매수신고가 없을 때에는 자기가 그 가격으로 매수하겠다고 신청하면서 충분한 보증을 제공하지 아니하면, 법원은 경매절차를 취소하여야 한다.
③ 제2항의 취소 결정에 대하여는 즉시항고를 할 수 있다.

제103조 (강제경매의 매각방법)

① 부동산의 매각은 집행법원이 정한 매각방법에 따른다.

② 부동산의 매각은 매각기일에 하는 호가경매(呼價競賣), 매각기일에 입찰 및 개찰하게 하는 기일입찰 또는 입찰기간 이내에 입찰하게 하여 매각기일에 개찰하는 기간입찰의 세가지 방법으로 한다.

③ 부동산의 매각절차에 관하여 필요한 사항은 대법원규칙으로 정한다.

제104조 (매각기일과 매각결정기일 등의 지정)

① 법원은 최저매각가격으로 제102조제1항의 부담과 비용을 변제하고도 남을 것이 있다고 인정하거나 압류채권자가 제102조제2항의 신청을 하고 충분한 보증을 제공한 때에는 직권으로 매각기일과 매각결정기일을 정하여 대법원규칙이 정하는 방법으로 공고한다.

② 법원은 매각기일과 매각결정기일을 이해관계인에게 통지하여야 한다.

③ 제2항의 통지는 집행기록에 표시된 이해관계인의 주소에 대법원규칙이 정하는 방법으로 발송할 수 있다.

④ 기간입찰의 방법으로 매각할 경우에는 입찰기간에 관하여도 제1항 내지 제3항의 규정을 적용한다.

제105조 (매각물건명세서 등)

① 법원은 다음 각호의 사항을 적은 매각물건명세서를 작성하여야 한다.
1. 부동산의 표시
2. 부동산의 점유자와 점유의 권원, 점유할 수 있는 기간, 차임 또는 보증금에 관한 관계인의 진술
3. 등기된 부동산에 대한 권리 또는 가처분으로서 매각으로 효력을 잃지 아니하는 것
4. 매각에 따라 설정된 것으로 보게 되는 지상권의 개요

② 법원은 매각물건명세서·현황조사보고서 및 평가서의 사본을 법원에 비치하여 누구든지 볼 수 있도록 하여야 한다.

제106조 (매각기일의 공고내용)

매각기일의 공고내용에는 다음 각호의 사항을 적어야 한다.
1. 부동산의 표시
2. 강제집행으로 매각한다는 취지와 그 매각방법
3. 부동산의 점유자, 점유의 권원, 점유하여 사용할 수 있는 기간, 차임 또는 보증금약정 및

그 액수
4. 매각기일의 일시·장소, 매각기일을 진행할 집행관의 성명 및 기간입찰의 방법으로 매각할 경우에는 입찰기간·장소
5. 최저매각가격
6. 매각결정기일의 일시·장소
7. 매각물건명세서·현황조사보고서 및 평가서의 사본을 매각기일 전에 법원에 비치하여 누구든지 볼 수 있도록 제공한다는 취지
8. 등기부에 기입할 필요가 없는 부동산에 대한 권리를 가진 사람은 채권을 신고하여야 한다는 취지
9. 이해관계인은 매각기일에 출석할 수 있다는 취지

제107조 (매각장소)

매각기일은 법원안에서 진행하여야 한다. 다만, 집행관은 법원의 허가를 얻어 다른 장소에서 매각기일을 진행할 수 있다.

제108조 (매각장소의 질서유지)

집행관은 다음 각호 가운데 어느 하나에 해당한다고 인정되는 사람에 대하여 매각장소에 들어오지 못하도록 하거나 매각장소에서 내보내거나 매수의 신청을 하지 못하도록 할 수 있다.
1. 다른 사람의 매수신청을 방해한 사람
2. 부당하게 다른 사람과 담합하거나 그 밖에 매각의 적정한 실시를 방해한 사람
3. 제1호 또는 제2호의 행위를 교사(敎唆)한 사람
4. 민사집행절차에서의 매각에 관하여 형법 제136조·제137조·제140조·제140조의2·제142조·제315조 및 제323조 내지 제327조에 규정된 죄로 유죄판결을 받고 그 판결확정일부터 2년이 지나지 아니한 사람

제109조 (매각결정기일)

① 매각결정기일은 매각기일부터 1주 이내로 정하여야 한다.
② 매각결정절차는 법원안에서 진행하여야 한다.

제110조 (합의에 의한 매각조건의 변경)

① 최저매각가격 외의 매각조건은 법원이 이해관계인의 합의에 따라 바꿀 수 있다.
② 이해관계인은 배당요구의 종기까지 제1항의 합의를 할 수 있다.

제111조 (직권에 의한 매각조건의 변경)

① 거래의 실상을 반영하거나 경매절차를 효율적으로 진행하기 위하여 필요한 경우에 법원은 배당요구의 종기까지 매각조건을 바꾸거나 새로운 매각조건을 설정할 수 있다.
② 이해관계인은 제1항의 재판에 대하여 즉시항고를 할 수 있다.
③ 제1항의 경우에 법원은 집행관에게 부동산에 대하여 필요한 조사를 하게 할 수 있다.

제112조 (매각기일의 진행)

집행관은 기일입찰 또는 호가경매의 방법에 의한 매각기일에는 매각물건명세서·현황조사보고서 및 평가서의 사본을 볼 수 있게 하고, 특별한 매각조건이 있는 때에는 이를 고지하며, 법원이 정한 매각방법에 따라 매수가격을 신고하도록 최고하여야 한다.

제113조 (매수신청의 보증)

매수신청인은 대법원규칙이 정하는 바에 따라 집행법원이 정하는 금액과 방법에 맞는 보증을 집행관에게 제공하여야 한다.

제114조 (차순위매수신고)

①최고가매수신고인 외의 매수신고인은 매각기일을 마칠 때까지 집행관에게 최고가매수신고인이 대금지급기한까지 그 의무를 이행하지 아니하면 자기의 매수신고에 대하여 매각을 허가하여 달라는 취지의 신고(이하 "차순위매수신고"라 한다)를 할 수 있다.
② 차순위매수신고는 그 신고액이 최고가매수신고액에서 그 보증액을 뺀 금액을 넘는 때에만 할 수 있다.

제115조 (매각기일의 종결)

① 집행관은 최고가매수신고인의 성명과 그 가격을 부르고 차순위매수신고를 최고한 뒤, 적법한 차순위매수신고가 있으면 차순위매수신고인을 정하여 그 성명과 가격을 부른 다음 매각기일을 종결한다고 고지하여야 한다.
② 차순위매수신고를 한 사람이 둘 이상인 때에는 신고한 매수가격이 높은 사람을 차순위매수신고인으로 정한다. 신고한 매수가격이 같은 때에는 추첨으로 차순위매수신고인을 정한다.
③ 최고가매수신고인과 차순위매수신고인을 제외한 다른 매수신고인은 제1항의 고지에 따라 매수의 책임을 벗게 되고, 즉시 매수신청의 보증을 돌려 줄 것을 신청할 수 있다.
④ 기일입찰 또는 호가경매의 방법에 의한 매각기일에서 매각기일을 마감할 때까지 허가할 매수가격의 신고가 없는 때에는 집행관은 즉시 매각기일의 마감을 취소하고 같은 방법으

로 매수가격을 신고하도록 최고할 수 있다.
⑤ 제4항의 최고에 대하여 매수가격의 신고가 없어 매각기일을 마감하는 때에는 매각기일의 마감을 다시 취소하지 못한다.

제116조 (매각기일조서)
① 매각기일조서에는 다음 각호의 사항을 적어야 한다.
1. 부동산의 표시
2. 압류채권자의 표시
3. 매각물건명세서·현황조사보고서 및 평가서의 사본을 볼 수 있게 한 일
4. 특별한 매각조건이 있는 때에는 이를 고지한 일
5. 매수가격의 신고를 최고한 일
6. 모든 매수신고가격과 그 신고인의 성명·주소 또는 허가할 매수가격의 신고가 없는 일
7. 매각기일을 마감할 때까지 허가할 매수가격의 신고가 없어 매각기일의 마감을 취소하고 다시 매수가격의 신고를 최고한 일
8. 최종적으로 매각기일의 종결을 고지한 일시
9. 매수하기 위하여 보증을 제공한 일 또는 보증을 제공하지 아니하므로 그 매수를 허가하지 아니한 일
10. 최고가매수신고인과 차순위매수신고인의 성명과 그 가격을 부른 일
② 최고가매수신고인 및 차순위매수신고인과 출석한 이해관계인은 조서에 서명날인하여야 한다. 그들이 서명 날인할 수 없을 때에는 집행관이 그 사유를 적어야 한다.
③ 집행관이 매수신청의 보증을 돌려 준 때에는 영수증을 받아 조서에 붙여야 한다.

제117조 (조서와 금전의 인도)
집행관은 매각기일조서와 매수신청의 보증으로 받아 돌려주지 아니한 것을 매각기일부터 3일 이내에 법원사무관 등에게 인도하여야 한다.

제118조 (최고가매수신고인 등의 송달영수인신고)
① 최고가매수신고인과 차순위매수신고인은 대한민국안에 주소·거소와 사무소가 없는 때에는 대한민국안에 송달이나 통지를 받을 장소와 영수인을 정하여 법원에 신고하여야 한다.
② 최고가매수신고인이나 차순위매수신고인이 제1항의 신고를 하지 아니한 때에는 법원은 그에 대한 송달이나 통지를 하지 아니할 수 있다.
③ 제1항의 신고는 집행관에게 말로 할 수 있다. 이 경우 집행관은 조서에 이를 적어야 한다.

제119조 (새 매각기일)

허가할 매수가격의 신고가 없이 매각기일이 최종적으로 마감된 때에는 제91조제1항의 규정에 어긋나지 아니하는 한도에서 법원은 최저매각가격을 상당히 낮추고 새 매각기일을 정하여야 한다. 그 기일에 허가할 매수가격의 신고가 없는 때에도 또한 같다.

제120조 (매각결정기일에서의 진술)

① 법원은 매각결정기일에 출석한 이해관계인에게 매각허가에 관한 의견을 진술하게 하여야 한다.
② 매각허가에 관한 이의는 매각허가가 있을 때까지 신청하여야 한다. 이미 신청한 이의에 대한 진술도 또한 같다.

제121조 (매각허가에 대한 이의신청사유)

매각허가에 관한 이의는 다음 각호 가운데 어느 하나에 해당하는 이유가 있어야 신청할 수 있다.
1. 강제집행을 허가할 수 없거나 집행을 계속 진행할 수 없을 때
2. 최고가매수신고인이 부동산을 매수할 능력이나 자격이 없는 때
3. 부동산을 매수할 자격이 없는 사람이 최고가매수신고인을 내세워 매수신고를 한 때
4. 최고가매수신고인, 그 대리인 또는 최고가매수신고인을 내세워 매수신고를 한 사람이 제108조 각호 가운데 어느 하나에 해당되는 때
5. 최저매각가격의 결정, 일괄매각의 결정 또는 매각물건명세서의 작성에 중대한 흠이 있는 때
6. 천재지변, 그 밖에 자기가 책임을 질 수 없는 사유로 부동산이 현저하게 훼손된 사실 또는 부동산에 관한 중대한 권리관계가 변동된 사실이 경매절차의 진행중에 밝혀진 때
7. 경매절차에 그 밖의 중대한 잘못이 있는 때

제122조 (이의신청의 제한)

이의는 다른 이해관계인의 권리에 관한 이유로 신청하지못한다.

제123조 (매각의 불허)

① 법원은 이의신청이 정당하다고 인정한 때에는 매각을 허가하지 아니한다.
② 제121조에 규정한 사유가 있는 때에는 직권으로 매각을 허가하지 아니한다. 다만, 같은 조 제2호 또는 제3호의 경우에는 능력 또는 자격의 흠이 제거되지 아니한 때에 한한다.

제124조 (과잉매각되는 경우의 매각불허가)
① 여러 개의 부동산을 매각하는 경우에 한 개의 부동산의 매각대금으로 모든 채권자의 채권액과 강제집행비용을 변제하기에 충분하면 다른 부동산의 매각을 허가하지 아니한다. 다만, 제101조제3항 단서에 따른 일괄매각의 경우에는 그러하지 아니하다.
② 제1항 본문의 경우에 채무자는 그 부동산 가운데 매각할 것을 지정할 수 있다.

제125조 (매각을 허가하지 아니할 경우의 새 매각기일)
① 제121조와 제123조의 규정에 따라 매각을 허가하지 아니하고 다시 매각을 명하는 때에는 직권으로 새 매각기일을 정하여야 한다.
② 제121조제6호의 사유로 제1항의 새 매각기일을 열게 된 때에는 제97조 내지 제105조의 규정을 준용한다.

제126조 (매각허가여부의 결정선고)
① 매각을 허가하거나 허가하지 아니하는 결정은 선고하여야 한다.
② 매각결정기일조서에는 민사소송법 제152조 내지 제154조와 제156조 내지 제158조 및 제164조의 규정을 준용한다.
③ 제1항의 결정은 확정되어야 효력을 가진다.

제127조 (매각허가결정의 취소신청)
① 제121조제6호에서 규정한 사실이 매각허가결정의 확정 뒤에 밝혀진 경우에는 매수인은 대금을 낼 때까지 매각허가결정의 취소신청을 할 수 있다.
② 제1항의 신청에 관한 결정에 대하여는 즉시항고를 할 수 있다.

제128조 (매각허가결정)
① 매각허가결정에는 매각한 부동산, 매수인과 매각가격을 적고 특별한 매각조건으로 매각한 때에는 그 조건을 적어야 한다.
② 제1항의 결정은 선고하는 외에 대법원규칙이 정하는 바에 따라 공고하여야 한다.

제129조 (이해관계인 등의 즉시항고)
① 이해관계인은 매각허가여부의 결정에 따라 손해를 볼 경우에만 그 결정에 대하여 즉시항고를 할 수 있다.
② 매각허가에 정당한 이유가 없거나 결정에 적은 것 외의 조건으로 허가하여야 한다고 주장하는 매수인 또는 매각허가를 주장하는 매수신고인도 즉시항고를 할 수 있다.

③ 제1항 및 제2항의 경우에 매각허가를 주장하는 매수신고인은 그 신청한 가격에 대하여 구속을 받는다.

제130조 (매각허가여부에 대한 항고)
① 매각허가결정에 대한 항고는 이 법에 규정한 매각허가에 대한 이의신청사유가 있다거나, 그 결정절차에 중대한 잘못이 있다는 것을 이유로 드는 때에만 할 수 있다.
② 민사소송법 제451조제1항 각호의 사유는 제1항의 규정에 불구하고 매각허가 또는 불허가결정에 대한 항고의 이유로 삼을 수 있다.
③ 매각허가결정에 대하여 항고를 하고자 하는 사람은 보증으로 매각대금의 10분의 1에 해당하는 금전 또는 법원이 인정한 유가증권을 공탁하여야 한다.
④ 항고를 제기하면서 항고장에 제3항의 보증을 제공하였음을 증명하는 서류를 붙이지 아니한 때에는 원심법원은 항고장을 받은 날부터 1주 이내에 결정으로 이를 각하하여야 한다.
⑤ 제4항의 결정에 대하여는 즉시항고를 할 수 있다.
⑥ 채무자 및 소유자가 한 제3항의 항고가 기각된 때에는 항고인은 보증으로 제공한 금전이나 유가증권을 돌려 줄 것을 요구하지 못한다.
⑦ 채무자 및 소유자 외의 사람이 한 제3항의 항고가 기각된 때에는 항고인은 보증으로 제공한 금전이나, 유가증권을 현금화한 금액 가운데 항고를 한 날부터 항고기각결정이 확정된 날까지의 매각대금에 대한 대법원규칙이 정하는 이율에 의한 금액(보증으로 제공한 금전이나, 유가증권을 현금화한 금액을 한도로 한다)에 대하여는 돌려 줄 것을 요구할 수 없다. 다만, 보증으로 제공한 유가증권을 현금화하기 전에 위의 금액을 항고인이 지급한 때에는 그 유가증권을 돌려 줄 것을 요구할 수 있다.
⑧ 항고인이 항고를 취하한 경우에는 제6항 또는 제7항의 규정을 준용한다.

제131조 (항고심의 절차)
① 항고법원은 필요한 경우에 반대진술을 하게 하기 위하여 항고인의 상대방을 정할 수 있다.
② 한 개의 결정에 대한 여러 개의 항고는 병합한다.
③ 항고심에는 제122조의 규정을 준용한다.

제132조 (항고법원의 재판과 매각허가여부결정)
항고법원이 집행법원의 결정을 취소하는 경우에 그 매각허가여부의 결정은 집행법원이 한다.

제133조 (매각을 허가하지 아니하는 결정의 효력)
매각을 허가하지 아니한 결정이 확정된 때에는 매수인과 매각허가를 주장한 매수신고인은 매수에 관한 책임이 면제된다.

제134조 (최저매각가격의 결정부터 새로할 경우)
제127조의 규정에 따라 매각허가결정을 취소한 경우에는 제97조 내지 제105조의 규정을 준용한다.

제135조 (소유권의 취득시기)
매수인은 매각대금을 다 낸 때에 매각의 목적인 권리를 취득한다.

제136조 (부동산의 인도명령 등)
① 법원은 매수인이 대금을 낸 뒤 6월 이내에 신청하면 채무자·소유자 또는 부동산 점유자에 대하여 부동산을 매수인에게 인도하도록 명할 수 있다. 다만, 점유자가 매수인에게 대항할 수 있는 권원에 의하여 점유하고 있는 것으로 인정되는 경우에는 그러하지 아니하다.
② 법원은 매수인 또는 채권자가 신청하면 매각허가가 결정된 뒤 인도할 때까지 관리인에게 부동산을 관리하게 할 것을 명할 수 있다.
③ 제2항의 경우 부동산의 관리를 위하여 필요하면 법원은 매수인 또는 채권자의 신청에 따라 담보를 제공하게 하거나 제공하게 하지 아니하고 제1항의 규정에 준하는 명령을 할 수 있다.
④ 법원이 채무자 및 소유자 외의 점유자에 대하여 제1항 또는 제3항의 규정에 따른 인도명령을 하려면 그 점유자를 심문하여야 한다. 다만, 그 점유자가 매수인에게 대항할 수 있는 권원에 의하여 점유하고 있지 아니함이 명백한 때 또는 이미 그 점유자를 심문한 때에는 그러하지 아니하다.
⑤ 제1항 내지 제3항의 신청에 관한 결정에 대하여는 즉시항고를 할 수 있다.
⑥ 채무자·소유자 또는 점유자가 제1항과 제3항의 인도명령에 따르지 아니할 때에는 매수인 또는 채권자는 집행관에게 그 집행을 위임할 수 있다.

제137조 (차순위매수신고인에 대한 매각허가여부결정)
① 차순위매수신고인이 있는 경우에 매수인이 대금지급기한까지 그 의무를 이행하지 아니한 때에는 차순위매수신고인에게 매각을 허가할 것인지를 결정하여야 한다. 다만, 제142조제4항의 경우에는 그러하지 아니하다.
② 차순위매수신고인에 대한 매각허가결정이 있는 때에는 매수인은 매수신청의 보증을 돌

려 줄 것을 요구하지 못한다.

제138조 (재매각)

① 매수인이 대금지급기한 또는 제142조제4항의 다시 정한 기한까지 그 의무를 완전히 이행하지 아니하였고, 차순위매수신고인이 없는 때에는 법원은 직권으로 부동산의 재매각을 명하여야 한다.
② 재매각절차에도 종전에 정한 최저매각가격, 그 밖의 매각조건을 적용한다.
③ 매수인이 재매각기일의 3일 이전까지 대금, 그 지급기한이 지난 뒤부터 지급일까지의 대금에 대한 대법원규칙이 정하는 이율에 따른 지연이자와 절차비용을 지급한 때에는 재매각절차를 취소하여야 한다. 이 경우 차순위매수신고인이 매각허가결정을 받았던 때에는 위 금액을 먼저 지급한 매수인이 매매목적물의 권리를 취득한다.
④ 재매각절차에서는 전의 매수인은 매수신청을 할 수 없으며 매수신청의 보증을 돌려 줄 것을 요구하지 못한다.

제139조 (공유물지분에 대한 경매)

① 공유물지분을 경매하는 경우에는 채권자의 채권을 위하여 채무자의 지분에 대한 경매개시결정이 있음을 등기부에 기입하고 다른 공유자에게 그 경매개시결정이 있다는 것을 통지하여야 한다. 다만, 상당한 이유가 있는 때에는 통지하지 아니할 수 있다.
② 최저매각가격은 공유물 전부의 평가액을 기본으로 채무자의 지분에 관하여 정하여야 한다. 다만, 그와 같은 방법으로 정확한 가치를 평가하기 어렵거나 그 평가에 부당하게 많은 비용이 드는 등 특별한 사정이 있는 경우에는 그러하지 아니하다.

제140조 (공유자의 우선매수권)

① 공유자는 매각기일까지 제113조에 따른 보증을 제공하고 최고매수신고가격과 같은 가격으로 채무자의 지분을 우선매수 하겠다는 신고를 할 수 있다.
② 제1항의 경우에 법원은 최고가매수신고가 있더라도 그 공유자에게 매각을 허가하여야 한다.
③ 여러 사람의 공유자가 우선매수하겠다는 신고를 하고 제2항의 절차를 마친 때에는 특별한 협의가 없으면 공유지분의 비율에 따라 채무자의 지분을 매수하게 한다.
④ 제1항의 규정에 따라 공유자가 우선매수신고를 한 경우에는 최고가매수신고인을 제114조의 차순위매수신고인으로 본다.

제141조 (경매개시결정등기의 말소)

경매신청이 매각허가 없이 마쳐진 때에는 법원사무관 등은 제94조와 제139조제1항의 규정에 따른 기입을 말소하도록 등기관에게 촉탁하여야 한다.

제142조 (대금의 지급)

① 매각허가결정이 확정되면 법원은 대금의 지급기한을 정하고, 이를 매수인과 차순위매수신고인에게 통지하여야 한다.
② 매수인은 제1항의 대금지급기한까지 매각대금을 지급하여야 한다.
③ 매수신청의 보증으로 금전이 제공된 경우에 그 금전은 매각대금에 넣는다.
④ 매수신청의 보증으로 금전 외의 것이 제공된 경우로서 매수인이 매각대금중 보증액을 뺀 나머지 금액만을 낸 때에는, 법원은 보증을 현금화하여 그 비용을 뺀 금액을 보증액에 해당하는 매각대금 및 이에 대한 지연이자에 충당하고, 모자라는 금액이 있으면 다시 대금지급기한을 정하여 매수인으로 하여금 내게 한다.
⑤ 제4항의 지연이자에 대하여는 제138조제3항의 규정을 준용한다.
⑥ 차순위매수신고인은 매수인이 대금을 모두 지급한 때 매수의 책임을 벗게 되고 즉시 매수신청의 보증을 돌려 줄 것을 요구할 수 있다.

제143조 (특별한 지급방법)

① 매수인은 매각조건에 따라 부동산의 부담을 인수하는 외에 배당표(配當表)의 실시에 관하여 매각대금의 한도에서 관계채권자의 승낙이 있으면 대금의 지급에 갈음하여 채무를 인수할 수 있다.
② 채권자가 매수인인 경우에는 매각결정기일이 끝날 때까지 법원에 신고하고 배당받아야 할 금액을 제외한 대금을 배당기일에 낼 수 있다.
③ 제1항 및 제2항의 경우에 매수인이 인수한 채무나 배당받아야 할 금액에 대하여 이의가 제기된 때에는 매수인은 배당기일이 끝날 때까지 이에 해당하는 대금을 내야 한다.

제144조 (매각대금 지급 뒤의 조치)

① 매각대금이 지급되면 법원사무관 등은 매각허가결정의 등본을 붙여 다음 각호의 등기를 촉탁하여야 한다.
1. 매수인 앞으로 소유권을 이전하는 등기
2. 매수인이 인수하지 아니한 부동산의 부담에 관한 기입을 말소하는 등기
3. 제94조 및 제139조제1항의 규정에 따른 경매개시결정등기를 말소하는 등기

② 매각대금을 지급할 때까지 매수인과 부동산을 담보로 제공받으려고 하는 사람이 대법원규칙으로 정하는 바에 따라 공동으로 신청한 경우, 제1항의 촉탁은 등기신청의 대리를 업으로 할 수 있는 사람으로서 신청인이 지정하는 사람에게 촉탁서를 교부하여 등기소에 제출하도록 하는 방법으로 하여야 한다. 이 경우 신청인이 지정하는 사람은 지체 없이 그 촉탁서를 등기소에 제출하여야 한다. 〈신설 2010.7.23〉〈종전 제2항은 제3항으로 이동 2010.7.23〉

③ 제1항의 등기에 드는 비용은 매수인이 부담한다. 〈제2항에서 이동 2010.7.23〉

제145조 (매각대금의 배당)

① 매각대금이 지급되면 법원은 배당절차를 밟아야 한다.
② 매각대금으로 배당에 참가한 모든 채권자를 만족하게 할 수 없는 때에는 법원은 민법·상법, 그 밖의 법률에 의한 우선순위에 따라 배당하여야 한다.

제146조 (배당기일)

매수인이 매각대금을 지급하면 법원은 배당에 관한 진술 및 배당을 실시할 기일을 정하고 이해관계인과 배당을 요구한 채권자에게 이를 통지하여야 한다. 다만, 채무자가 외국에 있거나 있는 곳이 분명하지 아니한 때에는 통지하지 아니한다.

제147조 (배당할 금액 등)

① 배당할 금액은 다음 각호에 규정한 금액으로 한다.
1. 대금
2. 제138조제3항 및 제142조제4항의 경우에는 대금지급기한이 지난 뒤부터 대금의 지급·충당까지의 지연이자
3. 제130조제6항의 보증(제130조제8항에 따라 준용되는 경우를 포함한다.)
4. 제130조제7항 본문의 보증 가운데 항고인이 돌려 줄 것을 요구하지 못하는 금액 또는 제130조제7항 단서의 규정에 따라 항고인이 낸 금액(각각 제130조제8항에 따라 준용되는 경우를 포함한다.)
5. 제138조제4항의 규정에 의하여 매수인이 돌려줄 것을 요구할 수 없는 보증(보증이 금전 외의 방법으로 제공되어 있는 때에는 보증을 현금화하여 그 대금에서 비용을 뺀 금액)

② 제1항의 금액 가운데 채권자에게 배당하고 남은 금액이 있으면, 제1항제4호의 금액의 범위안에서 제1항제4호의 보증 등을 제공한 사람에게 돌려준다.
③ 제1항의 금액 가운데 채권자에게 배당하고 남은 금액으로 제1항 제4호의 보증 등을 돌

려주기 부족한 경우로서 그 보증 등을 제공한 사람이 여럿인 때에는 제1항제4호의 보증 등의 비율에 따라 나누어 준다.

제148조 (배당받을 채권자의 범위)
제147조제1항에 규정한 금액을 배당받을 채권자는 다음 각호에 규정된 사람으로 한다.
1. 배당요구의 종기까지 경매신청을 한 압류채권자
2. 배당요구의 종기까지 배당요구를 한 채권자
3. 첫 경매개시결정등기전에 등기된 가압류채권자
4. 저당권·전세권, 그 밖의 우선변제청구권으로서 첫 경매개시결정등기전에 등기되었고 매각으로 소멸하는 것을 가진 채권자

제149조 (배당표의 확정)
① 법원은 채권자와 채무자에게 보여 주기 위하여 배당기일의 3일전에 배당표원안(配當表原案)을 작성하여 법원에 비치하여야 한다.
② 법원은 출석한 이해관계인과 배당을 요구한 채권자를 심문하여 배당표를 확정하여야 한다.

제150조 (배당표의 기재 등)
① 배당표에는 매각대금, 채권자의 채권의 원금, 이자, 비용, 배당의 순위와 배당의 비율을 적어야 한다.
② 출석한 이해관계인과 배당을 요구한 채권자가 합의한 때에는 이에 따라 배당표를 작성하여야 한다.

제151조 (배당표에 대한 이의)
① 기일에 출석한 채무자는 채권자의 채권 또는 그 채권의 순위에 대하여 이의할 수 있다.
② 제1항의 규정에 불구하고 채무자는 제149조제1항에 따라 법원에 배당표원안이 비치된 이후 배당기일이 끝날 때까지 채권자의 채권 또는 그 채권의 순위에 대하여 서면으로 이의할 수 있다.
③ 기일에 출석한 채권자는 자기의 이해에 관계되는 범위 안에서는 다른 채권자를 상대로 그의 채권 또는 그 채권의 순위에 대하여 이의할 수 있다.

제152조 (이의의 완결)
① 제151조의 이의에 관계된 채권자는 이에 대하여 진술하여야 한다.

② 관계인이 제151조의 이의를 정당하다고 인정하거나 다른 방법으로 합의한 때에는 이에 따라 배당표를 경정(更定)하여 배당을 실시하여야 한다.
③ 제151조의 이의가 완결되지 아니한 때에는 이의가 없는 부분에 한하여 배당을 실시하여야 한다.

제153조 (불출석한 채권자)

① 기일에 출석하지 아니한 채권자는 배당표와 같이 배당을 실시하는 데에 동의한 것으로 본다.
② 기일에 출석하지 아니한 채권자가 다른 채권자가 제기한 이의에 관계된 때에는 그 채권자는 이의를 정당하다고 인정하지 아니한 것으로 본다.

제154조 (배당이의의 소 등)

① 집행력 있는 집행권원의 정본을 가지지 아니한 채권자(가압류채권자를 제외한다)에 대하여 이의한 채무자와 다른 채권자에 대하여 이의한 채권자는 배당이의의 소를 제기하여야 한다.
② 집행력 있는 집행권원의 정본을 가진 채권자에 대하여 이의한 채무자는 청구이의의 소를 제기하여야 한다.
③ 이의한 채권자나 채무자가 배당기일부터 1주 이내에 집행법원에 대하여 제1항의 소를 제기한 사실을 증명하는 서류를 제출하지 아니한 때 또는 제2항의 소를 제기한 사실을 증명하는 서류와 그 소에 관한 집행정지재판의 정본을 제출하지 아니한 때에는 이의가 취하된 것으로 본다.

제155조 (이의한 사람 등의 우선권 주장)

이의한 채권자가 제154조제3항의 기간을 지키지 아니한 경우에도 배당표에 따른 배당을 받은 채권자에 대하여 소로 우선권 및 그 밖의 권리를 행사하는 데 영향을 미치지 아니한다.

제156조 (배당이의의 소의 관할)

① 제154조제1항의 배당이의의 소는 배당을 실시한 집행법원이 속한 지방법원의 관할로 한다. 다만, 소송물이 단독판사의 관할에 속하지 아니할 경우에는 지방법원의 합의부가 이를 관할한다.
② 여러 개의 배당이의의 소가 제기된 경우에 한 개의 소를 합의부가 관할하는 때에는 그 밖의 소도 함께 관할한다.
③ 이의한 사람과 상대방이 이의에 관하여 단독판사의 재판을 받을 것을 합의한 경우에는

제1항 단서와 제2항의 규정을 적용하지 아니한다.

제157조 (배당이의의 소의 판결)
배당이의의 소에 대한 판결에서는 배당액에 대한 다툼이 있는 부분에 관하여 배당을 받을 채권자와 그 액수를 정하여야 한다. 이를 정하는 것이 적당하지 아니하다고 인정한 때에는 판결에서 배당표를 다시 만들고 다른 배당절차를 밟도록 명하여야 한다.

제158조 (배당이의의 소의 취하간주)
이의한 사람이 배당이의의 소의 첫 변론기일에 출석하지 아니한 때에는 소를 취하한 것으로 본다.

제159조 (배당실시절차·배당조서)
① 법원은 배당표에 따라 제2항 및 제3항에 규정된 절차에 의하여 배당을 실시하여야 한다.
② 채권 전부의 배당을 받을 채권자에게는 배당액 지급증을 교부하는 동시에 그가 가진 집행력 있는 정본 또는 채권증서를 받아 채무자에게 교부하여야 한다.
③ 채권 일부의 배당을 받을 채권자에게는 집행력 있는 정본 또는 채권증서를 제출하게 한 뒤 배당액을 적어서 돌려주고 배당액 지급증을 교부하는 동시에 영수증을 받아 채무자에게 교부하여야 한다.
④ 제1항 내지 제3항의 배당실시절차는 조서에 명확히 적어야 한다.

제160조 (배당금액의 공탁)
① 배당을 받아야 할 채권자의 채권에 대하여 다음 각호 가운데 어느 하나의 사유가 있으면 그에 대한 배당액을 공탁하여야 한다.
1. 채권에 정지조건 또는 불확정기한이 붙어 있는 때
2. 가압류채권자의 채권인 때
3. 제49조제2호 및 제266조제1항 제5호에 규정된 문서가 제출되어 있는 때
4. 저당권설정의 가등기가 마쳐져 있는 때
5. 제154조제1항에 의한 배당이의의 소가 제기된 때
6. 민법 제340조제2항 및 같은 법 제370조에 따른 배당금액의 공탁청구가 있는 때
② 채권자가 배당기일에 출석하지 아니한 때에는 그에 대한 배당액을 공탁하여야 한다.

제161조 (공탁금에 대한 배당의 실시)
① 법원이 제160조제1항의 규정에 따라 채권자에 대한 배당액을 공탁한 뒤 공탁의 사유가

소멸한 때에는 법원은 공탁금을 지급하거나 공탁금에 대한 배당을 실시하여야 한다.
② 제1항에 따라 배당을 실시함에 있어서 다음 각호 가운데 어느 하나에 해당하는 때에는 법원은 배당에 대하여 이의하지 아니한 채권자를 위하여서도 배당표를 바꾸어야 한다.
1. 제160조제1항제1호 내지 제4호의 사유에 따른 공탁에 관련된 채권자에 대하여 배당을 실시할 수 없게 된 때
2. 제160조제1항제5호의 공탁에 관련된 채권자가 채무자로부터 제기당한 배당이의의 소에서 진 때
3. 제160조제1항제6호의 공탁에 관련된 채권자가 저당물의 매각대가로부터 배당을 받은 때
③ 제160조제2항의 채권자가 법원에 대하여 공탁금의 수령을 포기하는 의사를 표시한 때에는 그 채권자의 채권이 존재하지 아니하는 것으로 보고 배당표를 바꾸어야 한다.
④ 제2항 및 제3항의 배당표변경에 따른 추가 배당기일에 제151조의 규정에 따라 이의할 때에는 종전의 배당기일에서 주장할 수 없었던 사유만을 주장할 수 있다.

제162조 (공동경매)

여러 압류채권자를 위하여 동시에 실시하는 부동산의 경매절차에는 제80조 내지 제161조의 규정을 준용한다.

제3관 강제관리

제163조 (강제경매규정의 준용)

강제관리에는 제80조 내지 제82조, 제83조제1항·제3항 내지 제5항, 제85조 내지 제89조 및 제94조 내지 제96조의 규정을 준용한다.

제164조 (강제관리개시결정)

① 강제관리를 개시하는 결정에는 채무자에게는 관리사무에 간섭하여서는 아니 되고 부동산의 수익을 처분하여서도 아니 된다고 명하여야 하며, 수익을 채무자에게 지급할 제3자에게는 관리인에게 이를 지급하도록 명하여야 한다.
② 수확하였거나 수확할 과실(과실)과, 이행기에 이르렀거나 이르게 될 과실은 제1항의 수익에 속한다.
③ 강제관리개시결정은 제3자에게는 결정서를 송달하여야 효력이 생긴다.
④ 강제관리신청을 기각하거나 각하하는 재판에 대하여는 즉시항고를 할 수 있다.

제165조 (강제관리개시결정 등의 통지)

법원은 강제관리를 개시하는 결정을 한 부동산에 대하여 다시 강제관리의 개시결정을 하거나 배당요구의 신청이 있는 때에는 관리인에게 이를 통지하여야 한다.

제166조 (관리인의 임명 등)

① 관리인은 법원이 임명한다. 다만, 채권자는 적당한 사람을 관리인으로 추천할 수 있다.
② 관리인은 관리와 수익을 하기 위하여 부동산을 점유할 수 있다. 이 경우 저항을 받으면 집행관에게 원조를 요구할 수 있다.
③ 관리인은 제3자가 채무자에게 지급할 수익을 추심(推尋)할 권한이 있다.

제167조 (법원의 지휘·감독)

① 법원은 관리에 필요한 사항과 관리인의 보수를 정하고, 관리인을 지휘·감독한다.
② 법원은 관리인에게 보증을 제공하도록 명할 수 있다.
③ 관리인에게 관리를 계속할 수 없는 사유가 생긴 경우에는 법원은 직권으로 또는 이해관계인의 신청에 따라 관리인을 해임할 수 있다. 이 경우 관리인을 심문하여야 한다.

제168조 (준용규정)

제3자가 부동산에 대한 강제관리를 막을 권리가 있다고 주장하는 경우에는 제48조의 규정을 준용한다.

제169조 (수익의 처리)

① 관리인은 부동산수익에서 그 부동산이 부담하는 조세, 그 밖의 공과금을 뺀 뒤에 관리비용을 변제하고, 그 나머지 금액을 채권자에게 지급한다.
② 제1항의 경우 모든 채권자를 만족하게 할 수 없는 때에는 관리인은 채권자 사이의 배당협의에 따라 배당을 실시하여야 한다.
③ 채권자 사이에 배당협의가 이루어지지 못한 경우에 관리인은 그 사유를 법원에 신고하여야 한다.
④ 제3항의 신고가 있는 경우에는 제145조·제146조 및 제148조 내지 제161조의 규정을 준용하여 배당표를 작성하고 이에 따라 관리인으로 하여금 채권자에게 지급하게 하여야 한다.

제170조 (관리인의 계산보고)

① 관리인은 매년 채권자·채무자와 법원에 계산서를 제출하여야 한다. 그 업무를 마친 뒤에

도 또한 같다.
② 채권자와 채무자는 계산서를 송달받은 날부터 1주 이내에 집행법원에 이에 대한 이의신청을 할 수 있다.
③ 제2항의 기간 이내에 이의신청이 없는 때에는 관리인의 책임이 면제된 것으로 본다.
④ 제2항의 기간 이내에 이의신청이 있는 때에는 관리인을 심문한 뒤 결정으로 재판하여야 한다. 신청한 이의를 매듭 지은 때에는 법원은 관리인의 책임을 면제한다.

제171조 (강제관리의 취소)
① 강제관리의 취소는 법원이 결정으로 한다.
② 채권자들이 부동산수익으로 전부 변제를 받았을 때에는 법원은 직권으로 제1항의 취소결정을 한다.
③ 제1항 및 제2항의 결정에 대하여는 즉시항고를 할 수 있다.
④ 강제관리의 취소결정이 확정된 때에는 법원사무관 등은 강제관리에 관한 기입등기를 말소하도록 촉탁하여야 한다.

2 민사집행규칙 중 '부동산에 대한 강제집행'편

제정 2002.6.28 대법원규칙 제1762호
일부개정 2003.7.19 대법원규칙 제1835호
일부개정 2004.6.1 대법원규칙 제1891호
일부개정 2005.7.28 대법원규칙 제1953호
일부개정 2006.11.13 대법원규칙 제2047호
일부개정 2008.2.18 대법원규칙 제2160호

제1편 총칙
제1조(목적) 이 규칙은 「민사집행법」(다음부터 "법"이라 한다)이 대법원규칙에 위임한 사항, 그 밖에 법 제1조의 민사집행과 보전처분의 절차를 규정함을 목적으로 한다. 〈개정 2005.7.28〉

제2절 부동산에 대한 강제집행

제1관 통칙

제40조(지상권에 대한 강제집행) 금전채권에 기초한 강제집행에서 지상권과 그 공유지분은 부동산으로 본다.

제41조(집행법원) 법률 또는 이 규칙에 따라 부동산으로 보거나 부동산에 관한 규정이 준용되는 것에 대한 강제집행은 그 등기 또는 등록을 하는 곳의 지방법원이 관할한다.

제2관 강제경매

제42조(미등기 건물의 집행)
① 법 제81조제3항·제4항의 규정에 따라 집행관이 건물을 조사한 때에는 다음 각호의 사항을 적은 서면에 건물의 도면과 사진을 붙여 정하여진 날까지 법원에 제출하여야 한다.
1. 사건의 표시
2. 조사의 일시·장소와 방법
3. 건물의 지번·구조·면적
4. 조사한 건물의 지번·구조·면적이 건축허가 또는 건축신고를 증명하는 서류의 내용과 다른 때에는 그 취지와 구체적인 내역
② 법 제81조제1항제2호 단서의 규정에 따라 채권자가 제출한 서류 또는 제1항의 규정에 따라 집행관이 제출한 서면에 의하여 강제경매신청을 한 건물의 지번·구조·면적이 건축허가 또는 건축신고된 것과 동일하다고 인정되지 아니하는 때에는 법원은 강제경매신청을 각하하여야 한다.

제43조(경매개시결정의 통지) 강제관리개시결정이 된 부동산에 대하여 강제경매개시결정이 있는 때에는 법원사무관등은 강제관리의 압류채권자, 배당요구를 한 채권자와 관리인에게 그 취지를 통지하여야 한다.

제44조(침해행위 방지를 위한 조치)
① 채무자·소유자 또는 부동산의 점유자가 부동산의 가격을 현저히 감소시키거나 감소시킬 우려가 있는 행위(다음부터 이 조문 안에서 "가격 감소행위 등"이라 한다)를 하는 때에는, 법원은 압류채권자(배당요구의 종기가 지난 뒤에 강제경매 또는 담보권 실행을 위한 경매신청을 한 압류채권자를 제외한다. 다음부터 이 조문 안에서 같다) 또는 최고가매수신고인의 신청에 따라 매각허가결정이 있을 때까지 담보를 제공하게 하거나 담보를 제공하게 하지 아니하고 그 행위를 하는 사람에 대하여 가격 감소행위 등을 금지

하거나 일정한 행위를 할 것을 명할 수 있다.

② 부동산을 점유하는 채무자·소유자 또는 부동산의 점유자로서 그 점유권원을 압류채권자·가압류채권자 혹은 법 제91조제2항 내지 제4항의 규정에 따라 소멸되는 권리를 갖는 사람에 대하여 대항할 수 없는 사람이 제1항의 규정에 따른 명령에 위반한 때 또는 가격 감소행위 등을 하는 경우에 제1항의 규정에 따른 명령으로는 부동산 가격의 현저한 감소를 방지할 수 없다고 인정되는 특별한 사정이 있는 때에는, 법원은 압류채권자 또는 최고가매수신고인의 신청에 따라 매각허가결정이 있을 때까지 담보를 제공하게 하고 그 명령에 위반한 사람 또는 그 행위를 한 사람에 대하여 부동산의 점유를 풀고 집행관에게 보관하게 할 것을 명할 수 있다.

③ 법원이 채무자·소유자 외의 점유자에 대하여 제1항 또는 제2항의 규정에 따른 결정을 하려면 그 점유자를 심문하여야 한다. 다만, 그 점유자가 압류채권자·가압류채권자 또는 법 제91조제2항 내지 제4항의 규정에 따라 소멸되는 권리를 갖는 사람에 대하여 대항할 수 있는 권원에 기초하여 점유하고 있지 아니한 것이 명백한 때 또는 이미 그 점유자를 심문한 때에는 그러하지 아니하다.

④ 법원은 사정의 변경이 있는 때에는 신청에 따라 제1항 또는 제2항의 규정에 따른 결정을 취소하거나 변경할 수 있다.

⑤ 제1항·제2항 또는 제4항의 규정에 따른 결정에 대하여는 즉시항고를 할 수 있다.

⑥ 제4항의 규정에 따른 결정은 확정되어야 효력이 있다.

⑦ 제2항의 규정에 따른 결정은 신청인에게 고지된 날부터 2주가 지난 때에는 집행할 수 없다.

⑧ 제2항의 규정에 따른 결정은 상대방에게 송달되기 전에도 집행할 수 있다.

제45조(미지급 지료 등의 지급)

① 건물에 대한 경매개시결정이 있는 때에 그 건물의 소유를 목적으로 하는 지상권 또는 임차권에 관하여 채무자가 지료나 차임을 지급하지 아니하는 때에는, 압류채권자(배당요구의 종기가 지난 뒤에 강제경매 또는 담보권 실행을 위한 경매신청을 한 압류채권자를 제외한다)는 법원의 허가를 받아 채무자를 대신하여 미지급된 지료 또는 차임을 변제할 수 있다.

② 제1항의 허가를 받아 지급한 지료 또는 차임은 집행비용으로 한다.

제46조(현황조사)

① 집행관이 법 제85조의 규정에 따라 부동산의 현황을 조사한 때에는 다음 각호의 사항을 적은 현황조사보고서를 정하여진 날까지 법원에 제출하여야 한다.

1. 사건의 표시

2. 부동산의 표시
3. 조사의 일시·장소 및 방법
4. 법 제85조제1항에 규정된 사항과 그 밖에 법원이 명한 사항 등에 대하여 조사한 내용

② 현황조사보고서에는 조사의 목적이 된 부동산의 현황을 알 수 있도록 도면·사진 등을 붙여야 한다.

③ 집행관은 법 제85조의 규정에 따른 현황조사를 하기 위하여 필요한 때에는 소속 지방법원의 관할구역 밖에서도 그 직무를 행할 수 있다.

제47조(이중경매절차에서의 통지) 먼저 경매개시결정을 한 경매절차가 정지된 때에는 법원사무관 등은 뒤의 경매개시결정에 관한 압류채권자에게 그 취지를 통지하여야 한다.

제48조(배당요구의 방식)

① 법 제88조제1항의 규정에 따른 배당요구는 채권(이자, 비용, 그 밖의 부대채권을 포함한다)의 원인과 액수를 적은 서면으로 하여야 한다.

② 제1항의 배당 요구서에는 집행력 있는 정본 또는 그 사본, 그 밖에 배당요구의 자격을 소명하는 서면을 붙여야 한다.

제49조(경매신청의 취하 등)

① 법 제87조제1항의 신청(배당요구의 종기가 지난 뒤에 한 신청을 제외한다. 다음부터 이 조문 안에서 같다)이 있는 경우 매수신고가 있은 뒤 압류채권자가 경매신청을 취하하더라도 법 제105조제1항제3호의 기재사항이 바뀌지 아니하는 때에는 법 제93조제2항의 규정을 적용하지 아니한다.

② 법 제87조제1항의 신청이 있는 경우 매수신고가 있은 뒤 법 제49조제3호 또는 제6호의 서류를 제출하더라도 법 제105조제1항제3호의 기재사항이 바뀌지 아니하는 때에는 법 제93조제3항 전단의 규정을 적용하지 아니한다.

제50조(집행정지서류 등의 제출시기)

① 법 제49조제1호·제2호 또는 제5호의 서류는 매수인이 매각대금을 내기 전까지 제출하면 된다.

② 매각허가결정이 있은 뒤에 법 제49조제2호의 서류가 제출된 경우에는 매수인은 매각대금을 낼 때까지 매각허가결정의 취소신청을 할 수 있다. 이 신청에 관한 결정에 대하여는 즉시항고를 할 수 있다.

③ 매수인이 매각대금을 낸 뒤에 법 제49조 각호 가운데 어느 서류가 제출된 때에는 절차를 계속하여 진행하여야 한다. 이 경우 배당절차가 실시되는 때에는 그 채권자에 대하여 다음 각호의 구분에 따라 처리하여야 한다.
1. 제1호·제3호·제5호 또는 제6호의 서류가 제출된 때에는 그 채권자를 배당에서 제외한다.
2. 제2호의 서류가 제출된 때에는 그 채권자에 대한 배당액을 공탁한다.
3. 제4호의 서류가 제출된 때에는 그 채권자에 대한 배당액을 지급한다.

제51조(평가서)
① 법 제97조의 규정에 따라 부동산을 평가한 감정인은 다음 각호의 사항을 적은 평가서를 정하여진 날까지 법원에 제출하여야 한다.
1. 사건의 표시
2. 부동산의 표시
3. 부동산의 평가액과 평가일
4. 부동산이 있는 곳의 환경
5. 평가의 목적이 토지인 경우에는 지적, 법령에서 정한 규제 또는 제한의 유무와 그 내용 및 공시지가, 그 밖에 평가에 참고가 된 사항
6. 평가의 목적이 건물인 경우에는 그 종류·구조·평면적, 그 밖에 추정되는 잔존 내구연수 등 평가에 참고가 된 사항
7. 평가액 산출의 과정
8. 그 밖에 법원이 명한 사항
② 평가서에는 부동산의 모습과 그 주변의 환경을 알 수 있는 도면·사진 등을 붙여야 한다.

제52조(일괄매각 등에서 채무자의 매각재산 지정) 법 제101조제4항 또는 법 제124조제2항의 규정에 따른 지정은 매각허가결정이 선고되기 전에 서면으로 하여야 한다.

제53조(압류채권자가 남을 가망이 있음을 증명한 때의 조치) 법 제102조제1항의 규정에 따른 통지를 받은 압류채권자가 통지를 받은 날부터 1주 안에 최저매각가격으로 압류채권자의 채권에 우선하는 부동산의 모든 부담과 절차비용을 변제하고 남을 것이 있다는 사실을 증명한 때에는 법원은 경매절차를 계속하여 진행하여야 한다.

제54조(남을 가망이 없는 경우의 보증제공방법 등)
① 법 제102조제2항의 규정에 따른 보증은 다음 각호 가운데 어느 하나를 법원에 제출하는

방법으로 제공하여야 한다. 다만, 법원은 상당하다고 인정하는 때에는 보증의 제공방법을 제한할 수 있다. 〈개정 2005.7.28〉
1. 금전
2. 법원이 상당하다고 인정하는 유가증권
3. 「은행법」의 규정에 따른 금융기관 또는 보험회사(다음부터 "은행등"이라 한다)가 압류채권자를 위하여 일정액의 금전을 법원의 최고에 따라 지급한다는 취지의 기한의 정함이 없는 지급보증위탁계약이 압류채권자와 은행등 사이에 체결된 사실을 증명하는 문서
② 제1항의 보증에 관하여는 「민사소송법」 제126조 본문의 규정을 준용한다. 〈개정 2005.7.28〉

제55조(매각물건명세서 사본 등의 비치) 매각물건명세서·현황조사보고서 및 평가서의 사본은 매각기일(기간입찰의 방법으로 진행하는 경우에는 입찰기간의 개시일)마다 그 1주 전까지 법원에 비치하여야 한다. 다만, 법원은 상당하다고 인정하는 때에는 매각물건명세서·현황조사보고서 및 평가서의 기재내용을 전자통신매체로 공시함으로써 그 사본의 비치에 갈음할 수 있다.

제56조(매각기일의 공고내용 등) 법원은 매각기일(기간입찰의 방법으로 진행하는 경우에는 입찰기간의 개시일)의 2주 전까지 법 제106조에 규정된 사항과 다음 각호의 사항을 공고하여야 한다.
1. 법 제98조의 규정에 따라 일괄매각결정을 한 때에는 그 취지
2. 제60조의 규정에 따라 매수신청인의 자격을 제한한 때에는 그 제한의 내용
3. 법 제113조의 규정에 따른 매수신청의 보증금액과 보증제공 방법

제57조(매각장소의 질서유지)
① 집행관은 매각기일이 열리는 장소의 질서유지를 위하여 필요하다고 인정하는 때에는 그 장소에 출입하는 사람의 신분을 확인할 수 있다.
② 집행관은 법 제108조의 규정에 따른 조치를 하기 위하여 필요한 때에는 법원의 원조를 요청할 수 있다.

제58조(매각조건 변경을 위한 부동산의 조사) 법 제111조제3항의 규정에 따른 집행관의 조사에는 제46조제3항과 법 제82조의 규정을 준용한다.

제59조(채무자 등의 매수신청금지) 다음 각호의 사람은 매수신청을 할 수 없다.

1. 채무자
2. 매각절차에 관여한 집행관
3. 매각 부동산을 평가한 감정인(감정평가법인이 감정인인 때에는 그 감정평가법인 또는 소속 감정평가사)

제60조(매수신청의 제한) 법원은 법령의 규정에 따라 취득이 제한되는 부동산에 관하여는 매수신청을 할 수 있는 사람을 정하여진 자격을 갖춘 사람으로 제한하는 결정을 할 수 있다.

제61조(기일입찰의 장소 등)
① 기일입찰의 입찰장소에는 입찰자가 다른 사람이 알지 못하게 입찰표를 적을 수 있도록 설비를 갖추어야 한다.
② 같은 입찰기일에 입찰에 부칠 사건이 두 건 이상이거나 매각할 부동산이 두 개 이상인 경우에는 각 부동산에 대한 입찰을 동시에 실시하여야 한다. 다만, 법원이 따로 정하는 경우에는 그러하지 아니하다.

제62조(기일입찰의 방법)
① 기일입찰에서 입찰은 매각기일에 입찰표를 집행관에게 제출하는 방법으로 한다.
② 입찰표에는 다음 각호의 사항을 적어야 한다. 이 경우 입찰가격은 일정한 금액으로 표시하여야 하며, 다른 입찰가격에 대한 비례로 표시하지 못한다.
1. 사건번호와 부동산의 표시
2. 입찰자의 이름과 주소
3. 대리인을 통하여 입찰을 하는 때에는 대리인의 이름과 주소
4. 입찰가격
③ 법인인 입찰자는 대표자의 자격을 증명하는 문서를 집행관에게 제출하여야 한다.
④ 입찰자의 대리인은 대리권을 증명하는 문서를 집행관에게 제출하여야 한다.
⑤ 공동으로 입찰하는 때에는 입찰표에 각자의 지분을 분명하게 표시하여야 한다.
⑥ 입찰은 취소·변경 또는 교환할 수 없다.

제63조(기일입찰에서 매수신청의 보증금액)
① 기일입찰에서 매수신청의 보증금액은 최저매각가격의 10분의 1로 한다.
② 법원은 상당하다고 인정하는 때에는 보증금액을 제1항과 달리 정할 수 있다.

제64조(기일입찰에서 매수신청보증의 제공방법) 제63조의 매수신청보증은 다음 각호 가운데 어느 하나를 입찰표와 함께 집행관에게 제출하는 방법으로 제공하여야 한다. 다만, 법원은 상당하다고 인정하는 때에는 보증의 제공방법을 제한할 수 있다. <개정 2005.7.28>

1. 금전
2. 「은행법」의 규정에 따른 금융기관이 발행한 자기앞수표로서 지급제시기간이 끝나는 날까지 5일 이상의 기간이 남아 있는 것
3. 은행 등이 매수신청을 하려는 사람을 위하여 일정액의 금전을 법원의 최고에 따라 지급한다는 취지의 기한의 정함이 없는 지급보증위탁계약이 매수신청을 하려는 사람과 은행 등 사이에 맺어진 사실을 증명하는 문서

제65조(입찰기일의 절차)
① 집행관이 입찰을 최고하는 때에는 입찰마감시각과 개찰시각을 고지하여야 한다. 다만, 입찰표의 제출을 최고한 후 1시간이 지나지 아니하면 입찰을 마감하지 못한다.
② 집행관은 입찰표를 개봉할 때에 입찰을 한 사람을 참여시켜야 한다. 입찰을 한 사람이 아무도 참여하지 아니하는 때에는 적당하다고 인정하는 사람을 참여시켜야 한다.
③ 집행관은 입찰표를 개봉할 때에 입찰목적물, 입찰자의 이름 및 입찰가격을 불러야 한다.

제66조(최고가매수신고인 등의 결정)
① 최고가매수신고를 한 사람이 둘 이상인 때에는 집행관은 그 사람들에게 다시 입찰하게 하여 최고가매수신고인을 정한다. 이 경우 입찰자는 전의 입찰가격에 못미치는 가격으로는 입찰할 수 없다.
② 제1항의 규정에 따라 다시 입찰하는 경우에 입찰자 모두가 입찰에 응하지 아니하거나(전의 입찰가격에 못 미치는 가격으로 입찰한 경우에는 입찰에 응하지 아니한 것으로 본다) 두 사람 이상이 다시 최고의 가격으로 입찰한 때에는 추첨으로 최고가매수신고인을 정한다.
③ 제2항 또는 법 제115조제2항 후문의 규정에 따라 추첨을 하는 경우 입찰자가 출석하지 아니하거나 추첨을 하지 아니하는 때에는 집행관은 법원사무관등 적당하다고 인정하는 사람으로 하여금 대신 추첨하게 할 수 있다.

제67조(기일입찰조서의 기재사항)
① 기일입찰조서에는 법 제116조에 규정된 사항 외에 다음 각호의 사항을 적어야 한다.
1. 입찰을 최고한 일시, 입찰을 마감한 일시 및 입찰표를 개봉한 일시
2. 제65조제2항 후문의 규정에 따라 입찰을 한 사람 외의 사람을 개찰에 참여시킨 때에는 그 사람의 이름

3. 제66조 또는 법 제115조제2항의 규정에 따라 최고가매수신고인 또는 차순위매수신고인을 정한 때에는 그 취지
4. 법 제108조에 규정된 조치를 취한 때에는 그 취지
5. 법 제140조제1항의 규정에 따라 공유자의 우선매수신고가 있는 경우에는 그 취지 및 그 공유자의 이름과 주소
6. 제76조제3항의 규정에 따라 차순위매수신고인의 지위를 포기한 매수신고인이 있는 때에는 그 취지

② 기일입찰조서에는 입찰표를 붙여야 한다.

제68조(입찰기간 등의 지정) 기간입찰에서 입찰기간은 1주 이상 1월 이하의 범위 안에서 정하고, 매각기일은 입찰기간이 끝난 후 1주 안의 날로 정하여야 한다.

제69조(기간입찰에서 입찰의 방법) 기간입찰에서 입찰은 입찰표를 넣고 봉함을 한 봉투의 겉면에 매각기일을 적어 집행관에게 제출하거나 그 봉투를 등기우편으로 부치는 방법으로 한다.

제70조(기간입찰에서 매수신청보증의 제공방법) 기간입찰에서 매수신청보증은 다음 각호 가운데 어느 하나를 입찰표와 같은 봉투에 넣어 집행관에게 제출하거나 등기우편으로 부치는 방법으로 제공하여야 한다.
1. 법원의 예금계좌에 일정액의 금전을 입금하였다는 내용으로 금융기관이 발행한 증명서
2. 제64조제3호의 문서

제71조(기일입찰규정의 준용) 기간입찰에는 제62조제2항 내지 제6항, 제63조, 제65조제2항·제3항, 제66조 및 제67조의 규정을 준용한다.

제72조(호가경매)
① 부동산의 매각을 위한 호가경매는 호가경매기일에 매수신청의 액을 서로 올려가는 방법으로 한다.
② 매수신청을 한 사람은 더 높은 액의 매수신청이 있을 때까지 신청액에 구속된다.
③ 집행관은 매수신청의 액 가운데 최고의 것을 3회 부른 후 그 신청을 한 사람을 최고가매수신고인으로 정하며, 그 이름과 매수신청의 액을 고지하여야 한다.
④ 호가경매에는 제62조제3항 내지 제5항, 제63조, 제64조 및 제67조제1항의 규정을 준용한다.

제73조(변경된 매각결정기일의 통지)
① 매각기일을 종결한 뒤에 매각결정기일이 변경된 때에는 법원사무관등은 최고가매수신고인·차순위매수신고인 및 이해관계인에게 변경된 기일을 통지하여야 한다.
② 제1항의 통지는 집행기록에 표시된 주소지에 등기우편으로 발송하는 방법으로 할 수 있다.

제74조(매각허부결정 고지의 효력발생시기) 매각을 허가하거나 허가하지 아니하는 결정은 선고한 때에 고지의 효력이 생긴다.

제75조(대법원규칙으로 정하는 이율) 법 제130조제7항과 법 제138조제3항(법 제142조제5항의 규정에 따라 준용되는 경우를 포함한다)의 규정에 따른 이율은 연 2할로 한다.
[전문개정 2003.7.19]

제76조(공유자의 우선매수권 행사절차 등)
① 법 제140조제1항의 규정에 따른 우선매수의 신고는 집행관이 매각기일을 종결한다는 고지를 하기 전까지 할 수 있다.
② 공유자가 법 제140조제1항의 규정에 따른 신고를 하였으나 다른 매수신고인이 없는 때에는 최저매각가격을 법 제140조제1항의 최고가매수신고가격으로 본다.
③ 최고가매수신고인을 법 제140조제4항의 규정에 따라 차순위매수신고인으로 보게 되는 경우 그 매수신고인은 집행관이 매각기일을 종결한다는 고지를 하기 전까지 차순위매수신고인의 지위를 포기할 수 있다.

제77조(경매개시결정등기의 말소촉탁비용) 법 제141조의 규정에 따른 말소등기의 촉탁에 관한 비용은 경매를 신청한 채권자가 부담한다.

제78조(대금지급기한) 법 제142조제1항에 따른 대금지급기한은 매각허가결정이 확정된 날부터 1월 안의 날로 정하여야 한다. 다만, 경매사건기록이 상소법원에 있는 때에는 그 기록을 송부받은 날부터 1월 안의 날로 정하여야 한다.

제79조(배당할 금액) 차순위매수신고인에 대하여 매각허가결정이 있는 때에는 법 제137조제2항의 보증(보증이 금전 외의 방법으로 제공되어 있는 때에는 보증을 현금화하여 그 대금에서 비용을 뺀 금액)은 법 제147조제1항의 배당할 금액으로 한다.

제80조(보증으로 제공된 유가증권 등의 현금화)

① 법 제142조제4항의 규정에 따라 매수신청의 보증(법 제102조제2항의 규정에 따라 제공된 보증을 포함한다)을 현금화하는 경우와 법 제147조제1항제3호·제5호 또는 제79조의 규정에 따라 매수신청 또는 항고의 보증이 배당할 금액에 산입되는 경우 그 보증이 유가증권인 때에는, 법원은 집행관에게 현금화하게 하여 그 비용을 뺀 금액을 배당할 금액에 산입하여야 한다. 이 경우 현금화비용은 보증을 제공한 사람이 부담한다.

② 법 제147조제1항제4호의 규정에 따라 항고의 보증 가운데 항고인이 돌려줄 것을 요구하지 못하는 금액이 배당할 금액에 산입되는 경우 그 보증이 유가증권인 때에는, 법원은 집행관에게 현금화하게 하여 그 비용을 뺀 금액 가운데 항고인이 돌려 줄 것을 요구하지 못하는 금액을 배당할 금액에 산입하고, 나머지가 있을 경우 이를 항고인에게 돌려준다. 이 경우 현금화비용은 보증을 제공한 사람이 부담한다. 다만, 집행관이 그 유가증권을 현금화하기 전에 항고인이 법원에 돌려줄 것을 요구하지 못하는 금액에 상당하는 금전을 지급한 때에는 그 유가증권을 항고인에게 돌려주고, 항고인이 지급한 금전을 배당할 금액에 산입 하여야 한다.

③ 제1항과 제2항 본문의 현금화에는 법 제210조 내지 법 제212조의 규정을 준용한다.

④ 집행관은 제1항과 제2항 본문의 현금화를 마친 후에는 바로 그 대금을 법원에 제출하여야 한다.

⑤ 제1항의 경우에 그 보증이 제54조제1항제3호 또는 제64조제3호(제72조제4항의 규정에 따라 준용되는 경우를 포함한다)의 문서인 때에는 법원이 은행 등에 대하여 정하여진 금액의 납부를 최고하는 방법으로 현금화한다.

제81조(계산서 제출의 최고) 배당기일이 정하여진 때에는 법원사무관 등은 각 채권자에 대하여 채권의 원금·배당기일까지의 이자, 그 밖의 부대채권 및 집행비용을 적은 계산서를 1주 안에 법원에 제출할 것을 최고하여야 한다.

제82조(배당금 교부의 절차 등)

① 채권자와 채무자에 대한 배당금의 교부절차, 법 제160조의 규정에 따른 배당금의 공탁과 그 공탁금의 지급위탁절차는 법원사무관 등이 그 이름으로 실시한다.

② 배당기일에 출석하지 아니한 채권자가 배당액을 입금할 예금계좌를 신고한 때에는 법원사무관 등은 법 제160조제2항의 규정에 따른 공탁에 갈음하여 배당액을 그 예금계좌에 입금할 수 있다.

제3관 강제관리

제83조(강제관리신청서) 강제관리신청서에는 법 제163조에서 준용하는 법 제80조에 규정된 사항 외에 수익의 지급의무를 부담하는 제3자가 있는 경우에는 그 제3자의 표시와 그 지급의무의 내용을 적어야 한다.

제84조(개시결정의 통지) 강제관리개시결정을 한 때에는 법원사무관 등은 조세, 그 밖의 공과금을 주관하는 공공기관에게 그 사실을 통지하여야 한다.

제85조(관리인의 임명)
① 법원은 강제관리개시결정과 동시에 관리인을 임명하여야 한다.
② 신탁회사, 은행, 그 밖의 법인도 관리인이 될 수 있다.
③ 관리인이 임명된 때에는 법원사무관 등은 압류채권자·채무자 및 수익의 지급의무를 부담하는 제3자에게 그 취지를 통지하여야 한다.
④ 법원은 관리인에게 그 임명을 증명하는 문서를 교부하여야 한다.

제86조(관리인이 여러 사람인 때의 직무수행 등)
① 관리인이 여러 사람인 때에는 공동으로 직무를 수행한다. 다만, 법원의 허가를 받아 직무를 분담할 수 있다.
② 관리인이 여러 사람인 때에는 제3자의 관리인에 대한 의사표시는 그 중 한 사람에게 할 수 있다.

제87조(관리인의 사임·해임)
① 관리인은 정당한 이유가 있는 때에는 법원의 허가를 받아 사임할 수 있다.
② 관리인이 제1항의 규정에 따라 사임하거나 법 제167조제3항의 규정에 따라 해임된 때에는 법원사무관 등은 압류채권자·채무자 및 수익의 지급명령을 송달받은 제3자에게 그 취지를 통지하여야 한다.

제88조(강제관리의 정지)
① 법 제49조제2호 또는 제4호의 서류가 제출된 경우에는 배당절차를 제외한 나머지 절차는 그 당시의 상태로 계속하여 진행할 수 있다.
② 제1항의 규정에 따라 절차를 계속하여 진행하는 경우에 관리인은 배당에 충당될 금전을 공탁하고, 그 사유를 법원에 신고하여야 한다.
③ 제2항의 규정에 따라 공탁된 금전으로 채권자의 채권과 집행비용의 전부를 변제할 수 있는 경우에는 법원은 배당절차를 제외한 나머지 절차를 취소하여야 한다.

제89조(남을 가망이 없는 경우의 절차취소) 수익에서 그 부동산이 부담하는 조세, 그 밖의 공과금 및 관리비용을 빼면 남을 것이 없겠다고 인정하는 때에는 법원은 강제관리절차를 취소하여야 한다.

제90조(관리인과 제3자에 대한 통지)
① 강제관리신청이 취하된 때 또는 강제관리취소결정이 확정된 때에는 법원사무관 등은 관리인과 수익의 지급명령을 송달받은 제3자에게 그 사실을 통지하여야 한다.
② 법 제49조제2호 또는 제4호의 서류가 제출된 때 또는 법 제163조에서 준용하는 법 제87조제4항의 재판이 이루어진 때에는 법원사무관 등은 관리인에게 그 사실을 통지하여야 한다.

제91조(수익의 처리)
① 법 제169조제1항에 규정된 관리인의 부동산 수익처리는 법원이 정하는 기간마다 하여야 한다. 이 경우 위 기간의 종기까지 배당요구를 하지 아니한 채권자는 그 수익의 처리와 배당절차에 참가할 수 없다.
② 채권자가 한 사람인 경우 또는 채권자가 두 사람 이상으로서 법 제169조제1항에 규정된 나머지 금액으로 각 채권자의 채권과 집행비용 전부를 변제할 수 있는 경우에는 관리인은 채권자에게 변제금을 교부하고 나머지가 있으면 채무자에게 교부하여야 한다.
③ 제2항 외의 경우에는 관리인은 제1항의 기간이 지난 후 2주 안의 날을 배당협의기일로 지정하고 채권자에게 그 일시와 장소를 서면으로 통지하여야 한다. 이 통지에는 수익금·집행비용 및 각 채권자의 채권액 비율에 따라 배당될 것으로 예상되는 금액을 적은 배당계산서를 붙여야 한다.
④ 관리인은 배당협의기일까지 채권자 사이에 배당에 관한 협의가 이루어진 경우에는 그 협의에 따라 배당을 실시하여야 한다. 관리인은 제3항의 배당계산서와 다른 협의가 이루어진 때에는 그 협의에 따라 배당계산서를 다시 작성하여야 한다.
⑤ 관리인은 배당협의가 이루어지지 못한 경우에는 바로 법 제169조제3항에 따른 신고를 하여야 한다.
⑥ 관리인이 제2항의 규정에 따라 변제금을 교부한 때, 제4항 또는 법 제169조제4항의 규정에 따라 배당을 실시한 때에는 각 채권자로부터 제출받은 영수증을 붙여 법원에 신고하여야 한다.

제92조(관리인의 배당액 공탁)
① 관리인은 제91조제2항 또는 제4항 전문의 규정에 따라 교부 또는 배당(다음부터 "배당

등"이라 한다)을 실시하는 경우에 배당등을 받을 채권자의 채권에 관하여 법 제160조제1항에 적은 어느 사유가 있는 때에는 그 배당등의 액에 상당하는 금액을 공탁하고 그 사유를 법원에 신고하여야 한다.
② 관리인은 배당 등을 수령하기 위하여 출석하지 아니한 채권자 또는 채무자의 배당등의 액에 상당하는 금액을 공탁하고, 그 사유를 법원에 신고하여야 한다.

제93조(사유신고의 방식)
① 제88조제2항 또는 제92조의 규정에 따른 사유신고는 다음 각호의 사항을 적은 서면으로 하고, 공탁서와 함께 배당계산서가 작성된 경우에는 배당계산서를 붙여야 한다.
1. 사건의 표시
2. 압류채권자와 채무자의 이름
3. 공탁의 사유와 공탁금액

② 법 제169조제3항의 규정에 따른 사유신고는 다음 각호의 사항을 적은 서면으로 하고, 배당계산서를 붙여야 한다.
1. 제1항제1호·제2호에 적은 사항
2. 법 제169조제1항에 규정된 나머지 금액과 그 산출근거
3. 배당협의가 이루어지지 아니한 취지와 그 사정의 요지

제94조(강제경매규정의 준용)
강제관리에는 제46조 내지 제48조 및 제82조제2항의 규정을 준용한다. 이 경우 제82조제2항에 "법원사무관등"이라고 규정된 것은 "관리인"으로 본다.

3 주택임대차보호법

제1조(목적)
이 법은 주거용 건물의 임대차(賃貸借)에 관하여 「민법」에 대한 특례를 규정함으로써 국민 주거생활의 안정을 보장함을 목적으로 한다. [전문개정 2008.3.21]

제2조(적용 범위)
이 법은 주거용 건물(이하 "주택"이라 한다)의 전부 또는 일부의 임대차에 관하여 적용한다. 그 임차주택(賃借住宅)의 일부가 주거 외의 목적으로 사용되는 경우에도 또한 같다.
[전문개정 2008.3.21]

제3조(대항력 등)

① 임대차는 그 등기(登記)가 없는 경우에도 임차인(賃借人)이 주택의 인도(引渡)와 주민등록을 마친 때에는 그 다음 날부터 제삼자에 대하여 효력이 생긴다. 이 경우 전입신고를 한 때에 주민등록이 된 것으로 본다.

② 주택도시기금을 재원으로 하여 저소득층 무주택자에게 주거생활 안정을 목적으로 전세임대주택을 지원하는 법인이 주택을 임차한 후 지방자치단체의 장 또는 그 법인이 선정한 입주자가 그 주택을 인도받고 주민등록을 마쳤을 때에는 제1항을 준용한다. 이 경우 대항력이 인정되는 법인은 대통령령으로 정한다. [개정 2015.1.6제12989호(주택도시기금법)] [[시행일 2015.7.1]]

③ 「중소기업기본법」 제2조에 따른 중소기업에 해당하는 법인이 소속 직원의 주거용으로 주택을 임차한 후 그 법인이 선정한 직원이 해당 주택을 인도받고 주민등록을 마쳤을 때에는 제1항을 준용한다. 임대차가 끝나기 전에 그 직원이 변경된 경우에는 그 법인이 선정한 새로운 직원이 주택을 인도받고 주민등록을 마친 다음 날부터 제삼자에 대하여 효력이 생긴다. [신설 2013.8.13] [[시행일 2014.1.1]]

④ 임차주택의 양수인(讓受人)(그 밖에 임대할 권리를 승계한 자를 포함한다)은 임대인(賃貸人)의 지위를 승계한 것으로 본다. [개정 2013.8.13] [[시행일 2014.1.1]]

⑤ 이 법에 따라 임대차의 목적이 된 주택이 매매나 경매의 목적물이 된 경우에는 「민법」 제575조제1항·제3항 및 같은 법 제578조를 준용한다. [개정 2013.8.13] [[시행일 2014.1.1]]

⑥ 제5항의 경우에는 동시이행의 항변권(抗辯權)에 관한 「민법」 제536조를 준용한다. [개정 2013.8.13] [[시행일 2014.1.1]] [전문개정 2008.3.21]

제3조의2(보증금의 회수)

① 임차인(제3조제2항 및 제3항의 법인을 포함한다. 이하 같다)이 임차주택에 대하여 보증금반환청구소송의 확정판결이나 그 밖에 이에 준하는 집행권원(執行權原)에 따라서 경매를 신청하는 경우에는 집행개시(執行開始)요건에 관한 「민사집행법」 제41조에도 불구하고 반대의무(反對義務)의 이행이나 이행의 제공을 집행개시의 요건으로 하지 아니한다. [개정 2013.8.13] [[시행일 2014.1.1]]

② 제3조제1항·제2항 또는 제3항의 대항요건(對抗要件)과 임대차계약증서(제3조제2항 및 제3항의 경우에는 법인과 임대인 사이의 임대차계약증서를 말한다)상의 확정일자(確定日字)를 갖춘 임차인은 「민사집행법」에 따른 경매 또는 「국세징수법」에 따른 공매(公賣)를 할 때에 임차주택(대지를 포함한다)의 환가대금(換價代金)에서 후순위권리자(後順位權利者)나 그 밖의 채권자보다 우선하여 보증금을 변제(辨濟)받을 권리가 있다. [개정 2013.8.13] [[시행일 2014.1.1]]

③ 임차인은 임차주택을 양수인에게 인도하지 아니하면 제2항에 따른 보증금을 받을 수 없다.
④ 제2항 또는 제7항에 따른 우선변제의 순위와 보증금에 대하여 이의가 있는 이해관계인은 경매법원이나 체납처분청에 이의를 신청할 수 있다. [개정 2013.8.13]
⑤ 제4항에 따라 경매법원에 이의를 신청하는 경우에는 「민사집행법」 제152조 부터 제161조까지의 규정을 준용한다.
⑥ 제4항에 따라 이의신청을 받은 체납처분청은 이해관계인이 이의신청일부터 7일 이내에 임차인 또는 제7항에 따라 우선변제권을 승계한 금융기관 등을 상대로 소(訴)를 제기한 것을 증명하면 해당 소송이 끝날 때까지 이의가 신청된 범위에서 임차인 또는 제7항에 따라 우선변제권을 승계한 금융기관 등에 대한 보증금의 변제를 유보(留保)하고 남은 금액을 배분하여야 한다. 이 경우 유보된 보증금은 소송의 결과에 따라 배분한다. [개정 2013.8.13]
⑦ 다음 각 호의 금융기관 등이 제2항, 제3조의3제5항, 제3조의4제1항에 따른 우선변제권을 취득한 임차인의 보증금반환채권을 계약으로 양수한 경우에는 양수한 금액의 범위에서 우선변제권을 승계한다. [신설 2013.8.13, 2015.1.6.제12989호(주택도시기금법), 2016.5.29 제14242호(수산업협동조합법)] [[시행일 2016.12.1]]
1. 「은행법」에 따른 은행
2. 「중소기업은행법」에 따른 중소기업은행
3. 「한국산업은행법」에 따른 한국산업은행
4. 「농업협동조합법」에 따른 농협은행
5. 「수산업협동조합법」에 따른 수협은행
6. 「우체국예금·보험에 관한 법률」에 따른 체신관서
7. 「한국주택금융공사법」에 따른 한국주택금융공사
8. 「보험업법」 제4조제1항제2호라목의 보증보험을 보험종목으로 허가받은 보험회사
9. 「주택도시기금법」에 따른 주택도시보증공사
10. 그 밖에 제1호부터 제9호까지 준하는 것으로서 대통령령으로 정하는 기관
⑧ 제7항에 따라 우선변제권을 승계한 금융기관 등(이하 "금융기관등"이라 한다)은 다음 각 호의 어느 하나에 해당하는 경우에는 우선변제권을 행사할 수 없다. [신설 2013.8.13]
1. 임차인이 제3조제1항·제2항 또는 제3항의 대항요건을 상실한 경우
2. 제3조의3제5항에 따른 임차권등기가 말소된 경우
3. 「민법」 제621조에 따른 임대차등기가 말소된 경우
⑨ 금융기관등은 우선변제권을 행사하기 위하여 임차인을 대리하거나 대위하여 임대차를 해지할 수 없다. [신설 2013.8.13] [전문개정 2008.3.21]

제3조의3(임차권등기명령)

① 임대차가 끝난 후 보증금이 반환되지 아니한 경우 임차인은 임차주택의 소재지를 관할하는 지방법원·지방법원지원 또는 시·군 법원에 임차권등기명령을 신청할 수 있다. [개정 2013. 8. 13]

② 임차권등기명령의 신청서에는 다음 각 호의 사항을 적어야 하며, 신청의 이유와 임차권등기의 원인이 된 사실을 소명(疎明)하여야 한다. [개정 2013. 8. 13] [[시행일 2014. 1. 1]]

1. 신청의 취지 및 이유
2. 임대차의 목적인 주택(임대차의 목적이 주택의 일부분인 경우에는 해당 부분의 도면을 첨부한다)
3. 임차권등기의 원인이 된 사실(임차인이 제3조제1항·제2항 또는 제3항에 따른 대항력을 취득하였거나 제3조의2제2항에 따른 우선변제권을 취득한 경우에는 그 사실)
4. 그 밖에 대법원규칙으로 정하는 사항

③ 다음 각 호의 사항 등에 관하여는 「민사집행법」 제280조제1항, 제281조, 제283조, 제285조, 제286조, 제288조제1항·제2항 본문, 제289조, 제290조제2항 중 제288조제1항에 대한 부분, 제291조 및 제293조를 준용한다. 이 경우 "가압류"는 "임차권등기"로, "채권자"는 "임차인"으로, "채무자"는 "임대인"으로 본다.

1. 임차권등기명령의 신청에 대한 재판
2. 임차권등기명령의 결정에 대한 임대인의 이의신청 및 그에 대한 재판
3. 임차권등기명령의 취소신청 및 그에 대한 재판
4. 임차권등기명령의 집행

④ 임차권등기명령의 신청을 기각(棄却)하는 결정에 대하여 임차인은 항고(抗告)할 수 있다.

⑤ 임차인은 임차권등기명령의 집행에 따른 임차권등기를 마치면 제3조제1항·제2항 또는 제3항에 따른 대항력과 제3조의2제2항에 따른 우선변제권을 취득한다. 다만, 임차인이 임차권등기 이전에 이미 대항력이나 우선변제권을 취득한 경우에는 그 대항력이나 우선변제권은 그대로 유지되며, 임차권등기 이후에는 제3조제1항·제2항 또는 제3항의 대항요건을 상실하더라도 이미 취득한 대항력이나 우선변제권을 상실하지 아니한다. [개정 2013. 8. 13] [[시행일 2014. 1. 1]]

⑥ 임차권등기명령의 집행에 따른 임차권등기가 끝난 주택(임대차의 목적이 주택의 일부분인 경우에는 해당 부분으로 한정한다)을 그 이후에 임차한 임차인은 제8조에 따른 우선변제를 받을 권리가 없다.

⑦ 임차권등기의 촉탁(囑託), 등기관의 임차권등기 기입(記入) 등 임차권등기명령을 시행하는 데에 필요한 사항은 대법원규칙으로 정한다. [개정 2011. 4. 12제10580호(부동산등기

법)][[시행일 2011.10.13]]
⑧ 임차인은 제1항에 따른 임차권등기명령의 신청과 그에 따른 임차권등기와 관련하여 든 비용을 임대인에게 청구할 수 있다.
⑨ 금융기관등은 임차인을 대위하여 제1항의 임차권등기명령을 신청할 수 있다. 이 경우 제3항·제4항 및 제8항의 "임차인"은 "금융기관등"으로 본다. [신설 2013.8.13][전문개정 2008.3.21]

제3조의4(「민법」에 따른 주택임대차등기의 효력 등)
① 「민법」 제621조에 따른 주택임대차등기의 효력에 관하여는 제3조의3제5항 및 제6항을 준용한다.
② 임차인이 대항력이나 우선변제권을 갖추고 「민법」 제621조제1항에 따라 임대인의 협력을 얻어 임대차등기를 신청하는 경우에는 신청서에 「부동산등기법」 제74조제1호부터 제5호까지의 사항 외에 다음 각 호의 사항을 적어야 하며, 이를 증명할 수 있는 서면(임대차의 목적이 주택의 일부분인 경우에는 해당 부분의 도면을 포함한다)을 첨부하여야 한다.[개정 2011.4.12제10580호(부동산등기법)][[시행일 2011.10.13]]
1. 주민등록을 마친 날
2. 임차주택을 점유(占有)한 날
3. 임대차계약증서상의 확정일자를 받은 날[전문개정 2008.3.21]

제3조의5(경매에 의한 임차권의 소멸)
임차권은 임차주택에 대하여 「민사집행법」에 따른 경매가 행하여진 경우에는 그 임차주택의 경락(競落)에 따라 소멸한다. 다만, 보증금이 모두 변제되지 아니한, 대항력이 있는 임차권은 그러하지 아니하다. [전문개정 2008.3.21]

제3조의6(확정일자 부여 및 임대차 정보제공 등)
① 제3조의2제2항의 확정일자는 주택 소재지의 읍·면사무소, 동 주민센터 또는 시(특별시·광역시·특별자치시는 제외하고, 특별자치도는 포함한다)·군·구(자치구를 말한다)의 출장소, 지방법원 및 그 지원과 등기소 또는 「공증인법」에 따른 공증인(이하 이 조에서 "확정일자부여기관"이라 한다)이 부여한다.
② 확정일자부여기관은 해당 주택의 소재지, 확정일자 부여일, 차임 및 보증금 등을 기재한 확정일자부를 작성하여야 한다. 이 경우 전산처리정보조직을 이용할 수 있다.
③ 주택의 임대차에 이해관계가 있는 자는 확정일자부여기관에 해당 주택의 확정일자 부여

일, 차임 및 보증금 등 정보의 제공을 요청할 수 있다. 이 경우 요청을 받은 확정일자부여기관은 정당한 사유 없이 이를 거부할 수 없다.

④ 임대차계약을 체결하려는 자는 임대인의 동의를 받아 확정일자부여기관에 제3항에 따른 정보제공을 요청할 수 있다.

⑤ 제1항·제3항 또는 제4항에 따라 확정일자를 부여받거나 정보를 제공받으려는 자는 수수료를 내야 한다.

⑥ 확정일자부에 기재하여야 할 사항, 주택의 임대차에 이해관계가 있는 자의 범위, 확정일자부여기관에 요청할 수 있는 정보의 범위 및 수수료, 그 밖에 확정일자부여사무와 정보제공 등에 필요한 사항은 대통령령 또는 대법원규칙으로 정한다.

[본조신설 2013.8.13] [[시행일 2014.1.1]]

제4조(임대차기간 등)

① 기간을 정하지 아니하거나 2년 미만으로 정한 임대차는 그 기간을 2년으로 본다. 다만, 임차인은 2년 미만으로 정한 기간이 유효함을 주장할 수 있다.

② 임대차기간이 끝난 경우에도 임차인이 보증금을 반환받을 때까지는 임대차관계가 존속되는 것으로 본다. [전문개정 2008.3.21.]

제5조 삭제 [89·12·30]

제6조(계약의 갱신)

① 임대인이 임대차기간이 끝나기 6개월 전부터 1개월 전까지의 기간에 임차인에게 갱신거절(更新拒絶)의 통지를 하지 아니하거나 계약조건을 변경하지 아니하면 갱신하지 아니한다는 뜻의 통지를 하지 아니한 경우에는 그 기간이 끝난 때에 전 임대차와 동일한 조건으로 다시 임대차한 것으로 본다. 임차인이 임대차기간이 끝나기 1개월 전까지 통지하지 아니한 경우에도 또한 같다.

② 제1항의 경우 임대차의 존속기간은 2년으로 본다. [개정 2009.5.8] [[시행일 2009.8.9]]

③ 2기(期)의 차임액(借賃額)에 달하도록 연체하거나 그 밖에 임차인으로서의 의무를 현저히 위반한 임차인에 대하여는 제1항을 적용하지 아니한다. [전문개정 2008.3.21]

제6조의2(묵시적 갱신의 경우 계약의 해지)

① 제6조제1항에 따라 계약이 갱신된 경우 같은 조 제2항에도 불구하고 임차인은 언제든지 임대인에게 계약해지(契約解止)를 통지할 수 있다. [개정 2009.5.8] [[시행일 2009.8.9]]

② 제1항에 따른 해지는 임대인이 그 통지를 받은 날부터 3개월이 지나면 그 효력이 발생한

다. [전문개정 2008. 3. 21]

제7조(차임 등의 증감청구권)

당사자는 약정한 차임이나 보증금이 임차주택에 관한 조세, 공과금, 그 밖의 부담의 증감이나 경제사정의 변동으로 인하여 적절하지 아니하게 된 때에는 장래에 대하여 그 증감을 청구할 수 있다. 다만, 증액의 경우에는 대통령령으로 정하는 기준에 따른 비율을 초과하지 못한다. [전문개정 2008. 3. 21]

제7조의2(월차임 전환 시 산정률의 제한)

보증금의 전부 또는 일부를 월 단위의 차임으로 전환하는 경우에는 그 전환되는 금액에 다음 각 호 중 낮은 비율을 곱한 월차임(月借賃)의 범위를 초과할 수 없다. [개정 2010. 5. 17제10303호(은행법), 2013. 8. 13, 2016. 5. 29] [[시행일 2016. 11. 30]]
1. 「은행법」에 따른 은행에서 적용하는 대출금리와 해당 지역의 경제 여건 등을 고려하여 대통령령으로 정하는 비율
2. 한국은행에서 공시한 기준금리에 대통령령으로 정하는 이율을 더한 비율
[전문개정 2008. 3. 21]

제8조(보증금 중 일정액의 보호)

① 임차인은 보증금 중 일정액을 다른 담보물권자(擔保物權者)보다 우선하여 변제받을 권리가 있다. 이 경우 임차인은 주택에 대한 경매신청의 등기 전에 제3조제1항의 요건을 갖추어야 한다.
② 제1항의 경우에는 제3조의2제4항부터 제6항까지의 규정을 준용한다.
③ 제1항에 따라 우선변제를 받을 임차인 및 보증금 중 일정액의 범위와 기준은 제8조의2에 따른 주택임대차위원회의 심의를 거쳐 대통령령으로 정한다. 다만, 보증금 중 일정액의 범위와 기준은 주택가액(대지의 가액을 포함한다)의 2분의 1을 넘지 못한다. [개정 2009. 5. 8] [[시행일 2009. 8. 9]][전문개정 2008. 3. 21]

제8조의2(주택임대차위원회)

① 제8조에 따라 우선변제를 받을 임차인 및 보증금 중 일정액의 범위와 기준을 심의하기 위하여 법무부에 주택임대차위원회(이하 "위원회"라 한다)를 둔다.
② 위원회는 위원장 1명을 포함한 9명 이상 15명 이하의 위원으로 구성한다.
③ 위원회의 위원장은 법무부차관이 된다.

④ 위원회의 위원은 다음 각 호의 어느 하나에 해당하는 사람 중에서 위원장이 위촉하되, 다음 제1호부터 제5호까지에 해당하는 위원을 각각 1명 이상 위촉하여야 하고, 위원 중 2분의 1 이상은 제1호·제2호 또는 제6호에 해당하는 사람을 위촉하여야 한다.
[개정 2013.3.23

제11690호(정부조직법)]
1. 법학·경제학 또는 부동산학 등을 전공하고 주택임대차 관련 전문지식을 갖춘 사람으로서 공인된 연구기관에서 조교수 이상 또는 이에 상당하는 직에 5년 이상 재직한 사람
2. 변호사·감정평가사·공인회계사·세무사 또는 공인중개사로서 5년 이상 해당 분야에서 종사하고 주택임대차 관련 업무경험이 풍부한 사람
3. 기획재정부에서 물가 관련 업무를 담당하는 고위공무원단에 속하는 공무원
4. 법무부에서 주택임대차 관련 업무를 담당하는 고위공무원단에 속하는 공무원(이에 상당하는 특정직 공무원을 포함한다)
5. 국토교통부에서 주택사업 또는 주거복지 관련 업무를 담당하는 고위공무원단에 속하는 공무원
6. 그 밖에 주택임대차 관련 학식과 경험이 풍부한 사람으로서 대통령령으로 정하는 사람
⑤ 그 밖에 위원회의 구성 및 운영 등에 필요한 사항은 대통령령으로 정한다.
[본조신설 2009.5.8] [[시행일 2009.8.9]]

제9조(주택 임차권의 승계)

① 임차인이 상속인 없이 사망한 경우에는 그 주택에서 가정공동생활을 하던 사실상의 혼인 관계에 있는 자가 임차인의 권리와 의무를 승계한다.
② 임차인이 사망한 때에 사망 당시 상속인이 그 주택에서 가정공동생활을 하고 있지 아니한 경우에는 그 주택에서 가정공동생활을 하던 사실상의 혼인 관계에 있는 자와 2촌 이내의 친족이 공동으로 임차인의 권리와 의무를 승계한다.
③ 제1항과 제2항의 경우에 임차인이 사망한 후 1개월 이내에 임대인에게 제1항과 제2항에 따른 승계 대상자가 반대의사를 표시한 경우에는 그러하지 아니하다.
④ 제1항과 제2항의 경우에 임대차 관계에서 생긴 채권·채무는 임차인의 권리의무를 승계한 자에게 귀속된다. [전문개정 2008.3.21]

제10조(강행규정)

이 법에 위반된 약정(約定)으로서 임차인에게 불리한 것은 그 효력이 없다.

[전문개정 2008.3.21]

제10조의2(초과 차임 등의 반환청구)

임차인이 제7조에 따른 증액비율을 초과하여 차임 또는 보증금을 지급하거나 제7조의2에 따른 월차임 산정률을 초과하여 차임을 지급한 경우에는 초과 지급된 차임 또는 보증금 상당금액의 반환을 청구할 수 있다. [본조신설 2013.8.13]

제11조(일시사용을 위한 임대차)

이 법은 일시사용하기 위한 임대차임이 명백한 경우에는 적용하지 아니한다.
[전문개정 2008.3.21]

제12조(미등기 전세에의 준용)

주택의 등기를 하지 아니한 전세계약에 관하여는 이 법을 준용한다. 이 경우 "전세금"은 "임대차의 보증금"으로 본다. [전문개정 2008.3.21]

제13조(「소액사건심판법」의 준용)

임차인이 임대인에 대하여 제기하는 보증금반환청구소송에 관하여는 「소액사건심판법」 제6조, 제7조, 제10조 및 제11조의2를 준용한다. [전문개정 2008.3.21]

제14조(주택임대차분쟁조정위원회)

① 이 법의 적용을 받는 주택임대차와 관련된 분쟁을 심의·조정하기 위하여 대통령령으로 정하는 바에 따라 「법률구조법」 제8조에 따른 대한법률구조공단(이하 "공단"이라 한다)의 지부에 주택임대차분쟁조정위원회(이하 "조정위원회"라 한다)를 둔다. 특별시·광역시·특별자치시·도 및 특별자치도(이하 "시·도"라 한다)는 그 지방자치단체의 실정을 고려하여 조정위원회를 둘 수 있다.
② 조정위원회는 다음 각 호의 사항을 심의·조정한다.
1. 차임 또는 보증금의 증감에 관한 분쟁
2. 임대차 기간에 관한 분쟁
3. 보증금 또는 임차주택의 반환에 관한 분쟁
4. 임차주택의 유지·수선 의무에 관한 분쟁
5. 그 밖에 대통령령으로 정하는 주택임대차에 관한 분쟁
③ 조정위원회의 사무를 처리하기 위하여 조정위원회에 사무국을 두고, 사무국의 조직 및

인력 등에 필요한 사항은 대통령령으로 정한다.

④ 사무국의 조정위원회 업무담당자는 「상가건물 임대차보호법」 제20조에 따른 상가건물 임대차분쟁조정위원회 사무국의 업무를 제외하고 다른 직위의 업무를 겸직하여서는 아니 된다. [개정 2018.10.16제15791호(상가건물 임대차보호법)][본조신설 2016.5.29] [[시행일 2017.5.30]]

제15조(예산의 지원)

국가는 조정위원회의 설치·운영에 필요한 예산을 지원할 수 있다. [본조신설 2016.5.29] [[시행일 2017.5.30]]

제16조(조정위원회의 구성 및 운영)

① 조정위원회는 위원장 1명을 포함하여 5명 이상 30명 이하의 위원으로 구성한다.

② 공단 조정위원회 위원은 공단 이사장이 임명 또는 위촉하고, 시·도 조정위원회 위원은 해당 지방자치단체의 장이 임명하거나 위촉한다.

③ 조정위원회의 위원은 주택임대차에 관한 학식과 경험이 풍부한 사람으로서 다음 각 호의 어느 하나에 해당하는 사람으로 한다. 이 경우 제1호부터 제4호까지에 해당하는 위원을 각 1명 이상 위촉하여야 하고, 위원 중 5분의 2 이상은 제2호에 해당하는 사람이어야 한다.

1. 법학·경제학 또는 부동산학 등을 전공하고 대학이나 공인된 연구기관에서 부교수 이상 또는 이에 상당하는 직에 재직한 사람
2. 판사·검사 또는 변호사로 6년 이상 재직한 사람
3. 감정평가사·공인회계사·법무사 또는 공인중개사로서 주택임대차 관계 업무에 6년 이상 종사한 사람
4. 「사회복지사업법」에 따른 사회복지법인과 그 밖의 비영리법인에서 주택임대차분쟁에 관한 상담에 6년 이상 종사한 경력이 있는 사람
5. 해당 지방자치단체에서 주택임대차 관련 업무를 담당하는 4급 이상의 공무원
6. 그 밖에 주택임대차 관련 학식과 경험이 풍부한 사람으로서 대통령령으로 정하는 사람

④ 조정위원회의 위원장은 제3항제2호에 해당하는 위원 중에서 위원들이 호선한다.

⑤ 조정위원회위원장은 조정위원회를 대표하여 그 직무를 총괄한다.

⑥ 조정위원회위원장이 부득이한 사유로 직무를 수행할 수 없는 경우에는 조정위원회위원장이 미리 지명한 조정위원이 그 직무를 대행한다.

⑦ 조정위원의 임기는 3년으로 하되 연임할 수 있으며, 보궐위원의 임기는 전임자의 남은 임기로 한다.

⑧ 조정위원회는 조정위원회위원장 또는 제3항제2호에 해당하는 조정위원 1명 이상을 포함한 재적위원 과반수의 출석과 출석위원 과반수의 찬성으로 의결한다.
⑨ 그 밖에 조정위원회의 설치, 구성 및 운영 등에 필요한 사항은 대통령령으로 정한다.
[본조신설 2016. 5. 29] [[시행일 2017. 5. 30]]

제17조(조정부의 구성 및 운영)

① 조정위원회는 분쟁의 효율적 해결을 위하여 3명의 조정위원으로 구성된 조정부를 둘 수 있다.
② 조정부에는 제16조제3항제2호에 해당하는 사람이 1명 이상 포함되어야 하며, 그 중에서 조정위원회위원장이 조정부의 장을 지명한다.
③ 조정부는 다음 각 호의 사항을 심의·조정한다.
1. 제14조제2항에 따른 주택임대차분쟁 중 대통령령으로 정하는 금액 이하의 분쟁
2. 조정위원회가 사건을 특정하여 조정부에 심의·조정을 위임한 분쟁
④ 조정부는 조정부의 장을 포함한 재적위원 과반수의 출석과 출석위원 과반수의 찬성으로 의결한다.
⑤ 제4항에 따라 조정부가 내린 결정은 조정위원회가 결정한 것으로 본다.
⑥ 그 밖에 조정부의 설치, 구성 및 운영 등에 필요한 사항은 대통령령으로 정한다.
[본조신설 2016. 5. 29] [[시행일 2017. 5. 30]]

제18조(조정위원의 결격사유)

「국가공무원법」 제33조 각 호의 어느 하나에 해당하는 사람은 조정위원이 될 수 없다.
[본조신설 2016. 5. 29] [[시행일 2017. 5. 30]]

제19조(조정위원의 신분보장)

① 조정위원은 자신의 직무를 독립적으로 수행하고 주택임대차분쟁의 심리 및 판단에 관하여 어떠한 지시에도 구속되지 아니한다.
② 조정위원은 다음 각 호의 어느 하나에 해당하는 경우를 제외하고는 그 의사에 반하여 해임 또는 해촉되지 아니한다.
1. 제18조에 해당하는 경우
2. 신체상 또는 정신상의 장애로 직무를 수행할 수 없게 된 경우
[본조신설 2016. 5. 29] [[시행일 2017. 5. 30]]

제20조(조정위원의 제척 등)

① 조정위원이 다음 각 호의 어느 하나에 해당하는 경우 그 직무의 집행에서 제척된다.
1. 조정위원 또는 그 배우자나 배우자이었던 사람이 해당 분쟁사건의 당사자가 되는 경우
2. 조정위원이 해당 분쟁사건의 당사자와 친족관계에 있거나 있었던 경우
3. 조정위원이 해당 분쟁사건에 관하여 진술, 감정 또는 법률자문을 한 경우
4. 조정위원이 해당 분쟁사건에 관하여 당사자의 대리인으로서 관여하거나 관여하였던 경우

② 사건을 담당한 조정위원에게 제척의 원인이 있는 경우에는 조정위원회는 직권 또는 당사자의 신청에 따라 제척의 결정을 한다.

③ 당사자는 사건을 담당한 조정위원에게 공정한 직무집행을 기대하기 어려운 사정이 있는 경우 조정위원회에 기피신청을 할 수 있다.

④ 기피신청에 관한 결정은 조정위원회가 하고, 해당 조정위원 및 당사자 쌍방은 그 결정에 불복하지 못한다.

⑤ 제3항에 따른 기피신청이 있는 때에는 조정위원회는 그 신청에 대한 결정이 있을 때까지 조정절차를 정지하여야 한다.

⑥ 조정위원은 제1항 또는 제3항에 해당하는 경우 조정위원회의 허가를 받지 아니하고 해당 분쟁사건의 직무집행에서 회피할 수 있다. [본조신설 2016.5.29] [[시행일 2017.5.30]]

제21조(조정의 신청 등)

① 제14조제2항 각 호의 어느 하나에 해당하는 주택임대차분쟁의 당사자는 해당 주택이 소재하는 공단 또는 시·도 조정위원회에 분쟁의 조정을 신청할 수 있다.

② 조정위원회는 신청인이 소정을 신청할 때 조정 절차 및 조정의 효력 등 분쟁조정에 관하여 대통령령으로 정하는 사항을 안내하여야 한다.

③ 조정위원회의 위원장은 다음 각 호의 어느 하나에 해당하는 경우 신청을 각하한다. 이 경우 그 사유를 신청인에게 통지하여야 한다.
1. 이미 해당 분쟁조정사항에 대하여 법원에 소가 제기되거나 조정 신청이 있은 후 소가 제기된 경우
2. 이미 해당 분쟁조정사항에 대하여 「민사조정법」에 따른 조정이 신청된 경우나 조정신청이 있은 후 같은 법에 따른 조정이 신청된 경우
3. 이미 해당 분쟁조정사항에 대하여 이 법에 따른 조정위원회에 조정이 신청된 경우나 조정신청이 있은 후 조정이 성립된 경우
4. 조정신청 자체로 주택임대차에 관한 분쟁이 아님이 명백한 경우
5. 피신청인이 조정절차에 응하지 아니한다는 의사를 통지하거나 조정신청서를 송달받은

날부터 7일 이내에 아무런 의사를 통지하지 아니한 경우
6. 신청인이 정당한 사유 없이 조사에 응하지 아니하거나 2회 이상 출석요구에 응하지 아니한 경우[본조신설 2016. 5. 29] [[시행일 2017. 5. 30]]

제22조(조정절차)

① 조정위원회의 위원장은 조정신청을 접수하면 피신청인에게 조정신청서를 송달하여야 한다. 이 경우 제21조제2항을 준용한다.
② 제1항에 따라 조정신청서를 송달받은 피신청인이 조정에 응하고자 하는 의사를 조정위원회에 통지하면 조정절차가 개시된다.
③ 조정서류의 송달 등 조정절차에 관하여 필요한 사항은 대통령령으로 정한다.
[본조신설 2016. 5. 29] [[시행일 2017. 5. 30]]

제23조(처리기간)

① 조정위원회는 분쟁의 조정신청을 받은 날부터 60일 이내에 그 분쟁조정을 마쳐야 한다. 다만, 부득이한 사정이 있는 경우에는 조정위원회의 의결을 거쳐 30일의 범위에서 그 기간을 연장할 수 있다.
② 조정위원회는 제1항 단서에 따라 기간을 연장한 경우에는 기간 연장의 사유와 그 밖에 기간 연장에 관한 사항을 당사자에게 통보하여야 한다.
[본조신설 2016. 5. 29] [[시행일 2017. 5. 30]]

제24조(조사 등)

① 조정위원회는 조정을 위하여 필요하다고 인정하는 경우 신청인, 피신청인, 분쟁 관련 이해관계인 또는 참고인에게 출석하여 진술하게 하거나 조정에 필요한 자료나 물건 등을 제출하도록 요구할 수 있다.
② 조정위원회는 조정을 위하여 필요하다고 인정하는 경우 조정위원 또는 사무국의 직원으로 하여금 조정 대상물 및 관련 자료에 대하여 조사하게 하거나 자료를 수집하게 할 수 있다. 이 경우 조정위원이나 사무국의 직원은 그 권한을 표시하는 증표를 지니고 이를 관계인에게 내보여야 한다.
③ 조정위원회위원장은 특별시장, 광역시장, 특별자치시장, 도지사 및 특별자치도지사(이하 "시·도지사"라 한다)에게 해당 조정업무에 참고하기 위하여 인근지역의 확정일자 자료, 보증금의 월차임 전환율 등 적정 수준의 임대료 산정을 위한 자료를 요청할 수 있다. 이 경우 시·도지사는 정당한 사유가 없으면 조정위원회위원장의 요청에 따라야 한다.

[본조신설 2016. 5. 29] [[시행일 2017. 5. 30]]

제25조(조정을 하지 아니하는 결정)

① 조정위원회는 해당 분쟁이 그 성질상 조정을 하기에 적당하지 아니하다고 인정하거나 당사자가 부당한 목적으로 조정을 신청한 것으로 인정할 때에는 조정을 하지 아니할 수 있다.

② 조정위원회는 제1항에 따라 조정을 하지 아니하기로 결정하였을 때에는 그 사실을 당사자에게 통지하여야 한다. [본조신설 2016. 5. 29] [[시행일 2017. 5. 30]]

제26조(조정의 성립)

① 조정위원회가 조정안을 작성한 경우에는 그 조정안을 지체 없이 각 당사자에게 통지하여야 한다.

② 제1항에 따라 조정안을 통지받은 당사자가 통지받은 날부터 7일 이내에 수락의 의사를 서면으로 표시하지 아니한 경우에는 조정을 거부한 것으로 본다.

③ 제2항에 따라 각 당사자가 조정안을 수락한 경우에는 조정안과 동일한 내용의 합의가 성립된 것으로 본다.

④ 제3항에 따른 합의가 성립한 경우 조정위원회위원장은 조정안의 내용을 조정서로 작성한다. 조정위원회위원장은 각 당사자 간에 금전, 그 밖의 대체물의 지급 또는 부동산의 인도에 관하여 강제집행을 승낙하는 취지의 합의가 있는 경우에는 그 내용을 조정서에 기재하여야 한다. [본조신설 2016. 5. 29] [[시행일 2017. 5. 30.]]

제27조(집행력의 부여)

제26조제4항 후단에 따라 강제집행을 승낙하는 취지의 내용이 기재된 조정서의 정본은 「민사집행법」 제56조에도 불구하고 집행력 있는 집행권원과 같은 효력을 가진다. 다만, 청구에 관한 이의의 주장에 대하여는 같은 법 제44조제2항을 적용하지 아니한다.
[본조신설 2016. 5. 29] [[시행일 2017. 5. 30]]

제28조(비밀유지의무)

조정위원, 사무국의 직원 또는 그 직에 있었던 자는 다른 법률에 특별한 규정이 있는 경우를 제외하고는 직무상 알게 된 정보를 타인에게 누설하거나 직무상 목적 외에 사용하여서는 아니 된다. [본조신설 2016. 5. 29] [[시행일 2017. 5. 30]]

제29조(다른 법률의 준용)

조정위원회의 운영 및 조정절차에 관하여 이 법에서 규정하지 아니한 사항에 대하여는 「민사조정법」을 준용한다. [본조신설 2016.5.29] [[시행일 2017.5.30]]

제30조(주택임대차표준계약서 사용)

주택임대차계약을 서면으로 체결할 때에는 법무부장관이 서식을 정하여 권고하는 주택임대차표준계약서를 우선적으로 사용한다. 다만, 당사자가 다른 서식을 사용하기로 합의한 경우에는 그러하지 아니하다. [본조신설 2016.5.29] [[시행일 2016.11.30]]

제31조(벌칙 적용에서 공무원 의제)

공무원이 아닌 주택임대차위원회의 위원 및 주택임대차분쟁조정위원회의 위원은 「형법」 제127조, 제129조 부터 제132조까지의 규정을 적용할 때에는 공무원으로 본다.
[본조신설 2016.5.29] [[시행일 2016.11.30]] [[시행일 2017.5.30: 주택임대차분쟁조정위원회에 관한 부분]]

부칙

① (施行日) 이 법은 공포한 날로부터 시행한다.
② (經過措置) 이 법은 이 법 시행후 체결되거나 갱신된 임대차에 이를 적용한다. 다만, 제3조의 규정은 이 법 시행당시 존속중인 임대차에 대하여도 이를 적용하되 이 법 시행전에 물권을 취득한 제3자에 대하여는 그 효력이 없다.

부칙 [83·12·30]

① (施行日) 이 법은 1984년 1월 1일부터 시행한다.
② (경과조치의 원칙) 이 법은 특별한 규정이 있는 경우를 제외하고는 이 법 시행전에 생긴 사항에 대하여도 이를 적용한다. 그러나 종전의 규정에 의하여 생긴 효력에는 영향을 미치지 아니한다.
③ (차임등의 증액청구에 관한 경과조치) 제7조 단서의 개정규정은 이 법 시행전에 차임등의 증액청구가 있은 경우에는 이를 적용하지 아니한다.
④ (소액보증금의 보호에 관한 경과조치) 제8조의 개정규정은 이 법 시행전에 임차주택에 대하여 담보물권을 취득한 자에 대하여는 이를 적용하지 아니한다.

부칙 [89·12·30]

① (施行日) 이 법은 공포한 날부터 시행한다.
② (존속중인 임대차에 관한 경과조치) 이 법은 특별한 규정이 있는 경우를 제외하고는 이 법 시행당시에 존속중인 임대차에 대하여도 이를 적용한다.
③ (담보물권자에 대한 경과조치) 이 법 시행전에 임차주택에 대하여 담보물권을 취득한 자에 대하여는 종전의 규정에 의한다.
④ (임대차기간에 대한 경과조치) 이 법 시행당시 존속중인 임대차의 기간에 대하여는 종전의 규정에 의한다.
⑤ (소액보증금에 관한 경과조치) 이 법 시행당시 종전의 제8조의 규정에 의한 소액보증금에 해당하는 경우에는 종전의 규정에 의한다.

부칙 [97·12·13]

이 법은 1998년 1월 1일부터 시행한다. [단서 생략]

부칙 [99·1·21]

① (施行日) 이 법은 1999년 3월 1일부터 시행한다.
② (존속중인 임대차에 관한 경과조치) 이 법은 특별한 규정이 있는 경우를 제외하고는 이 법 시행당시 존속중인 임대차에 대하여도 이를 적용한다.
③ (임대차등기에 관한 경과조치) 제3조의4의 개정규정은 이 법 시행전에 이미 경료된 임대차등기에 대하여는 이를 적용하지 아니한다.

부칙 [2001.12.29]

이 법은 공포후 6월이 경과한 날부터 시행한다.

부칙 [2002.1.26 법률 제6627호]

제1조 (시행일) 이 법은 2002년 7월 1일부터 시행한다.
제2조 내지 제5조 생략
제6조 (다른 법률의 개정) ①내지 〈41〉생략
〈42〉주택임대차보호법중 다음과 같이 개정한다.
제3조의2제1항중 "채무명의"를 "집행권원"으로, "민사소송법 제491조의2"를 "민사집행법 제41조"로 하고, 같은 조제2항중 "민사소송법"을 "민사집행법"으로 하며, 같은 조제5항중 "민사소송법 제590조 내지 제597조"를 "민사집행법 제152조 내지 제161조"로 한다.

제3조의3제3항중 "민사소송법 제700조제1항, 제701조, 제703조, 제704조, 제706조제1항·제3항·제4항 전단, 제707조, 제710조"를 "민사집행법 제280조제1항, 제281조, 제283조, 제285조, 제286조, 제288조제1항·제2항·제3항 전단, 제289조제1항 내지 제4항, 제290조제2항 중 제288조제1항에 대한 부분, 제291조, 제293조"로 한다.
제3조의5 본문중 "민사소송법"을 "민사집행법"으로 한다.
<43>내지 <55>생략
제7조 생략

부칙 [2005.1.27 법률 제7358호(민사집행법)]
제1조 (시행일) 이 법은 공포 후 6월이 경과한 날부터 시행한다.
제2조 생략
제3조 (다른 법률의 개정) ①생략
② 주택임대차보호법중 다음과 같이 개정한다.
제3조의3제3항 전단중 "민사집행법 제280조제1항, 제281조, 제283조, 제285조, 제286조, 제288조제1항·제2항·제3항 전단, 제289조제1항 내지 제4항"을 "민사집행법 제280조제1항, 제281조, 제283조, 제285조, 제286조, 제288조제1항·제2항 본문, 제289조"로 한다.
③ 생략
제4조 생략

부칙 [2007.8.3 제8583호]
이 법은 공포 후 3개월이 경과한 날부터 시행한다.

부칙 [2008.3.21 제8923호]
이 법은 공포한 날부터 시행한다.

부칙[2009.5.8 제9653호]
이 법은 공포 후 3개월이 경과한 날부터 시행한다.

부칙[2010.5.17 제10303호(은행법)]
제1조(시행일) 이 법은 공포 후 6개월이 경과한 날부터 시행한다. <단서 생략>
제2조부터 제8조까지 생략
제9조(다른 법률의 개정) ① 부터 <65> 까지 생략

<66> 주택임대차보호법 일부를 다음과 같이 개정한다.

제7조의2 중 "금융기관"을 "은행"으로 한다.

<67> 부터 <86> 까지 생략

제10조 생략

부칙[2011.4.12 제10580호(부동산등기법)]

제1조(시행일) 이 법은 공포 후 6개월이 경과한 날부터 시행한다. <단서 생략>

제2조 및 제3조 생략

제4조(다른 법률의 개정) ①부터 <30>까지 생략

<31> 주택임대차보호법 일부를 다음과 같이 개정한다.

제3조의3제7항 중 "등기공무원"을 "등기관"으로 한다.

제3조의4제2항 각 호 외의 부분 중 "「부동산등기법」 제156조의 사항 외에"를 "「부동산등기법」 제74조제1호부터 제5호까지의 사항 외에"로 한다.

<32>부터 <42>까지 생략

제5조 생략

부칙[2013.3.23 제11690호(정부조직법)]

제1조(시행일) ① 이 법은 공포한 날부터 시행한다.

② 생략

제2조부터 제5조까지 생략

제6조(다른 법률의 개정) ①부터 <130>까지 생략

<131> 주택임대차보호법 일부를 다음과 같이 개정한다.

제8조의2제4항제5호 중 "국토해양부"를 "국토교통부"로 한다.

<132>부터 <710>까지 생략

제7조 생략

부칙[2013.8.13 제12043호]

제1조(시행일) 이 법은 2014년 1월 1일부터 시행한다. 다만, 제3조의2제4항, 제6항부터 제9항까지, 제3조의3제1항 및 제9항, 제10조의2의 개정규정은 공포한 날부터 시행한다.

제2조(일반적 적용례) 이 법은 이 법 시행 후 최초로 체결되거나 갱신되는 임대차부터 적용한다.

제3조(중소기업 법인의 대항력에 관한 적용례 및 경과조치) ① 제3조제3항의 개정규정은 법인(「중소기업기본법」 제2조에 따른 중소기업인 법인에 한정한다)이 임차인인 이 법 시행

당시 존속 중인 임대차에 대하여도 적용하되, 이 법 시행 전에 물권을 취득한 제3자에 대하여는 그 효력이 없다.
② 제1항에도 불구하고 이 법 시행 당시 존속 중인 임대차의 기간에 대하여는 종전의 규정에 따른다.
제4조(금융기관등의 우선변제권에 관한 적용례) 제3조의2제4항, 제6항부터 제9항까지, 제3조의3제1항 및 제9항의 개정규정은 같은 개정규정 시행 당시 존속 중인 임대차에 대하여도 적용하되, 같은 개정규정 시행 후 최초로 보증금반환채권을 양수한 경우부터 적용한다.
제5조(월차임 전환 시 산정률의 제한에 관한 적용례) 제7조의2의 개정규정은 이 법 시행 당시 존속 중인 임대차에 대하여도 적용하되, 이 법 시행 후 최초로 보증금의 전부 또는 일부를 월 단위 차임으로 전환하는 경우부터 적용한다.

부칙[2015.1.6 제12989호(주택도시기금법)]
제1조(시행일) 이 법은 2015년 7월 1일부터 시행한다.
제2조부터 제4조까지 생략
제5조(다른 법률의 개정) ①부터 〈26〉까지 생략
〈27〉 주택임대차보호법 일부를 다음과 같이 개정한다.
제3조제2항 전단 중 "국민주택기금"을 "주택도시기금"으로 한다.
제3조의2제7항제9호 중 "「주택법」에 따른 대한주택보증주식회사"를 "「주택도시기금법」에 따른 주택도시보증공사"로 한다.
〈28〉부터 〈32〉까지 생략
제6조 생략

부칙[2016.5.29 제14175호]
제1조(시행일) 이 법은 공포 후 6개월이 경과한 날부터 시행한다. 다만, 제14조부터 제29조까지 및 제31조(주택임대차분쟁조정위원회에 관한 부분만 해당한다)의 개정규정은 공포 후 1년이 경과한 날부터 시행한다.
제2조(월차임 전환율에 관한 적용례) 제7조의2의 개정규정은 이 법 시행 당시 존속 중인 임대차에 대하여도 적용하되, 이 법 시행 후 최초로 보증금의 전부 또는 일부를 월 단위 차임으로 전환하는 경우부터 적용한다.

부칙[2016.5.29 제14242호(수산업협동조합법)]
제1조(시행일) 이 법은 2016년 12월 1일부터 시행한다. 〈단서 생략〉

제2조부터 제20조까지 생략

제21조(다른 법률의 개정) ①부터 <22>까지 생략

<23> 주택임대차보호법 일부를 다음과 같이 개정한다.

제3조의2제7항제5호 중 "수산업협동조합중앙회"를 "수협은행"으로 한다.

<24>부터 <27>까지 생략

제22조 생략

부칙[2018.10.16 제15791호(상가건물 임대차보호법)]

제1조(시행일) 이 법은 공포한 날부터 시행한다. <단서 생략>

제2조부터 제4조까지 생략

제5조(다른 법률의 개정) 주택임대차보호법 일부를 다음과 같이 개정한다.

제14조제4항 중 "다른 직위의 업무를 겸직하여서는 아니 된다"를 "「상가건물 임대차보호법」 제20조에 따른 상가건물임대차분쟁조정위원회 사무국의 업무를 제외하고 다른 직위의 업무를 겸직하여서는 아니 된다"로 한다.

4 주택임대차보호법 시행령

대통령령 제29162호 일부개정 2018. 09. 18.

제1조(목적)

이 영은 「주택임대차보호법」에서 위임된 사항과 그 시행에 관하여 필요한 사항을 정함을 목적으로 한다. [전문개정 2008.8.21]

제1조의2

[본조개정 2013.12.30 종전의 제1조의2는 제2조로 이동]

제1조의3

[본조개정 2013.12.30 종전의 제1조의3은 제3조로 이동]

제2조(대항력이 인정되는 법인)

「주택임대차보호법」(이하 "법"이라 한다) 제3조제2항 후단에서 "대항력이 인정되는 법인"

이란 다음 각 호의 법인을 말한다. [개정 2009.9.21 제21744호(한국토지주택공사법 시행령)] [[시행일 2009.10.1]]
1. 「한국토지주택공사법」에 따른 한국토지주택공사
2. 「지방공기업법」 제49조에 따라 주택사업을 목적으로 설립된 지방공사
  [전문개정 2008.8.21]
  [본조개정 2013.12.30 제1조의2에서 이동, 종전의 제2조는 제8조로 이동]

제2조의2
[본조개정 2013.12.30 종전의 제2조의2는 제9조로 이동]

제3조(고유식별정보의 처리)
다음 각 호의 어느 하나에 해당하는 자는 법 제3조의6에 따른 확정일자 부여 및 임대차 정보제공 등에 관한 사무를 수행하기 위하여 불가피한 경우 「개인정보 보호법 시행령」 제19조 제1호 및 제4호에 따른 주민등록번호 및 외국인등록번호를 처리할 수 있다. [개정 2016.1.22 제26922호(제주특별자치도 설치 및 국제자유도시 조성을 위한 특별법 시행령)]
1. 시장(「제주특별자치도 설치 및 국제자유도시 조성을 위한 특별법」 제11조에 따른 행정시장을 포함하며, 특별시장·광역시장·특별자치시장은 제외한다), 군수 또는 구청장(자치구의 구청장을 말한다)
2. 읍·면·동의 장
3. 「공증인법」에 따른 공증인
  [전문개정 2013.12.30 제1조의3에서 이동, 종전의 제3조는 제10조로 이동]

제4조(확정일자부 기재사항 등)
① 법 제3조의6제1항에 따른 확정일자부여기관(지방법원 및 그 지원과 등기소는 제외하며, 이하 "확정일자부여기관"이라 한다)이 같은 조 제2항에 따라 작성하는 확정일자부에 기재하여야 할 사항은 다음 각 호와 같다.
1. 확정일자번호
2. 확정일자 부여일
3. 임대인·임차인의 인적사항
    가. 자연인인 경우
    성명, 주소, 주민등록번호(외국인은 외국인등록번호)
    나. 법인이거나 법인 아닌 단체인 경우

법인명·단체명, 법인등록번호·부동산등기용등록번호, 본점·주사무소 소재지
　4. 주택 소재지
　5. 임대차 목적물
　6. 임대차 기간
　7. 차임·보증금
　8. 신청인의 성명과 주민등록번호 앞 6자리(외국인은 외국인등록번호 앞 6자리)
② 확정일자는 확정일자번호, 확정일자 부여일 및 확정일자부여기관을 주택임대차계약증서에 표시하는 방법으로 부여한다.
③ 제1항 및 제2항에서 규정한 사항 외에 확정일자부 작성방법 및 확정일자 부여 시 확인사항 등 확정일자 부여 사무에 관하여 필요한 사항은 법무부령으로 정한다.
[본조신설 2013.12.30 종전의 제4조는 제11조로 이동]

제5조(주택의 임대차에 이해관계가 있는 자의 범위)

법 제3조의6제3항에 따라 정보제공을 요청할 수 있는 주택의 임대차에 이해관계가 있는 자(이하 "이해관계인"이라 한다)는 다음 각 호의 어느 하나에 해당하는 자로 한다.
1. 해당 주택의 임대인·임차인
2. 해당 주택의 소유자
3. 해당 주택 또는 그 대지의 등기기록에 기록된 권리자 중 법무부령으로 정하는 자
4. 법 제3조의2제7항에 따라 우선변제권을 승계한 금융기관
5. 제1호부터 제4호까지에 준하는 지위 또는 권리를 가지는 자로서 법무부령으로 정하는 자
[본조신설 2013.12.30 종전의 제5조는 제12조로 이동]

제6조(요청할 수 있는 정보의 범위 및 제공방법)

① 임대차계약의 당사자는 법 제3조의6제3항에 따라 확정일자부여기관에 해당 임대차계약에 관한 다음 각 호의 사항의 열람 또는 그 내용을 기록한 서면의 교부를 요청할 수 있다.
1. 임대차목적물
2. 임대인·임차인의 인적사항
3. 확정일자 부여일
4. 차임·보증금
5. 임대차기간
② 임대차계약의 당사자가 아닌 이해관계인 또는 임대차계약을 체결하려는 자는 법 제3조의6제3항 또는 제4항에 따라 확정일자부여기관에 다음 각 호의 사항의 열람 또는 그 내

용을 기록한 서면의 교부를 요청할 수 있다.
1. 임대차목적물
2. 확정일자 부여일
3. 차임·보증금
4. 임대차기간

③ 제1항 및 제2항에서 규정한 사항 외에 정보제공 요청에 필요한 사항은 법무부령으로 정한다. [본조신설 2013. 12. 30 종전의 제6조는 제13조로 이동]

제7조(수수료)

① 법 제3조의6제5항에 따라 확정일자부여기관에 내야 하는 수수료는 확정일자 부여에 관한 수수료와 정보제공에 관한 수수료로 구분하며, 그 구체적인 금액은 법무부령으로 정한다.

②「국민기초생활 보장법」에 따른 수급자 등 법무부령으로 정하는 사람에 대해서는 제1항에 따른 수수료를 면제할 수 있다. [본조신설 2013. 12. 30 종전의 제7조는 제14조로 이동]

제8조(차임 등 증액청구의 기준 등)

① 법 제7조에 따른 차임이나 보증금(이하 "차임등"이라 한다)의 증액청구는 약정한 차임등의 20분의 1의 금액을 초과하지 못한다.

② 제1항에 따른 증액청구는 임대차계약 또는 약정한 차임등의 증액이 있은 후 1년 이내에는 하지 못한다.

[전문개정 2008. 8. 21]

[본조개정 2013. 12. 30 제2조에서 이동, 종전의 제8조는 제15조로 이동]

제9조(월차임 전환 시 산정률)

① 법 제7조의2제1호에서 "대통령령으로 정하는 비율"이란 연 1할을 말한다.

② 법 제7조의2제2호에서 "대통령령으로 정하는 이율"이란 연 3.5퍼센트를 말한다. [개정 2016. 11. 29] [전문개정 2013. 12. 30 제2조의2에서 이동, 종전의 제9조는 제16조로 이동]

제10조(보증금 중 일정액의 범위 등)

① 법 제8조에 따라 우선변제를 받을 보증금 중 일정액의 범위는 다음 각 호의 구분에 의한 금액 이하로 한다. [개정 2010. 7. 21, 2013. 12. 30, 2016. 3. 31, 2018. 9. 18]

1. 서울특별시: 3천700만원

2. 「수도권정비계획법」에 따른 과밀억제권역(서울특별시는 제외한다), 세종특별자치시, 용인시 및 화성시: 3천400만원

3. 광역시(「수도권정비계획법」에 따른 과밀억제권역에 포함된 지역과 군지역은 제외한다), 안산시, 김포시, 광주시 및 파주시: 2천만원

4. 그 밖의 지역: 1천700만원

② 임차인의 보증금 중 일정액이 주택가액의 2분의 1을 초과하는 경우에는 주택가액의 2분의 1에 해당하는 금액까지만 우선변제권이 있다.

③ 하나의 주택에 임차인이 2명 이상이고, 그 각 보증금 중 일정액을 모두 합한 금액이 주택가액의 2분의 1을 초과하는 경우에는 그 각 보증금 중 일정액을 모두 합한 금액에 대한 각 임차인의 보증금 중 일정액의 비율로 그 주택가액의 2분의 1에 해당하는 금액을 분할한 금액을 각 임차인의 보증금 중 일정액으로 본다.

④ 하나의 주택에 임차인이 2명 이상이고 이들이 그 주택에서 가정공동생활을 하는 경우에는 이들을 1명의 임차인으로 보아 이들의 각 보증금을 합산한다.

[전문개정 2008. 8. 21]

[본조개정 2013. 12. 30 제3조에서 이동, 종전의 제10조는 제17조로 이동]

제11조(우선변제를 받을 임차인의 범위)

법 제8조에 따라 우선변제를 받을 임차인은 보증금이 다음 각 호의 구분에 의한 금액 이하인 임차인으로 한다. [개정 2010. 7. 21, 2013. 12. 30, 2016. 3. 31, 2018. 9. 18]

1. 서울특별시: 1억1천만원

2. 「수도권정비계획법」에 따른 과밀억제권역(서울특별시는 제외한다), 세종특별자치시, 용인시 및 화성시: 1억원

3. 광역시(「수도권정비계획법」에 따른 과밀억제권역에 포함된 지역과 군지역은 제외한다), 안산시, 김포시, 광주시 및 파주시: 6천만원

4. 그 밖의 지역: 5천만원

[전문개정 2008. 8. 21]

[본조개정 2013. 12. 30 제4조에서 이동, 종전의 제11조는 제18조로 이동]

제12조(주택임대차위원회의 구성)

법 제8조의2제4항제6호에서 "대통령령으로 정하는 사람"이란 다음 각 호의 어느 하나에 해당하는 사람을 말한다. [개정 2017. 5. 29]

1. 특별시·광역시·특별자치시·도 및 특별자치도(이하 "시·도"라 한다)에서 주택정책 또는 부동산 관련 업무를 담당하는 주무부서의 실·국장

2. 법무사로서 5년 이상 해당 분야에서 종사하고 주택임대차 관련 업무 경험이 풍부한 사람
[본조신설 2009.7.30] [[시행일 2009.8.9]]
[본조개정 2013.12.30 제5조에서 이동, 종전의 제12조는 제19조로 이동]

제13조(위원의 임기 등)

① 법 제8조의2에 따른 주택임대차위원회(이하 "위원회"라 한다)의 위원의 임기는 2년으로 하되, 한 차례만 연임할 수 있다. 다만, 공무원인 위원의 임기는 그 직위에 재직하는 기간으로 한다. [개정 2016.3.31]
② 위원장은 위촉된 위원이 다음 각 호의 어느 하나에 해당하는 경우에는 해당 위원을 해촉할 수 있다. [개정 2016.3.31]
1. 심신장애로 인하여 직무를 수행할 수 없게 된 경우
2. 직무와 관련한 형사사건으로 기소된 경우
3. 직무태만, 품위손상, 그 밖의 사유로 인하여 위원으로 적합하지 아니하다고 인정되는 경우
4. 위원 스스로 직무를 수행하는 것이 곤란하다고 의사를 밝히는 경우
[본조신설 2009.7.30] [[시행일 2009.8.9]]
[본조개정 2013.12.30 제6조에서 이동, 종전의 제13조는 제20조로 이동]

제14조(위원장의 직무)

① 위원장은 위원회를 대표하고, 위원회의 업무를 총괄한다.
② 위원장이 부득이한 사유로 인하여 직무를 수행할 수 없을 때에는 위원장이 미리 지명한 위원이 그 직무를 대행한다.
[본조신설 2009.7.30] [[시행일 2009.8.9]][본조개정 2013.12.30 제7조에서 이동]

제15조(간사)

① 위원회에 간사 1명을 두되, 간사는 주택임대차 관련 업무에 종사하는 법무부 소속의 고위공무원단에 속하는 일반직 공무원(이에 상당하는 특정직·별정직 공무원을 포함한다) 중에서 위원회의 위원장이 지명한다.
② 간사는 위원회의 운영을 지원하고, 위원회의 회의에 관한 기록과 그 밖에 서류의 작성과 보관에 관한 사무를 처리한다.
③ 간사는 위원회에 참석하여 심의사항을 설명하거나 그 밖에 필요한 발언을 할 수 있다.
[본조신설 2009.7.30] [[시행일 2009.8.9]][본조개정 2013.12.30 제8조에서 이동]

제16조(위원회의 회의)

① 위원회의 회의는 매년 1회 개최되는 정기회의와 위원장이 필요하다고 인정하거나 위원 3분의 1 이상이 요구할 경우에 개최되는 임시회의로 구분하여 운영한다.
② 위원장은 위원회의 회의를 소집하고, 그 의장이 된다.
③ 위원회의 회의는 재적위원 과반수의 출석으로 개의하고, 출석위원 과반수의 찬성으로 의결한다.
④ 위원회의 회의는 비공개로 한다.
⑤ 위원장은 위원이 아닌 자를 회의에 참석하게 하여 의견을 듣거나 관계 기관·단체 등에게 필요한 자료, 의견 제출 등 협조를 요청할 수 있다.
[본조신설 2009. 7. 30] [[시행일 2009. 8. 9]][본조개정 2013. 12. 30 제9조에서 이동]

제17조(실무위원회)

① 위원회에서 심의할 안건의 협의를 효율적으로 지원하기 위하여 위원회에 실무위원회를 둔다.
② 실무위원회는 다음 각 호의 사항을 협의·조정한다.
1. 심의안건 및 이와 관련하여 위원회가 위임한 사항
2. 그 밖에 위원장 및 위원이 실무협의를 요구하는 사항
③ 실무위원회의 위원장은 위원회의 간사가 되고, 실무위원회의 위원은 다음 각 호의 사람 중에서 그 소속기관의 장이 지명하는 사람으로 한다. [개정 2013. 3. 23 제24415호(법무부와 그 소속기관 직제)]
1. 기획재정부에서 물가 관련 업무를 담당하는 5급 이상의 국가공무원
2. 법무부에서 주택임대차 관련 업무를 담당하는 5급 이상의 국가공무원
3. 국토교통부에서 주택사업 또는 주거복지 관련 업무를 담당하는 5급 이상의 국가공무원
4. 시·도에서 주택정책 또는 부동산 관련 업무를 담당하는 5급 이상의 지방공무원
[본조신설 2009. 7. 30] [[시행일 2009. 8. 9]][본조개정 2013. 12. 30 제10조에서 이동]

제18조(전문위원)

① 위원회의 심의사항에 관한 전문적인 조사·연구업무를 수행하기 위하여 5명 이내의 전문위원을 둘 수 있다.
② 전문위원은 법학, 경제학 또는 부동산학 등에 학식과 경험을 갖춘 사람 중에서 법무부장관이 위촉하고, 임기는 2년으로 한다.
[본조신설 2009. 7. 30] [[시행일 2009. 8. 9]][본조개정 2013. 12. 30 제11조에서 이동]

제19조(수당)

위원회 또는 실무위원회 위원에 대해서는 예산의 범위에서 수당을 지급할 수 있다. 다만, 공무원인 위원이 그 소관 업무와 직접적으로 관련되어 위원회에 출석하는 경우에는 그러하지 아니하다.
[본조신설 2009.7.30] [[시행일 2009.8.9]][본조개정 2013.12.30 제12조에서 이동]

제20조(운영세칙)

이 영에서 규정한 사항 외에 위원회의 운영에 필요한 사항은 법무부장관이 정한다.
[본조신설 2009.7.30] [[시행일 2009.8.9]][본조개정 2013.12.30 제13조에서 이동]

제21조(주택임대차분쟁조정위원회의 설치)

① 「법률구조법」 제8조에 따른 대한법률구조공단(이하 "공단"이라 한다)의 다음 각 호의 지부에 법 제14조제1항에 따른 주택임대차분쟁조정위원회(이하 "조정위원회"라 한다)를 둔다.
1. 서울중앙지부
2. 수원지부
3. 대전지부
4. 대구지부
5. 부산지부
6. 광주지부

② 제1항에 따라 공단의 지부에 두는 조정위원회의 관할구역은 별표 1과 같다.
[본조신설 2017.5.29]

제22조(조정위원회의 심의·조정 사항)

법 제14조제2항제5호에서 "대통령령으로 정하는 주택임대차에 관한 분쟁"이란 다음 각 호의 분쟁을 말한다.
1. 임대차계약의 이행 및 임대차계약 내용의 해석에 관한 분쟁
2. 임대차계약 갱신 및 종료에 관한 분쟁
3. 임대차계약의 불이행 등에 따른 손해배상청구에 관한 분쟁
4. 공인중개사 보수 등 비용부담에 관한 분쟁
5. 주택임대차표준계약서 사용에 관한 분쟁
6. 그 밖에 제1호부터 제5호까지의 규정에 준하는 분쟁으로서 조정위원회의 위원장(이하

"위원장"이라 한다)이 조정이 필요하다고 인정하는 분쟁 [본조신설 2017.5.29]

제23조(공단의 지부에 두는 조정위원회 사무국)

① 법 제14조제3항에 따라 공단의 지부에 두는 조정위원회 사무국(이하 "사무국"이라 한다)에는 사무국장 1명을 두며, 사무국장 밑에 심사관 및 조사관을 둔다.
② 사무국장은 공단의 이사장이 임명하며, 조정위원회의 위원(이하 "조정위원"이라 한다)을 겸직할 수 있다.
③ 심사관 및 조사관은 공단의 이사장이 임명한다.
④ 사무국장은 사무국의 업무를 총괄하고, 소속 직원을 지휘·감독한다.
⑤ 심사관은 다음 각 호의 업무를 담당한다.
1. 분쟁조정신청 사건에 대한 쟁점정리 및 법률적 검토
2. 조사관이 담당하는 업무에 대한 지휘·감독
3. 그 밖에 위원장이 조정위원회의 사무 처리를 위하여 필요하다고 인정하는 업무
⑥ 조사관은 다음 각 호의 업무를 담당한다.
1. 조정신청의 접수
2. 분쟁조정 신청에 관한 민원의 안내
3. 조정당사자에 대한 송달 및 통지
4. 분쟁의 조정에 필요한 사실조사
5. 그 밖에 위원장이 조정위원회의 사무 처리를 위하여 필요하다고 인정하는 업무
⑦ 사무국장 및 심사관은 변호사의 자격이 있는 사람으로 한다. [본조신설 2017.5.29]

제24조(시·도의 조정위원회 사무국)

시·도가 법 제14조제1항에 따라 조정위원회를 두는 경우 사무국의 조직 및 운영 등에 관한 사항은 그 지방자치단체의 실정을 고려하여 해당 시·도 조례로 정한다. [본조신설 2017.5.29]

제25조(조정위원회 구성)

법 제16조제3항제6호에서 "대통령령으로 정하는 사람"이란 세무사·주택관리사·건축사로서 주택임대차 관계 업무에 6년 이상 종사한 사람을 말한다. [본조신설 2017.5.29]

제26조(조정위원회 운영)

① 조정위원회는 효율적인 운영을 위하여 필요한 경우에는 분쟁조정사건을 분리하거나 병

합하여 심의·조정할 수 있다. 이 경우 당사자에게 지체 없이 그 사실을 통보하여야 한다.
② 조정위원회 회의는 공개하지 아니한다. 다만, 필요하다고 인정되는 경우에는 조정위원회의 의결로 당사자 또는 이해관계인에게 방청을 허가할 수 있다.
③ 조정위원회에 간사를 두며, 사무국의 직원 중에서 위원장이 지명한다.
④ 조정위원회는 회의록을 작성하고, 참여한 조정위원으로 하여금 서명 또는 기명날인하게 하여야 한다. [본조신설 2017.5.29]

제27조(조정위원에 대한 수당 등)
조정위원회 또는 조정부에 출석한 조정위원에 대해서는 예산의 범위에서 수당, 여비 및 그 밖에 필요한 경비를 지급할 수 있다. [본조신설 2017.5.29]

제28조(조정부에서 심의·조정할 사항)
법 제17조제3항제1호에서 "대통령령으로 정하는 금액 이하의 분쟁"이란 다음 각 호의 어느 하나에 해당하는 분쟁을 말한다.
1. 임대차계약의 보증금이 다음 각 목에서 정하는 금액 이하의 분쟁
   가. 「수도권정비계획법」 제2조제1호에 따른 수도권 지역: 5억원
   나. 가목에 따른 지역 외의 지역: 3억원
2. 조정으로 주장하는 이익의 값(이하 "조정목적의 값"이라 한다)이 2억원 이하인 분쟁. 이 경우 조정목적의 값 산정은 「민사소송 등 인지법」에 따른 소송목적의 값에 관한 산정 방식을 준용한다. [본조신설 2017.5.29]

제29조(조정부의 구성 및 운영)
① 조정부의 위원은 조정위원 중에서 위원장이 지명한다.
② 둘 이상의 조정부를 두는 경우에는 위원장이 분쟁조정 신청사건을 담당할 조정부를 지정할 수 있다.
③ 조정부의 운영에 관하여는 제26조를 준용한다. 이 경우 "조정위원회"는 "조정부"로, "위원장"은 "조정부의 장"으로 본다. [본조신설 2017.5.29]

제30조(조정의 신청)
① 조정의 신청은 서면(「전자문서 및 전자거래 기본법」 제2조제1호에 따른 전자문서를 포함한다. 이하 같다) 또는 구두로 할 수 있다.
② 구두로 조정을 신청하는 경우 조정신청인은 심사관 또는 조사관에게 진술하여야 한다.

이 경우 조정신청을 받은 심사관 또는 조사관은 조정신청조서를 작성하고 신청인으로 하여금 서명 또는 기명날인하도록 하여야 한다.
③ 조정신청서 또는 조정신청조서에는 당사자, 대리인, 신청의 취지와 분쟁의 내용 등을 기재하여야 한다. 이 경우 증거서류 또는 증거물이 있는 경우에는 이를 첨부하거나 제출하여야 한다. [본조신설 2017. 5. 29]

제31조(조정신청인에게 안내하여야 할 사항)

① 법 제21조제2항에서 "대통령령으로 정하는 사항"이란 다음 각 호의 사항을 말한다.
1. 법 제21조제3항 각 호에 따른 조정 신청의 각하 사유
2. 법 제22조제2항에 따른 조정절차의 개시 요건
3. 법 제23조의 처리기간
4. 법 제24조에 따라 필요한 경우 신청인, 피신청인, 분쟁 관련 이해관계인 또는 참고인에게 출석하여 진술하게 하거나 필요한 자료나 물건 등의 제출을 요구할 수 있다는 사실
5. 조정성립의 요건 및 효력
6. 당사자가 부담하는 비용

② 제1항에 따른 안내는 안내할 사항이 기재된 서면을 교부 또는 송달하는 방법으로 할 수 있다. [본조신설 2017. 5. 29]

제32조(조정서류의 송달 등)

① 위원장은 조정신청을 접수하면 지체 없이 조정신청서 또는 조정신청조서 부본(이하 이 조에서 "조정신청서등"이라 한다)을 피신청인에게 송달하여야 한다.
② 피신청인은 조정에 응할 의사가 있는 경우에는 조정신청서등을 송달받은 날부터 7일 이내에 그 의사를 조정위원회에 통지하여야 한다.
③ 위원장은 제2항에 따른 통지를 받은 경우 피신청인에게 기간을 정하여 신청내용에 대한 답변서를 제출할 것을 요구할 수 있다. [본조신설 2017. 5. 29]

제33조(수수료)

① 법 제21조제1항에 따라 조정을 신청하는 자는 별표 2에서 정하는 수수료를 내야 한다.
② 신청인이 다음 각 호의 어느 하나에 해당하는 경우에는 제1항에 따른 수수료를 면제할 수 있다.
1. 법 제8조에 따라 우선변제를 받을 수 있는 임차인
2. 「국민기초생활 보장법」 제2조제2호에 따른 수급자

3. 「독립유공자예우에 관한 법률」 제6조에 따라 등록된 독립유공자 또는 그 유족(선순위자 1명만 해당된다. 이하 이 조에서 같다)
4. 「국가유공자 등 예우 및 지원에 관한 법률」 제6조에 따라 등록된 국가유공자 또는 그 유족
5. 「고엽제후유의증 등 환자지원 및 단체설립에 관한 법률」 제4조에 따라 등록된 고엽제후유증환자, 고엽제후유의증환자 또는 고엽제후유증 2세환자
6. 「참전유공자 예우 및 단체설립에 관한 법률」 제5조에 따라 등록된 참전유공자
7. 「5·18민주유공자예우에 관한 법률」 제7조에 따라 등록 결정된 5·18민주유공자 또는 그 유족
8. 「특수임무유공자 예우 및 단체설립에 관한 법률」 제6조에 따라 등록된 특수임무유공자 또는 그 유족
9. 「의사상자 등 예우 및 지원에 관한 법률」 제5조에 따라 인정된 의상자 또는 의사자유족
10. 「한부모가족지원법」 제5조에 따른 지원대상자
11. 그 밖에 제1호부터 제10호까지의 규정에 준하는 사람으로서 공단 규칙 또는 시·도 조례로 정하는 사람

③ 신청인은 다음 각 호의 어느 하나에 해당하는 경우에는 수수료의 환급을 청구할 수 있다.
1. 법 제21조제3항제1호 및 제2호에 따라 조정신청이 각하된 경우. 다만, 조정신청 있은 후 신청인이 법원에 소를 제기하거나 「민사조정법」에 따른 조정을 신청한 경우는 제외한다.
2. 법 제21조제3항제3호 및 제5호에 따라 조정신청이 각하된 경우
3. 신청인이 조정위원회 또는 조정부의 회의가 소집되기 전에 조정신청을 취하한 경우. 이 경우 환급 금액은 납부한 수수료의 2분의 1에 해당하는 금액으로 한다.

④ 제1항에 따른 수수료의 납부방법 및 제3항에 따른 수수료의 환급절차 등에 관하여 필요한 사항은 공단 규칙 또는 시·도의 조례로 정한다.

[본조신설 2017.5.29]

제34조(조정서의 작성)

법 제26조제4항에 따른 조정서에는 다음 각 호의 사항을 기재하고, 위원장 및 조정에 참여한 조정위원이 서명 또는 기명날인하여야 한다.
1. 사건번호 및 사건명
2. 당사자의 성명, 생년월일 및 주소(법인의 경우 명칭, 법인등록번호 및 본점의 소재지를 말한다)
3. 임차주택 소재지
4. 신청의 취지 및 이유
5. 조정내용(법 제26조제4항에 따라 강제집행을 승낙하는 취지의 합의를 포함한다)

6. 작성일

[본조신설 2017. 5. 29]

제35조(조정결과의 통지)
① 조정위원회는 조정절차가 종료되면 그 결과를 당사자에게 통지하여야 한다.
② 조정위원회는 법 제26조제4항에 따른 조정서가 작성된 경우 조정서 정본을 지체 없이 당사자에게 교부 또는 송달하여야 한다.

[본조신설 2017. 5. 29]

부칙
이 영은 공포한 날로부터 시행한다.

부칙 [87·12·1]
① (시행일) 이 영은 공포한 날로부터 시행한다.
② (소액보증금의 범위변경에 따른 경과조치) 이 영 시행전에 임차주택에 대하여 담보물권을 취득한 자에 대하여는 종전의 규정을 적용한다.

부칙 [90·2·19]
이 영은 공포한 날부터 시행한다.

부칙 [95·10·19]
① (시행일) 이 영은 공포한 날부터 시행한다.
② (경과조치) 이 영 시행전에 임차주택에 대하여 담보물권을 취득한 자에 대하여는 종전의 규정에 의한다.

부칙 [2001.9.15]
① (시행일) 이 영은 공포한 날부터 시행한다.
② (경과조치) 이 영 시행전에 임차주택에 대하여 담보물권을 취득한 자에 대하여는 종전의 규정에 의한다.

부칙 [2002.6.19.]
이 영은 2002년 6월 30일부터 시행한다.

부칙 [2007.10.23 제20334호]

이 영은 2007년11월 4 일부터 시행한다.

부칙 [2008.8.21 제20971호]

제1조(시행일) 이 영은 공포한 날부터 시행한다.
제2조(경과조치) 이 영 시행 전에 임차주택에 대하여 담보물권을 취득한 자에 대하여는 종전의 규정에 따른다.

부칙[2009.7.30 제21650호]

이 영은 2009년 8월 9일부터 시행한다.

부칙[2009.9.21 제21744호(한국토지주택공사법 시행령)]

제1조(시행일) 이 영은 2009년 10월 1일부터 시행한다.
제2조 및 제3조 생략
제4조(다른 법령의 개정) ① 부터 <42> 까지 생략
<43> 주택임대차보호법 시행령 일부를 다음과 같이 개정한다.
제1조의2제1호를 다음과 같이 한다.
1. 「한국토지주택공사법」에 따른 한국토지주택공사
<44> 부터 <54> 까지 생략
제5조 생략

부칙[2010.7.21 제22284호]

제1조(시행일) 이 영은 2010년 7월 26일부터 시행한다.
제2조(경과조치) 이 영 시행 전에 임차주택에 대하여 담보물권을 취득한 자에 대해서는 종전의 규정에 따른다.

부칙[2012.1.6 제23488호(민감정보 및 고유식별정보 처리 근거 마련을 위한 과세자료의 제출 및 관리에 관한 법률 시행령 등)]

제1조(시행일) 이 영은 공포한 날부터 시행한다. <단서 생략>
제2조 생략

부칙[2013.3.23 제24415호(법무부와 그 소속기관 직제)]

제1조(시행일) 이 영은 공포한 날부터 시행한다.

제2조 생략

제3조(다른 법령의 개정) ①부터 ⑬까지 생략

⑭ 주택임대차보호법 시행령 일부를 다음과 같이 개정한다.

제10조제3항제3호 중 "국토해양부"를 "국토교통부"로 한다.

⑮ 및 〈16〉 생략

부칙[2013.12.30 제25035호]

제1조(시행일) 이 영은 2014년 1월 1일부터 시행한다.

제2조(확정일자부여기관의 정보제공 범위에 관한 적용례) 제6조의 개정규정은 이 영 시행 후 작성된 확정일자부에 기재된 사항(다른 확정일자부여기관이 보유한 정보 중 전산처리정보조직을 이용하여 제공할 수 있는 정보를 포함한다)부터 적용한다.

제3조(월차임 전환 시 산정률의 제한에 관한 적용례) 제9조의 개정규정은 이 영 시행 당시 존속 중인 임대차계약에 대해서도 적용하되, 이 영 시행 후 보증금의 전부 또는 일부를 월단위 차임으로 전환하는 경우부터 적용한다.

제4조(소액보증금 보호에 관한 적용례) 제10조 및 제11조의 개정규정은 이 영 시행 당시 존속 중인 임대차계약에 대해서도 적용하되, 이 영 시행 전에 임차주택에 대하여 담보물권을 취득한 자에 대해서는 종전의 규정에 따른다.

제5조(다른 법령의 개정) ① 임대주택법 시행령 일부를 다음과 같이 개정한다.

제13조의2제2항 중 "주택 임대차보호법 시행령」 제2조제1항"을 "주택임대차보호법 시행령」 제8조제1항"으로 한다.

② 채무자 회생 및 파산에 관한 법률 시행령 일부를 다음과 같이 개정한다.

제16조제1항 중 "주택임대차보호법 시행령」 제3조제1항"을 "주택임대차보호법 시행령」 제10조제1항"으로 한다.

③ 토지임대부 분양주택 공급촉진을 위한 특별조치법 시행령 일부를 다음과 같이 개정한다.

제2조제2항 중 "주택임대차보호법 시행령」 제2조제1항"을 "주택임대차보호법 시행령」 제8조제1항"으로 한다.

부칙[2016.1.22 제26922호(제주특별자치도 설치 및 국제자유도시 조성을 위한 특별법 시행령)]

제1조(시행일) 이 영은 2016년 1월 25일부터 시행한다.

제2조 및 제3조 생략

제4조(다른 법령의 개정) ①부터 〈39〉까지 생략
〈40〉 주택임대차보호법 시행령 일부를 다음과 같이 개정한다.
제3조제1호 중 "「제주특별자치도 설치 및 국제자유도시 조성을 위한 특별법」 제17조"를 "「제주특별자치도 설치 및 국제자유도시 조성을 위한 특별법」 제11조"로 한다.
〈41〉부터 〈46〉까지 생략
제5조 및 제6조 생략

부칙[2016.3.31 제27078호]
제1조(시행일) 이 영은 공포한 날부터 시행한다.
제2조(소액보증금 보호에 관한 적용례 등) 제10조 및 제11조의 개정규정은 이 영 시행 당시 존속 중인 임대차계약에 대해서도 적용하되, 이 영 시행 전에 임차주택에 대하여 담보물권을 취득한 자에 대해서는 종전의 규정에 따른다.
제3조(주택임대차위원회 위촉위원의 연임에 관한 적용례) ① 제13조제1항의 개정규정은 이 영 시행 이후 주택임대차위원회의 위원으로 위촉되는 사람부터 적용한다.
② 제1항에 따라 제13조제1항의 개정규정을 적용하는 경우에 이 영 시행 전에 최초로 위촉되어 임기 중에 있는 위원은 그 임기 만료 후 한 차례 연임할 수 있고, 이 영 시행 전에 한 차례 이상 연임되어 임기 중에 있는 위원은 그 임기 만료 후에는 연임할 수 없다.

부칙[2016.11.29 제27614호]
이 영은 2016년 11월 30일부터 시행한다.

부칙[2017.5.29 제28053호]
이 영은 2017년 5월 30일부터 시행한다.

부칙[2018.9.18 제29162호]
제1조(시행일) 이 영은 공포한 날부터 시행한다.
제2조(소액보증금 보호에 관한 적용례 등) 제10조제1항 및 제11조의 개정규정은 이 영 시행 당시 존속 중인 임대차계약에 대해서도 적용하되, 이 영 시행 전에 임차주택에 대하여 담보물권을 취득한 자에 대해서는 종전의 규정에 따른다.

별표1 공단의 지부에 두는 조정위원회의 관할구역(제21조제2항 관련)
별표2 수수료(제33조제1항 관련)

5 상가건물 임대차보호법

제1조(목적)

이 법은 상가건물 임대차에 관하여 「민법」에 대한 특례를 규정하여 국민 경제생활의 안정을 보장함을 목적으로 한다. [전문개정 2009. 1. 30]

제2조(적용범위)

① 이 법은 상가건물(제3조제1항에 따른 사업자등록의 대상이 되는 건물을 말한다)의 임대차(임대차 목적물의 주된 부분을 영업용으로 사용하는 경우를 포함한다)에 대하여 적용한다. 다만, 대통령령으로 정하는 보증금액을 초과하는 임대차에 대하여는 그러하지 아니하다.

② 제1항 단서에 따른 보증금액을 정할 때에는 해당 지역의 경제 여건 및 임대차 목적물의 규모 등을 고려하여 지역별로 구분하여 규정하되, 보증금 외에 차임이 있는 경우에는 그 차임액에 「은행법」에 따른 은행의 대출금리 등을 고려하여 대통령령으로 정하는 비율을 곱하여 환산한 금액을 포함하여야 한다. [개정 2010. 5. 17 제10303호(은행법)] [[시행일 2010. 11. 18]]

③ 제1항 단서에도 불구하고 제3조, 제10조제1항, 제2항, 제3항 본문, 제10조의2부터 제10조의8까지의 규정 및 제19조는 제1항 단서에 따른 보증금액을 초과하는 임대차에 대하여도 적용한다. [신설 2013. 8. 13, 2015. 5. 13] [전문개정 2009. 1. 30]

제3조(대항력 등)

① 임대차는 그 등기가 없는 경우에도 임차인이 건물의 인도와 「부가가치세법」 제8조, 「소득세법」 제168조 또는 「법인세법」 제111조에 따른 사업자등록을 신청하면 그 다음 날부터 제3자에 대하여 효력이 생긴다. [개정 2013. 6. 7 제11873호(부가가치세법)] [[시행일 2013. 7. 1]]

② 임차건물의 양수인(그 밖에 임대할 권리를 승계한 자를 포함한다)은 임대인의 지위를 승계한 것으로 본다.

③ 이 법에 따라 임대차의 목적이 된 건물이 매매 또는 경매의 목적물이 된 경우에는 「민법」 제575조제1항·제3항 및 제578조를 준용한다.

④ 제3항의 경우에는 「민법」 제536조를 준용한다. [전문개정 2009. 1. 30]

제4조(확정일자 부여 및 임대차정보의 제공 등)

① 제5조제2항의 확정일자는 상가건물의 소재지 관할 세무서장이 부여한다.
② 관할 세무서장은 해당 상가건물의 소재지, 확정일자 부여일, 차임 및 보증금 등을 기재한 확정일자부를 작성하여야 한다. 이 경우 전산정보처리조직을 이용할 수 있다.
③ 상가건물의 임대차에 이해관계가 있는 자는 관할 세무서장에게 해당 상가건물의 확정일자 부여일, 차임 및 보증금 등 정보의 제공을 요청할 수 있다. 이 경우 요청을 받은 관할 세무서장은 정당한 사유 없이 이를 거부할 수 없다.
④ 임대차계약을 체결하려는 자는 임대인의 동의를 받아 관할 세무서장에게 제3항에 따른 정보제공을 요청할 수 있다.
⑤ 확정일자부에 기재하여야 할 사항, 상가건물의 임대차에 이해관계가 있는 자의 범위, 관할 세무서장에게 요청할 수 있는 정보의 범위 및 그 밖에 확정일자 부여사무와 정보제공 등에 필요한 사항은 대통령령으로 정한다. [전문개정 2015. 5. 13] [[시행일 2015. 11. 14]]

제5조(보증금의 회수)

① 임차인이 임차건물에 대하여 보증금반환청구소송의 확정판결, 그 밖에 이에 준하는 집행권원에 의하여 경매를 신청하는 경우에는 「민사집행법」 제41조에도 불구하고 반대의무의 이행이나 이행의 제공을 집행개시의 요건으로 하지 아니한다.
② 제3조제1항의 대항요건을 갖추고 관할 세무서장으로부터 임대차계약서상의 확정일자를 받은 임차인은 「민사집행법」에 따른 경매 또는 「국세징수법」에 따른 공매 시 임차건물(임대인 소유의 대지를 포함한다)의 환가대금에서 후순위권리자나 그 밖의 채권자보다 우선하여 보증금을 변제받을 권리가 있다.
③ 임차인은 임차건물을 양수인에게 인도하지 아니하면 제2항에 따른 보증금을 받을 수 없다.
④ 제2항 또는 제7항에 따른 우선변제의 순위와 보증금에 대하여 이의가 있는 이해관계인은 경매법원 또는 체납처분청에 이의를 신청할 수 있다. [개정 2013. 8. 13]
⑤ 제4항에 따라 경매법원에 이의를 신청하는 경우에는 「민사집행법」 제152조부터 제161조까지의 규정을 준용한다.
⑥ 제4항에 따라 이의신청을 받은 체납처분청은 이해관계인이 이의신청일부터 7일 이내에 임차인 또는 제7항에 따라 우선변제권을 승계한 금융기관 등을 상대로 소(訴)를 제기한 것을 증명한 때에는 그 소송이 종결될 때까지 이의가 신청된 범위에서 임차인 또는 제7항에 따라 우선변제권을 승계한 금융기관 등에 대한 보증금의 변제를 유보(留保)하고 남은 금액을 배분하여야 한다. 이 경우 유보된 보증금은 소송 결과에 따라 배분한다.
[개정 2013. 8. 13]

⑦ 다음 각 호의 금융기관 등이 제2항, 제6조제5항 또는 제7조제1항에 따른 우선변제권을 취득한 임차인의 보증금반환채권을 계약으로 양수한 경우에는 양수한 금액의 범위에서 우선변제권을 승계한다. [신설 2013.8.13, 2016.5.29 제14242호(수산업협동조합법)] [[시행일 2016.12.1]]

1. 「은행법」에 따른 은행
2. 「중소기업은행법」에 따른 중소기업은행
3. 「한국산업은행법」에 따른 한국산업은행
4. 「농업협동조합법」에 따른 농협은행
5. 「수산업협동조합법」에 따른 수협은행
6. 「우체국예금·보험에 관한 법률」에 따른 체신관서
7. 「보험업법」 제4조제1항제2호라목의 보증보험을 보험종목으로 허가받은 보험회사
8. 그 밖에 제1호부터 제7호까지에 준하는 것으로서 대통령령으로 정하는 기관

⑧ 제7항에 따라 우선변제권을 승계한 금융기관 등(이하 "금융기관등"이라 한다)은 다음 각 호의 어느 하나에 해당하는 경우에는 우선변제권을 행사할 수 없다. [신설 2013.8.13]

1. 임차인이 제3조제1항의 대항요건을 상실한 경우
2. 제6조제5항에 따른 임차권등기가 말소된 경우
3. 「민법」 제621조에 따른 임대차등기가 말소된 경우

⑨ 금융기관등은 우선변제권을 행사하기 위하여 임차인을 대리하거나 대위하여 임대차를 해지할 수 없다. [신설 2013.8.13][전문개정 2009.1.30]

제6조(임차권등기명령)

① 임대차가 종료된 후 보증금이 반환되지 아니한 경우 임차인은 임차건물의 소재지를 관할하는 지방법원, 지방법원지원 또는 시·군법원에 임차권등기명령을 신청할 수 있다. [개정 2013.8.13]

② 임차권등기명령을 신청할 때에는 다음 각 호의 사항을 기재하여야 하며, 신청 이유 및 임차권등기의 원인이 된 사실을 소명하여야 한다.

1. 신청 취지 및 이유
2. 임대차의 목적인 건물(임대차의 목적이 건물의 일부분인 경우에는 그 부분의 도면을 첨부한다)
3. 임차권등기의 원인이 된 사실(임차인이 제3조제1항에 따른 대항력을 취득하였거나 제5조제2항에 따른 우선변제권을 취득한 경우에는 그 사실)
4. 그 밖에 대법원규칙으로 정하는 사항

③ 임차권등기명령의 신청에 대한 재판, 임차권등기명령의 결정에 대한 임대인의 이의신청 및 그에 대한 재판, 임차권등기명령의 취소신청 및 그에 대한 재판 또는 임차권등기명령의 집행 등에 관하여는 「민사집행법」 제280조제1항, 제281조, 제283조, 제285조, 제286조, 제288조제1항·제2항 본문, 제289조, 제290조제2항 중 제288조제1항에 대한 부분, 제291조, 제293조를 준용한다. 이 경우 "가압류"는 "임차권등기"로, "채권자"는 "임차인"으로, "채무자"는 "임대인"으로 본다.

④ 임차권등기명령신청을 기각하는 결정에 대하여 임차인은 항고할 수 있다.

⑤ 임차권등기명령의 집행에 따른 임차권등기를 마치면 임차인은 제3조제1항에 따른 대항력과 제5조제2항에 따른 우선변제권을 취득한다. 다만, 임차인이 임차권등기 이전에 이미 대항력 또는 우선변제권을 취득한 경우에는 그 대항력 또는 우선변제권이 그대로 유지되며, 임차권등기 이후에는 제3조제1항의 대항요건을 상실하더라도 이미 취득한 대항력 또는 우선변제권을 상실하지 아니한다.

⑥ 임차권등기명령의 집행에 따른 임차권등기를 마친 건물(임대차의 목적이 건물의 일부분인 경우에는 그 부분으로 한정한다)을 그 이후에 임차한 임차인은 제14조에 따른 우선변제를 받을 권리가 없다.

⑦ 임차권등기의 촉탁, 등기관의 임차권등기 기입 등 임차권등기명령의 시행에 관하여 필요한 사항은 대법원규칙으로 정한다.

⑧ 임차인은 제1항에 따른 임차권등기명령의 신청 및 그에 따른 임차권등기와 관련하여 든 비용을 임대인에게 청구할 수 있다.

⑨ 금융기관등은 임차인을 대위하여 제1항의 임차권등기명령을 신청할 수 있다. 이 경우 제3항·제4항 및 제8항의 "임차인"은 "금융기관등"으로 본다. [신설 2013.8.13]

[전문개정 2009.1.30]

제7조(「민법」에 따른 임대차등기의 효력 등)

① 「민법」 제621조에 따른 건물임대차등기의 효력에 관하여는 제6조제5항 및 제6항을 준용한다.

② 임차인이 대항력 또는 우선변제권을 갖추고 「민법」 제621조제1항에 따라 임대인의 협력을 얻어 임대차등기를 신청하는 경우에는 신청서에 「부동산등기법」 제74조제1호부터 제5호까지의 사항 외에 다음 각 호의 사항을 기재하여야 하며, 이를 증명할 수 있는 서면(임대차의 목적이 건물의 일부분인 경우에는 그 부분의 도면을 포함한다)을 첨부하여야 한다. [개정 2011.4.12 제10580호(부동산등기법)][[시행일 2011.10.13]]

1. 사업자등록을 신청한 날

2. 임차건물을 점유한 날
3. 임대차계약서상의 확정일자를 받은 날 [전문개정 2009. 1. 30]

제8조(경매에 의한 임차권의 소멸)

임차권은 임차건물에 대하여 「민사집행법」에 따른 경매가 실시된 경우에는 그 임차건물이 매각되면 소멸한다. 다만, 보증금이 전액 변제되지 아니한 대항력이 있는 임차권은 그러하지 아니하다. [전문개정 2009. 1. 30]

제9조(임대차기간 등)

① 기간을 정하지 아니하거나 기간을 1년 미만으로 정한 임대차는 그 기간을 1년으로 본다. 다만, 임차인은 1년 미만으로 정한 기간이 유효함을 주장할 수 있다.

② 임대차가 종료한 경우에도 임차인이 보증금을 돌려받을 때까지는 임대차 관계는 존속하는 것으로 본다. [전문개정 2009. 1. 30]

제10조(계약갱신 요구 등)

① 임대인은 임차인이 임대차기간이 만료되기 6개월 전부터 1개월 전까지 사이에 계약갱신을 요구할 경우 정당한 사유 없이 거절하지 못한다. 다만, 다음 각 호의 어느 하나의 경우에는 그러하지 아니하다. [개정 2013. 8. 13]

1. 임차인이 3기의 차임액에 해당하는 금액에 이르도록 차임을 연체한 사실이 있는 경우
2. 임차인이 거짓이나 그 밖의 부정한 방법으로 임차한 경우
3. 서로 합의하여 임대인이 임차인에게 상당한 보상을 제공한 경우
4. 임차인이 임대인의 동의 없이 목적 건물의 전부 또는 일부를 전대(轉貸)한 경우
5. 임차인이 임차한 건물의 전부 또는 일부를 고의나 중대한 과실로 파손한 경우
6. 임차한 건물의 전부 또는 일부가 멸실되어 임대차의 목적을 달성하지 못할 경우
7. 임대인이 다음 각 목의 어느 하나에 해당하는 사유로 목적 건물의 전부 또는 대부분을 철거하거나 재건축하기 위하여 목적 건물의 점유를 회복할 필요가 있는 경우

   가. 임대차계약 체결 당시 공사시기 및 소요기간 등을 포함한 철거 또는 재건축 계획을 임차인에게 구체적으로 고지하고 그 계획에 따르는 경우

   나. 건물이 노후·훼손 또는 일부 멸실되는 등 안전사고의 우려가 있는 경우

   다. 다른 법령에 따라 철거 또는 재건축이 이루어지는 경우

8. 그 밖에 임차인이 임차인으로서의 의무를 현저히 위반하거나 임대차를 계속하기 어려운 중대한 사유가 있는 경우

② 임차인의 계약갱신요구권은 최초의 임대차기간을 포함한 전체 임대차기간이 10년을 초과하지 아니하는 범위에서만 행사할 수 있다. [개정 2018. 10. 16]
③ 갱신되는 임대차는 전 임대차와 동일한 조건으로 다시 계약된 것으로 본다. 다만, 차임과 보증금은 제11조에 따른 범위에서 증감할 수 있다.
④ 임대인이 제1항의 기간 이내에 임차인에게 갱신 거절의 통지 또는 조건 변경의 통지를 하지 아니한 경우에는 그 기간이 만료된 때에 전 임대차와 동일한 조건으로 다시 임대차한 것으로 본다. 이 경우에 임대차의 존속기간은 1년으로 본다. [개정 2009. 5. 8]
⑤ 제4항의 경우 임차인은 언제든지 임대인에게 계약해지의 통고를 할 수 있고, 임대인이 통고를 받은 날부터 3개월이 지나면 효력이 발생한다. [전문개정 2009. 1. 30]

제10조의2(계약갱신의 특례)

제2조제1항 단서에 따른 보증금액을 초과하는 임대차의 계약갱신의 경우에는 당사자는 상가건물에 관한 조세, 공과금, 주변 상가건물의 차임 및 보증금, 그 밖의 부담이나 경제사정의 변동 등을 고려하여 차임과 보증금의 증감을 청구할 수 있다. [본조신설 2013. 8. 13]

제10조의3(권리금의 정의 등)

① 권리금이란 임대차 목적물인 상가건물에서 영업을 하는 자 또는 영업을 하려는 자가 영업시설·비품, 거래처, 신용, 영업상의 노하우, 상가건물의 위치에 따른 영업상의 이점 등 유형·무형의 재산적 가치의 양도 또는 이용대가로서 임대인, 임차인에게 보증금과 차임 이외에 지급하는 금전 등의 대가를 말한다.
② 권리금 계약이란 신규임차인이 되려는 자가 임차인에게 권리금을 지급하기로 하는 계약을 말한다. [본조신설 2015. 5. 13]

제10조의4(권리금 회수기회 보호 등)

① 임대인은 임대차기간이 끝나기 6개월 전부터 임대차 종료 시까지 다음 각 호의 어느 하나에 해당하는 행위를 함으로써 권리금 계약에 따라 임차인이 주선한 신규임차인이 되려는 자로부터 권리금을 지급받는 것을 방해하여서는 아니 된다. 다만, 제10조제1항 각 호의 어느 하나에 해당하는 사유가 있는 경우에는 그러하지 아니하다. [개정 2018. 10. 16]
1. 임차인이 주선한 신규임차인이 되려는 자에게 권리금을 요구하거나 임차인이 주선한 신규임차인이 되려는 자로부터 권리금을 수수하는 행위
2. 임차인이 주선한 신규임차인이 되려는 자로 하여금 임차인에게 권리금을 지급하지 못하게 하는 행위
3. 임차인이 주선한 신규임차인이 되려는 자에게 상가건물에 관한 조세, 공과금, 주변 상가

건물의 차임 및 보증금, 그 밖의 부담에 따른 금액에 비추어 현저히 고액의 차임과 보증금을 요구하는 행위
4. 그 밖에 정당한 사유 없이 임대인이 임차인이 주선한 신규임차인이 되려는 자와 임대차계약의 체결을 거절하는 행위

② 다음 각 호의 어느 하나에 해당하는 경우에는 제1항제4호의 정당한 사유가 있는 것으로 본다.
1. 임차인이 주선한 신규임차인이 되려는 자가 보증금 또는 차임을 지급할 자력이 없는 경우
2. 임차인이 주선한 신규임차인이 되려는 자가 임차인으로서의 의무를 위반할 우려가 있거나 그 밖에 임대차를 유지하기 어려운 상당한 사유가 있는 경우
3. 임대차 목적물인 상가건물을 1년 6개월 이상 영리목적으로 사용하지 아니한 경우
4. 임대인이 선택한 신규임차인이 임차인과 권리금 계약을 체결하고 그 권리금을 지급한 경우

③ 임대인이 제1항을 위반하여 임차인에게 손해를 발생하게 한 때에는 그 손해를 배상할 책임이 있다. 이 경우 그 손해배상액은 신규임차인이 임차인에게 지급하기로 한 권리금과 임대차 종료 당시의 권리금 중 낮은 금액을 넘지 못한다.

④ 제3항에 따라 임대인에게 손해배상을 청구할 권리는 임대차가 종료한 날부터 3년 이내에 행사하지 아니하면 시효의 완성으로 소멸한다.

⑤ 임차인은 임대인에게 임차인이 주선한 신규임차인이 되려는 자의 보증금 및 차임을 지급할 자력 또는 그 밖에 임차인으로서의 의무를 이행할 의사 및 능력에 관하여 자신이 알고 있는 정보를 제공하여야 한다. [본조신설 2015. 5. 13]

제10조의5(권리금 적용 제외)

제10조의4는 다음 각 호의 어느 하나에 해당하는 상가건물 임대차의 경우에는 적용하지 아니한다. [개정 2018. 10. 16]
1. 임대차 목적물인 상가건물이 「유통산업발전법」 제2조에 따른 대규모점포 또는 준대규모점포의 일부인 경우(다만, 「전통시장 및 상점가 육성을 위한 특별법」 제2조제1호에 따른 전통시장은 제외한다)
2. 임대차 목적물인 상가건물이 「국유재산법」에 따른 국유재산 또는 「공유재산 및 물품 관리법」에 따른 공유재산인 경우[본조신설 2015. 5. 13]

제10조의6(표준권리금계약서의 작성 등)

국토교통부장관은 임차인과 신규임차인이 되려는 자가 권리금 계약을 체결하기 위한 표준권리금계약서를 정하여 그 사용을 권장할 수 있다. [본조신설 2015. 5. 13]

제10조의7(권리금 평가기준의 고시)

국토교통부장관은 권리금에 대한 감정평가의 절차와 방법 등에 관한 기준을 고시할 수 있다. [본조신설 2015. 5. 13.]

제10조의8(차임연체와 해지)

임차인의 차임연체액이 3기의 차임액에 달하는 때에는 임대인은 계약을 해지할 수 있다
[본조신설 2015. 5. 13]

제11조(차임 등의 증감청구권)

① 차임 또는 보증금이 임차건물에 관한 조세, 공과금, 그 밖의 부담의 증감이나 경제 사정의 변동으로 인하여 상당하지 아니하게 된 경우에는 당사자는 장래의 차임 또는 보증금에 대하여 증감을 청구할 수 있다. 그러나 증액의 경우에는 대통령령으로 정하는 기준에 따른 비율을 초과하지 못한다.
② 제1항에 따른 증액 청구는 임대차계약 또는 약정한 차임 등의 증액이 있은 후 1년 이내에는 하지 못한다. [전문개정 2009. 1. 30]

제12조(월 차임 전환 시 산정률의 제한)

보증금의 전부 또는 일부를 월 단위의 차임으로 전환하는 경우에는 그 전환되는 금액에 다음 각 호 중 낮은 비율을 곱한 월 차임의 범위를 초과할 수 없다. [개정 2010. 5. 17 제10303호(은행법), 2013. 8. 13 [[시행일 2014. 1. 1]]
1. 「은행법」에 따른 은행의 대출금리 및 해당 지역의 경제 여건 등을 고려하여 대통령령으로 정하는 비율
2. 한국은행에서 공시한 기준금리에 대통령령으로 정하는 배수를 곱한 비율
   [전문개정 2009. 1. 30]

제13조(전대차관계에 대한 적용 등)

① 제10조, 제10조의2, 제10조의8, 제11조 및 제12조는 전대인(轉貸人)과 전차인(轉借人)의 전대차관계에 적용한다. [개정 2015. 5. 13]
② 임대인의 동의를 받고 전대차계약을 체결한 전차인은 임차인의 계약갱신요구권 행사기간 이내에 임차인을 대위(代位)하여 임대인에게 계약갱신요구권을 행사할 수 있다.
   [전문개정 2009. 1. 30]

제14조(보증금 중 일정액의 보호)

① 임차인은 보증금 중 일정액을 다른 담보물권자보다 우선하여 변제받을 권리가 있다. 이 경우 임차인은 건물에 대한 경매신청의 등기 전에 제3조제1항의 요건을 갖추어야 한다.

② 제1항의 경우에 제5조제4항부터 제6항까지의 규정을 준용한다.

③ 제1항에 따라 우선변제를 받을 임차인 및 보증금 중 일정액의 범위와 기준은 임대건물가액(임대인 소유의 대지가액을 포함한다)의 2분의 1 범위에서 해당 지역의 경제 여건, 보증금 및 차임 등을 고려하여 대통령령으로 정한다. [개정 2013.8.13] [[시행일 2014.1.1]] [전문개정 2009.1.30]

제15조(강행규정)

이 법의 규정에 위반된 약정으로서 임차인에게 불리한 것은 효력이 없다.
[전문개정 2009.1.30]

제16조(일시사용을 위한 임대차)

이 법은 일시사용을 위한 임대차임이 명백한 경우에는 적용하지 아니한다.
[전문개정 2009.1.30]

제17조(미등기전세에의 준용)

목적건물을 등기하지 아니한 전세계약에 관하여 이 법을 준용한다. 이 경우 "전세금"은 "임대차의 보증금"으로 본다. [전문개정 2009.1.30]

제18조(「소액사건심판법」의 준용)

임차인이 임대인에게 제기하는 보증금반환청구소송에 관하여는 「소액사건심판법」 제6조·제7조·제10조 및 제11조의2를 준용한다. [전문개정 2009.1.30]

제19조(표준계약서의 작성 등)

법무부장관은 보증금, 차임액, 임대차기간, 수선비 분담 등의 내용이 기재된 상가건물임대차표준계약서를 정하여 그 사용을 권장할 수 있다. [본조신설 2015.5.13]

제20조(상가건물임대차분쟁조정위원회)

① 이 법의 적용을 받는 상가건물 임대차와 관련된 분쟁을 심의·조정하기 위하여 대통령령으로 정하는 바에 따라 「법률구조법」 제8조에 따른 대한법률구조공단의 지부에 상가건물

임대차분쟁조정위원회(이하 "조정위원회"라 한다)를 둔다. 특별시·광역시·특별자치시·도 및 특별자치도는 그 지방자치단체의 실정을 고려하여 조정위원회를 둘 수 있다.

② 조정위원회는 다음 각 호의 사항을 심의·조정한다.
1. 차임 또는 보증금의 증감에 관한 분쟁
2. 임대차 기간에 관한 분쟁
3. 보증금 또는 임차상가건물의 반환에 관한 분쟁
4. 임차상가건물의 유지·수선 의무에 관한 분쟁
5. 권리금에 관한 분쟁
6. 그 밖에 대통령령으로 정하는 상가건물 임대차에 관한 분쟁

③ 조정위원회의 사무를 처리하기 위하여 조정위원회에 사무국을 두고, 사무국의 조직 및 인력 등에 필요한 사항은 대통령령으로 정한다.

④ 사무국의 조정위원회 업무담당자는 「주택임대차보호법」 제14조에 따른 주택임대차분쟁조정위원회 사무국의 업무를 제외하고 다른 직위의 업무를 겸직하여서는 아니 된다.

[본조신설 2018. 10. 16] [[시행일 2019. 4. 17]]

제21조(주택임대차분쟁조정위원회 준용)

조정위원회에 대하여는 이 법에 규정한 사항 외에는 주택임대차분쟁조정위원회에 관한 「주택임대차보호법」 제14조부터 제29조까지의 규정을 준용한다. 이 경우 "주택임대차분쟁조정위원회"는 "상가건물임대차분쟁조정위원회"로 본다.

[본조신설 2018. 10. 16] [[시행일 2019. 4. 17]]

제22조(벌칙 적용에서 공무원 의제)

공무원이 아닌 상가건물임대차분쟁조정위원회의 위원은 「형법」 제127조, 제129조부터 제132조까지의 규정을 적용할 때에는 공무원으로 본다.

[본조신설 2018. 10. 16] [[시행일 2019. 4. 17]]

부칙 [2001.12.29 법률 제6542호]

① (시행일) 이 법은 2002년 11월 1일부터 시행한다. [개정 2002. 8. 26]

② (적용례) 이 법은 이 법 시행후 체결되거나 갱신된 임대차부터 적용한다. 다만, 제3조·제5조 및 제14조의 규정은 이 법 시행당시 존속중인 임대차에 대하여도 이를 적용하되, 이 법 시행 전에 물권을 취득한 제3자에 대하여는 그 효력이 없다.

③ (기존 임차인의 확정일자 신청에 대한 경과조치) 이 법 시행당시의 임차인으로서 제5조

의 규정에 의한 보증금 우선변제의 보호를 받고자 하는 자는 이 법 시행전에 대통령령이 정하는 바에 따라 건물의 소재지 관할 세무서장에게 임대차계약서상의 확정일자를 신청할 수 있다.

부칙 [2002.8.26 법률 제6718호]
이 법은 공포한 날부터 시행한다.

부칙 [2005.1.27 법률 제7358호(민사집행법)]
제1조 (시행일) 이 법은 공포 후 6월이 경과한 날부터 시행한다.
제2조 생략
제3조 (다른 법률의 개정) ①상가건물임대차보호법중 다음과 같이 개정한다.
제6조제3항 전단중 "민사집행법 제280조제1항, 제281조, 제283조, 제285조, 제286조, 제288조제1항·제2항·제3항 본문, 제289조제1항 내지 제4항"을 "민사집행법 제280조제1항, 제281조, 제283조, 제285조, 제286조, 제288조제1항·제2항 본문, 제289조"로 한다.
②및 ③생략
제4조 생략

부칙[2009. 1.30 제9361호]
이 법은 공포한 날부터 시행한다.

부칙[2009.5.8 제9649호]
이 법은 공포한 날부터 시행한다.

부칙[2010.5.17 제10303호(은행법)]
제1조(시행일) 이 법은 공포 후 6개월이 경과한 날부터 시행한다. 〈단서 생략〉
제2조부터 제8조까지 생략
제9조(다른 법률의 개정) ① 부터 〈40〉 까지 생략
〈41〉 상가건물 임대차보호법 일부를 다음과 같이 개정한다.
제2조제2항 및 제12조 중 "금융기관"을 각각 "은행"으로 한다.
〈42〉 부터 〈86〉 까지 생략
제10조 생략

부칙[2011.4.12 제10580호(부동산등기법)]

제1조(시행일) 이 법은 공포 후 6개월이 경과한 날부터 시행한다. 〈단서 생략〉

제2조 및 제3조 생략

제4조(다른 법률의 개정) ①부터 〈22〉까지 생략

〈23〉 상가건물 임대차보호법 일부를 다음과 같이 개정한다.

제7조제2항 각 호 외의 부분 중 "부동산등기법」제156조에 규정된 사항 외에"를 "부동산등기법」제74조제1호부터 제5호까지의 사항 외에"로 한다.

〈24〉부터 〈42〉까지 생략

제5조 생략

부칙[2013.6.7 제11873호(부가가치세법)]

제1조(시행일) 이 법은 2013년 7월 1일부터 시행한다.

제2조부터 제17조까지 생략

제18조(다른 법률의 개정) ①부터 ⑨까지 생략

⑩ 상가건물 임대차보호법 일부를 다음과 같이 개정한다.

제3조제1항 중 "부가가치세법」제5조"를 "부가가치세법」제8조"로 한다.

⑪부터 ⑭까지 생략

제19조 생략

부칙[2013.8.13 제12042호]

제1조(시행일) 이 법은 공포한 날부터 시행한다. 다만, 제12조, 제14조제3항의 개정규정은 2014년 1월 1일부터 시행한다.

제2조(일반적 적용례) 이 법은 이 법 시행 후 최초로 체결되거나 갱신되는 임대차부터 적용한다.

제3조(금융기관등의 우선변제권에 관한 적용례) 제5조제4항, 같은 조 제6항부터 제9항까지, 제6조제1항 및 제9항의 개정규정은 이 법 시행 당시 존속 중인 임대차에 대하여도 적용하되, 이 법 시행 후 최초로 보증금반환채권을 양수한 경우부터 적용한다.

제4조(월 차임 전환 시 산정률의 제한에 관한 적용례) 제12조의 개정규정은 같은 개정규정 시행 당시 존속 중인 임대차에 대하여도 적용하되, 같은 개정규정 시행 후 최초로 보증금의 전부 또는 일부를 월 단위 차임으로 전환하는 경우부터 적용한다.

제5조(소액보증금 보호에 관한 적용례) 제14조제3항의 개정규정은 같은 개정규정 시행 당시 존속 중인 임대차에 대하여도 이를 적용하되, 같은 개정규정 시행 전에 물권을 취득한

제3자에 대하여는 그 효력이 없다.

부칙[2015.5.13 제13284호]

제1조(시행일) 이 법은 공포한 날부터 시행한다. 다만, 제4조의 개정규정은 공포 후 6개월이 경과한 날부터 시행한다.

제2조(대항력에 관한 적용례) 제2조제3항의 개정규정 중 제3조 대항력에 관한 규정은 이 법 시행 후 최초로 계약이 체결되거나 갱신되는 임대차부터 적용한다.

제3조(권리금 회수기회 보호 등에 관한 적용례) 제10조의4의 개정규정은 이 법 시행 당시 존속 중인 임대차부터 적용한다.

부칙[2016.5.29 제14242호(수산업협동조합법)]

제1조(시행일) 이 법은 2016년 12월 1일부터 시행한다. 〈단서 생략〉

제2조부터 제20조까지 생략

제21조(다른 법률의 개정) ①부터 ⑪까지 생략

⑫ 상가건물 임대차보호법 일부를 다음과 같이 개정한다.

제5조제7항제5호 중 "수산업협동조합중앙회"를 "수협은행"으로 한다.

⑬부터 〈27〉까지 생략

제22조 생략

부칙[2018.10.16 제15791호]

제1조(시행일) 이 법은 공포한 날부터 시행한다. 다만, 제20조부터 제22조까지의 개정규정은 공포 후 6개월이 경과한 날부터 시행한다.

제2조(계약갱신요구 기간의 적용례) 제10조제2항의 개정규정은 이 법 시행 후 최초로 체결되거나 갱신되는 임대차부터 적용한다.

제3조(권리금 회수기회 보호 등에 관한 적용례) 제10조의4제1항의 개정규정은 이 법 시행 당시 존속 중인 임대차에 대하여도 적용한다.

제4조(권리금 적용 제외에 관한 적용례) 제10조의5제1호의 개정규정은 이 법 시행 당시 존속 중인 임대차에 대하여도 적용한다.

제5조(다른 법률의 개정) 주택임대차보호법 일부를 다음과 같이 개정한다.

제14조제4항 중 "다른 직위의 업무를 겸직하여서는 아니 된다"를 "「상가건물 임대차보호법」 제20조에 따른 상가건물임대차분쟁조정위원회 사무국의 업무를 제외하고 다른 직위의 업무를 겸직하여서는 아니 된다"로 한다.

6 상가건물 임대차보호법 시행령 (약칭: 상가임대차법 시행령)

[시행 2019. 4. 17.] [대통령령 제29671호, 2019. 4. 2., 일부개정]

제1조(목적)

이 영은 「상가건물 임대차보호법」에서 위임된 사항과 그 시행에 관하여 필요한 사항을 정하는 것을 목적으로 한다. 〈개정 2008. 8. 21., 2010. 7. 21.〉

제2조(적용범위)

① 「상가건물 임대차보호법」(이하 "법"이라 한다) 제2조제1항 단서에서 "대통령령으로 정하는 보증금액"이란 다음 각 호의 구분에 의한 금액을 말한다. 〈개정 2008. 8. 21., 2010. 7. 21., 2013. 12. 30., 2018. 1. 26., 2019. 4. 2.〉

1. 서울특별시 : 9억원
2. 「수도권정비계획법」에 따른 과밀억제권역(서울특별시는 제외한다) 및 부산광역시: 6억9천만원
3. 광역시(「수도권정비계획법」에 따른 과밀억제권역에 포함된 지역과 군지역, 부산광역시는 제외한다), 세종특별자치시, 파주시, 화성시, 안산시, 용인시, 김포시 및 광주시: 5억4천만원
4. 그 밖의 지역 : 3억7천만원

② 법 제2조제2항의 규정에 의하여 보증금외에 차임이 있는 경우의 차임액은 월 단위의 차임액으로 한다.

③ 법 제2조제2항에서 "대통령령으로 정하는 비율"이라 함은 1분의 100을 말한다.
  〈개정 2010. 7. 21.〉

제3조(확정일자부 기재사항 등)

① 상가건물 임대차 계약증서 원본을 소지한 임차인은 법 제4조제1항에 따라 상가건물의 소재지 관할 세무서장에게 확정일자 부여를 신청할 수 있다. 다만, 「부가가치세법」 제8조제3항에 따라 사업자 단위 과세가 적용되는 사업자의 경우 해당 사업자의 본점 또는 주사무소 관할 세무서장에게 확정일자 부여를 신청할 수 있다.

② 확정일자는 제1항에 따라 확정일자 부여의 신청을 받은 세무서장(이하 "관할 세무서장"이라 한다)이 확정일자 번호, 확정일자 부여일 및 관할 세무서장을 상가건물 임대차 계약증서 원본에 표시하고 관인을 찍는 방법으로 부여한다.

③ 관할 세무서장은 임대차계약이 변경되거나 갱신된 경우 임차인의 신청에 따라 새로운 확정일자를 부여한다.

④ 관할 세무서장이 법 제4조제2항에 따라 작성하는 확정일자부에 기재하여야 할 사항은 다음 각 호와 같다.

1. 확정일자 번호
2. 확정일자 부여일
3. 임대인·임차인의 인적사항

    가. 자연인인 경우: 성명, 주민등록번호(외국인은 외국인등록번호)

    나. 법인인 경우: 법인명, 대표자 성명, 법인등록번호

    다. 법인 아닌 단체인 경우: 단체명, 대표자 성명, 사업자등록번호·고유번호
4. 임차인의 상호 및 법 제3조제1항에 따른 사업자등록 번호
5. 상가건물의 소재지, 임대차 목적물 및 면적
6. 임대차기간
7. 보증금·차임

⑤ 제1항부터 제4항까지에서 규정한 사항 외에 확정일자 부여 사무에 관하여 필요한 사항은 법무부령으로 정한다. [전문개정 2015. 11. 13.]

제3조의2(이해관계인의 범위)

법 제4조제3항에 따라 정보의 제공을 요청할 수 있는 상가건물의 임대차에 이해관계가 있는 자(이하 "이해관계인"이라 한다)는 다음 각 호의 어느 하나에 해당하는 자로 한다.

1. 해당 상가건물 임대차계약의 임대인·임차인
2. 해당 상가건물의 소유자
3. 해당 상가건물 또는 그 대지의 등기부에 기록된 권리자 중 법무부령으로 정하는 자
4. 법 제5조제7항에 따라 우선변제권을 승계한 금융기관 등
5. 제1호부터 제4호까지에서 규정한 자에 준하는 지위 또는 권리를 가지는 자로서 임대차 정보의 제공에 관하여 법원의 판결을 받은 자[본조신설 2015. 11. 13.]

제3조의3(이해관계인 등이 요청할 수 있는 정보의 범위) ① 제3조의2제1호에 따른 임대차계약의 당사자는 관할 세무서장에게 다음 각 호의 사항이 기재된 서면의 열람 또는 교부를 요청할 수 있다.

1. 임대인·임차인의 인적사항(제3조제4항제3호에 따른 정보를 말한다. 다만, 주민등록번호 및 외국인등록번호의 경우에는 앞 6자리에 한정한다)

2. 상가건물의 소재지, 임대차 목적물 및 면적
3. 사업자등록 신청일
4. 보증금·차임 및 임대차기간
5. 확정일자 부여일
6. 임대차계약이 변경되거나 갱신된 경우에는 변경·갱신된 날짜, 새로운 확정일자 부여일, 변경된 보증금·차임 및 임대차기간
7. 그 밖에 법무부령으로 정하는 사항

② 임대차계약의 당사자가 아닌 이해관계인 또는 임대차계약을 체결하려는 자는 관할 세무서장에게 다음 각 호의 사항이 기재된 서면의 열람 또는 교부를 요청할 수 있다.
1. 상가건물의 소재지, 임대차 목적물 및 면적
2. 사업자등록 신청일
3. 보증금 및 차임, 임대차기간
4. 확정일자 부여일
5. 임대차계약이 변경되거나 갱신된 경우에는 변경·갱신된 날짜, 새로운 확정일자 부여일, 변경된 보증금·차임 및 임대차기간
6. 그 밖에 법무부령으로 정하는 사항

③ 제1항 및 제2항에서 규정한 사항 외에 임대차 정보의 제공 등에 필요한 사항은 법무부령으로 정한다. [본조신설 2015. 11. 13.]

제4조(차임 등 증액청구의 기준)
법 제11조제1항의 규정에 의한 차임 또는 보증금의 증액청구는 청구당시의 차임 또는 보증금의 100분의 5의 금액을 초과하지 못한다. 〈개정 2008. 8. 21., 2018. 1. 26.〉

제5조(월차임 전환 시 산정률)
① 법 제12조제1호에서 "대통령령으로 정하는 비율"이란 연 1할2푼을 말한다.
② 법 제12조제2호에서 "대통령령으로 정하는 배수"란 4.5배를 말한다. [전문개정 2013. 12. 30.]

제6조(우선변제를 받을 임차인의 범위)
법 제14조의 규정에 의하여 우선변제를 받을 임차인은 보증금과 차임이 있는 경우 법 제2조제2항의 규정에 의하여 환산한 금액의 합계가 다음 각호의 구분에 의한 금액 이하인 임차인으로 한다. 〈개정 2008. 8. 21., 2010. 7. 21., 2013. 12. 30.〉
1. 서울특별시 : 6천500만원

2. 「수도권정비계획법」에 따른 과밀억제권역(서울특별시는 제외한다): 5천500만원
3. 광역시(「수도권정비계획법」에 따른 과밀억제권역에 포함된 지역과 군지역은 제외한다), 안산시, 용인시, 김포시 및 광주시: 3천8백만원
4. 그 밖의 지역 : 3천만원

제7조(우선변제를 받을 보증금의 범위 등)

① 법 제14조의 규정에 의하여 우선변제를 받을 보증금중 일정액의 범위는 다음 각호의 구분에 의한 금액 이하로 한다. 〈개정 2008. 8. 21., 2010. 7. 21., 2013. 12. 30.〉
1. 서울특별시 : 2천200만원
2. 「수도권정비계획법」에 따른 과밀억제권역(서울특별시는 제외한다): 1천900만원
3. 광역시(「수도권정비계획법」에 따른 과밀억제권역에 포함된 지역과 군지역은 제외한다), 안산시, 용인시, 김포시 및 광주시: 1천300만원
4. 그 밖의 지역 : 1천만원
② 임차인의 보증금중 일정액이 상가건물의 가액의 2분의 1을 초과하는 경우에는 상가건물의 가액의 2분의 1에 해당하는 금액에 한하여 우선변제권이 있다. 〈개정 2013. 12. 30.〉
③ 하나의 상가건물에 임차인이 2인 이상이고, 그 각 보증금중 일정액의 합산액이 상가건물의 가액의 2분의 1을 초과하는 경우에는 그 각 보증금중 일정액의 합산액에 대한 각 임차인의 보증금중 일정액의 비율로 그 상가건물의 가액의 2분의 1에 해당하는 금액을 분할한 금액을 각 임차인의 보증금중 일정액으로 본다. 〈개정 2013. 12. 30.〉

제8조(상가건물임대차분쟁조정위원회의 실시)

① 법 제20조제1항 전단에 따라 「법률구조법」 제8조에 따른 대한법률구조공단(이하 "공단"이라 한다)의 다음 각 호의 지부에 법 제20조제1항 전단에 따른 상가건물임대차분쟁조정위원회(이하 "조정위원회"라 한다)를 둔다.
1. 서울중앙지부
2. 수원지부
3. 대전지부
4. 대구지부
5. 부산지부
6. 광주지부
② 제1항에 따라 공단의 지부에 두는 각 조정위원회의 관할구역은 별표 와 같다.
[본조신설 2019. 4. 2.][종전 제8조는 제12조로 이동 〈2019. 4. 2.〉]

제9조(조정위원회의 심의 · 조정 사항)

법 제20조제2항제6호에서 "대통령령으로 정하는 상가건물 임대차에 관한 분쟁"이란 다음 각 호의 분쟁을 말한다.

1. 임대차계약의 이행 및 임대차계약 내용의 해석에 관한 분쟁
2. 임대차계약 갱신 및 종료에 관한 분쟁
3. 임대차계약의 불이행 등에 따른 손해배상청구에 관한 분쟁
4. 공인중개사 보수 등 비용부담에 관한 분쟁
5. 법 제19조에 따른 상가건물임대차표준계약서의 사용에 관한 분쟁
6. 그 밖에 제1호부터 제5호까지의 규정에 준하는 분쟁으로서 조정위원회의 위원장(이하 "위원장"이라 한다)이 조정이 필요하다고 인정하는 분쟁[본조신설 2019. 4. 2.]

제10조(공단의 지부에 두는 조정위원회의 사무국)

① 법 제20조제3항에 따라 공단의 지부에 두는 조정위원회의 사무국(이하 "사무국"이라 한다)에는 사무국장 1명을 두며, 사무국장 밑에 심사관 및 조사관을 둔다.
② 사무국장은 공단의 이사장이 임명하며, 조정위원회의 위원을 겸직할 수 있다.
③ 심사관 및 조사관은 공단의 이사장이 임명한다.
④ 사무국장은 사무국의 업무를 총괄하고, 소속 직원을 지휘 · 감독한다.
⑤ 심사관은 다음 각 호의 업무를 담당한다.
1. 분쟁조정 신청 사건에 대한 쟁점정리 및 법률적 검토
2. 조사관이 담당하는 업무에 대한 지휘 · 감독
3. 그 밖에 위원장이 조정위원회의 사무 처리를 위하여 필요하다고 인정하는 업무
⑥ 조사관은 다음 각 호의 업무를 담당한다.
1. 분쟁조정 신청의 접수
2. 분쟁조정 신청에 관한 민원의 안내
3. 조정당사자에 대한 송달 및 통지
4. 분쟁의 조정에 필요한 사실조사
5. 그 밖에 위원장이 조정위원회의 사무 처리를 위하여 필요하다고 인정하는 업무
⑦ 사무국장 및 심사관은 변호사의 자격이 있는 사람으로 한다.[본조신설 2019. 4. 2.]

제11조(시 · 도의 조정위원회 사무국)

특별시 · 광역시 · 특별자치시 · 도 및 특별자치도가 법 제20조제1항 후단에 따라 조정위원회를 두는 경우 사무국의 조직 및 운영 등에 관한 사항은 그 지방자치단체의 실정을 고려하

여 해당 지방자치단체의 조례로 정한다. [본조신설 2019. 4. 2.]

제12조(고유식별정보의 처리) 관할 세무서장은 법 제4조에 따른 확정일자 부여에 관한 사무를 수행하기 위하여 불가피한 경우 「개인정보 보호법 시행령」 제19조제1호 및 제4호에 따른 주민등록번호 및 외국인등록번호가 포함된 자료를 처리할 수 있다. <개정 2013. 12. 30., 2015. 11. 13.>[본조신설 2012. 1. 6.][제8조에서 이동 <2019. 4. 2.>]

부칙 <대통령령 제17757호, 2002. 10. 14.>
① (시행일) 이 영은 2002년 11월 1일부터 시행한다.
② (기존 임차인의 확정일자 신청에 대한 경과조치) 이 영 공포후 법 부칙 제3항의 규정에 의하여 임대차계약서상의 확정일자를 신청하고자 하는 자는 임대차계약서와 함께 사업자등록증을 제시하여야 한다.

부칙 <대통령령 제19507호, 2006. 6. 12.> (행정정보의 공동이용 및 문서감축을 위한 국가채권관리법 시행령 등 일부개정령)
이 영은 공포한 날부터 시행한다.

부칙 <대통령령 제20970호, 2008. 8. 21.>
제1조(시행일) 이 영은 공포한 날부터 시행한다.

제2조(경과조치) 이 영 시행 당시 존속 중인 상가건물임대차계약에 대하여는 종전의 규정에 따른다. 다만, 제4조의 개정규정은 그러하지 아니하다.

부칙 <대통령령 제21988호, 2010. 1. 11.>
이 영은 공포한 날부터 시행한다.

부칙 <대통령령 제22151호, 2010. 5. 4.> (전자정부법 시행령)
제1조(시행일) 이 영은 2010년 5월 5일부터 시행한다.
제2조 및 제3조 생략
제4조(다른 법령의 개정) ①부터 <98>까지 생략 <99> 상가건물임대차보호법 시행령 일부를 다음과 같이 개정한다.
별지 제1호서식 중 "「전자정부법」 제21조제1항"을 "「전자정부법」 제36조제1항"으로 한

다. <100>부터 <192>까지 생략

부칙 <대통령령 제22283호, 2010. 7. 21.>

제1조(시행일) 이 영은 2010년 7월 26일부터 시행한다. 다만, 별지 제2호서식의 개정규정은 2010년 9월 26일부터 시행한다.

제2조(경과조치) ① 이 영 시행 당시 존속 중인 상가건물 임대차계약에 대해서는 종전의 규정에 따른다.

② 이 영 시행 전에 임차건물에 대하여 담보물권을 취득한 자에 대해서는 종전의 규정에 따른다.

부칙 <대통령령 제23488호, 2012. 1. 6.> (민감정보 및 고유식별정보 처리 근거 마련을 위한 과세자료의 제출 및 관리에 관한 법률 시행령 등 일부개정령)

제1조(시행일) 이 영은 공포한 날부터 시행한다.

제2조 생략

부칙 <대통령령 제23807호, 2012. 5. 23.> (개인정보 보호를 위한 상가건물 임대차보호법 시행령 등 일부개정령)

제1조(시행일) 이 영은 공포한 날부터 시행한다.

제2조(서식 개정에 관한 경과조치) 이 영 시행 당시 종전의 규정에 따른 서식은 2012년 8월 31일까지 이 영에 따른 서식과 함께 사용할 수 있다.

부칙 <대통령령 제25036호, 2013. 12. 30.>

제1조(시행일) 이 영은 2014년 1월 1일부터 시행한다.

제2조(적용범위에 관한 적용례) 제2조의 개정규정은 이 영 시행 후 체결되거나 갱신되는 상가건물 임대차계약부터 적용한다.

제3조(월차임 전환 시 산정률의 제한에 관한 적용례) 제5조의 개정규정은 이 영 시행 당시 존속 중인 상가건물 임대차계약에 대해서도 적용하되, 이 영 시행 후 보증금의 전부 또는 일부를 월 단위 차임으로 전환하는 경우부터 적용한다.

제4조(소액보증금 보호에 관한 적용례) 제6조 및 제7조의 개정규정은 이 영 시행 당시 존속 중인 상가건물 임대차계약에 대해서도 적용하되, 이 영 시행 전에 담보물권을 취득한 자에 대해서는 종전의 규정에 따른다.

부칙 <대통령령 제26637호, 2015. 11. 13.>

이 영은 2015년 11월 14일부터 시행한다.

부칙 <대통령령 제28611호, 2018. 1. 26.>

제1조(시행일) 이 영은 공포한 날부터 시행한다.

제2조(적용범위에 대한 적용례) 제2조의 개정규정은 이 영 시행 이후 체결되거나 갱신되는 상가건물 임대차계약부터 적용한다.

제3조(차임 등 증액청구 기준에 대한 적용례) 제4조의 개정규정은 이 영 시행 당시 존속 중인 상가건물 임대차계약에 대해서도 적용한다.

부칙 <대통령령 제29671호, 2019. 4. 2.>

제1조(시행일) 이 영은 공포한 날부터 시행한다. 다만, 제8조부터 제11조까지의 개정규정은 2019년 4월 17일부터 시행한다.

제2조(적용범위에 대한 적용례) 제2조제1항의 개정규정은 이 영 시행 이후 체결되거나 갱신되는 상가건물 임대차계약부터 적용한다.

별표 [별표] 공단의 지부에 두는 조정위원회의 관할구역(제8조제2항 관련)

[별지 제1호서식] 삭제 <2015. 11. 13.>
[별지 제2호서식] 삭제 <2015. 11. 13.>